普通高等教育“十二五”规划教材

货币银行学

马雪峰　主编

科 学 出 版 社

北　京

内 容 简 介

本书以经典金融理论为基础，博采众家之长，紧密结合金融发展实际，各章从导入案例入手并配有专栏，资料丰富，信息量大，代表性强。全书共13章，内容包括货币与货币制度、信用、利息与利率、金融机构体系、商业银行、中央银行、金融市场、货币供求与均衡、通货膨胀、货币政策、国际金融、金融监管、金融发展与金融创新。

本书可作为高等学校经济管理类专业本科学生的基础课教材，也可供工商管理硕士和其他金融机构管理人员阅读参考。

图书在版编目(CIP)数据

货币银行学/马雪峰主编．—北京：科学出版社，2014．2

普通高等教育"十二五"规划教材

ISBN 978-7-03-039622-8

Ⅰ．①货…　Ⅱ．①马…　Ⅲ．①货币银行学-高等学校-教材　Ⅳ．①F820

中国版本图书馆 CIP 数据核字(2014)第 012003 号

责任编辑：相　凌　王昌凤 / 责任校对：朱光兰

责任印制：徐晓晨 / 封面设计：华路天然工作室

科 学 出 版 社 出版

北京东黄城根北街 16 号

邮政编码：100717

http://www.sciencep.com

北京凌奇印刷有限责任公司 印刷

科学出版社发行　各地新华书店经销

*

2014 年 2 月第　一　版　开本：787×1092　1/16

2019 年 1 月第七次印刷　印张：19

字数：499 000

定价：59.00元

(如有印装质量问题，我社负责调换)

前　言

金融是现代经济的核心。现代经济是市场经济，市场经济从本质上讲就是一种发达的货币信用经济或金融经济。当今世界的一切经济活动几乎都离不开货币资金的运动。从国内看，金融连接着各部门、各行业、各单位的生产经营，联系千家万户和每个社会成员，是国家管理、监督和调控国民经济运行的重要杠杆和手段；从国际看，金融是国际政治经济文化交往的纽带，是实现国际贸易、国际间经济技术合作的重要手段。金融在经济生活中正发挥着越来越重要的作用，金融领域爆发的危机往往会对一国甚至全球经济造成严重的冲击，影响至今的美国次贷危机便是明证。学习和掌握金融知识、了解金融运行的内在规律不仅是经济管理类本科生的需要，也是现代社会每个经济活动参与者的需要。

货币银行学是研究金融问题的基础。货币与银行无论从历史上、还是逻辑上都是金融业的源头和基础，因此，货币银行学是金融学专业本科生的核心课程，也是经济管理类各专业本科生的学科基础课。由于金融在现代经济中的影响越来越大，涉及的范围越来越广泛，使得货币银行学课程包含的内容越来越丰富，要求货币银行学教材既要全面涵盖金融学的基本理论和基础知识，又要结合国内外金融发展实际，在全面反映金融理论发展历史的同时，尽可能简约生动，避免繁复生涩。基于这种考虑，我们在借鉴各类优秀教材的基础上，结合教学实践经验，广泛征求意见、反复讨论确定写作框架，在编写中注重凝练章节内容，附加了生动新颖的阅读专栏，以开阔读者的视野。

通过学习货币银行学，学生可以获得有关货币与货币制度、信用、利息与利率、金融机构体系、商业银行、中央银行、金融市场、货币供求与均衡、通货膨胀与通货紧缩、货币政策、国际金融、金融监管、金融发展与金融创新等多方面的系统知识，为后续的专业课程学习打下坚实的基础。

本书在编写上主要有以下特点。

(1) 系统性。在教材内容体系上，立足全面反映货币银行学的完整知识框架，由浅入深，循序渐进，有利于学生把握整体结构和知识体系。

(2) 新颖性。本书吸收了近年来国内外金融领域的最新研究成果，选用实践性强的案例去诠释货币银行学理论，内容新颖，便于学生掌握现代金融的发展动态。

(3) 生动性。在结构安排上，开篇以“导入案例”导读，启发读者思维，结尾辅以生动活泼的教学专栏，扩充知识面，增加了教材的可读性与趣味性。

(4) 简练性。在语言的组织和内容的编排上强调精简凝练，通俗易懂，便于学生理解记忆。

本书由兰州商学院马雪峰担任主编，兰州商学院董彦峰、兰州商学院长青学院安媛媛担任副主编，兰州商学院长青学院王玉芳和金立民参编。编写分工如下：马雪峰（第10～12章）、董彦峰（第6、8、9章）、安媛媛（第1～3章）、王玉芳（第4、5、7章）、金立民（第13章）。

本书在编写过程中参考了国内外大量文献资料和相关教材，在此谨向各位著作者表示诚挚的谢意；本书也是长期教研实践经验的结晶，向所有关心本教材编写并提出建设性意见的老师表示衷心的感谢。同时，科学出版社对本教材的出版发行给予了支持与帮助，在此致以由衷的敬意。

由于水平有限，不足之处敬请各位读者提出宝贵意见，以便我们修订和完善。

编　者

2013年12月

目　录

第1章　货币与货币制度

【教学目标】

本章教学的目的在于使学生了解货币的起源和货币形态的变迁，理解货币的本质和货币的职能，掌握货币制度的内容和货币制度的历史演变过程，重点掌握在不同货币形态下货币是如何发挥其职能的。

【教学要求】

知识要点	能力要求	相关知识
货币的起源	了解中国古代的货币起源学说和西方的货币起源学说，重点掌握马克思的货币起源理论以及货币本质定义	中西方货币起源学说 价值形式的演变 货币的概念
货币形式的演变	了解货币形态变迁的历史	实物货币 金属铸币 信用货币 电子货币
货币的职能	掌握货币的五大职能	价值尺度职能 流通手段职能 储藏手段职能 支付手段职能 世界货币职能
货币制度的构成	掌握货币制度的构成要素	货币币材 货币单位 货币铸造、发行和流通的程序 储备制度
货币制度的演变	了解货币制度的历史演变过程，进一步加深对货币形态演变的理解，掌握劣币驱逐良币规律	货币制度的演变 劣币驱逐良币规律

【导入案例】

雅浦岛上的石头——货币

在太平洋加罗林群岛中有个雅浦岛，岛上没有金属，于是那里的人们把石头打制成圆形，以此作为交换媒介。当地人把这种圆形的石头叫做费。奇怪的是当岛上的居民完成某笔交易后，石头竟然可以不用搬走。曾经有一家人在某个盛产石头的岛上，采到了一块硕大的费，但在把费运回雅浦岛的途中遭遇风暴，最后只好砍断捆着费的缆绳，船上的人得救了，但费却沉入海底，无法打捞。人们回到岛上，都证明那家人得了一块质地优良、体积巨大的费。自从那时候起，岛上所有的人都承认，石头落入海底是个意外，这块费虽然躺在大洋底下一动未动，但它却在岸上媒介了几辈子的交易。岛上的统治者想修一条路，赤脚走惯了珊瑚小路的岛民不愿去修，无奈之下，统治者派人拿着一支笔，把每块价值的费都画上一个黑色标记，并告诉岛民们，凡是画了标记的石头都已经被政府征收。这样一来，岛上的公路马上就修好了。于是，当局又派人擦掉了费上的标记，并承诺这些擦掉标记的石头已经按原来的所有权归还岛民。在雅浦岛上，这些平常的石头做成固定形状，何以有如此神奇的功力？现在告诉大家，这个故事的名字叫“石币之岛”。

知道了故事的名字，细心的读者会发现一个与“石头”和“费”截然不同的词语，即“石币”。故事中被叫做“费”的石头，实际上是岛上用来充当交换的媒介，也就相当于我们现在所说的货币。

历史上曾经有很多物品被作为货币使用，如法国人用兽皮，蒙古人用砖茶，印度原始居民用杏仁等。我国古代也曾用贝壳作为货币。经过长年的淘汰和选择，在绝大多数社会里，金属逐渐取代了其他物品，作为交换中的固定媒介。

萨缪尔森在其名著《经济学》有关货币的章节中，引用了金·哈伯特的一句名言：“在一万人中只有一人懂得通货问题，而我们每天都碰到它。”可以看出，货币本身的问题实际上极其复杂。下面，我们通过这一章的学习来揭开货币之谜。

资料来源：庆裕 . 2010. 一本书看懂经济学. 北京：新世界出版社

1.1 货币的起源与货币形式的演变

1.1.1 货币的起源

今天我们的经济活动和日常生活时刻离不开货币，现代经济的实质即货币经济。货币的存在已经有几千年的历史了，对于货币的存在我们早就习以为常，但是并不是每个人都真正认识它，回答诸如：货币到底是从哪里来的？它的本质又是什么？这些问题。马克思曾经引用当时英国议员格来斯顿的话说：“受恋爱愚弄的人，甚至还没有因钻研货币本质而受愚弄的人多。”货币的起源问题是认识货币的本质、职能与作用的起点，也是学习货币金融理论的起点。我们就首先来解决这个问题。

从古至今，无数的经济学家、金融学家和政治家都曾经研究探讨过货币的起源和本质，形成了很多种货币起源学说。

1. 中国古代的货币起源学说

(1) 圣王创制说。这是中国古代对货币起源的一种主要观点，认为货币是圣王为解决民间交换的困难而人为创造出来的 。《国语·周语》记载，景王二十一年（公元前 524 年）铸大钱，单穆公劝景王说：“不可，古者天降灾戾，于是乎量资币，权轻重，以救民。”这是说古时候天灾降临，先王为赈救百姓，便造出货币以解决百姓交换中的困难。这大概算是先王制币说的肇始，真正确定其权威地位的是《管子》一书。

《管子·山权数》记载：“汤七年水，禹五年旱，民之无粮有卖子者，汤以庄山之金铸币，而赎民之无粮卖子者，禹以历山之金铸币，而赎民之无粮卖子者。”即禹汤之时，天逢水旱灾害，禹汤以庄山、历山之金铸造货币，拯救没有粮食、卖儿卖女的人们。唐代的杨于陵（753～830 年）认为：“王者制钱以权百货，贸迁有无，变通不倦，使物无甚贵甚贱。”

货币是王者创造的，用来衡量商品价格，方便贸易，使商品的价格不至于太贵或太贱。北宋李觏（1009～1059 年）认为圣王造币以权轻重。他在《富国策》中说："昔在神农，日中为市，致民聚货，以市易无。然轻重之数无所主宰，故后世圣人造币以权之。"

(2) 交换起源说。与圣王创制说相对的另一种观点，司马迁认为货币是为了适应商品交换的需要而产生的，司马迁在《史记·平准书》中说："农工商交易之路通，而龟贝金钱刀布之币兴焉。所从来久远，自高辛氏之前尚矣，靡得而记云。"即随着农业、工业和商业之间的流通交换渠道通畅，货币自然而然就产生了。

2. 西方的货币起源学说

(1) 创造发明说。这种观点认为货币是由国家或先哲创造出来的。如早期的古罗马法学家 J. 鲍鲁斯认为，由于"你所拥有的物品正是我所愿意要的、我所拥有的物品正是你所要的"这种情况不能经常出现，导致物物交换存在困难，于是一种由国家赋予永久价值的事物被选择出来，作为统一的尺度来解决这一问题。法国经济学家 N. 奥雷司姆也认为，由于物物交换经常发生纠纷，聪明人便发明了货币，因此货币就是被发明出来的便于交换的工具。

(2) 便于交换说。这种观点认为货币是为解决直接物物交换的困难而产生的。如英国经济学家亚当·斯密认为，货币是随着商品交换发展逐渐从诸货物中分离出来的，是为解决相对价值太多所引起的直接物物交换的不便而产生的。

(3) 保存财富说。这种观点认为货币是为保存财富而产生的。如法国经济学家 J. 西斯蒙第认为，货币本身不是财富，但随着财富的增加，人们要保存财富，交换财富，计算财富的量，便产生了对货币的需要，货币因此成为保存财富的一种工具。

3. 马克思的货币起源学说

货币起源的学说古今中外有多种，虽然从特定的历史背景看，多数学说都存在一定的合理成分，但却无一能透过现象看本质，科学揭示货币的起源。马克思从辩证唯物主义和历史唯物主义的观点出发，采用历史和逻辑相统一的方法观察问题，科学地揭示了货币的起源与本质，破解了货币之谜。

马克思认为，货币是商品生产和商品交换发展到一定历史阶段的必然产物，是商品经济内在矛盾发展的必然结果，是价值形式发展的必然产物。价值形式即价值的表现形式，只有在商品交换过程中，一种商品的价格通过另一种商品价值表现出来。

从历史角度看，交换发展的过程可以浓缩为价值形式的演化过程。价值形式经历了从"简单的价值形式——扩大的价值形式——一般价值形式——货币形式"这么一个历史沿革。

1) 简单的（或偶然的）价值形式

在原始社会末期，生产力水平低下，人们很少有剩余产品进行交换。商品交换的行为仅是偶然的，在这种偶然的交换中，商品价值的表现也是简单的。即一种商品的价值由另外一种商品来表现，如 A 商品与 B 商品相交换（即 A＝B）。在这一交换关系或等式中，A 和 B 所处的地位不同，所起的作用也不同。A 与 B 交换，只能通过 B 表现自己的价值，A 起着主动作用；B 处于等价形态，成为表现 A 的价值材料，起被动作用。

简单的、偶然的价值形态虽然反映的只是产品转化为商品的萌芽状态，但它却包含着一切价值形态以及货币的秘密。

2）扩大的（或总和的）价值形式

随着第一次社会大分工——农业和畜牧业的分离，物物交换的范围扩大，商品之间的交换越来越频繁而且渐渐变得具有规律性，一种商品经常与一系列商品交换，如A商品有时换B商品，有时又换C商品，有时又换D商品，等等。即

$$A=\begin{cases}\text{或}\ B\\ \text{或}\ C\\ \text{或}\ D\\ \text{或}\cdots\end{cases}$$

这样，一种商品的价值，已经不是偶然地在另一种商品上表现出来，而是经常地由一系列商品表现出来。但是，在每一次具体的交换行为中，只能有两种商品发生交换，这时，一种商品（如B）就排斥其他商品（如C、D）充当表现商品价值（如A）的材料。因此，在总和的或扩大的价值形式中，等价物是特殊的等价物。

扩大的价值形式使商品价值的表现不完整、不统一，缺少共同的单位来表现商品价值。因此，直接物物交换的实现必须以交换双方相互需要对方的劳动产品为前提，否则就要通过多次交换来达成交换需求，人们开始感觉到这种物物交换的不便，且限制了商品交换的规模和跨地区贸易的发展。

3）一般价值形式

为了解决物物交换的困难，人们渐渐寻找到了一条交换捷径，先把自己的商品换成一种大家都愿意接受而又可经常用来交换的商品，然后再去换取所需的商品。这样，随着社会分工和商品交换关系的发展，自发地逐渐分离出一种作为交换媒介的商品，商品交换都通过这一媒介物进行。所有商品同时用一种商品来表现自己的价值，就是一般价值形态，如B、C、D等都与A相交换，它们的价值均以A表现出来。即

$$\left.\begin{matrix}\text{或}\ B\\ \text{或}\ C\\ \text{或}\ D\\ \text{或}\cdots\end{matrix}\right\}=A$$

在这里，商品的价值表现是简单和统一的，因而是一般的。一般价值形态中的等价物成为表现一切商品价值的材料，是所有商品共同的、一般的等价物。一般等价物出现以后，商品交换发生了本质变化，从直接的物物交换发展为通过一般等价物作媒介的间接交换。

4）货币形式

货币形式，即一切商品的价值固定地由一种特殊商品（即货币）来表现，它是价值形式的最高阶段。在历史发展过程中，不同阶段、不同地区往往采用不同的商品作一般等价物，如牲畜、皮革、蚌、贝、农具、猎具等，各种商品交替地、暂时地发挥一般等价物的作用。但是，人们发现这些商品作一般等价物很不方便，具有质量不统一、不便分割或合并、携带储藏不方便等缺点。而金属不仅可以避免这些缺点，还具有适宜作为货币的特点。例如，金属质地均匀，可任意分割或合并，经久耐磨不变质，量小价值大，便于携带和储藏等。因此，金属是表现商品价值最适当的材料，逐渐发展到由某种金属充当一般等价物，成为货币商品，这就是货币形式。可见，货币是商品经济发展的必然产物，它根源于商品，并伴随着商品经济的发展而自发地产生的。

需要说明的是，上述一般价值形式与货币形式并没有根本区别，不同之处在于：一般价

值形式中的一般等价物是不固定的，在货币形式中，一般等价物是固定的。当一般等价物固定在贵金属金银上的时候，货币便产生了。因此马克思说“金银天然不是货币，但货币天然是金银”。

马克思的剖析以最完整的劳动价值论为基础，通过价值形式的发展推导出货币的起源，即货币是在商品交换的长期发展过程中起一般等价物作用的特殊商品，它是经过价值形态发展的各个阶段而产生的。正是马克思运用这种分析方法，科学地揭示了货币之“谜”。我们从中可以看出：

(1) 货币是在商品交换过程中，为了适应交换的需要而自发地从一般商品中分离出来的。

(2) 商品变成货币是商品经济的内在矛盾——私人劳动与社会劳动之间的矛盾发展的产物，因为解决这一矛盾，只有通过交换，而货币正是为解决这一矛盾，以适应商品经济发展的需要而自发地产生的。

(3) 商品变成货币是一个漫长的历史过程（经历四种价值形式），是一个由低级向高级的发展过程。

从这一发展过程应该看出：首先，货币是一个历史的经济范畴，是随着商品和商品交换的产生与发展而产生的。其次，货币是商品经济自发发展的产物，而不是发明、人们协商或法律规定的结果。再次，货币是交换发展的产物，是社会劳动和私人劳动矛盾发展的结果。

1.1.2　货币形式的演进

货币形式，也称货币形态，是指以什么货币材料（即币材）来充当货币。在货币产生以来的几千年历史中，货币形态经历了一个不断从自发演化到人为掌握的发展过程。不同的货币形态适应了不同的社会生产阶段和历史阶段的需要。纵观货币的发展历史，货币形态的发展演变，大体上经历了实物货币、金属货币、信用货币、电子货币四个阶段，这个过程也是货币价值不断符号化的过程。

1. 实物货币

实物货币是人类历史上最原始、最古老的货币形式。在人类经济史上，许多商品曾在不同时期、不同国家扮演过货币的角色，如牲畜、农具、贝壳、布匹、粮食、金属等都充当过货币。我国最早的货币是贝币，商代（约公元前 16 世纪至公元前 11 世纪）用贝已经比较普遍。卜辞和青铜器铭文中有许多“锡（赐）贝”、“赏贝”、“取贝”、“囚贝”的文字，铭文中还有用贝作为货币的明确记载。因此，至今很多与财富有关的汉字，其偏旁也多从“贝”字演变而来，如货、财、贸、贷、贫、贱等。在日本、东印度群岛以及美洲、非洲的一些地方，也有用贝作货币的历史。在古代欧洲的雅利安人，在古波斯、印度、意大利等地，都有用牛、羊等牲畜作为货币的记载。拉丁文的“Pecunia”（意为“金钱”）来源于“Pecus”（意为“牲畜”）；印度现代的货币名称“Rupee”（卢比）则来源于“Rupye”（“牲畜”的古文）。此外，如非洲和印度等地曾以象牙为货币，而在美洲，烟草、可可豆曾经用来充当货币。

在早期货币形态下，大部分的实物货币均有不适合作为货币的缺陷，如笨重、携带运送不便、不能分割、质地不统一、不容易保存等。因此，随着商品经济的发展，实物形态的商品货币就逐渐地被内在价值稳定、质地均匀、易于分割、便于携带的金属货币所替代。

2. 金属货币

用金属制成的货币统称为金属货币。金属货币取代实物货币充当货币，几乎是世界各国货币发展的共同历史。世界各国货币发展的历史证明，金属作为币材，一般是从贱金属（如铁、铜等）开始的，最普遍、使用时间最久的是铜钱，我国最古老的金属铸币也是铜铸币。后来，这些贱金属逐步让位于金、银等贵金属，这是一个普遍的规律，因为金银所具有的易标准化、易于携带、易于分割、易于保存、价值含量高等天然属性最适宜于充当货币。

金属铸币的使用大大促进了商品交换的发展，但金属铸币也有其自身的缺陷和不足。首先，交易额小于铸币面值时，则难以行使交换媒介手段职能；其次，大额交易时，携带大量铸币又显得过于沉重，而且有相当风险；再次，由于流通中磨损等原因而减轻分量，使铸币面值与实际价值不符。

为了克服上述缺陷，出现了用耐磨损的贱金属铸造的辅币（如铜钱等），以满足小额交易需要；出现了某种可随时兑换为金属货币的信用凭证（如银票等），以满足大额交易之需要；有关国家政府及时收回已磨损的铸币，重新铸造，保证足值货币流通。但这些措施使得花费在货币上的费用提高了，更何况金属，特别是贵金属也有一个自然资源和劳动生产率的限制问题存在，难以克服。于是，渐渐地出现了代用货币。典型的代用货币是可兑换的银行券，这种银行券首先出现于欧洲，发行银行券的银行保证随时按面值兑付金属货币。代用货币较实物货币或金属货币有明显的优点：印刷纸币比铸造金属货币的成本大大降低，而且纸币比金属货币更易携带和运输，还可避免“劣币驱逐良币”现象。

但随着20世纪20年代末和30年代初金本位制的崩溃，世界主要国家的银行券完全成为不兑现的，现代信用货币终于取代代用货币而成为世界货币舞台上的主角。

3. 信用货币

信用货币是以信用作为保证，通过一定信用程序发行，充当流通手段和支付手段的货币形态，是货币发展中的现代形态。可见，信用货币产生的客观基础是信用关系的存在和发展。信用货币本身价值低于其货币价值，而且不再代表任何贵金属，不能与金属货币兑换，实际上信用货币已经成为一种货币价值符号。

信用货币的主要形态有以下几点：

(1) 辅币。辅币多以贱金属（如铜、镍等）铸造，自身所含的金属价值低于其货币价值。辅币一般由政府统一发行，由专门的铸币厂铸造，其功能主要是承担小额或零星交易的媒介手段。

(2) 纸币。纸币是指由政府发行并由国家法令强制流通使用的、以纸张为基本材料的货币。可见，纸币发行权一般为政府或政府的金融机关所垄断，发行机关多数是中央银行，也有的是财政部或货币管理局等政府机构。纸币的主要功能是承担人们日常生活用品的购买手段。

(3) 存款货币。主要指银行存款，种类很多，主要有活期存款、定期存款和储蓄存款。此外，还有大额可转让定期存单、可转让支付命令账户、自动转账服务账户和定活两便存款账户等新形式。银行存款有以下优点：①可以避免丢失和损坏的风险；②传输便利，降低运输成本；③实收实支，免去找零的麻烦；④汇票可以在一定范围内背书流通。随着信用制度的发展，银行存款在信用货币中的比重几乎占绝大部分，甚至一些小额交易，如顾客对零售商的支付、单位对职工工资薪金的发放等，也广泛使用这种类型的货币。

(4) 电子货币。电子货币是指电子计算机系统存储和处理的存款。电子货币是现代商品经济高度发达和银行转账结算技术不断进步的产物，同时，也反映了支付手段的进化。电子货币通常是利用计算机或储值卡来进行金融交易和支付活动，如各种各样的信用卡、储值卡、电子钱包等。电子货币具有转移迅速、安全和节约费用等优点，虽与存款货币并无本质区别，但却代表着现代信用货币形式的发展方向。

1.2　货币的职能

货币的职能是货币本身所固有的功能，是货币的本质体现。货币的职能是在商品经济发展过程中逐渐形成的，具有以下五种职能：价值尺度、流通手段、储藏手段、支付手段和世界货币。其中，价值尺度和流通手段是货币的基本职能，其他三种职能是在商品经济发展中陆续出现的。

1.2.1　价值尺度职能

货币作为价值尺度，就是货币以自己为尺度来表现和衡量其他一切商品的价值。为什么货币能衡量其他商品的价值呢？因为货币本身也是商品，也有价值。这就如同尺子所以能衡量其他一切物品的长度，是因为尺子自身也具有尺度一样。自身没有价值的东西，是不能衡量其他商品价值的。

本来商品价值的大小，是由凝结在该商品中的劳动时间来测量的。商品中包含的劳动时间越多，它的价值便越大。因此，劳动时间是商品的内在的价值尺度，而货币不过是商品的外在的价值尺度。

商品的价值表现在货币上，就是商品的价格。价格是价值的货币表现。货币执行价值尺度的职能，实际上就是把商品的价值表现为一定的价格，例如，一双皮鞋价格为200元，一件衬衣价格为100元，等等。不过，有一点这里应该说清楚，就是货币在执行价值尺度这一职能时，并不需要实在的货币，只要人们在观念上想一下某商品的价格是多少就可以了。所以并没有什么奇怪的地方，这是因为货币在执行价值尺度职能时，它所做的只是给商品以价格形态，即表明某一商品值多少钱，而不是真正用商品与货币相交换。马克思说："货币在它的价值尺度功能上，本来也只是作为观念的或想象的货币。"①

1.2.2　流通手段职能

货币作为流通手段，也就是货币充当商品交换的媒介。我们平常从商品买卖过程中所看到的货币的作用，就是属于这一种，所以，这种职能又叫做购买手段。不说自明，作为流通手段的货币，不能是观念上的货币，而必须是实在的货币。

在货币执行流通手段这一作用的情况下，商品与商品不再是互相直接交换，而是以货币为媒介来进行交换的。商品所有者先把自己的商品换成货币，然后再用货币去交换其他的商品。这种有货币作媒介的商品交换，叫做商品流通。由物物交换过渡到商品流通，意味着商品经济的内在矛盾有了进一步的发展。因为在这种条件下卖与买被分成了两个独立的过程，

---

① 马克思：《资本论》第1卷。

如果出卖了商品的人不立刻去买，就会使另一些人的商品卖不出去。也就是说，货币作为流通手段的职能，就已经包含了经济危机的形式上的可能性。

作为流通手段的货币，起初是贵金属条、块，以后发展成铸币，最后出现了纸币。纸币是从货币作为流通手段的职能中产生的。

货币流通规律：

货币流通是由商品流通引起的。货币流通的规模是由商品流通的规模和速度决定的。流通中所需要的货币量取决于三个因素：①待流通的商品数量；②商品的价格水平；③货币流通速度，即一定时间内同一货币单位的平均周转次数。

流通中所需要的货币量与商品的价格总额成正比，与货币流通速度成反比。流通中的货币需要量同商品价格总额和货币流通速度之间的数量关系，用公式表示为

$$\text{流通中所需要的货币量}=\frac{\text{待实现的商品价格总额}}{\text{货币流通速度}}$$

1.2.3 储藏手段职能

货币的储藏手段职能，即可以作为财富的一般代表被人们储存起来。作为储藏手段的货币，既不能像充当价值尺度时那样只是想象的货币，也不能像充当流通手段时那样用货币符号来代替，它必须既是实在的货币，又是足值的货币。因此，只有金银铸币或者金银条块等才能执行储藏手段的职能。

货币作为储藏手段具有自发调节货币流通量的作用。当流通中所需要的货币量减少时，多余的金属货币便会退出流通领域成为储藏货币；反之，当流通中所需要的货币量增多时，一部分储藏货币又会重新进入流通领域成为流通手段。由于储藏货币具有这种作用，所以在足价的金属货币流通的条件下，便不会产生流通中货币量过多的现象，不会发生通货膨胀。

1.2.4 支付手段职能

在放债还债、支付工资以及缴纳税款等场合，货币就起着支付手段职能作用。在货币作为支付手段的情况下，由于很多商品生产者互相欠债，他们之间便结成了一个债务锁链，例如，甲欠乙的钱，乙欠丙的钱，丙又欠了丁的钱……如果有其中某一个商品生产者因为生产和销售的困难而不能按期支付欠款时，就会引起一系列的连锁反应，造成全线崩溃的局面。因此，货币作为流通手段的职能，使经济危机的形式上的可能性有了进一步的发展。

在货币充当支付手段后，一定时期内流通中所需要的货币量会发生变化。用公式表示为

$$\text{一定时期内流通中所需的货币量}=\frac{\text{待售商品总额}-\text{赊售商品总额}+\text{到期支付总额}-\text{彼此抵消的支付总额}}{\text{货币流通速度}}$$

1.2.5 世界货币职能

货币的最后一种职能是充当世界货币，当货币超越国界，在世界市场上发挥一般等价物作用时，就执行世界货币职能。马克思认为能够作为世界货币的只有黄金或白银，铸币和纸币是不能充当世界货币的，因为后者一但超出本国范围便失掉了原来的法定意义。但是在现代信用货币制度下，世界货币主要由那些在国际上可以自由兑换成其他国家货币的硬通货来充当，比如美元、欧元、日元、英镑等。

世界货币的作用是：第一，作为一般的支付手段，用来支付国际收支的差额；第二，作

为一般的购买手段，用来购买外国的商品；第三，作为社会财富的代表由一国转移到另一国，如支付战争赔款、对外贷款以及转移财产等。

货币的各个职能之间存在着有机的联系，它们共同表现货币作为一般等价物的本质。

1.3 货币制度

1.3.1 货币制度的构成

货币制度是一个国家法律规定的货币流通的结构、体系和组织形式。它主要包括货币币材，货币单位，货币铸造、发行和流通的程序以及准备制度等。

1. 货币币材

确定货币币材是确定货币制度的基础性行为。一个国家首先要确定以何种货币材料作为本国货币，国家规定哪种或哪几种商品为货币材料，实际上都是对已经形成的客观现实从法律上加以肯定，主观地把现实生活中不起作用的货币材料硬性规定为币材，不仅行不通，而且会造成混乱，如中国历史上的王莽改制，把早已不再起作用的“龟”和“贝”又规定为货币材料，与金、银、铜一起流通，全凭主观意志制定了一套极为复杂的货币系统，结果“百姓溃乱，其货不行”。所以，国家法定的货币商品，如能真正起到货币作用，是由于它们在经济活动中已经作为货币商品在起作用，如果不是这样，国家法定也行不通。

2. 货币单位

货币材料一经确定，就必须确定货币单位，货币单位包括货币单位的名称和每一货币单位包含的单位货币金属量。关于货币单位名称的演变，最早与货币的自然单位和重量单位相一致。如贝壳以“朋”计算，牲畜以头计算，金属是以重量计算（斤、两）等。后来由于种种原因，货币单位日益与自然单位、重量单位脱离，货币单位采取了另外的名称，如唐代“开元通宝”，“通宝”是货币名称，单位则叫“文”（重如其文），货币单位的名称仍旧是重量名称。但实含重量已与名称完全不符。如英国货币单位“镑”就是重量单位名称，在 1816 年采用金本位时，每盎司黄金合金币 3 镑 17 先令 10.5 便士（合 3.893 75 镑）。国际习惯，一国货币单位的名称往往就是该国货币名称，比如“Lira”音译为里拉，是意大利货币单位名称，也是货币名称。几个国家同用一个单位名称，则在前面加上国家名。比如“Franc”音译为法郎，是很多国家采用的名称，则在前面加上国家，就是该国的货币名称。如法国法郎、瑞士法郎等。中国有些特殊，货币名称是人民币，单位是元，前后不一致，外国人搞不清楚，往往按照他们的习惯把中国的货币叫做中国“元”。货币单位的确定更重要的是确定币值。在铸币流通时，就是确定单位货币所包含的货币金属重量和成色。如美国规定本国货币单位的名称是美元，1934 年 1 月的法令规定，1 美元的含金量为 13.714 格令（0.888 671 克）；英国本国货币名称为英镑，1870 年的铸币条例规定，1 英镑含金量为 123.274 47 格令（7.97 克）。

3. 货币铸造、发行和流通

各种通货的铸造、发行和流通程序 一个国家的通货，通常分为主币（本位币）和辅币。它们各有不同的铸造、发行和流通程序。

1）本位币

本位币是一国的基本通货。在金属铸币流通制度下，本位币是按国家规定的金属和单位货币的名称与重量、成色铸成的货币。其铸造、发行和流通有如下规定：

(1) 自由铸造，即公民可以将货币金属送到造币厂请求铸造成本位币；造币厂只收或不收造币费。本位币的自由铸造规定在经济活动中表现为两个方面的重要作用：一方面，自由铸造可以使铸币的名目价值与实际价值保持一致；另一方面，本位币的自由铸造可以自发地调节货币流通量，使流通中的货币量与货币需要量保持一致，即金属货币具有的自发调节流通量的功能。

(2) 无限法偿，即本位币具有无限的法定支付能力。换言之，就是在货币收付中无论每次支付的金额多大，用本位币支付时，收款人不得拒绝接受，故称为无限法偿货币。

在金属铸币流通制度下，铸币流通含有自然磨损和人为有意的削边、磨损。为了保证本位币的名目价与实际价值一致，从而保证本位币的无限法偿能力，各国货币制度中通常都规定了每枚铸币的实际重量低于法定重量的最大限度，即铸币的磨损之差的最大限度。

2）辅币

通常是一些小额货币，一般用于日常的零星交易。其铸造、发行和流通有如下规定：

(1) 辅币用贱金属铸造，是不足值的货币。

(2) 辅币与本位货币可自由兑换。

(3) 辅币铸造实行数量限制。辅币因名义价值高于实际价值，从而为其铸造所带来收益。因此，国家规定限制其铸造数量，一方面，防止不足值的辅币充斥流通，排斥主币；另一方面，辅币铸造权由国家垄断，其收入归国家。

(4) 辅币是有限法偿货币。国家对辅币规定了有限的支付能力，即对其一方支付的辅币数量加以限制，超过规定部分，对方可以拒绝接受。如美国 10 分以上的银辅币每次的支付限额为 10 元。但缴纳赋税和向银行兑换不受此规定限制。

3）纸币的发行和流通程序

纸币本身没有价值，又是不可兑现的货币符号。它是在货币发挥流通手段职能基础上产生的。因为货币发挥流通手段职能只是转瞬即逝的媒介作用，它不是交换的目的。政府正是利用流通本身的这一特点，并通过国家发行，强制使用纸币，从而发挥货币的流通手段职能。但纸币的流通必须受纸币流通规律的制约，其币值的稳定取决于货币发行的数量。

纸币流通规律：

由于纸币仅仅是价值符号，代表一定的价值在市场上流通，不同于具有内在价值的金属货币，所以纸币具有特殊的流通规律。用公式表示如下：

$$\text{单位纸币所代表的货币金属量}=\frac{\text{流通中所需要的货币金属量}}{\text{流通中纸币数量}}$$

从上面公式可知，单位纸币所代表的货币金属量即单位纸币的购买力水平，当一个时期社会所需要的货币金属量确定之后，单位纸币的购买力取决于流通中纸币的数量，而流通中纸币的数量又取决于纸币的发行量。因为纸币没有内在价值，它因为流通才体现出价值，所以纸币不能退出流通。国家具有发行纸币的权力，但是无法改变纸币流通规律，如果发行过多纸币，只会导致纸币购买力下跌，发生通货膨胀，严重时甚至危及货币制度。

4. 准备金制度

为了稳定货币，各国货币制度中都包含有准备金的内容。在实行金本位制的条件下，准备金制度主要是建立国家的黄金储备，以作为国际支付或用来调节流通中的数量或作为支付存款和兑现银行券的准备之用。现在，各国均实行不兑现的信用货币制度，根据经验，只要纸币发行量控制得当，则社会大众对纸币保持信心，法定纸币并不需要十足的金银准备，银行体系只需保证一部分准备金即可，其余部分可作投资之用。这便是"部分准备制"的起源。

1.3.2　货币制度的演变

金属货币制度就是以贵金属作为本位币的一种货币制度。它包括银本位制、金银复本位制和金本位制。

1. 银本位制

银本位制是以白银作为本位币的一种金属货币制度。银币自由铸造，无限法偿，并且可以自由输出、输入。银本位制是最早实行的货币制度之一。200 多年前，白银是占统治地位的贵金属，直至 1816 年后，白银的重要性才被黄金所代替。银本位制最大的缺点是白银价格的不稳定性。1870～1935 年，白银价格涨跌频繁，使采用银本位的国家饱受银价剧烈波动之苦，从而纷纷先后放弃了银本位制。我国是 1935 年 11 月 4 日实行"法币改革"，宣布禁止使用银元，改为金汇兑本位制。

2. 金银复本位制

金银复本位制，是由国家法律规定的以金币和银币同时作为本位币，均可自由铸造、自由输出、输入，同为无限法偿的货币制度。复本位制又分为平行本位制和双本位制。平行本位制是金币和银币按其实际价值流通，两种通货的兑换比率完全由市场比价决定，国家不规定金币与银币的法定比价。但由于金币与银币的市场比价经常波动，从而导致使不同货币表示的商品价格随之经常发生变化，造成交易的紊乱。为了克服这一缺点，一些国家以法律形式规定了金银比价即实行双本位制。但是，用法律规定金银比价，这与价值规律的自发作用相矛盾，于是出现了"劣币驱逐良币"的现象，即所谓的"格雷欣法则"。例如，1791～1861 年美国法定币制是复本位。最初，金银的铸币比率为 1∶15，即每盎司金价为 19.395 美元；每盎司银币为 1.293 美元。但其他主要复本位制国家，都采用 1∶15.5 的金银铸币比率。由于这种比率上的差别，作为钱币的白银便将黄金逐出流通之外。因为任何商人均可将 1 盎司黄金从美国输出到他国，换取 15.5 盎司白银后，再以 15 盎司白银运返美国，换回 1 盎司黄金，从中获取 0.5 盎司的白银。同时，美国在外国购货，以支付黄金较为有利，而外国在美国购货，则以支付白银较有利。因此，金币逐渐外流，复本位变为事实上的银本位。如果将铸币比率改为 1∶16，这又会造成相反的局面即黄金实际价值低于其铸币价值，迫使银币外流，复本位制又变成了实际的金本位。总之，由于复本位本身的基本矛盾，其实际上无法有效地实行。

3. 金本位制

金本位制是以黄金为本位币的货币制度。金本位又分为金币本位、金块本位和金汇兑本位三种形态。在金币本位下，货币单位有法定的含金量，如英国在 1816 年采用金币本位时，每一英镑的法定含金量为 123.27 克。金币可自由铸造，黄金可自由输出、输入，货币储备使用黄金，以黄金进行国际结算。英国于 1816 年制定了《金本位制法》，1821 年在世界上首次实行金币本位制。以后许多国家相继实行，形成国际金本位制。

1914 年第一次世界大战，金币本位制崩溃，一些国家转而采用金汇兑本位制。英国、法国、比利时、荷兰等国家则实行金块本位制。金块本位制的特点是：①金币虽作为本位货币，但在国内不流通，只流通银行券。②不许自由铸造金币，但仍规定货币的含金量。③银行券不能自由兑换金币，但在国际支付或在工业方面需要量大时，可按规定的数量向中央银行兑换金块。由于黄金不再起自发地调节货币流通的作用，银行券不能稳定地代表一定的黄金量，因而这是一种不稳定的货币制度，20 世纪 30 年代的大萧条，使这一制度归于崩溃（各种金本位制崩溃了）。第二次世界大战后，大部分国家的货币同美元或黄金挂钩，形成了一种新型的国际金汇兑本位制，即黄金-美元本位制。第二次世界大战后，实行以美元为中心的货币制度。主要内容是：①美元与黄金挂钩。这是根据 1944 年 7 月在美国新罕布什尔州的布雷顿森林城举行的联合国货币金融会议通过的《国际货币基金协定》（简称《协议》）而形成的。《协定》规定，一美元含金量为 0.888 671 克，即 35 美元＝1 盎司黄金。各成员国须协助美国维持美元官价。美国则承担接受各国政府或中央银行用美元向美国兑换黄金的义务。②其他国家的货币与美元挂钩。各国的货币与美元保持固定的汇率。通过这个挂钩，美元获得等同于黄金的地位，成为资本主义各国的重要国际支付手段和外汇储备。但从 20 世纪 60 年代起，美元发生多次危机，美国政府被迫于 1971 年 8 月 15 日宣布停止美元兑换黄金，其他资本主义国家的货币先后实行浮动汇率。金汇兑本位崩溃，实行不兑现的纸币制度。

4. 不兑现信用货币制度

不兑现信用货币制度是以纸币为本位币，且不能兑换黄金的货币制度。在这种货币制度下，政府只规定各种纸币的比价，不规定纸币对金银的比价。货币的兑换是指不同面值的纸币相互兑换，而不是以纸币兑换金银。不兑现信用制度是当今世界各国普遍实行的一种货币制度。其特点是：①一般是由中央银行发行，并由国家法律赋予无限法偿的能力。②本位货币不与任何金银保持等值关系。③货币通过信用程序投入流通领域，并通过银行的信用收缩进行调节，从而构成了国家进行宏观经济调控的一个重要手段。④它是一种管理货币制度。一国中央银行或货币管理当局，通过货币政策工具，调节货币供应量，以保持货币稳定。⑤设立纸币发行储备制度。在不兑现信用货币制度下，为了防止纸币的过量发行，增强人民对纸币的信心，保持币值、汇率的稳定，有些国家仍将黄金、白银、外汇等作为发行储备，设立了纸币发行储备制度。不兑现信用货币制度虽然节省了稀缺资源（利用生产费用低廉的物品，用银行账簿上的记录、纸张或铸币中的贱金属，来代替生产成本昂贵的金和银），成为人们愿意接收的货币，并通过银行转账结算大宗交易，大大提高了交易效率、但不兑现的信用货币在流通过程中，存在一个重要问题，就是如何通过信用的调控来保持币值和汇率的稳定。根据各国实践情况来看，目前还没有找到一个令人满意的调控办法。

【本章小结】

货币是商品生产和商品交换发展到一定历史阶段的必然产物，是商品经济内在矛盾发展的必然结果，是价值形式发展的必然产物。价值形式即价值的表现形式，只有在商品交换过程中，一种商品的价格通过另一种商品价值表现出来。从历史角度看，交换发展的过程可以浓缩为价值形式的演化过程。价值形式经历了从“简单的价值形式——扩大的价值形式——一般价值形式——货币形式”这么一个历史沿革。

货币形式，也称货币形态，是指以什么货币材料（即币材）来充当货币。在货币产生以来的几千年历史中，货币形态经历了一个不断从自发演化到人为掌握的发展过程。不同的货币形态适应了不同的社会生产阶段和历史阶段的需要。纵观货币的发展历史，货币形态的发展演变，大体上经历了实物货币、金属货币、信用货币、电子货币四个阶段，这个过程也是货币价值不断符号化的过程。

货币的职能是货币本身所固有的功能，是货币的本质体现。货币的职能是在商品经济发展过程中逐渐形成的，具有以下五种职能：价值尺度、流通手段、储藏手段、支付手段和世界货币。其中，价值尺度和流通手段是货币的基本职能，其他三种职能是在商品经济发展中陆续出现的。

货币制度是一个国家法律规定的货币流通的结构、体系和组织形式。它主要包括货币币材，货币单位，货币铸造、发行和流通的程序以及储备制度等。

金属货币制度就是以贵金属作为本位币的一种货币制度。它包括银本位制、金银复本位制和金本位制。银本位制是以白银作为本位币的一种金属货币制度。金银复本位制，是由国家法律规定的以金币和银币同时作为本位币，均可自由铸造、自由输出、输入，同为无限法偿的货币制度。金本位制是以黄金为本位币的货币制度。

不兑现信用货币制度是以纸币为本位币，且不能兑换黄金的货币制度。在这种货币制度下，政府只规定各种纸币的比价，不规定纸币对金银的比价。

【关键术语】

一般等价物　价值尺度　流通手段　本位币和辅币　无限法偿　劣币驱逐良币

【复习思考题】

1. 货币的本质是什么？
2. 信用货币取得世界货币职能的一般条件是什么？
3. 金币本位制的特点是什么？
4. 什么是劣币驱逐良币？
5. 银行券和现代信用货币的区别有哪些？

专栏 1-1

中国历史货币小知识

1. 中国最早的纸币

中国最初的货币是原始社会末期使用的海贝。公元前 200 多年出现了金属货币和铸币。

秦朝（前 221～前 206 年）建立后，统一了币制，以黄金和方孔圆形的铜钱流通全国。最早的纸币是北宋（960～1127 年）时期的“交子”。

宋代铜钱和铁钱并用，四川地区则专用铁钱。当时，四川是盐、茶、丝绸的重要产地，货币流通很大，但铁钱非常笨重，大钱 1000 枚重 25 斤[①]，买一匹罗需中钱 2 万枚，重 260 斤，随着商品经济的发展，铁钱不便流通的弊病越来越突出，因而宋真宗时（998～1022）成都有 16 家富商共同印制发行了代替铁钱的纸币——“交子”。“交子”上面印有房屋、树木、人物等图案，还有签押作为暗记。交子可以兑换现钱，也可以在市场上流通，用交子向交子铺兑换现钱时，须交一定数量的佣金。新旧交子三年兑换一次。后来，由于交子铺的富商挪用吞没现钱，交子的兑换不能保证，常引起争讼，官府遂禁止商人发行。1023 年（仁宗天圣元年），改由政府发行交子。

“交子”是中国、也是世界上最早的纸币。纸币的出现是货币发展的重大进步，在经济史上具有划时代的意义。南宋、元、明、清各朝也都发行和使用纸币，不过，在中国封建社会里纸币的流通面并不广，尚不能完全代替金属货币。中国纸币的大量发行和使用，是近代以后的事情。

2. 中国最早的黄金货币——“郢爰”

中国广泛铸造和使用金属货币，是春秋战国（公元前 475～前 221 年）时代。那时，商品经济的持续飞跃发展，促使各诸侯国纷纷铸造金属钱币。当时有金、银、铜三种金属货币。春秋战国时期通常流通的是铜质的蚁鼻钱、银质的铲状布币、金质的郢爰等金属钱币。

金币是楚国（当时的一个小国）的主要货币形式之一。史称楚金币为印子金、版金、金版、饼金等。现在一般将楚金币称为爰金。爰金是目前中国发现并已著录的最早的黄金货币。在已发现的爰金中，钤印有“郢爰”的占绝大多数。因此，通常又以郢爰代指爰金，也就是楚金。

1974 年，在河南省扶沟古城村出土金币 392 块，总重量 8183. 3 克。1979 年，在安徽省寿县花园村出土爰金 18 整版和一小块，重 5187. 25 克。1971 年，在湖北江陵郢城也曾出土一块郢爰，重 17.5 克。这些楚金币的含金量多少不一，一般为 94%～98%，少量的仅为 85%左右。

楚金币的称谓甚多，主要根据金币上钤刻的文字命名，如“郢爰”、“陈爰”、“融爰”、“卢金”等，“郢爰”是楚金币中出现时代最早、当今出土最多的一种，因而人们多以它作为楚国黄金货币的代表。“爰”，有人认为是楚国的重量单位，一爰即楚制一斤，约 250 克。

楚金币的形制有两种，一种是正方形或长方形的金版，另一种是扁圆体的金饼，以前者为多见。从出土实物来看，整版的“郢爰”每件约重 250～260 克，正面都刻有排列整齐的“郢爰”印记，印记多少不等。金饼上多无印记，有实心和空心两种，形状酷似龟。现在我们所看到的楚金币，除极少数为墓葬出土外，绝大部分来自于窖藏财富。从文献中可以看出，黄金的流通限于上层社会，而且只在国际礼聘、游说诸侯、国王赠赏、大宗交易时才使用。使用时动辄百金、千金，至少为一镒。

楚金币是一种称量货币，使用时根据需要将金版或金饼切割成零星小块，然后通过特定的等臂天平称量再行交换。因而出土的楚金币，大都是零星碎块，大小轻重相差悬殊，而且明显看出曾被切割过的痕迹。

---

① 1斤=0.5公斤。

楚国之所以能在中国最早利用黄金作货币，是因为楚地拥有丰富的黄金资源。楚国金币是选用高品位的天然金块熔铸而成的。

资料来源：中国文化网（http：//www.chinaculture.org/）

专栏 1-2

劣币驱逐良币的奇特规律

“劣币驱逐良币”是 16 世纪英国政治家与理财家汤姆斯·格雷欣在其给英国女王的改铸铸币的建议中提出的，后来被英国经济学家麦克劳德在其著作《经济学纲要》中加以引用，并命名为“格雷欣法则”。

“劣币驱逐良币”规律是金银复本位制条件下出现的一种现象，这是因为货币按其本性来说是具有排他性、独占性的，于是在两种实际价值不同而面额价值相同的通货同时流通的情况下，实际价值较高的通货（所谓良币）必然会被人们熔化、输出而退出流通领域；而实际价值较低的通货（所谓劣币）反而会充斥市场。

“劣币驱逐良币”规律曾在美国货币史上有所表现。美国于 1791 年建立金银复本位制，以美元作为货币单位，并规定金币和银币的比价为 1∶15。当时法国等几个实行复本位制的国家规定金银的比价为 1∶15.5。也就是说，在美国，金对银的法定比价低于国际市场的比价。于是黄金很快就在美国的流通界消失了，金银复本位制实际上变成了银本位制。

1834 年，美国重建复本位制 9 金银的法定比价定为 1∶16，而当时法国和其他实行复本位制的国家规定的金银比价仍然是 1∶15.5，这时就出现了相反的情况。由于美国金对银的法定比价定得比国际市场高，因此金币充斥美国市场，银币却被驱逐出流通领域，金银复本位制实际上变成了金本位制。

为什么在金银复本位制下会发生“劣币驱逐良币”现象呢？这是因为货币按其本性来说是具有排他性、独占性的。法律规定金、银两种金属同时作为货币金属是与货币的本性相矛盾的。在金、银两种货币各按其本身所包含的价值同时流通（平行本位制）的条件下，市场上的每一种商品都必然会出现两种价格，一个是金币价格，一个是银币价格。而且这两种价格的对比关系又必然会随着金银市场比价的变化而变化。这样就必然使市场上的各种交换处于非常混乱和困难的境地。为了克服这种困难，国家用法律规定了金银的比价（双本位制）。但是，这种规定又与价值规律的自发作用发生矛盾，因而出现“劣币驱逐良币”的现象是不可避免的。

因此，当美国规定金币和银币的比价为 1∶15，而法国等几个实行复本位制的国家规定金银的比价为 1∶15.5 时，人们可以在美国取得 1 盎司黄金，把它输送到法国去换取 15.5 盎司的白银，然后再将 15.5 盎司的白银运回美国，在美国再购买 1 盎司黄金，还剩下 0.5 盎司的白银，除了弥补运输费用以外，还可以得到一笔利润。如此循环往复，就能获得更多的利润。这样，黄金很快就在美国的流通界消失了，金银复本位制实际上变成了银本位制。

而当美国规定金银的法定比价为 1∶16，法国和其他实行复本位制的国家规定的金银比价仍然是 1∶15.5 时，就出现了相反的情况。人们可以在法国取得 1 盎司黄金，把它输送到美国去换取 16 盎司的白银，然后又将 16 盎司的白银运回法国，在法国再购买 1 盎司黄金，还剩下 0.5 盎司的白银，除了弥补运输费用以外，还可以得到一笔利润。如此循环往复，也能获得更多的利润。这样，白银很快也在美国的流通界消失了，金银复本位制实际上变成了金本位制。

因此，在金银复本位制下，虽然法律上规定金、银两种金属铸币可以同时流通，但实际上，在某一时期内的市场上主要只有一种金属的铸币在流通。银贱则银币充斥市场，金贱则金币充斥市场，很难保持两种铸币同时并行流通。

资料来源：李江，洪青. 2010. 金融学案例教程. 杭州：浙江大学出版社

专栏 1-3

虚拟货币比特币的前世今生

你可能已经注意到最近有很多人在谈论比特币，不仅包括 GigaOM 这样的科技博客，连《经济学人》等老牌媒体也参与进来。甚至连诺贝尔经济学奖获得者保罗·克鲁格曼（Paul Krugman）都认为，这种虚拟货币可能会重现金本位制。那么，比特币究竟是怎么回事呢？

1. 什么是比特币？

比特币是一种分散、匿名的纯数字货币，最近获得了很多关注。但这并不是新的发明——比特币起源于 2008 年。

2. 比特币如何起源？

2008 年，有人用“中本聪”（Satoshi Nakamoto）的化名发表了一篇论文，描述了比特币的模式。短短一年后，这种货币便开始交易和“挖掘”。

3. 比特币来自何处？

你可以用钱买比特币，但也可以勘探和挖掘比特币。

只要用你的计算机寻找 64 位数字即可，通过用你的计算机反复解谜，便可与其他“挖掘者”竞争，生成比特币网络所寻找的数字。如果你的计算机生成了这样一个数字，你就可以获得 25 比特币。

比特币系统是分散化的，而且在单位运算时间内只能产生固定数字的比特币。按照目前的设置，每 10 分钟只能产生 25 比特币。2140 年，比特币的总流通量将达到 2100 万。换句话说，比特币系统是自我维护的，可以避免通货膨胀，而且能够通过加密避免任何人破坏它的代码。

4. 比特币价值几何？

比特币诞生之初，值不了多少钱，1 美元可以买 1309.03 比特币。这几乎不能叫“钱”。不过，比特币最近已经价值一两百美元，你可以通过 Preev.com 网站实时查看比特币的现值。

5. 比特币能否兑换成真钱？

当然可以。你只需要接入比特币交易所即可。目前最流行的一个交易所是 Mt. Gox。该交易所目前只能通过申请接纳新成员，但还有其他几家交易所可选。通过这些交易所，你既可以购买他人手中的比特币，也可以将比特币兑换成真钱。

6. 如何匿名？为何匿名？

比特币之所以匿名，是因为它建立在一套分散的系统之上。比特币完全独立存在，因为没有一套中央机构可以关闭它。

对于不希望在购买某些商品时暴露自己身份的人来说，匿名将非常受用。除了比特币的钱包地址外——这是一串随机的字母和数字——你对其他信息将一无所知。除此之外，没有任何内容可以确定用户身份。对于偏执的人而言，甚至可以创建一个新钱包来避免身份遭泄露，而且完全免费。

7. 比特币能干什么？

毒品、枪支和很多非法物品都已经可以用比特币交易。比特币与生俱来的匿名特性，让人们可以通过互联网购买这些东西，而不必担心暴露身份。

还有很多合法的市场可以接受比特币。例如，Howard Johnson 连锁酒店也愿意接受比特币。BitElectronics 是一家只接受比特币的消费电子商店。

8. 为什么值得关注？

比特币是一种完全匿名的货币传输方式，而且毫无成本。由于它是一种自由货币，而且没有与任何国家关联，因此可以与任何人自由兑换。

9. 比特币合法吗？

简单来说：合法。

与纸币和硬币不同，比特币并不是一种代表价值的实体物品。美国联邦政府目前并不担心比特币，因为它并不像纸币和硬币一样是由政府制造的。

相比而言，1998～2009 年流通的“自由美元”却不一样。这种看似具有官方身份的硬币和纸币导致其创造者伯纳德·冯·诺特豪斯（Bernard von NotHaus）因为“私自制作、支配、销售货币”在 2011 年被判有罪。

10. 从哪里了解更多有关比特币的消息？

现在有很多来源，社交新闻网站 Reddit 上的比特币专栏是个很好的开端，可以随时了解这一领域的现状，也可以查阅“比特币杂志”(Bitcoin Magazine)。

最方便的方式则是阅读《纽约杂志》主笔凯文·罗斯（Kevin Roose）的一篇文章，他在其中描述了购买比特币的经历。

比特币类似 1995 年的互联网。

虚拟货币比特币有些类似互联网，或者说，20 世纪 90 年代中期的互联网，这是一个新奇的事物，来自极客世界，正逐渐被主流社会所认知，然而外界并不清楚比特币体系如何发挥作用，为何能发挥作用，以及为何人们会接受这一体系。

更令人好奇的是，比特币的发明者也不为外界所知，我们只知道他在网上被称做 Banksy。这也像是装置艺术家 JSG Boggs 的一个作品，目的是探索金钱的意义。

外界常常将比特币类比为黄金。与黄金类似，比特币有价值是由于人们想要获得这种虚拟货币。比特币的供应很有限，只有通过“开采”才能生产更多比特币，但开采正越来越难。不过，比特币并非蕴藏在地下矿井，而是存在于全球许多计算机保存的抽象账户中。

比特币的开采是一个纯粹的数学过程。开采新的比特币类似于发现更多素数。小素数很容易被发现，古希腊数学家埃拉托色尼最先提出了一种发现素数的算法。不过，随着数字越来越大，素数的发现也越来越困难。目前，数学家需要使用高性能计算机来寻找新的素数，而他们的成果也得到了数学界的密切关注。

对于比特币，需要发现的并非素数，而是一种数列。当比特币的散列算法应用在这一数列时，能产生特定的模式。一旦实现数列匹配，那么“开采者”就能获得相应的比特币，而在这一比特币用于交易时还能获得手续费收入。随着全球越来越多人尝试开采比特币，比特币资源正越来越少。

此外，随着利用计算机寻找这种模式匹配越来越困难，比特币开采的难度也在提升。考虑到这两点因素，比特币的生产速度越来越慢，所面临的情况也更类似黄金等贵金属。未来某一天，比特币或许将完全无法继续生产，而开采者获得的唯一好处就是交易手续费。

比特币开采的效率可以以“每秒哈希次数（H/s）”来衡量，即每秒能进行多少次匹配运算。基于一定的设置，比特币的生产速度是可计算的。普通计算机可以安装软件来进行这一工作。通常，采用英特尔酷睿 i7 处理器的高端 PC 处理速度达到每秒 670 万次哈希（6.7MH/s）。几年前，这一速度能很成功地发现比特币，但在目前的开采难度下，以这一速度每天只能发现 0.0005 个比特币。换句话说，发现一个比特币就需要数十年。

不过，目前一些高性能计算设备的价格也不是很贵。用户计算机的显卡就可以被用于并行计算，一块显卡的处理单元能达到 1000 个。例如，Radeon 6870 显示芯片的处理速度达到每秒 3 亿次哈希（300MH/s），这意味着每天能发现 0.02 个比特币。不过计算机的耗电情况必须被考虑在内。PC 的功耗通常为 250 瓦，其中显卡就达到 150 瓦。

根据当前的开采难度和电价（每度电 0.15 美元），这样做发现一个比特币的成本为 44 美元。不过，由于发现新比特币的难度太大，因此在开采者发现新比特币之前，其经济效益就需要重新计算。因此，利用 GPU 去开采比特币唯一可行的方式是凭借数据中心中的大量显卡。简单来说，如果你没有在几年前就开始开采比特币，那么现在再去做已经太晚了。

提高运算速度还有另一种方式，即使用 FPGA（现场可编程门阵列，可编程逻辑芯片的一种）。FPGA 与通用处理器不同，是一种订制的可编程电子器件，可以直接在硬件中进行计算。FPGA 的固件开发具有较强的专业性，目前被应用在高频交易和市场的低时延直接访问中。FPGA 的处理速度能达到每秒 8 亿次哈希（800MH/s），但费用更高，每一个这样的装置成本可能达到 1000 美元。

利用 8 个独立的 FPGA 模块构建一个阵列，那么比特币的开采速度将达到每天 0.5 个比特币。根据当前比特币的价格和开采难度，需要 130 多天的时间才能收回成本。不过，目前投资 FPGA 去进行开采将会是亏本生意，新一代的开采硬件已经面市，使其他各种开采方式都相形见绌。

ASIC（大规模专用集成电路）是一类在手机和其他电子设备中常见的芯片。这样的芯片价格昂贵，而芯片设计也需要花费较长时间，例如，几个月到几年。芯片的生产需要专门的生产线。不过，一旦芯片被确认能正常工作，那么大批量生产的价格不会很高。

第一种专门用于比特币开采的 ASIC 芯片于最近面市。Avalon 表示，该公司的第一款此类芯片运算速度达到每秒 650 亿次哈希（65GH/s），能耗为 650 瓦，而价格为 72 个比特币。Butterfly Labs 则表示，即将推出运算速度达每秒 500 亿次哈希（50GH/s）的 ASIC 芯片，价格为 2499 美元。以目前的开采难度，以及每天 3.75 比特币的开采速度，只要 6 天即可找到一个比特币。以当前的比特币兑美元汇率来看，只要 5 天即可收回成本。

基于 ASIC 的比特币开采已改变了比特币经济体系。同样拿黄金作为类比，目前正出现比特币的掘金热，许多人都希望抢在其他人之前找到更多的比特币。不过，随着基于ASIC的比特币开采逐渐普及，开采难度同样也将加大。这正如1849年的加利福尼亚州，矿山设备提供商很可能成为赚钱最多的公司。最终，限制比特币开采的关键因素将是ASIC设备的摊销成本和用电成本。不过考虑到硅片的价格不高，因此ASIC设备成本不会很高。而未来冰岛这样的寒带国家将会是进行比特币开采的优良场所。

目前尚不能判断，对比特币的追捧是否只是傻瓜的游戏。这就像是当年纽约的郁金香投机热潮，但比特币不像郁金香一样会凋谢，或是需要仓储成本。说到底，一种货币是否有用，完全取决于大部分人是否认可这种货币。当然，比特币也可能只是极客的玩笑，就像当年的互联网。

资料来源：新华网 http：//news. xinhuanet. com/info/2013-04/15/c 132309453. htm，2013. 4. 15

第 2 章　信　　用

【教学目标】

通过本章学习，理解信用及其本质，了解各种信用形式的含义及其在社会经济生活中的作用。初步掌握各种信用工具的含义、特征及其功能。

【教学要求】

知识要点	能力要求	相关知识
信用的产生与发展	掌握信用的概念 了解信用的产生与发展过程 了解信用与经济的关系	信用的概念 实物借贷与货币借贷 高利贷信用 信用与经济
信用的形式	掌握信用的基本形式	商业信用 银行信用 国家信用 消费信用 国际信用
信用工具	掌握信用工具的特征 熟悉几种基本的信用工具	信用工具的一般特征 短期信用工具：汇票、本票、支票 长期信用工具：股票、债券

【导入案例】

美国个人信用体系建设及应用情况

在美国普遍使用以商业征信公司为基础的社会信用管理方式，遍布美国的个人征信公司、追账公司等都是从营利目的出发，向社会提供有偿服务，包括资信调查、资信评级、资信咨询、商账追收等，完全实行市场化运作。

在美国，每个人都有一个“社会安全号”SSN（social security number），这个安全号可以把一个美国人一生几乎所有的信用记录串在一起，包括个人的银行账号、税号、信用卡号、社会医疗保障号等都与之挂钩。自 20 世纪 30 年代美国成立社会安全管理局后，联邦政府下令，所有合法公民和居民必须持有有效社会安全号，该号由国家社会安全管理局统一赋予。只要把某个人的社会安全号输入全国联网的计算机，任何人均可查到自己的背景资料，既包括年龄、性别、出生日期等这些自然状况，也包括教育背景，工作经历，与税务、保险、银行打交道时的信用状况，有无犯罪记录等。如果一个人有过不良纳税记录，那么这一记录将永远伴随着他，当他去求职、买保险、买汽车、开公司，几乎无论他做什么，无论他到哪个州，这一污点都无法抹去，他将因此而四处碰壁。

在美国，社会安全号就如同中国的公民身份证号码，每人只有一个，并且终身不变、终身使用。美国是个联邦国家，即使是作为“身份证”的驾驶执照，也是每州不同。所以唯一跟着你一生不变的，唯有社会安全号。很多学校，拿此来做学籍号码。没有它，你只能算是一个社会边缘人，用不了多久，你就会明白许多东西你必须有社会安全号才能享受到。

对消费者信用评估和提供个人信用服务的中介机构，在美国叫信用局，或称消费信用报告机构，专门从事个人信用资料的收集、加工整理、量化分析、制作和售后服务，形成了个人信用产品的一条龙服务。美国的个人信用服务机构实行的是自由的市场运作模式，这些机构都是由私人部门设立的。整个美国有1000多家当地或地区的信用局为消费者服务。但这些信用局中的绝大多数都附属于Equifax、Experian和Trans Union三家最为主要的征信局，或者与这三家公司保持业务上的联系。而这三家征信局都建有覆盖全美国的数据库，包含了超过1.7亿消费者的信用记录，从而在事实上形成三足鼎立的局面。这也构成了美国信用局制度的核心。

美国的信用局制度就个人信用信息的收集、个人信用产品的开发和管理形成了一套科学的体系，其主要包括三个环节：①个人信用资料的收集和登记；②个人信用数据的加工处理和信用评估；③个人信用产品的销售使用。

在美国，几乎每个成年人都离不开信用消费，要申请信用卡、分期付款、抵押贷款等，都需要对消费者的信用资格、信用状态和信用能力进行评价，这种评价集中表现为信用报告。美国的个人信用报告由三大信用机构提供，对个人的借款习惯进行详细记录和分析。

为了达到既保护个人隐私和合法权益，又保证正常信用信息的充分交流目的，美国法律在以下三个方面作出界定：①什么信息属于个人隐私，应当予以保护，什么信息属于正常的信用信息，应当公开并允许征信机构搜集；②如何保证信息的使用目的是正当的，即不能被滥用；③如何保证信用信息的准确性、完整性和及时更新。为了保证消费者的知情权，美国规定任何机构或个人根据征信机构提供的信用报告作出不利于消费者的决定，比如，拒绝消费者的贷款、工作、牌照申请等，必须告知消费者提供该信用报告的征信机构的名称、通信地址和电话号码。

如果有了不良记录，可能没人再愿意贷款给你，这时，信用修复机制会帮你解除顾虑，给你提供建议，包括如何清理、重组债务，如何加强理财，以便分批偿还债务等。还清贷款后再对你观察两三年，如果没有污点，就可以消除记录。

资料来源：李江，洪青. 2010. 金融学案例教程. 杭州：浙江大学出版社

2.1 信用的产生与发展

2.1.1 信用的概念

信用一词有许多不同的意义，在经济学上通常解释为，信用是一种经济上的借贷行为，是以偿还和付息为条件的价值的单方面让渡。与日常生活中的信用是有区别的。我们日常所说的信用的含义包含信任、具有信誉、言而有信、恪守承诺等内容。经济学信用是指不同所有者之间的商品和货币资金的借贷以及赊销预付等行为。

经济学上所讲的信用具有以下特点：①信用是以偿还和支付利息为条件的借贷行为。②信用是价值运动的特殊形式，没有进行对等的交换，是价值单方面转移。在发生信用借贷行为时，借者只有暂时拥有使用货币或商品的权利，所有权仍属于贷者。③信用是发生在不同的经济主体之间的有条件让渡货币或商品的一种经济关系，从属于商品货币经济的经济范畴。

2.1.2 信用的产生与发展

1. 信用的产生

信用产生的基础是商品货币经济。随着商品生产和交换的发展，货币与商品的互换在时间和空间上产生了不一致，出现了货款的延期支付，即商品赊销赊购。这时商品所有者只是将商品单方面转移；当归还价值时，则是货币价值的单方面转移，货币发挥着支付手段的职能。在这种特殊的价值运动中，买卖双方结成了借贷关系，即信用关系，亦是债权债务关系，信用便由此产生了。随着商品经济的进一步发展，为克服商品赊销赊购的局限制，产生了货币形态的借贷。因此，信用产生的客观基础是商品货币经济。它是在商品交换发生延期支付，货币发挥支付手段职能时产生的。

2. 信用的发展

信用随着商品经济的发展而发展，经历了高利贷信用和资本主义信用。

高利贷信用是人类最古老的信用形态。它产生于原始社会解体时期。随着私有制产生以及商品货币关系发展，产生了两极分化。贫困家庭由于受生活所迫，不得不向富裕家庭借贷，同时付出很高的利息。这样高利贷信用就产生了。高利贷信用具有两个显著特点：一是利率非常高。一般情况下年利率达30％以上，有的甚至高达200％～300％。高额利息有时侵吞了生产者必要的生活资料，甚至使生产者本人变为奴隶。二是非生产性。高利贷的对象包括小生产者、奴隶主和封建主。小生产者的经济基础十分薄弱，往往遭受天灾人祸等意外事故打击而被迫借贷；封建主和奴隶主借高利贷主要是为了维持奢侈生活、发动战争等需要。尽管两者的要求和内容不同，但都是将借到货币作为购买手段和支付手段，用于生活消费。

在前资本主义社会，高利贷虽促进了自然经济解冻和商品货币关系的发展，也促进了资本和雇佣劳动大军的形成，为资本主义生产方式形成创造了前提条件。但高利贷的特点决定了它不能创造新的生产方式，反而阻碍资本主义生产方式的发展。高利贷者为获得高额利润，总是竭力保持他们赖以生存的小生产占优势的生产方式。同时，过高的利息率使新兴资产阶级无利可图。因此，就产生了新兴资产阶级反对高利贷的斗争。斗争的焦点是降低利率，使之低于资本平均利润率。斗争结果是新兴资产阶级建立了自己的信用制度，以借贷资本形式取代了高利贷的垄断地位。这样，资本主义信用便产生了。

资本主义信用表现为借贷资本的运动。在产业资本循环周转过程中，一方面会出现资本的暂时闲置，另一方面又会出现对资本的临时需要，闲置资本不能给资本家带来剩余价值。这就与资本的共性产生矛盾。于是贷给那些临时需要补充资本的资本家使用，并收取利息。这样就从再生产过程中游离出来一种独立形态的资本即借贷资本。可见，产业资本循环与周转是借贷资本形成的基础。

随着商品经济的发展，现代信用有了突飞猛进的发展。不仅信用形式多样化，信用工具多样化，而且信用关系已渗透到商品经济生活的方方面面。无论微观经济活动，还是宏观经济活动，都离不开货币信用形式，都需要借助于信用工具。因此，人们通常把现代商品经济称为货币信用经济。

2.2 信用与现代经济

2.2.1 现代经济是信用经济

现代经济是一种信用经济。在现代经济生活中，信用即债权债务关系是一种最普遍的经济关系，经济活动中的每一个部门、每一个环节都渗透着债权债务关系。政府与企业之间，银行与银行之间，企业与企业之间，企业与银行之间，也同样存在着各种各样的债权债务关系。实际上这样的债权债务关系已经成为经济中最重要也是最复杂的经济关系，成为联结经济各部门，如政府、企业、个人最重要的纽带。若这种债权债务关系遭破坏，那么整个经济必然陷入危机的境地。事实上我们现在已经很难在当代经济中找出能够摆脱这种债权债务的部门或个人。经济越发展，债权债务关系越紧密，越成为经济正常运转的必要条件。

在现代经济中，为何债权债务关系变得如此重要？

首先，我们可以从现代经济的基本特征来看，现代经济是以商品生产和商品交换为目的的商品货币经济。商品生产者之间的竞争是十分激烈的。竞争胜负决定商品生产者的命运，而决定竞争胜负的因素在于商品，取决于商品成本和商品质量。降低商品成本的重要途径是进行适度规模生产，提高商品质量则主要靠改进工艺，提高生产技术水平，要做到这一点，就需要有相应的资金投入。如果商品生产者依靠自身积累去达到扩大生产规模和更新设备的目的，那么这样积累过程将是很长的，商品生产者会为此丧失许多优势和机会，处于不利地位。所以现代经济的基本特征就决定了信用是经济发展的最基本的条件。

其次，我们还可以从货币的发展看这个问题。自从金属货币退出流通领域以后，信用货币成为流通中最基本的货币形式。信用货币是在信用的基础上产生的，信用货币的流动既是货币发挥各种职能的过程，同时也是一种信用活动。比如，银行向企业发放一笔贷款，即是银行和企业之间发生了债权债务关系，企业为债务人。从货币流通的角度看，是银行向流通领域投放了货币。同样银行从企业收回贷款，也就是银行回笼资金（货币）。在现代经济社会中，任何人都不可能完全和货币脱离开，或多或少会与货币发生联系，形成各种各样的货币收支，而这些货币最终都是银行的资产和负债，都体现了银行与其他经济部门之间的信用关系。

由此我们可以看出，现代经济是建立在信用基础之上的。信用关系是现代经济中最普遍最基本的关系。过去我们常把既无内债又无外债作为经济发展的标志，这实际上是一种自给自足的自然经济思想的反映。在现代经济中，已经不是承不承认信用关系的问题，而是如何利用信用更好地发展经济问题。

2.2.2 信用对现代经济发展的推动作用

1. 信用保证现代化大生产的顺利进行

社会化大生产是指在现代技术条件下，有适度规模的生产经营。社会分工较细，各企业之间产销衔接，呈现出相互依存关系，构成一个社会运行的有机总体。因而社会化大生产客观上要求各企业必须保持生产的连续性。若是一两个企业的生产连续性遭到破坏，就会影响到社会整体。但实际情况是这种连续性不是自然就有的。相反却存在许多因素（如销售计划未完成，没按期收回货款，生产资金短缺等）影响或阻碍生产的连续性。这样企业必然面临生产困难。企业要想生产继续下去，就必须利用信用，借入资金。所以信用活动可以从资金上为现代化大生产顺利进行提供条件。

2. 信用自发调节各部门的发展比例

平均利润率规律在商品经济条件下是普遍适用的，即要求等量的资本要占有等量利润，但由于种种原因，分布在各部门的等量资本得到利润却不尽相同。有些部门利润低，有些部门利润高。当产品供过于求时，价格下跌，从而利润率低，资本就会被其所有者从该部门抽出，投向供不应求、价格上涨、利润率高的部门。这样供过于求商品生产会减少，供不应求商品生产会增加。各部门的利润率渐渐趋于一致。从而使各部门生产比例趋于合理。利润率的平均化是以资本自由转移为条件的。但是资本在各生产部门之间的自由转移与生产资本固定在特定的自然形态上。它只对同一行业的企业有用，所以生产资本的部门转移有较大困难。信用则可以克服这个困难。通过存款和贷款可以随时转移货币资金的使用方向。实现不同部门之间，不同企业之间的自然转移，导致整个社会利润趋于平均化，从而自然调节各部门的发展比例。

3. 信用可以加速资本周转

在信用制度基础之上产生的信用工具（商业票据、银行债券）代替金属货币流通，甚至用电子计算机代替现金流通，节约了社会流通费用。现代银行信用发展使债权债务可以在银行基础上通过转账结算方式清算，不需要用现金结算。

信用加速了商品价值的实现过程，可以减少商品储存量和与此有关的商品保管费用。如果商业企业必须付现金进货，企业的产品可能卖不出去，或推迟销售；若企业向商业部门提供信用，先把商品转让给商店，等商品销完或有货款时再付款，就可以大大加快产品的销售速度。

4. 信用为股份公司的建立和发展创造了条件

股份公司是一种新型企业组织形式，它不同于以往独资企业或合伙企业。股份公司的资本是通过发行股票方式筹集的。购买股票的人就成为股份公司的股东，股份公司由全部股东所拥有。由于股份公司是面向社会筹集资本，因此它的资本金都比较大。股份公司的出现极大地促进了资本主义经济的发展。马克思说，股份公司的成立，使“生产规模惊人地扩大了，个别资本不可能建立的企业出现了。”“假如必须等待积累去使某些单个资本增长到能够修建铁路的程度，那么恐怕直到今天世界上还没有铁路。但是集中通过股份公司转瞬之间就把这件事完成了。”随着现代经济发展和技术的进步，一个企业要取得成功，首先要有足够资金。股份公司是一种能够聚集大量资金的企业组织形式。因此股份公司在现代经济中的地位也越来越重要。股份公司的产生和发展是与信用制度的发展紧密相连的。股份公司是通过发行股票建立起来的。股票要发行出去，必须有大量的投资者购买股票。即人们都习惯于利用信用方式运用自己的货币资金。同时，股票是没有偿还期的，必须借助于信用方式保持其流通性。这样才使短期资金也能购买股票。信用聚集资本，扩大投资规模的作用通过股份公司的形式也得到了充分的发挥。

2.2.3 信用与泡沫经济

泡沫经济是伴随着信用的发展出现的一种经济现象。在泡沫经济中依靠信用制度造成虚假需求，虚假需求又推动了经济虚假繁荣，导致经济过度扩张。当信用扩张到已无法再支撑经济虚假繁荣时，泡沫就会破灭，并由此引发金融市场的动荡，甚至导致金融危机或经济危机。

信用对经济的积极作用是毋庸置疑的。但是，信用也使经济运转过程复杂化，并可能导致供求脱节。在简单商品生产条件下，生产的规模、市场的供给受生产者实际支付能力的限制。如果生产的产品卖不出去，生产者不能购买原材料，生产就无法继续进行，但在信用制度比较发达的条件下，信用可以创造需求。例如，某种产品的市场需求已经饱和，产品销售不出去，但企业仍然可以通过信用方式获取资金，继续进行生产，造成生产和需求脱节。如果继续发展下去，就会导致经济危机。因此在发挥信用各种作用的同时，必须把握一个适度问题。只要信用活动建立在真实的社会再生产基础之上，信用膨胀和过度投机就能够得到有效的监管和控制，就能够避免出现泡沫经济。

2.3 信用的形式

信用作为一种借贷行为，要通过一定形式表现出来。信用形式就是表现借贷关系特征的形式。信用形式可按不同标准分类。通常以信用主体为标准，把信用划分为商业信用、银行信用、国家信用、消费信用等。以信用提供中是否通过中介机构，把信用划分为直接信用和间接信用。直接信用是指没有中间人参与的、借贷双方直接进行借贷的一种行为，包含商业信用、国家信用、公司信用等。间接信用是通过信用中介机构而间接发生的借贷行为，其特点是借款人和存款人不直接见面，互相也不了解，而是由信用中介替存款人和借款人办理一切信用手续，包含银行信用、消费信用等。

2.3.1 商业信用

商业信用是指企业之间相互提供的，与商品交易直接联系的一种信用。其形式是在商品交易中超前交易和滞后交易下产生的，其基本的形式是赊销和预付。

商业信用的积极作用：

(1) 可以促进卖方的商品销售和买方再生产的及时进行。

(2) 加强企业之间的经济联系，有利于生产和流通的发展。

(3) 发挥企业之间相互监督作用。

(4) 有利于加速资金周转，提高资金使用效益。借者在资金没到位情况下，实现购买，增加资金的来源，扩大生产和流通。贷者既卖了商品，又使闲置的资金投入了生产，增加了利息收入。

商业信用的局限性：

(1) 提供信用规模、数量和方向性上存在一定局限性。

(2) 提供信用期限短。

(3) 受借贷双方了解程度和信任程度的局限，带有一定的盲目性和风险性。

商业信用是直接与商品生产和流通相联系的，是直接为产业资本的循环周转服务的。它更直接、更方便。但其局限性又可能对经济的发展产生不利影响。由于商业信用是在企业之间分散自发进行的，因而带有一定盲目性，不利于资金和物资的集中分配和使用，极可能会被一些企业用来掩盖生产经营管理中存在的问题。因此，对商业信用要加强引导和管理，从而使商品经济发展，资金周转得以顺利进行。

2.3.2 银行信用

银行信用是指银行及其他金融机构，通过货币形式，以存款、贷款、贴现等方式进行的借贷行为。

银行信用与商业信用的区别：

(1) 银行信用所贷出货币资本是从产业资本中分离出的、相对独立的借贷资本。而商业信用处于再生产过程中还未分离。

(2) 银行信用借贷双方中，一方是银行或其他金融机构，另一方是企业。商业信用的借贷双方都是企业。

(3) 银行信用可广泛集中再生产过程中游离出的过剩资本和社会各阶段的货币收入，可向任何一家企业提供。商业信用在借贷数量、方向、期限上受到严格的限制。

因而银行信用与商业信用相比较，有着自身的特点：

(1) 广泛动员社会各方面闲置资金，突破个别企业拥有资金限制，信用规模大大超过商业信用。

(2) 银行信用以货币形态提供不受商品流通方向限制，克服商业信用在方向和对象上的局限性。

由于银行信用这些特点，使银行信用成为现代信用的基本形式。

2.3.3 国家信用

国家信用是以国家或政府为主体所取得或提供的信用，直接影响着国家财政收支，所以又称为国家财政信用。通常由于政府财政收入入不敷出，出现赤字时发生的，是政府弥补财政赤字的一种手段。

国家信用的形式：

(1) 发行国家公债，用于国家大型重点项目投资或较大规模的建设。

(2) 发行国库券，用于弥补国库短期收支差额。

(3) 专项债券，是一种指明用途的债券。

(4) 银行透支或借款。

(5) 向国外借款或在国外发行债券。

现代生活中，国家信用是促进社会主义经济发展的有效措施。它有利于弥补财政赤字，调节货币流通，稳定经济发展；有利于集中重点建设资金；有利于解决社会基础建设资金的需要。

2.3.4 消费信用

消费信用是商业企业、银行和其他金融机构对消费者提供用以满足其消费方面的货币需要的信用。提供信用的对象和债务人与商业信用、银行信用有所不同。消费信用提供的对象是耐用消费品（家具、汽车、电冰箱等），债务人都是购买消费品的消费者。

消费信用主要有两种形式：一种是类似商业信用，由工商企业以赊销方式向消费者提供商品或劳务，或者是以分期付款方式向消费者提供耐用消费品，如汽车等。另一种属于银行信用，由银行直接向购买耐用消费品的个人发放贷款，或者是由银行向提供商品与劳务的工商企业发放贷款。

消费信用可缓和消费者有限购买力对现代化生活需求的矛盾，对生产有一定的促进作用。但消费信用发展需要一定的条件，如银行雄厚的资金实力，市场充足的商品供应等。另外，消费信用的过度发放有可能导致通货膨胀，应遵循适度，适量原则。

2.3.5 国际信用

1. 国际信用的含义

国际信用也叫国际信贷，是指国家（或地区）间发生的借贷行为，它是国际经济关系的重要组成部分，并对国际经济贸易关系有重要的影响。

2. 国际信用的类型

1）国际商业信用

国际商业信用是指出口商用商品形式以延期付款的方式向进口方提供的信用。包括来料加工和补偿贸易。

(1) 来料加工。来料加工是由出口国企业提供原材料、设备零部件或部分设备，在进口国企业加工，成品归出口国所有。进口国企业从原料和设备中扣留一部分作为加工费。

(2) 补偿贸易。补偿贸易是由出口国企业向进口国企业提供机器设备、技术力量、专利、各种人员培训等，联合发展生产和科研项目，待项目完成或竣工投产后，进口国企业可将该项目以产品或以双方商定的其他办法偿还出口国企业的投资。

2）国际银行信用

国际银行信用是进出口双方银行为进出口商提供的信用，分为出口信贷和进口信贷。

(1) 出口信贷。出口信贷是由出口方银行提供贷款解决方资金周转需要。由于在进出口贸易中，交易规模都比较大，买方经常会没有足够的资金偿还出口商的货款，此时，如果出口商以赊销方式提供商品，而不能及时收到货款，就会使出口商的资金周转发生困难，为了鼓励本国出口商增加出口，出口方银行便向进口商（或进口方银行）或出口商提供贷款。出口信贷又分为卖方信贷和买方信贷。

卖方信贷是出口方银行向出口商提供的信贷。买方信贷是出口方银行直接向进口商（或进口方银行）提供贷款。这种贷款是有指定用途的，必须用于购买本国出口商的货物。如果是直接向进口商提供贷款，通常需要由进口国一流银行提供担保。

(2) 进口信贷。进口信贷分两种。一种是由进口方银行提供贷款，解决买方资金需要，以支付本国进口商购买所需要的商品或技术等。另一种是指本国进口商向国外银行申请贷款，如果进口商是中小企业，往往还要通过进口方银行出面取得这种贷款。

不管是出口信贷还是进口信贷，其提供的金额一般只占该项进出口贸易总额的85%，这是因为国际贸易中一般要求进口商要预付15%的定金。

3）政府间信用

政府间信用是指国与国之间相互提供的信用。一般由政府和财政部出面进行借贷，这种借贷利率较低，期限较长，条件较优惠，具有友好往来性质，通常用来非生产性支出。个别附带有政治条件。

4）国际金融机构信用

国际金融机构信用，是指世界性或地区性国际金融机构为其成员国所提供的信用。

全球性国际金融组织包括国际货币基金组织，国际复兴开发银行（世界银行）及其下属的国际开发协会、国际金融公司。区域性金融机构主要有亚洲开发银行、阿拉伯货币组织、泛美开发银行、非洲开发银行等。

国际货币基金组织贷款，是国际货币基金组织向其成员国政府提供的中长期和短期性质的贷款，其目的在于帮助成员国平衡国际收支、稳定汇率和促进国际贸易的正常发展。

世界银行贷款，是指世界银行对其成员国政府提供的长期开发性贷款。目前，它只对发展中国家提供贷款，其贷款领域很广，包括工业、农业、交通运输、电力、电讯、供水排水、教育、旅游、人口计划、城市发展等方面；贷款要专款专用只限于世界银行批准的专门项目。它的贷款规模大，通常在数十亿美元以上；利率低，一般都低于市场利率；期限长，短的几年，长的30年，平均为7年，还有4年左右的宽限期。

国际开发协会贷款，是指国际开发协会对其贫穷的成员国政府提供的长期性贷款。一般期限可长达50年，利率低，只收0. 75%的手续费。国际金融公司贷款是指国际金融公司对其成员国中的私人企业发放的贷款。贷款期限一般为7～12年，宽限期为3年；采用相当于市场利率的固定利率。

区域性国际金融机构贷款，是指区域性国际金融机构为使本地区国家的经济和社会得到发展，对其成员国经济和社会发展项目提供的贷款。我国是亚洲开发银行的成员国，也是非洲开发银行的成员国。

外国政府贷款，是指一国政府利用国库资金向另一国政府提供的优惠性贷款。这种贷款一般是由某一发达国家向某一发展中国家提供，其利率较低，期限较长，具有双边援助性质。但一般贷款金额不大，有一定的附加条件，如规定采购限制，即借款国必须将贷款的全部或一部分用于向贷款国购买设备和物资，有时还带政治附加条件。

2.4 信用工具

2.4.1 信用工具的概念

信用工具是以书面形式发行和流通、借以保证债权人或投资人权利的凭证。

信用工具也叫金融工具，是证明债权债务关系的合法凭证，是资本或资金的载体，借助这个运载工具实现资金或资本由供给者手中转移到需求者手中，它是重要的金融资产，也是金融市场上重要的交易对象。

2.4.2 信用工具的特征

1. 偿还性

大部分的信用工具的债权人或投资人都可按信用凭证所记载的应偿还债务的时间，到期收回本金。另外也可以通过随时出卖转让信用工具而收回本金。商业票据和债券等信用工具一般均注明发行日至到期日的期限，即偿还期。

具体到信用工具的持有者或债权人来说，实际的偿还期应从持有者得到信用工具之日开始计算至到期日止。比如，某种2000年发行的公债债券上注明是2010年到期，从发行之日起算偿还期为10年，但是如果某人2005年购买这种公债，那么对这个人来说，这张公债券的偿还期只有5年。

注意，只有三种信用工具没有明确的偿还期，一是活期存款单，可以随时支取；二是股票，作为一种所有权凭证，没有确定的偿还期；三是英国政府发行的永续公债没有偿还期。

2. 流动性

流动性指信用工具能够迅速变现而不会付出很高的变现成本或者蒙受严重损失的能力。

一般来说，信用工具的持有者可以随时将信用工具在金融市场上进行转让出售，获得现款，收回资金。但是在实际操作中，信用工具转让要受到自身属性和一国或地区的金融市场发达程度的影响。显然能随时转让出售换回现金的信用工具流动性强，更受投资者的欢迎，例如，国库券和银行活期存单等，而在短期内不易脱手的信用工具则流动性较差。信用工具在变卖时要受市场波动影响，要承担较大的风险。一般来说，流动性与偿还期成反比，期限越长流动性越差；流动性与债务人的信用成正比，债务人的信用越好，流动性便越强。

3. 风险性

风险性是指信用工具的本息遭受损失的可能性，也就是说本金和预期收益的安全保证程度。

任何一种信用工具的本金和预期收益都存在着遭受损失的可能性，风险大体上分为两类，一类是信用风险，即债务人不履行契约，不按事先约定归还本息，不履行应尽义务。这类风险的大小，既与债务人的信用有关，也与信用工具的类别有关。如债券、股票风险不相同，普通股与优先股也存在风险差别；另一类风险是市场风险，即市场因种种原因出现波动而导致信用工具下跌的风险。例如，市场利率上升，股票价格会下跌，股票持有者的利益会受到损伤。一般而言，信用工具的风险性与偿还期成反比，与流动性成正比，与债务人的信用及实力成正比。

4. 收益性

信用工具能定期或不定期地给债权人或投资者带来收益。

信用工具的收益有两种。一是固定收益，如债券、存单，在券面上就载明了利率；二是即期收益，如股票，其收益大小没有事先确定，只能取决于发行股票的公司的盈利水平以及股票市场上的价格水平。例如，一张100元的股票在股息为10%，银行利息率为5%的情况下，可卖为200元。这时可以为所有者带来一笔收益，收益的大小通过收益率来反映。

信用工具的偿还性、流动性、风险性、收益性之间呈现一定的相逆关系，某一信用工具在一定情况下很难同时具备上述四个特征。如股票的风险大，债券的风险小，但股票的收益率却较债券要高。因而作为投资者，必须根据自己的投资目的、财务状况、心理承受能力以及对市场的分析预测能力，选择不同的金融工具，形成最佳的资产组合。

2.4.3 信用工具的分类

1. 按发行者的地位分类

(1) 直接信用工具。它是指非金融机构如工商企业、个人和政府发行和签署的商业票据、股票、公司债券、抵押契约等。这些信用工具，是用来在金融市场进行借贷或交易的。

(2) 间接信用工具。它是指金融机构所发行的银行券、存单、人寿保险单、各种借据和银行票据等。这些信用工具，是由融资单位通过银行和信用机构融资而产生的。

2. 按金融市场交易的偿还期分类

(1) 长期信用工具。它也称为资本市场信用工具，如公债券、股票等。

(2) 短期信用工具。它是货币市场上的信用工具，如国库券、商业票据、可转让存单、同业拆借等。

长期与短期划分没有一个绝对的标准，目前一般把 1 年以下期限的信用工具称为短期，1 年以上期限的称为长期。西方一般把 1 年以下的货币市场交易的对象称为“准货币”，这是由于其偿还期短、流动性强、随时可变现而近似于货币之故。

3. 按是否拥有所投资产的所有权分类

(1) 债务凭证。它表明发行者对持有者的负债，到期必须对持有者还本付息。

(2) 所有权凭证。所有权凭证是指持有者获得了一定资产的所有权而非债权，所以无权索要本金，但有权转让，可通过出售证券收回本金。所有权凭证只有股票一种。

如果按发行的地理范围划分，信用工具又有地方性、全国性和世界性之分。

2.4.4 主要信用工具

1. 支票

1) 支票的概念

支票是活期存款的存款人通知银行从其账户上以一定金额付给票面指定人或持票人的无条件支付命令书。

2) 支票的分类

支票按是否记载受款人（收款人）的姓名分为记名支票和无记名支票。记名支票，银行只能对支票上所指定的人付款。此种支票必须经持票人背书银行方能付款。无记名支票，银行可对支票的任何持票人付款。

支票按支付方式可分为现金支票、转账支票和保付支票。现金支票可以用来支取现款。转账支票只能用于转账，不能提取现款，常在票面用两条红色平行线来表示，故又称划线支票、平行线支票或横线支票。保付支票，票面上注明“保付”字样，由银行保证付款，不会发生退票。

注意：支票被存款人从银行提取现款时，只是一种普通的信用凭证，而当支票被用来向第三者支付款项时，它就不再是简单的信用凭证，而是作为代替货币发挥流通手段和支付手段职能的信用货币。由于支票通常不是用于提取现款，而是用以转移活期存款账户上的款项，这样，支票的流通就大大地节约了现金。

经济发展初期，银行券流通比较广泛，以后，随着银行事业的发展，支票流通很快发展起来，而且占有很大比例。在信用制度发达的国家，绝大部分交易和债权债务关系，都利用支票转移存款予以结清。

2. 汇票

1) 汇票的概念

汇票是债权人发给债务人，命令他人支付一定金额给持票人或第三者的无条件支付命令书。汇票按签发单位的不同分为商业汇票和银行汇票。由于汇票是由债权人发出的，必须在债务人承认兑付后才能生效，所以经过承兑的汇票，叫承兑汇票。

2）汇票的特点

(1) 汇票必须注明三个当事人，即发票人、收款人和付款人。发票人自己可以为收款人，也可以指定第三者为收款人。

(2) 汇票经过承兑才生效，这主要指商业汇票的承兑期限由交易双方商定。

(3) 汇票可以转让，即承兑的商业汇票持票人可将未到期的定期汇票向银行办理贴现，或以票据抵押的形式进行融资，也可以在汇票上背书后转让，以便相互抵清债务或采购商品。

(4) 汇票的偿付性，即期汇票见票后立即偿付；远期汇票则要等汇票到期经提示后才能偿付，经提示后如果偿付要求遭到拒绝，则取得拒付证书后，即可向承兑人、发票人、背书人等行使追索权。

(5) 汇票的要式，是指汇票的形式和内容都有一定的法律规定。如在汇票上要注明“汇票”字样，货币金额，发票年、月、日，“三个当事人”及住址，发票人盖章，汇票的付款日期，无条件支付等。

3）汇票的种类

汇票按出票人不同，分为商业汇票和银行汇票。

(1) 商业汇票。商业汇票属商业票据，是银行汇票的对称，由债权人向债务人签发或债务人委托银行签发，经债务人或其委托银行签字承兑，在约定日期由后者支付一定金额给收款人或持票人的一种商业票据。

根据承兑人的不同，商业汇票分为“商业承兑汇票”和“银行承兑汇票”。

商业承兑汇票，是由企业作出承兑的汇票，银行承兑汇票是由银行作出承兑的汇票。两种承兑汇票均可在同城和异地使用。银行承兑汇票以银行信用作保证，大大提高了商业票据的信用能力。

(2) 银行汇票。银行汇票属银行票据，是商业汇票的对称，是指由银行签发的一种汇款凭证，它由汇款人将款项交当地银行，银行收妥款项后，由银行签发给汇款人，持往异地由指定银行办理转账结算或向指定银行提取款项的票据。银行汇票所使用的凭证是汇票委托书和银行汇票结算凭证，其主要规定是：银行签发的汇票一律记名，经背书可以转让，不准涂改和伪造，汇票日期和金额必须大写；银行汇票付款期为一个月，如银行汇票逾期，汇入行不予受理；银行汇票一般用于贸易和非贸易结算、资金调拨以及私人汇款业务；银行汇票可开成即期汇票，也可开成远期汇票。银行远期汇票一般在西方国家和国际贸易中使用。

提问：商业汇票、银行承兑汇票、商业承兑汇票、银行汇票有什么不同？有什么联系？

3. 本票

本票是由出票人签发并在约定日期无条件支付一定金额给受票人的一种信用凭证。本票只有两个当事人，由发票人本人付款，所以本票无需承兑即可生效。

1）按照出票人的不同，本票可分为商业本票和银行本票

(1) 商业本票。商业本票是企业因临时需要，在货币市场上筹措短期资金时发行的一种票据。

企业发行商业本票需经银行、信托公司保证，并交付保证费，以维护票据信誉，保证费用依据企业信用状况决定，商业本票到期，应按票面金额全数偿还。

(2) 银行本票。银行本票是由银行签发的，以出票银行本身为付款人，承诺见票或在票据到期日无条件向受款人支付一定金额的票据。

银行本票的信用建立在发票银行信用基础之上，有信用保证，具有通货作用，所以受到债权人的欢迎。它还可以减少现金的收付、清点工作，极大地提高了金融机构的工作效率，也为个人和日常经济活动提供了方便。

2) 本票的五个特点

(1) 本票是单名票据，只需发票人签名盖章，保证到期即付，属于承诺支付凭证。

(2) 本票是融通票据，发票人发票的目的在于解决短期周转资金需要，与特殊交易行为无关。

(3) 本票是市场票据，在市场上公开发行流通，一般无特定的销售对象。

(4) 本票是无担保票据，其发行流通无担保，完全靠发票人的信誉，因而不是任何人都可以签发的。

(5) 本票也有法定的要式。

4. 债券

债券是由债务人签发的，证明债权人有按约定的条件取得固定利息并收回本金的权利凭证。

债券体现了债权债务关系，债券持有人是债权人，债券发行者是债务人。在债券未到期以前，持有者若需要资金，通常可在流通市场上出售，使之转化为现款。

根据债券发行主体不同，可以分为政府债券、公司债券和金融债券；根据债券的利率是否固定，可以分为固定利率债券和浮动利率债券；根据债券的利息支付方式，可以分为息票债券和折扣债券。

有关债券的具体内容将在第 7 章金融市场中讲述。

5. 股票

股票是股份公司发给股东以证明其投资入股的资本额并有权获得股息的书面凭证，是资本市场上借以实现长期投资的工具。

股票的持有者既是股份公司的股东，也是股份公司的所有者，他们在法律上有参加企业管理的权利。股票持有人无权向企业要求撤回股金，但可以把股票转让（出卖）给他人。股票的发行可以由发行人自行发行或推销，也可以由银行及证券公司包销或代销。

股份企业根据自己的需要，可以发行不同的股票。按股票权益不同，分为普通股票和优先股票；按股票票面是否记名分为记名股票和不记名股票；按票面有无金额记载分为额面股票和无面额股票。

有关股票的具体内容将在第 7 章金融市场中讲述。

【本章小结】

信用在经济学上通常解释为，信用是经济上的一种借贷行为，是以偿还和付息为条件的价值的单方面让渡。经济学上所讲的信用具有以下特点：①信用是以偿还和支付利息为条件的借贷行为。②信用是价值运动的特殊形式，是价值单方面转移。③信用是发生在不同的经济主体之间的有条件让渡货币或商品的一种经济关系，从属于商品货币经济的经济范畴。

信用产生的客观基础是商品货币经济。它是在商品交换发生延期支付，货币发挥支付手段职能时产生的。信用随着商品经济发展而发展，经历了高利贷信用和资本主义信用。

现代经济是一种信用经济。在现代经济生活中，信用即债权债务关系是一种最普遍的经济关系，经济活动中的每一个部门、每一个环节都渗透着债权债务关系。

信用形式是表现借贷关系特征的形式。信用形式可按不同标准分类。通常以信用主体为标准，把信用划分为商业信用、银行信用、国家信用、消费信用等。以信用提供中是否通过中介机构，把信用划分为直接信用和间接信用。

信用工具也叫金融工具，是证明债权债务关系的合法凭证，是资本或资金的载体，借助这个运载工具实现资金或资本由供给者手中转移到需求者手中，它是重要的金融资产，也是金融市场上重要的交易对象。信用工具具有偿还性、流动性、风险性、收益性等几个特征。主要的信用工具有支票、汇票、本票、债券、股票等。

【关键术语】

信用　高利贷　商业信用　银行信用　消费信用　国家信用　国际信用

【复习思考题】

1. 信用有哪些表现形式？各有何特点？
2. 商业信用与银行信用之间的关系是什么？
3. 国家信用的特点及其积极作用有哪些？
4. 汇票、本票有什么不同？
5. 债券与股票的区别有哪些？

专栏 2-1

中国古代的高利贷资本

中国古代社会中存在的一种通过贷放货币或实物以获取高额利息的生息资本。它有独立的资本形式和专业经营，不同于非专业经营的依存于地租和商业资本运动的一般高利贷。

政府高利贷资本。中国很早就出现了高利贷资本，在长时期内是政府经营与民间经营、货币借贷与谷物借贷同时并存。《周礼》中有由国家机关“泉府”贷放货币的记载。以后，著名的官营的生息资本有新莽政权的“五均赊贷”，唐王朝政权的“公廨本钱”，都主要是对城市商人和手工业者的放款。宋代，官营生息资本推及农村，王安石的青苗法就是和预购相结合向农民放款。宋朝以后，民间高利贷资本发展，官府除保留赈贷、常平仓和社仓等非高利贷的借贷之外，以营利为目的的官府生息资本逐渐消失。

民间高利贷资本。民间高利贷资本在春秋战国时就已有相当规模。齐国有一些“称贷之家”，资本多的贷钱“千万”，贷粟“五千钟”；遍布全国，共“出泉三千万，出粟三数千万钟，受子息民三万家”（《管子·轻重》）。民间高利贷资本多由贵族官吏和地主商人等经营，齐孟尝君贷款给薛邑农民，一次收债就“得息钱十万”（《史记·孟尝君列传》）。汉代这种高利贷资本主叫“子钱家”，资本多的能“子贷金钱千贯”（《货殖列传》）。汉景帝时，长安子钱家无盐氏“出捐千金贷”与出征吴楚叛乱的列侯封君，一岁中利息十倍，因而“富埒关中”(《货殖列传》)。南朝梁宗室肖宏，在都城金陵“有数十邸出悬钱立券”，聚钱“千万一库”，多至“三十余间”(《南史》卷五十一)。

唐宋以后，民间手工业特别是小农经济日益发展，高利贷资本遂进一步发展。

首先是典当业。典当(质库)是以借款人提供质品为特征的高利贷资本形式。最早出现于南北朝。《南史·甄法崇传》有寺院经营典当放款的记载。其借贷对象多为工农业小生产者和城市贫民。以后，除寺院、地主、商人外，贵族、官吏亦多经营典当。唐武宗在一个文告中说，“朝列衣冠”、“代承华胄”以及“清途”(士绅)等都“私置质库楼店，与人争利”(《全唐文》卷七十八)。清代和珅拥有当铺多座，资本银达千万两以上。

明清时期，随着商品货币经济的发展，典当除在城镇发展外，还深入农村，并有大规模资本积聚，成为高利贷资本的重要形式。明万历间，浙江乌青镇即有典当九处。清嘉庆间，陕西渭南县贺士英，其父在该县乡间设有质库二处，由他经营后，“岁岁增设，积至三十处，散布于渭南、临潼、蓝田、咸宁、长安数百里之间”(路德:《柽华馆文集》卷五)。

除典当外，商人、地主还以其他形式经营高利贷。“京债”是唐代开科取士后，高利贷资本在城市的新发展，是新任外省官吏赴任前在京师所举借的高利贷款。《旧唐书·武宗本记》有“又赴选官人多京债，到任填还”。清代因卖官鬻爵，赴任借债之风更盛，这些官吏到任之后，对劳动人民的压榨当然会更加厉害。

农村高利贷资本。高利贷资本也在农村发展。唐宋之际陇右水门村“店人”刘钥匙，“以举债为家，业累千金”(《太平广记》卷一百三十四)。清代，山西商人遍布各地，其中许多人经营高利贷，并多在陕西、河北、河南等北方各省活动，专以放债营业。地主在农村放债，本是古老而普遍的现象。随着商品货币经济的发展，地主中遂出现大量经营放债者，形成高利贷资本。明代江苏常熟县任阳镇黄亮功的祖父，因收地租“不若贷粟于人”，就“专以权子母为业”。黄继续经营，“积资巨万，而家益富”(《虞阳说苑》甲编)。清代，这种高利贷资本“仿钱典之例”，发展为“以物质谷”。江西地主“以谷为当本”，多的达到数千石。湖南的这种谷本叫“头谷”或“源头谷”，多的竟“盈万石”。

利息率。高利贷是以利息率高而不划一为特征的借贷。在资本主义社会中，利息率一般低于产业资本的利润率，而在前资本主义社会中，高利贷的利息率则一般要高于土地的剥削率。历代封建政权都颁有法定利率。汉代有列侯因“取息过律”免爵的记载(《汉书·王子侯表》)。但其约束力日微，市场高利贷率一般高于法定利率。生活借贷利率一般高于生产借贷利率。在个别场合，利率特别高。元代的羊羔利，明清的印子钱，都是年利本息相当或利大于本的著名高利贷。随着社会经济的发展，高利贷资金供应增加，为供求关系所决定，市场通行的“常利”趋向降低。这可从法定利率的降低反映出来，唐开元间、宋庆元间均规定私债月息四分，元、明、清三代均规定私债月息三分。高利贷资本的利率，更由于出现竞争，不但在降低，还呈现某种利率平均化的趋向。清代典当和“以物质谷”的利率，在全国范围内一般不超过月息三分，并向江南地区的月息二分取齐。

在封建社会中，高利贷作为封建经济的组成部分，是适应封建制生产方式的条件和需要而形成的。特别是农村高利贷就是以维持小农的再生产而为封建制生产方式服务的。随着商品货币经济的发展，以及利率的降低，清代江苏松江府和苏州府，浙江杭州府、嘉兴府和湖州府，江西鄱阳湖地区，湖南洞庭湖地区的农民，已开始利用“米谷花豆质当”和“以物质谷”进行借贷，或“以济口食”，或“资其工作”，以进行经常性的生产周转。借贷遂由农民为应付天灾人祸的临时救急措施，进一步进入社会再生产过程，成为经常发生作用的环节。

资料来源：中国百科网(http：//www.chinabaike.com/)

专栏 2-2

中国社会信用体系建设概况

2007 年 3 月 23 日，《国务院办公厅关于社会信用体系建设的若干意见》（国办发[2007] 17 号）指出，社会信用体系是市场经济体制中的重要制度安排。党中央、国务院高度重视社会信用体系建设工作。党的十六大、十六届三中全会明确了社会信用体系建设的方向和目标。我国“十一五”规划提出，以完善信贷、纳税、合同履约、产品质量的信用记录为重点，加快建设社会信用体系。2007 年召开的全国金融工作会议进一步提出，以信贷征信体系建设为重点，全面推进社会信用体系建设，加快建立与我国经济社会发展水平相适应的社会信用体系基本框架和运行机制。

截至 2011 年 7 月底，中国人民银行全国统一的企业和个人征信系统已经为 7.9 亿自然人和 1790 多万户企业建立了信用档案。

2011 年 10 月 19 日，国务院常务会议部署制定社会信用体系建设规划。全会提出：“把诚信建设摆在突出位置，大力推进政务诚信、商务诚信、社会诚信和司法公信建设，抓紧建立健全覆盖全社会的征信系统，加大对失信行为惩戒力度，在全社会广泛形成守信光荣、失信可耻的氛围。”会议强调，“十二五”期间要以社会成员信用信息的记录、整合和应用为重点，建立健全覆盖全社会的征信系统，全面推进社会信用体系建设。

2012 年 7 月 25 日中国政府网刊载消息，国务院日前批复国家发展和改革委员会、中国人民银行的请示报告，同意调整社会信用体系建设部际联席会议成员单位和主要职责，确定联席会议牵头单位为国家发展和改革委员会、人民银行，召集人由国家发展和改革委员会主任和人民银行行长担任。联席会议增加中纪委、宣传部、政法委、文明办、高检院、教育部、监察部、民政部、司法部、财政部、农业部、文化部、卫生部、预防腐败局、公务员局、知识产权局、食品药品监管局为成员单位。调整联席会议主要职责增加以下内容：推进政务诚信、商务诚信、社会诚信和司法公信建设；推进信用标准和联合征信技术规范的建立；协调推进政府信用信息资源整合和交换，建立健全覆盖全社会的征信系统，推进信用信息的开放和应用；指导地方和行业信用体系建设，推进有条件的地区和重点领域试点先行；协调推进信用文化建设和诚信宣传工作；承办国务院交办的其他事项。

目前，我国尚无国家层面的信用法律法规，《征信管理条例》依然还在二次公开征求意见中，社会信用体系建设缺乏必要的法律基础，信用服务机构的监管机制也还不完善。由此，完善法律法规建设已成为全民信用体系建设需要迫切解决的基础性工作。

资料来源：新华网（http：//www.news.cn/)

专栏 2-3

国际观察：国际评级机构遭遇“评级”

新华网北京 2012 年 7 月 5 日电：欧盟金融监管当局日前开始对标准普尔、惠誉以及穆迪三大国际信用评级机构进行调查，以确定其对银行的评价流程是否足够严谨和透明。观察人士分析，欧盟在欧洲银行业和主权债务危机继续发酵的背景下发起这项调查，是回应各界呼声之举。这再度引发人们对三大评级机构在欧债危机中扮演的角色以及国际信用评级体系改革的关注。

敏感时期展开调查

此次调查预计将于2012年年内完成。欧盟金融监管当局表示，三大评级机构要想在欧洲继续开展业务，就必须在调查中与监管当局密切配合。

分析人士认为，欧洲证券和市场管理局之所以在此际启动对三大评级机构的调查，其直接原因在于评级机构的一系列行为使欧盟当局颇为不满，尤其是近期的几次降级行动被认为给欧债危机“火上浇油”。

2012年6月21日，穆迪对包括高盛集团、花旗集团、德意志银行和巴克莱银行在内的全球15家银行降级。该机构称，受降级影响的银行可能面临遗留或收购资产组合所带来的风险，或对欧元区债务危机拥有相当大的敞口。仅仅4天后，穆迪又宣布下调28家西班牙银行的长期债券和存款评级，使本已深陷银行业危机的西班牙经济再添阴云。

欧洲证券和市场管理局主席史蒂芬·迈耶尔日前对英国《金融时报》称，大范围降级令人产生评级机构“是否有足够分析资源的担忧”。他同时称，我们不是要影响实际评级，“我们只是要求他们的结论有经济上的道理，而且合乎逻辑。”

另有分析认为，欧洲证券和市场管理局本身是本轮全球金融危机的产物，是欧洲加强金融监管改革的一个组成部分。该局本次调查一方面是为了回应欧洲各界对评级机构的批评，另一方面也是该局对评级市场加强监管的试探之举。

评级机构功过几何

长期以来，评级机构在世界金融体系中举足轻重，其作用主要在于评估风险并决定债券发行人能否向投资人偿付所承诺的本金和利息。无论是政府还是企业，如果没有良好的信用评级就无法进入国际债券市场。评级高低直接影响受评国家或企业的融资成本。

但自2008年源自美国的国际金融危机爆发以来，世界对美国三大公司主导的评级机构批评声不绝于耳。特别是在近两年的欧洲债务危机当中，甚至有人称评级机构是挑起欧债危机的“始作俑者”。他们认为，正是由于评级机构不当地频繁下调希腊主权评级，引起投资者恐慌，从而加剧了希腊债务危机。而在欧元区救助计划进行谈判期间，三大评级机构多次在关键时刻下调欧元区国家的主权信用评级，使本已艰难的谈判陷入僵局。今年法国和希腊大选前后，三大评级机构也频频发声，让很多人质疑其有通过市场左右舆情、绑架政治之嫌。欧盟委员会主席巴罗佐就曾公开表示，评级机构的降级幅度和时机选择有“反欧洲”的倾向。

欧洲政策中心负责人汉斯·马腾斯对新华社记者说，评级机构本应是防止经济失控的重要手段，但是，从它们在金融危机和债务危机中的举动来看，很多时候评级机构已经成为制造市场失控的工具。纽约大学经济学教授劳伦斯·怀特对新华社记者说，在欧洲债务问题上，评级机构的反应往往“慢半拍”。

不过，也有人认为，评级机构在警示风险方面的作用不能一概否认。一些事实证明评级也确实能反映最新的市场动向。比如，在2012年6月21日穆迪对全球15家银行进行降级后一周，银行业就爆发大规模同业拆借利率操纵丑闻。

对于此番欧盟的调查，标普回应称：“作为日常监管程序的一部分，我们期待着向欧洲证券和管理局解释我们为最大限度提高银行评级的透明度、质量和一致性而采取的种种措施。”

评级改革正在推进

金融危机以来，改革国际评级体系的呼声持续不断。

目前国际金融界的现状是：无论是市场投资者、发债者还是监管者，都存在对三大评级机构不同程度的依赖。这种依赖，使得评级机构维持着影响力。

在暂时无法从根本上改变三大评级机构垄断的情况下，一些国家和地区采取了加强监管、让机构做好内部评级等举措。

欧盟委员会于2011年年底就进一步加强评级机构监管推出一项提案，要求评级机构遵循更加严厉的法规，其评级更加透明，并对犯下的错误承担责任。

欧盟委员会在提案中建议增强信用评级的“多元化”，要求企业必须每三年对所聘请的信用评级机构进行轮换。

提案还要求所有结构性信用产品都要接受两家评级机构的评级，同时禁止一家大型评级机构的股东同时成为其他评级机构的股东。另有消息称，欧洲中央银行已在研究是否制定一部针对欧元区主权债券的信用评级规范。

近年来，全球对评级机构毁多誉少。美国圣地亚哥大学公司和证券法研究中心主任帕特诺伊认为，加强对评级机构的监管，关键要限制其权力，这主要是通过减少监管部门对评级的参考程度。

分析人士指出，由三大评级机构占据主导的国际评级体系格局短期很难改变，尽管如此，监管的呼声日益强烈，改革步伐在不断前行。

资料来源：新华网（http：//www. news. cn/）

第 3 章　利息与利率

【教学目标】

本章教学的目的在于使学生了解利息的来源和本质，掌握利率的含义、种类及其功能，正确认识利率的决定因素、影响利率变化的主要因素及其对国民经济的作用。

【教学要求】

知识要点	能力要求	相关知识
利息的来源	了解有关利率来源的不同观点，掌握马克思的利息起源理论，掌握利息的概念	利息的来源 利息的概念
利率的种类	掌握各种利率分类	年利率、月利率和日利率 名义利率和实际利率 固定利率和浮动利率 官定利率和市场利率 短期利率和长期利率
利率的计算	掌握利率计算方法	单利的计算 复利的计算 现值终值计算
利率的决定	掌握各种利率决定理论	古典学派的储蓄投资理论 凯恩斯学派的流动性偏好理论 新古典学派的可贷资金模型 IS-LM 模型利率理论
利率的作用	了解利率对经济的调节作用	利率对经济活动的调节作用具体是通过对储蓄、消费、投资等活动的影响而发挥的

【导入案例】

钱的“价格”：利率

我们把 100 元钱存在银行里，一年后如果银行给我们 105 元钱，则多出的 5 元叫做“利息”，也就是 100 元“生”出来的钱。利息除以本金就是利率，比如 100 元的本金一年“生”出 5 元利息，年利率就是 5%。那么，这个利率是根据什么确定的呢？

货币（钱）也是一种商品，与其他商品一样，有其自身的价格，这个价格就是利率。作为商品，其价格的根本决定因素，是市场供求关系，利率也不例外。同时，利率水平还受其他一些因素的影响，例如，风险程度、贷款期限、借款人的信用状况、市场供求、通货膨胀率以及政策因素等。

我们先来假设一种情景：

假如您是银行的信贷部门经理，某人找上门来要借 1 万元钱。您该对他这笔贷款确定多高的利率呢？换句话说，您需要考虑哪些因素来确定这笔贷款的利率呢？

您最担心的肯定是将来他能不能按时还钱，那么您必须对他（借钱人）进行详细的考察。首先，借钱人借钱做什么？有没有把握赚钱还债？其次，要知道借钱人现在的财务情况：他自己有钱吗？有没有欠债？如果他本来就欠了一屁股债，说不定拿您的钱去还别人的钱，您怎么敢借给他！最后，您还得调查申请人的品质：他到底可不可靠？他以前有没有赖过账？以上这些方面都会影响您这笔贷款偿还的可能性，也就是贷款风险。如果风险小，您要求的利率就得低一点，要不然他找别人借钱了；如果风险大，您肯定要求利率高一点。所以，利率水平受风险因素的影响很大。

您还要考虑的一个问题就是借款期限。因为借款的时间越长，其间发生变故（不确定性）的可能性也越大，所以您要求的利率就应该越高。

除了以上这两个基本问题，还要考虑其他几个因素：首先，愿意提供贷款的银行是多还是少？越多，竞争越激烈，您也只能压低利率；如果很少，您就可以要求他多付些利息。其次，现在和将来的通货膨胀率是多少？高通货膨胀率可是不利于债主的。通货膨胀率越高，您要求的利率就应该越高，因为通货膨胀在让您的钱贬值。再次，利率水平有时还要受到国家政策和法规的影响，比如，中央银行是否规定了最低或最高的存、贷款利率，如果有规定，您也必须遵守。

另外，在全球经济联系越来越密切的今天，一国的利率水平在很大程度上还要受到别国利率水平的影响。利率的种类林林总总，它们共同组成了利率体系，在经济运行中发挥着重要的作用。

资料来源：2007. 金融知识国民读本. 北京：中国金融出版社

3.1　利息与利率概述

3.1.1　利息的产生与本质

1. 利息的产生

利息是与信用密切相连的经济范畴，它是随着借贷行为的产生而产生的。在信用活动中，货币资金的所有者在不改变所有权的前提下，把他所持有的货币资金使用权在一定期限内让渡给货币资金的需求者，到期时，借者不仅偿还借入的货币，而且还必须给货币资金的所有者一个增加额，这个增加额就是利息。利息从狭义上讲是借贷资金的价格，是借贷资金的增值额，对货币贷出者来说，利息是贷款人让渡货币资金使用权而获得的报酬；对货币借入者来说，利息是借款人取得货币资金使用权而付出的代价。利息成为货币资金使用权转让的必备条件。

利息是一个古老的范畴，很早就出现了，在资本主义生产方式出现以前就已经存在，并且存在于极不相同的各种社会经济形态中。今天，我们对于利息产生的确切时间已经无法准确考证，但可以肯定的是，在原始社会解体时期，伴随着货币信用的产生，利息也同时产生了。

利息存在的基础是商品、货币及信用关系。在商品交换发展的初期就有了借贷行为，利息作为一种占有使用权的报酬就已经出现了。当时，以实物形式，如谷物、布匹等进行利息的支付。随着商品交换的进一步发展，利息才以货币形式来计量。真正意义上的利息是资本主义的利息。在资本主义社会中，利息是借贷资本家因贷出货币资本而从职能资本家那里获得的报酬。

目前，我们已经对利息的存在习以为常，但利息到底从何而来？在历史上，许多西方古典经济学者就围绕利息的来源和利息的存在是否具有合理性等问题展开了激烈的争论，并且提出了许多我们今天看来仍然具有价值的观点。

马克思在批判地继承古典经济学派的利息理论基础上建立起了科学的利息理论体系，从而正确地、全面地揭示了利息的产生及其性质。马克思从借贷资本的特殊运动形式的分析中，揭示了利息的来源，分析了利息的本质。

2. 利息的本质

1）西方经济学者对利息本质的认识

利息的本质所研究的问题就是利息究竟来源于何处，究竟反映出什么样的社会经济关系。这些问题很久以前就得到许多学者的关注，并形成了不同的利息本质学说。

租金论。17世纪英国古典政治经济学创始人威廉·配第认为，货币持有人贷出货币就等于放弃了用这笔货币购置土地而能获得的地租，所以他应该获得相应的补偿，即取得利息。因此，利息是由地租所引出的派生形态。由于中世纪地租被看成是自然的，所以威廉·配第也认为利息是自然的、合理的经济现象，不存在剥削与被剥削的关系。

劳动报酬说。英国资产阶级哲学家和经济学家大卫·休谟认为利息是一种劳动报酬。他认为，一些人出利息借货币而使另一些人将自己的劳动和商品贷给别人，这样贷出的人获得利息也是用劳动购买到的。休谟将利息看做是劳动的报酬，而且是贷出者（债权人）的劳动报酬，根本而言，还是混淆了利息的真实来源。

节欲论。英国经济学家西尼尔是“节欲论”的倡导者。按照他的逻辑体系，工人放弃了安逸和休息而去劳动，这就作了牺牲，工资就是这种牺牲的报酬；资本家放弃了个人消费，利润就是对这种牺牲的报酬。借贷资本只是总资本的一部分，利息也只是总利润的一部分，所以利息也是借贷资本家节欲的结果。

利息时差论。奥地利学派的代表人物庞巴维克最早提出利息时差论。他认为，利息是由现在物品与未来物品之间在价值上的差别所产生的。一般情况下，对于现在时间点上的具有一定质量、一定数量的商品而言，消费者可以作出两种选择，一种是现在消费，另一种是推迟消费。现在消费可以给消费者带来消费这一商品所产生的享受，而现在不消费，消费者只能推迟其享受。对于一般消费者而言，消费时间点越提前，越能带来消费的满足感，即消费者不可能推迟消费。那么，要使消费者作出了推迟消费的决策，就必须使他在未来的消费中除了消费前面的商品以外，还要有贴水，即还要有额外的消费。这一额外的消费，就成为消费者暂时让渡某一商品或某一货币给他带来的利息。所以，利息是时间偏好的产物。

流动性偏好说。凯恩斯提出了“流动性偏好说”。他认为利息是在一特定时期以内，放弃货币流动性的报酬。人们对于现金的偏好在于现金虽不能带来收入，但具有高度的流动性。人们偏好流动性主要产生于三种动机：“一是交易动机，即需要现金以备个人或业务上作当前交易之用；二是谨慎动机，即想保障一部分资源在未来之现金价值；三是投机动机，即相信自己对未来之看法，较市场上一般人高明，想由此从中取利。”① 如果一个人手中有现金在手，就可以随时应付这三种动机的需求。企业和商人想取得一定的货币，就必须以支付一定的报酬来诱使公众让渡出一部分货币，而利息就成为人们在一定时期内放

① 凯恩斯：《就业、利息和货币通论》，商务印书馆，1963年版，第145页。

弃这种流动偏好的报酬。

2）马克思对利息本质的论述

马克思的主要观点：

利息直接来源于利润。借贷资本家把货币作为资本贷放出去后，由职能资本家使用。职能资本家要么将它作为产业资本从事生产，要么将它作为商业资本从事流通。两种方式运动的结果，都能生产出利润。生产或流通过程结束后，职能资本家归还所借资本，并把利润的一部分支付给借贷资本家，作为使用借贷资本的报酬。

利息只是利润的一部分而不是全部。马克思指出，借入者是把货币作为资本，作为会自行增值的价值借来的。不过，和任何处在起点上、处在预付那一瞬间的资本一样，这个货币不过是可能的资本。它要通过使用才能够增值，才能作为资本来实现价值。但借入者必须把它作为已经实现的资本，即作为价值加上剩余价值（利息）来偿还，而利息只能是他所实现利润的一部分，不是全部。因为对于借入者来说，借贷资本的使用价值，就在于它会替他生产利润。不然，贷出者就没有必要让渡使用价值。另外，利润也不能全部归借入者，否则，他对于这种使用价值的让渡就什么也不支付了，他把贷款还给贷出者时，就只是把它作为单纯的货币，而不是把它作为已经实现的资本来偿还。因为它只有作为 $G+\Delta G$，才是已经实现的资本。贷出者和借入者双方都是把同一货币额作为资本支付的，但它只有在后者手中才执行资本的职能。

利润不过是剩余价值的转化形态，所以利息只是利润的一部分，也就等于利息只是对剩余价值的分割。在资本主义商品生产条件下，商品的价值（W）由三部分组成：即生产资料的价值（不变资本）c、工人创造的价值中用于补偿可变资本的 v 和工人创造的剩余价值 m，即 $W=c+v+m$。这三部分是商品生产过程中实际消耗的劳动量，但对资本家来说，生产商品所消耗的不是劳动，而只是资本，即生产商品所消耗的是不变资本和可变资本之和，也就是生产费用或生产成本。同时，生产商品实际消耗的成本和资本家预付的总资本，在数量上又是不相等的，因为不变资本通常不会在一年内全部转移到产品中去，而是在若干年内分次转移。由此，预付总资本总是大于生产商品实际消耗的成本。但是，资本家总是把他得到的剩余价值同他的预付总资本相比较，以此来衡量其资本的增值程度。当人们把剩余价值在观念上作为全部预付总资本的产物时，剩余价值便取得了利润的形式。所以，利润和剩余价值实质上是同一物，所不同的是剩余价值是相对于可变资本而言的，而利润则是相对于全部预付资本而言的。剩余价值是利润的本质，利润则是剩余价值的表现形式。利息对利润的分割也就是对剩余价值的分割。

马克思对利息本质的解释与其他许多学者有明显的不同。他认为，从形式上看，利息是借贷资本的价格；从本质上看，利息是利润的一部分，是剩余价值的转化形态。

3.1.2　利率的概念及其种类

1. 利率的概念

利率是利息率的简称，指一定时期内利息额与借贷本金额的比率。它是计量借贷资本增值程度和反映利息水平的数量指标，用公式表示为

$$利率=\frac{利息额}{借贷本金额}$$

2. 利率的种类

利率种类繁多，根据不同的目的，可以从不同角度进行分类。现将主要利率种类介绍如下：

1）年利率、月利率和日利率

年利率是以年为单位计算利息，一般按本金的百分之几表示；月利率是以月为单位计算利息，一般按本金的千分之几表示；日利率是以日为单位计算，一般按本金的万分之几表示。西方国家通常用年利率，而我国则习惯于用月利率。年利率、月利率和日利率可以互相换算，例如，日利率乘以 30 即为月利率；月利率乘以 12 即为年利率。

2）名义利率与实际利率

名义利率是指没有排除通货膨胀因素影响的利率。实际利率是名义利率剔除通货膨胀因素以后的真实利率。由于一般以物价上涨率来代替通货膨胀率，且不考虑利息的贬值因素，则有

实际利率＝名义利率－物价上涨率

判断利率水平的高低，不能只看名义利率，还得考虑物价因素。当物价上涨率高于名义利率时，实际利率就是负数，称为负利率。

在纸币流通条件下，由于货币流通量往往超出实际需要量，通货膨胀很容易发生，所以纸币作为价值符号本身就存在名义价值与实际价值的区别，这样就形成了名义利率与实际利率的区别。总之，在纸币流通条件下，区分名义利率与实际利率具有重要意义。因为借贷双方真正关心的是实际利率，而不是名义利率。只有实际利率才能真实反映借贷资本的利息收益或借贷成本。

通货膨胀率与利率之间的关系最早由美国著名经济学家欧文·费雪提出，这种关系可以用公式表示如下：

$$1+r=(1+R)(1+\pi)$$
$$r=R+\pi+R\pi$$

式中，r 为名义利率，R 为实际利率，π 为预期通货膨胀率。当预期通货膨胀率处于一般水平时，乘积项 $R\pi$ 会很小，计算时通常忽略不计，因此：

$$r=R+\pi$$

习惯上，$r=R+\pi$ 式被称为费雪效应，它表明名义利率能够足以补偿贷款人到期收到的货币所遭受的预期购买力损失。即贷款人要求的名义利率要足够高，使他们能够获得预期的实际利率，而要求的实际利率就是社会中实物资产的经营报酬加上给予贷款人的风险补偿。费雪效应意味着物价水平上升时，利率一般有增高的倾向；物价水平下降时，利率一般有下降的倾向。

3）固定利率与浮动利率

固定利率是指在整个借贷期间内利率不随借贷资金供求关系和物价水平的变动而变动的利率。它一般由借贷双方确定，适用于短期借贷或者是在市场利率较稳定的情况下使用。固定利率的最大特点是一次确定、借贷期内固定不变、方便易行、便于计算。其缺点是灵活性差，不能防范市场风险，不适用于中长期借贷，特别是在通货膨胀日趋普遍化，市场不确定性增强的时代，实行固定利率会给债权人带来损失。因此，越来越多的借贷活动中采用浮动利率。

浮动利率又称可变利率，是指在借贷期限内利率随市场资金供求关系和物价水平的变化而定期调整的利率。调整期限和调整时作为基础的市场利率的选择，由借贷双方在借贷时议定。例如，欧洲货币市场上的浮动利率，调整期一般为三个月或半年，调整时作为基础的市场利率大多采用伦敦市场银行同业间三个月或半年的同业拆借利率。浮动利率一般在借贷期限较长、市场利率多变的情况下使用。由于实行浮动利率可以经常调整，所以借贷双方承担的利率变化风险较小，利息负担也较公平，但是，计息较麻烦，特别是借款人在计算利息成本时比较困难。不过，在当前物价不稳、市场利率多变的情况下，浮动利率还是科学可行的。西方国家的中长期贷款多采用浮动利率。

4）市场利率、官定利率与公定利率

市场利率是在借贷资金市场上由货币资金供求关系决定的利息率。它既包括借贷双方在借贷市场上直接融通资金时形成的利率，也包括在证券市场上买卖各种有价证券时的利息率。市场利率最接近货币价值变动的界限，能比较客观真实地反映货币资金供求状况。一般来说，当资金供大于求时，利率呈下降趋势；当资金供小于求时，利率则呈上升趋势。不过，影响资金供求状况的因素是十分复杂的，因而市场利率变动十分灵敏。

官定利率是指一国政府金融管理部门或中央银行确定的，要求强制执行的各种名义利率。在现代经济中，利率作为国家调节经济的重要杠杆，国家不能不对利率水平进行必要的干预，于是就出现了官定利率。官定利率是中央银行按照货币政策的要求直接确定的，是中央银行进行宏观调控的重要工具。例如，中央银行的再贴现利率就是典型的官定利率，中央银行有时还直接规定商业银行的利率最高限，以及对商业银行的存贷利率规定各种限制措施等。目前我国中央银行确定并公布的利率都是官定利率。

公定利率是由政府部门的民间金融组织银行、公会等确定的利率。对会员银行有约束作用，对非会员银行则没有约束作用。

5）基准利率、普通利率与优惠利率

基准利率是指在多种利率并存的条件下起决定作用的利率。当它变动时，其他利率也相应发生变化。因此，了解这种关键性利率水平的变动趋势，也就了解了全部利率体系的变化趋势。在初期，基准利率是由市场活动的结果自发形成的，后来，随着经济的发展，基准利率则由政府或金融管理当局决定。在西方国家，一般以中央银行的再贴现利率为基准利率。在我国，1984 年前国家银行确定的利率起基准利率的作用。1984 年中央银行体制确立后，中国人民银行对各专业银行和其他金融机构的存贷款利率定为基准利率。

普通利率是指商业银行等金融机构在经营存贷款业务过程中，对一般客户所采用的利息率，不具有优惠性质。其水平的高低由决定利率水平的一般因素决定，不附加特殊条件。因此，它是使用最为广泛的利率。

优惠利率通常是指银行等金融机构发放贷款时对某些客户所采用的比一般贷款利率低的利率。西方国家商业银行对资信最高并且处于有利竞争地位的大客户发放短期贷款时，采用低于其他企业贷款利率的优惠利率；对其他客户的放款利率，则采用普通利率，即比优惠利率高的利率。我国为了鼓励某些银行的发展，同时考虑到某些地区、行业和企业的承受能力，曾先后对粮油、能源、原材料、通信等行业的贷款实行比一般贷款利率低的优惠利率。

6）短期利率与长期利率

短期利率一般指融资期限在一年以内的利率，包括期限在一年以内的存、贷款利率和各种短期有价证券利率。短期利率变动风险小，利率水平相对较低。

长期利率一般指融资期限在一年以上的利率，包括期限在一年以上的存贷款利率和各种长期有价证券利率。长期利率变动风险较大，利率水平较高。

长期利率水平一般高于短期利率水平，这是就总体情况来说的。但在不同种类的信用行为之间，由于有种种不同的信用条件，也不能简单对比。长期利率与短期利率在反映资金市场供求的灵敏度及对资金供求影响方面是有所不同的，因此，中央银行往往以长期利率作为货币政策中介目标，而以短期利率作为货币政策的操作目标或工具。

3. 利率体系和结构

1）利率体系

依据各种不同标准划分的利率种类适用于研究不同的利率问题。在同一经济运行体中存在着多种多样的利率，但各种利率并不是孤立的，而是一个相互制约、彼此影响、密切相连的利率体系。

利率体系是指在一个经济运行体（如国家）中存在的各种利息率互相联结而成的有机系统，主要包括利率结构和各种利率之间的传导机制。由于世界各国的政治、经济制度不同，经济运行的条件不同，因而利率体系各有特色。就一般情况而言，利率体系结构主要包括中央银行利率、商业银行利率和市场利率。中央银行利率对商业银行利率和市场利率具有重要的宏观指导和调节作用，甚至中央银行调整利率的意图都对商业银行利率和市场利率产生直接影响，因而人们一般把中央银行利率称为基准利率。商业银行利率和市场利率灵敏地反映着资金供求状况，因而是中央银行调整利率的指示器。

在实际工作中，中央银行把市场利率作为货币政策的中间目标，依此监测货币政策的执行情况，并根据市场利率的变动情况相应采取调节措施，其中包括调整中央银行利率。各种利率之间的传导是通过两条途径进行的：一是中央银行调整对商业银行和其他金融机构的再贴现（再贷款）利率，影响银行的存贷款利率，进而调节金融市场的货币资金供求状况，使市场利率朝着中央银行的调节目标变动；二是中央银行直接在金融市场上买卖有价证券，吞吐基础货币，通过调节货币资金供求状况来调节商业银行利率和市场利率。因此，西方发达国家的利率体系大都是以市场利率为基础，以中央银行利率为核心，以商业银行利率为主体的，能够充分反映市场资金供求状况，并具有灵活、有效传导机制的利率体系。

我国在高度集中计划体制下，实行的是以国家计划利率为主体，以行政直接管理为特征的利率体系。目前，随着社会主义市场经济体制的建立和金融改革的深化，利率改革也在加快进行，以改革旧的利率体系，建立新的适合社会主义市场经济体制要求的利率体系。

2）利率结构

利率结构是指同一利率体系内部各类利率之间的相互关系。由于现实经济生活中利率种类繁多，结构复杂，必须进行分类方可深入研究。西方经济学者对利率结构大体从四个方面来研究。

（1）期限利率结构。以债权债务到期日为分类标准，不同的到期日债券的收益率和流动性有很大的区别，承担的风险不同，收益也不同，从而形成以期限为依据的利率结构。期限利率结构是最主要的一种利率结构。

（2）资信差别利率结构。由于各种上市证券的发行者和银行贷款对象的资信能力不同，因而每一种证券、每一笔贷款的利率都是不同的，从而形成以资信能力为依据的利率结构。

（3）管理利率结构。每家银行的每项筹资或放款，由于管理方式、管理水平的差异，其成本是不一样的，因而利率也有差别，从而形成以管理成本为依据的管理利率结构。

(4) 银行经营利率结构。银行作为经营货币信用业务的特殊企业，从存贷款利差中获得收益，用款企业和个人存款者也有从占用或存入货币中获益的要求，从而形成经营利率结构。

此外，还有按利率管理层次和管理方式不同而形成的利率管理结构，由于经济发展不平衡而形成的地区利率结构等。

3.1.3　利息的计量

1. 单利计算和复利计算

利息的计量方法有两种：即单利计息和复利计息。

单利是指在计算利息额时，不论期限长短，只按本金计算利息，所生利息不再加入本金重复计算利息。其计算公式为

$$I=P\cdot R\cdot n$$

式中，I 为利息额；P 为本金；R 为利率；n 为时间。

在现实生活中，我们经常会计算本利和，用 S 表示本利和为

$$S=P+I=P+P\cdot R\cdot n=P(1+R\cdot n)$$

$$S=P(1+R\cdot n)$$

例如，A 银行向 B 企业放一笔为期 5 年、年利率为 10％的 100 万元贷款，则到期日 B 企业应付利息额与本利和分别为

利息 $I=P\cdot R\cdot n=100\times10\%\times5=50$（万元）

本利和$=100\times(1+10\%\times5)=150$（万元）

单利计算法通常适用于短期借贷。

复利是指计算利息时，要按一定期限（如一年），将所生利息加入本金再计算利息，逐期滚算，利上加利，其计算公式为

$$\left.\begin{aligned}S&=P(1+R)^n\\I&=S-P\end{aligned}\right\}$$

式中，S 为本息合计；I、P、R、n 与上式相同。

在上例中，若其他条件不变，用复利计算 B 企业到期日应付利息额与本利和分别为

$$I=S-P_{\mathrm{I}}=100[(1+10\%)^5-1]=61.051\text{（万元）}$$

$$S=P(1+R)^n=100(1+10\%)^5=161.051\text{（万元）}$$

复利计算通常适用于长期借贷。长期以来，我国银行存、贷款利率一般只用单利，其主要原因是用单利计算比较简单，有利于减轻企业的利息负担。其实，短期借贷可用单利计算利息，长期借贷一般应以复利计算利息，因为复利计算比单利计算更注重资金的时间价值，有利于发挥利息杠杆的调节作用和提高借贷资金的使用效率，加速资金的周转。

2. 现值和终值

在已知本金、借款期限和未来付款额等要素的条件下，如何计算利率呢？在说明这一问题之前，让我们先引入终值和现值这两个概念。

终值是指一笔资金按照一定的速度增值，且增值额始终自动加入本金的条件下，在未来

某一时点上的价值。而现值则是未来某一时间的终值在现在的价值，它与终值正好相反。下面我们分别加以说明。

一般情况下，在利息不断作为资本追加条件下，初始本金的终值计算公式是：

$$F=P\cdot(1+i)^n \tag{1}$$

式中，F 为生息资本终值；P 为生息资本的当前值或现值；i 为复利情况下的利率；n 为资本的到期年限。而现值的计算公式为

$$P=\frac{F}{(1+i)^n} \tag{2}$$

其中与上式表示意义不同的是：$1/(1+i)^n$ 被称为贴现因子，利率 i 也称为贴现率。

将已知条件代入上式，就可计算出相应的利率，例如，假定 100 元贷款在 5 年后一次支付本息 161.05 元。把已知数据代入公式（2），得到：

$$100=\frac{161.05}{(1+i)^5}$$

经计算得　$i=10\%$

这说明该贷款 5 年内的年平均利率为 10%。

如果债券或其他债务工具有在将来分期付息要求，若想合理估算它们的现值，就需要贴现。贴现的一般情形是，一项投资利率为 i，分期还本付息，第 1 年的本利和为 F_1，第 2 年的本利和为 F_2，…，第 n 年的本利和为 F_n，而 n 年后还有 J 元的剩余值，则这项投资的现值为

$$P=\sum_{k=1}^{n}\frac{F_k}{(1+i)^k}+\frac{J}{(1+i)^n}$$

3.2　决定和影响利率的因素

依据马克思对利率决定的科学论述，从现实角度考虑，决定利率水平的因素有以下几个方面。

3.2.1　平均利润率

在资本主义制度下，利息是对剩余价值的分割，剩余价值的转化形式是利润，因此，利息只是利润的一部分，利息率要受平均利润率的约束。在社会主义制度下，利息也是从利润中来。为保证借款企业能以收抵支后还有剩余，利息也只能是利润的一部分，利息率也必须受平均利润率的制约。约束利息率的不是单个企业的利润率，而是一定时期内一国的平均利润率。这是因为利息率具有一种统一的特征，即使是市场利率，也存在着趋同的趋势。

3.2.2　银行成本

银行作为经营存款、放款、汇款等金融业务的特殊企业，直接以利润为经营目标。银行要赚取利润，就必须讲究经济核算，其成本就必须全部通过其收益得到补偿。银行的成本主要有两类：一类是借入资金的成本，即银行吸收存款时对存款人支付的利息。另一类是业务费用。银行要经营业务，必须拥有房屋、设备等固定资产，必须雇用劳动力，在经营业务过程中，也要花费必要的费用支出，等等。因此，银行在确定利率水平时要给予足够的考虑。

3.2.3　通货膨胀预期

在预期通货膨胀率上升期间，利率水平有很强的上升趋势；在预期通货膨胀率下降时，利率水平也趋于下降，可贷资金模型可以解释这种现象。假定近几年来通货膨胀相对温和，通货膨胀率只有 2%，此时可贷资金的供给和需求曲线用图 3-1 中的 S_{LF}^1 和 D_{LF}^1 表示，均衡点为 A，均衡利率为 i_1。

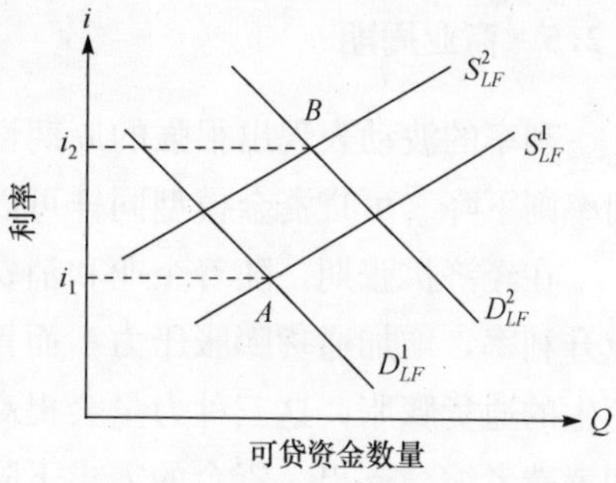

图 3-1　通货膨胀预期与利率关系

如果假设现在的通货膨胀率每年上升 6%，并且公众预期这种通货膨胀仍将持续一段时间。在这种情况下，可贷资金的供给曲线会向左移动，而需求曲线则会向右移动，均衡利率水平将会上升。因为对持续 6%的通货膨胀预期，将会使本金预期的实际价值减少而遭受损失，资金供给者为了避免损失，往往会选择股票、黄金和其他贵金属、不动产等被认为能比债券工具更有效抵御通货膨胀的资产，使可贷资金的供给减少，供给曲线向左移动。同时，预期通货膨胀的上升会刺激借款的意愿和投资的增加，使可贷资金的需求增加，需求曲线向右移动。

由于预期通货膨胀率上升，使可贷资金的供给减少而需求增加，所以均衡点由图 3-1 中的 A 点移动到了 B 点，可贷资金的均衡价格（利率）上升。如果金融市场是一个不受控制的完全竞争性市场，那么利率将从 i_1 上升到 i_2。这种预期通货膨胀变化引起利率水平发生变动的效应称为费雪效应，它是以最先发现利率与预期通货膨胀关系的美国著名经济学家费雪命名的。

3.2.4　中央银行的货币政策

中央银行通过运用货币政策工具改变货币供给量，来影响可贷资金的数量。当中央银行想要刺激经济时，会增加货币投入量，使可贷资金的供给增加，这时可贷资金供给曲线向右移动；利率下降，同时会刺激对利率敏感项目如房地产、企业厂房和设备的支出。当中央银行想要限制经济过渡膨胀时，会减少货币供给，使可贷资金的供给减少（供给曲线向左移动）；利率上升，家庭和企业的支出受抑制。

货币供给增加对利率水平的影响有三种方式：流动性效应、收入效应和通货膨胀预期效应。首先，货币供给量的增加将使经济中的流动性变大，引起利率水平下降（流动性效应）。其次，从刺激经济的效果开始出现，到产出和收入的上升，资金需求增加，最终拉动利率水平上升（收入效应）。最后，在实行增加货币供给量的政策时，会提高社会公众和投资者的通货膨胀预期，利率水平将由于费雪效应（通货膨胀预期效应）而上升。如果金融市场对通货膨胀的敏感性较高，并且货币供给量是通货膨胀的主要诱因，实践证明较快的货币增长率会推动长期利率快速上升。也就是说，在造成高利率水平的因素中，通货膨胀预期效应有时候比流动性效应的作用更大。通货膨胀预期效应对长期利率的影响效果大于对短期利率的影响，而短期利率受其他因素，如商业周期和银行体系流动性的影响更大些。

总之，中央银行的货币政策对短期利率的影响作用大于对长期利率的影响，而后者主要受预期通货膨胀的影响，当中央银行首先向银行注资以刺激银行贷款增加并降低利率时，大部分效果显示短期利率将发生变化。由于货币供给量增加将提高预期通货膨胀率，费雪效应可能导致长期利率的上升。所以，在金融市场与通货膨胀预期高度相关时，中央银行对利率水平的影响就显得非常复杂。

3.2.5　商业周期

利率的波动表现出很强的周期性，在商业周期的经济扩张期利率上升，而在经济衰退期利率则下降。可贷资金模型同样可以很好地解释利率变动的周期性。

在经济扩张期，随着企业和消费者借款增加，资金的需求会迅速上升；同时，费雪效应拉升利率，增加通货膨胀压力，而且中央银行可能会采取某些限制措施以抵消经济增长可能产生的通货膨胀，这三种力量会提高利率水平。在经济衰退期，会发生相反情况：随着企业和消费者缩减支出，资金的需求下降，通货膨胀压力减轻，中央银行也开始增加可贷资金供给，这三种力量又会降低利率水平。

事实上，利率的周期性波动远比上述描述复杂得多。在经济复苏的初期，使利率升高的动力是比较温和的。因为随着企业存货和运营资本的增加，企业和政府债券的发行数量及信贷需求将会增加，同时税收也相应增加，这些因素使利率在经济复苏的第一年或前两年在低位徘徊甚至继续下降。在可贷资金市场的供给方面，由于失业人数减少和工资收入增加，储蓄将会增长，盈利和利润留成也会同时增加。可是在循环的初期仍存在着相当多的失业和过剩生产能力，银行仍会采取刺激性的货币政策，增加货币供给，而此时的预期通货膨胀率是非常低的，所以在复苏初期的一、二年内使利率上升的动力比较小。

在循环扩张的中、后期，利率上升的动力明显增强。因为生产能力利用率的提高和产品销售与盈利的增长，会使企业投资和资金需求达到高潮。消费者的信心也随失业率的降低、工资收入的增长而大大加强，从而导致耐用消费品及住房信贷购买的增加，可贷资金的需求将会迅速增加。同时，预期通货膨胀率也随通货膨胀压力的增强而急剧上升。上述因素将使利率在经济循环扩张的后期强劲上升。

3.2.6　借款期限和风险

利息率随借贷期限的长短不同而不同。通常，借贷期限愈长，利率愈高；反之则愈低。从存款方面来看，存款期限愈长，资金就愈稳定，银行愈能有效地加以运用，赚的利润也愈多，银行就可以付给存款人更高的利息。从贷款方面看，借贷期限愈长，所冒风险就愈大，银行所受到的机会成本损失也就愈大，银行理应按更高的利率收取更多的利息。同时，借贷资金的贷出是以偿还为条件的暂时让渡。资金从投放到收回总是需要一定时间的，在借贷资金的运动过程中，由于各种不能预测因素的出现，可能存在多种风险，如因借款人破产、逃走等，从而使借贷资金收不回来或不可能完全收回的风险；因物价上涨而使借贷资金贬值的风险；当更有利的投资机会出现，而已贷放出去的资金又收不回来时，贷款人要承受机会成本损失的风险，等等。

3.2.7　借贷资金供求状况

在资本主义制度下，平均利润率等因素对利息率的决定和约束作用是从总体上讲的，但市场利率的变化在很大程度上是由资金供求状况决定的，市场上借贷资金供应紧张，利率就会上升，反之则会下降。在社会主义市场经济体制下，尽管利率不全由资金供求状况决定，但也要充分考虑资金供求状况对市场利率的影响。

3.2.8　政府预算赤字

如果其他因素不变，政府预算赤字与利率水平将会同方向运动，即政府预算赤字增加，利率则会上升；政府预算赤字减少，利率则会下降。由可贷资金模型可知，政府负债的增加，会使可贷资金需求曲线右移，均衡利率水平上升，并且较大规模的预算赤字将会引起通货膨胀预期，产生费雪效应，拉动利率上升。

3.2.9　国际利率水平

在国际市场逐步形成、国际经济联系日益加强的时代，国际利率水平及其变动趋势对一国利率水平具有很强的“示范效应”。国际利率具有很强的联动性，或者说，利率在国际上具有严重的“传染性”。这是因为随着对外开放领域的拓宽和程度的加深，国际市场上“一价定律”的作用、借贷资本自由流动的本性和国际商人套利的天性，使得利率的国际影响愈来愈强，即使不经过汇率的折算，各国利率也有“趋同倾向”，至少在联系比较紧密的国家之间是如此。

3.3　西方利率决定理论

3.3.1　古典学派的储蓄投资理论

这一理论也称为真实利率理论，它建立在萨伊法则和货币数量论的基础之上，认为工资和价格的自由伸缩可以自动地达到充分就业。在充分就业的水准下，储蓄与投资的真实数量都是利率的函数。这种理论认为，社会存在着一个单一的利率水平，使经济体系处于充分就业的均衡状态，这种单一利率不受任何货币数量变动的影响。古典学派认为，利率取决于储蓄与投资的相互作用。储蓄(S)为利率(r)的递增函数[$S=S(r)$]，投资(I)为利率的递减函数[$I=I(r)$]。当$S>I$时，利率会下降；反之，当$S<I$时，利率会上升。当储蓄者所愿意提供的资金与投资者所愿意借入的资金相等时，利率便达到均衡水平，此时的利率即为均衡利率。古典学派的利率决定理论的核心是储蓄等于投资，即$S(r)=I(r)$。

3.3.2　凯恩斯学派的流动性偏好理论

这一理论认为，货币影响利率，但利率与实质因素（忍欲和生产率）无关。它抨击古典学派的利率理论，认为它误认利息为使用货币的代价，而实际上利率是由货币的供给与货币的需求两种因素共同决定的。货币供给是外生变量，由中央银行直接控制，货币需求则是一个内生变量，由人们的流动性偏好决定。而人们流动性偏好的动机有三个：交易动机、谨慎动机和投机动机。其中，交易动机和谨慎动机与利率没有直接的关系，而与收入成正比关系，投机动机则与利率成反比关系。如果以L_1表示为交易动机和谨慎动机而保有货币的货币需求，以L_2表示为投机动机而保有货币的货币需求，则$L_1(y)$为收入y的递增函数，$L_2(r)$为利率r的递减函数。货币总需求量$L=L_1(y)+L_2(r)$。再以M_1表示为满足L_1的货币供给量，以 M_2 表示为满足 L_2 的货币供给量，则货币供给量 M 即为 $M=M_1+M_2$。凯恩斯认为，均衡利率就取决于货币需求与货币供给的相互作用。如果人们的流动性偏好加强，货币需要量大于货币供给量，利率就会上升；相反，当人们的流动性偏好减弱，货币需要量小于货币供给量时，利率便会下降。当人们的流动性偏好所决定的货币需要量与货币管理当局所决定的货币供给量相等时，利率便达到均衡水平。

3.3.3 新古典学派的可贷资金模型利率理论

可贷资金模型经常被经济学家和金融分析家用于预测利率水平。在该模型中，利率被定义为取得借款权或可贷资金使用权而支付的价格。市场中的借款人是社会上的负债消费方或债券发行人，为超出他们当年的收入或手持现金的那部分支出而融资；在市场的另一方面，是试图购买金融债权而获取收益的可贷资金供给者，表 3-1 列出了可贷资金的供给和需要量。

表 3-1 可贷资金的供给和需要量

供给来源	需求来源
个人储蓄	家庭超收消费来源
商业储蓄	企业投资
政府预算盈余	政府预算赤字
货币供给增加	国外向国内的借款
国外对国内的贷款	

从表 3-1 中可以看出，家庭、企业、政府部门以及国外经济实体构成可贷资金市场的供求双方，家庭通过个人储蓄成为可贷资金的主要来源，但他们也通过消费信用购买耐用消费品和房屋等成为资金的需求者。企业储蓄构成可贷资金的另一来源，同时对厂房、设备以及存货的投资又产生了对可贷资金的需求。中央政府和地方政府以银行存款购买债券以及其他方式向市场注入盈余资金，提供可贷资金。另外，政府的预算赤字又产生了对可贷资金的需求，国外贷款是国内的资金来源，而国外借款则意味着对国内资金的需求。

图 3-2 中，S_{LF} 和 D_{LF} 分别表示可贷资金的供给与需求函线，可贷资金供给曲线(S_{LF})是一条向上倾斜的利率函数曲线。古典经济学家认为，利率是放弃当前消费而进行储蓄的一种激励。储蓄意味着个体以未来的消费替代当前的消费。利率越高，通过放弃当前消费而进行储蓄获得未来消费的数量越多。同时利率的上升，使银行愿意提供更多的贷款。此外，国内利率上升，可以把国际金融市场中的资金吸引到国内市场，增加可贷资金的供给。因此，S_{LF} 曲线是向上倾斜的。

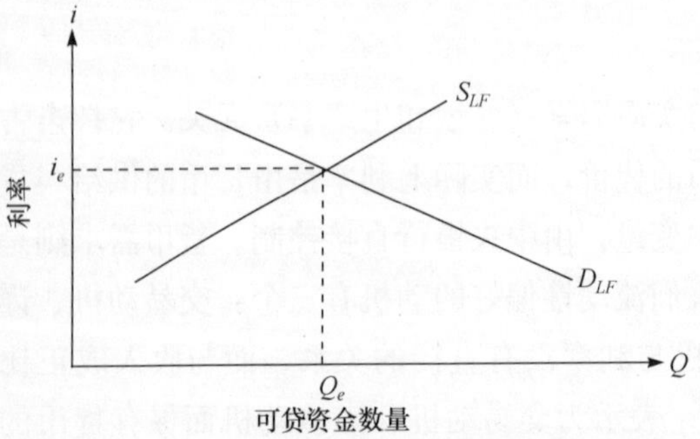

图 3-2 通货膨胀预测与利率关系

可贷资金的需求曲线(D_{LF})是向下倾斜的，因为利率的下降会引起当前消费和投资的增加，从而刺激融资项目支出的增加。另外，利率的下降还会增加国外经济实体对国内的借款。

由图 3-2 可知，市场利率是由可贷资金市场中的供求关系决定的，任何使供给曲线或需求曲线产生移动的因素都将改变均衡利率水平。需求增加（D_{LF}曲线向右移动）或供给减少（S_{LF}曲线向左移动）将使均衡利率上升；而需求减少（D_{LF}曲线向左移动）或供给增加（S_{LF}曲线向右移动）将使均衡利率下降。具体而言，从供给方面看，个人的储蓄行为将增加可贷资金的供给，引起利率下降。中央银行货币供给量的增加同样可以增加可贷资金的供给，使利率降低。从需求方面看，消费者和企业的消费或投资信心下降，会导致消费者信贷购买和企业投资的减少，从而使可贷资金的需求减少，引起利率的下降；征收收入所得税或为平衡大量的政府预算赤字而减少政府支出，将会降低政府对资金的需求，使D_{LF}曲线左移并拉动利率下降。

3.3.4　IS-LM 模型利率理论

IS-LM 模型是由英国著名经济学家希克斯首创，而后由美国的凯恩斯主义者汉森补充和发展而成的，它从商品市场和货币市场的全面均衡状态阐述了利率的决定机理。

希克斯认为，凯恩斯的流动性偏好利率理论和古典利率理论一样，都忽略了收入因素，从而不能确定利率的水平。对于古典利率理论而言，因为储蓄取决于收入，如果不知道收入，也就不知道储蓄，从而利率也就无法确定；利率不能确定，投资也就无法确定。对凯恩斯的流动性偏好利率理论而言，利率取决于货币需求与货币供应的均衡点，可是货币需求却取决于收入，既然不知道收入，那么货币需求就无法确定，从而利率也无法确定。为了弥补这一缺陷，希克斯认为，应把货币因素和实际因素综合起来进行分析，并把收入作为一个与利率相关的变量加以考虑。在此基础上，希克斯吸收了凯恩斯流动性偏好利率理论的核心内容，修正了古典利率理论，建立了 IS-LL 模型，如图 3-3所示。按照这一利率决定理论，利率取决于储蓄与投资相等、货币需求与货币供给相等的一般均衡状态。

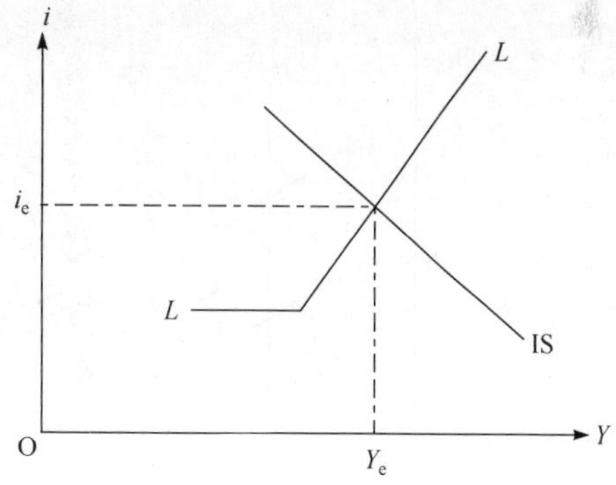

图 3-3　IS-LL 模型

IS-LL 模型的提出在利率理论研究上是一大飞跃，但是，由于 IS-LL 模型的结构比较粗糙，缺乏内在的逻辑性，特别是对两条曲线的形状的解释含糊不清，致使人们对该模型难以理解和接受，因而在提出后的很长时间内得不到人们的重视。1949 年，美国经济学家汉森通过对新古典借贷资金利率理论和凯恩斯流动性偏好利率理论的综合理解，重新推导出 IS-LL 模型，并将其易名为 IS-LM 曲线模型。

汉森认为，利率受制于投资函数、储蓄函数、流动性偏好函数（即货币需求函数）和货币供给量等四大要素，所以利率决定理论应包括对这些要素的分析。为此，汉森首先把收入水平作为一个变量引入了借贷资金理论中的资金供给函数，建立了资金供给与收入和利率两个变量的函数关系，即 $M^S=f(Y, i)$，于是得到了一组在不同收入水平下的资金供给曲线。他接着把这组资金供给曲线与投资函数曲线相结合，当资金供给（即储蓄）等于投资时，就会有一条由许多由与之相对应的利率和收入所组合的点所组成的曲线，即希克斯的投资储蓄曲线。如图 3-4、图 3-5 所示。

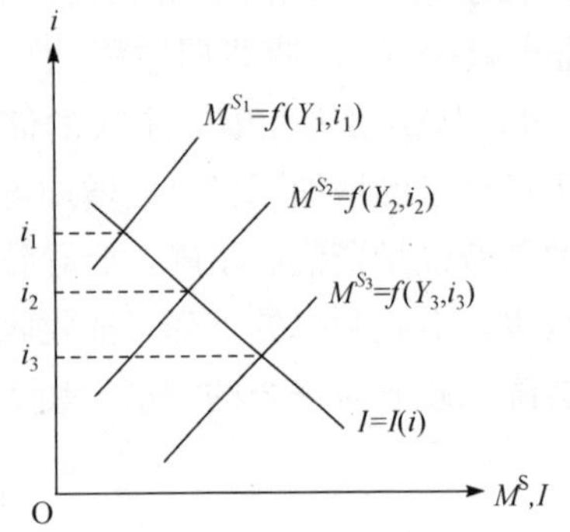

图 3-4

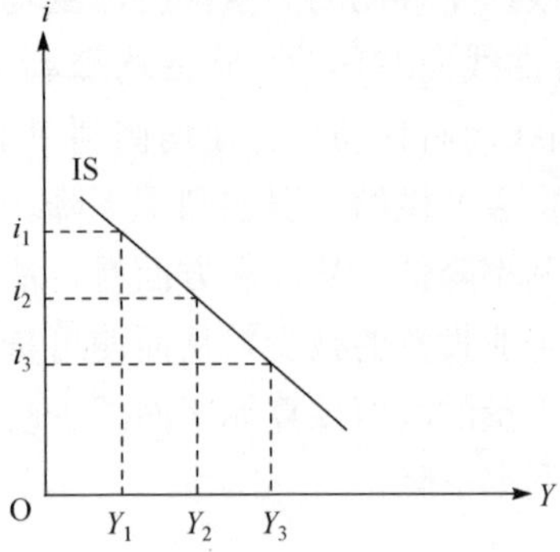

图 3-5 IS 曲线

显然，IS 曲线表示的就是使储蓄（S）等于投资（I）的利率与收入之间的相互关系。接着，汉森又把收入水平作为一个变量引入凯恩斯利率理论中的流动性偏好函数。建立了流动性偏好的收入、利率函数，即 $M^d=L(Y,i)$，并由此得出一组不同收入水平下的流动性偏好曲线。汉森又把这一组流动性偏好曲线同由金融当局控制的货币供给量结合起来。当流动性偏好与货币供给相等时，就会发现一条由许多与之相应的利率和收入所组成的点组成的曲线，即希克斯的 LL 曲线（图 3-6、图 3-7），汉森将其更名为 LM 曲线，以表示使货币需求等于货币供给的利率与收入两者之间的关系。

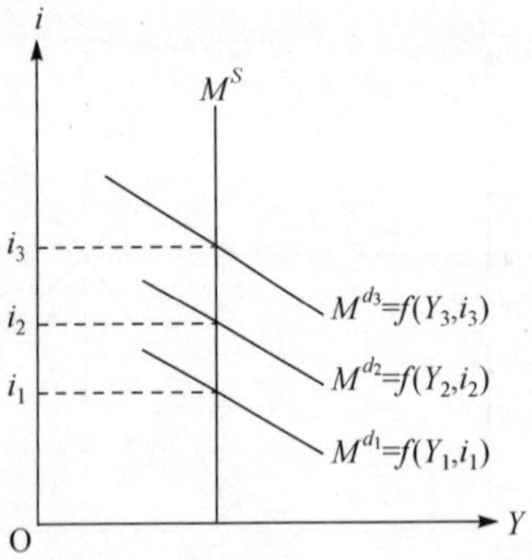

图 3-6

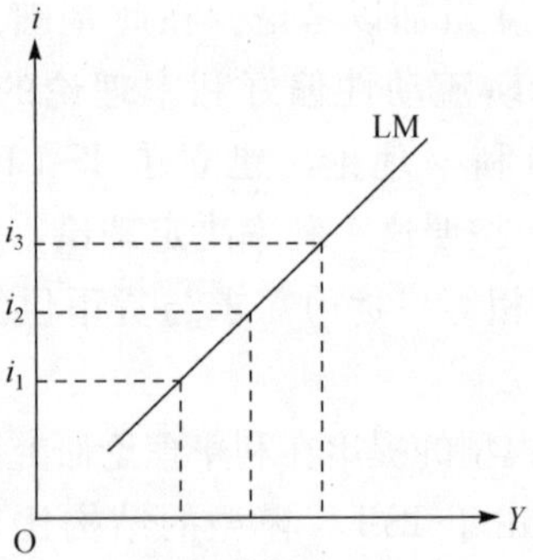

图 3-7 LM 曲线

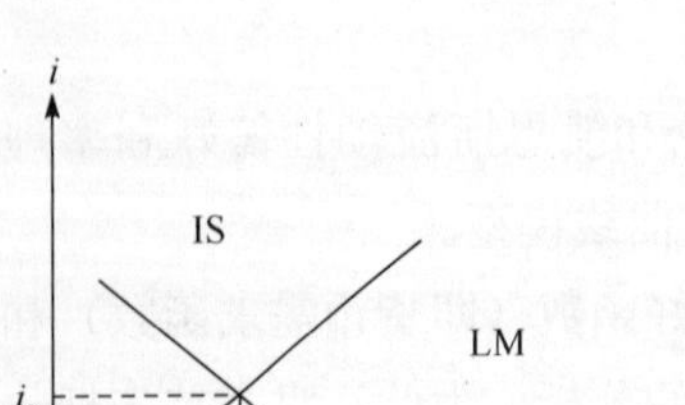

图 3-8 IS-LM 曲线

由于 IS 曲线和 LM 曲线分别代表商品市场和货币市场的均衡，IS 曲线和 LM 曲线都不能单独决定两个市场全部均衡状态下的均衡收入和均衡利率。只有商品市场和货币市场同时达到均衡，即同时满足储蓄等于投资、货币供应等于货币需求时，均衡收入和均衡利率才能确定。为此，汉森将图 3-5 和图 3-7 合并得 IS-LM 曲线模型。如图 3-8 所示。

在图 3-8 中，IS 曲线和 LM 曲线的交点所决定的收入 Y_e 和利率 i_e 就是使整个经济处于一般均衡状态的唯一的收入水平和利率水平。处于交点以外的任何收入和利率的组合都是不稳定的，都会通过商品市场和货币市场的调整而达到均衡。

3.4 利率的作用

利率作用是利率功能发挥的结果和具体表现。利率对经济的调节作用是通过利益调节实现的。借贷双方的经济效益是运用利率杠杆的基本条件。利率对经济活动的调节作用是通过对储蓄、消费、投资等活动的影响而发挥的。从宏观经济角度看，储蓄是资金的筹集过程，投资和消费是资金的运用过程，而储蓄、消费与投资又构成一国资本的形成与积累过程。所以，对利率作用的分析应从利率对储蓄的影响开始。

3.4.1 利率对储蓄的调节作用

储蓄有广义与狭义之分。广义的储蓄可理解为收入减消费，即广义储蓄＝收入－消费。狭义的储蓄则是银行的储蓄存款。广义储蓄从其存在形式上可分为金融资产储蓄和实物资产储蓄。金融资产储蓄包括银行储蓄存款、各种有价证券、手持现金和金银及其饰品。

利率对储蓄的调节作用也要区分是广义的储蓄还是狭义的储蓄。就广义储蓄而言，利率的作用虽在一定意义上影响储蓄的总量，但主要是影响储蓄的构成。因为广义储蓄的量主要受收入水平和消费结构的影响。一般来说，收入水平越高，消费结构越趋于未来消费，则广义储蓄的数量越多；反之，则越少。所以，就此而言，利率对广义储蓄的总量影响程度不很大。利率对广义储蓄的最主要影响是储蓄结构的调整，即影响储蓄者是选择金融资产储蓄还是实物资产储蓄，在金融资产储蓄中是选择货币储蓄还是选择股票、债券或金银储蓄。因为不同金融资产有不同的利率或价格，储蓄者会选择利率高或收益高的金融资产形式。

利率对狭义储蓄的主要作用是影响储蓄的总量。因为较高的利率，有利于扩大储蓄；较低的利率，则会使储蓄额减少。马克思曾指出：随着银行制度的发展，特别是自从银行对存款支付利息以来，一切货币积蓄和暂时不用的货币，都会存入银行。银行对存款支付利息增加了银行集中社会资金的能力。银行调整存款利率对借贷资本的积累规模有很大影响，调高存款利率能增加存款者收益，所以有利于储蓄存款的增加，不过，狭义储蓄的量还受其他金融资产种类的多少和数量大小的影响。

从总的方面来看，利率对经济主体储蓄行为和资金积累行为有着重要影响。储蓄是利率的增函数，当利率上升时，经济主体会推迟现实消费，增加储蓄份额；当利率下降时，经济主体则会减少储蓄，增加即期消费水平。因此，提高利率会使经济主体增加对金融资产的需求，扩大储蓄份额，提高资本积累水平，有利于储蓄向投资转化，促进经济发展。

利率对储蓄的影响不仅因广义和狭义储蓄而有所区别，而且还因国家经济体制、政策的不同而有差异。在上述分析中，利率对储蓄的作用在发达的市场经济国家一般如此，而在发展中国家却大不相同。在发展中国家，由于体制和政策上的原因，利率常被压制，利率的变化对储蓄额及增长比率的影响度较低，或者说效应不大。中国20世纪80年代名义利率的多次调整与储蓄稳步增长的实际情况及国外实证分析结果都证明了这一点。

3.4.2 利率对消费的调节作用

消费和储蓄都是收入的函数。在一般情况下，储蓄是收入的增函数，消费是收入的减函数，即在生活水平既定条件下，随着收入的增加，用于消费的比例将会减少，而用于储蓄的比例将会增加。由于利率、储蓄、消费三者之间关系密切，利率对储蓄有影响，同时也对消费产生影响。利率的高低能够影响人们的收入水平，如利率水平提高，人们的货币收入将会由于利息收入的增加而增加，从而会增加消费和储蓄。在收入既定条件下，利率的提高或降低，会影响人们的储蓄行为，从而也会影响人们的消费行为。如利率提高，有利于储蓄存款增加，本期消费减少；利率降低，则有利于储蓄存款减少，本期消费增加。因此，利率变动不仅能够调节储蓄与消费的结构，而且能够调节消费的总量。在收入总额一定条件下，个人用多少货币收入来消费，用多少货币收入来储蓄，利率的高低能起到调节作用。我国银行存款利率的提高，使城乡居民储蓄存款大幅度增加就能够证明这种调节效应。不过，在不同的收入水平下，利率对消费的影响程度是不一样的。如在收入水平很低的情况下，绝大部分收入都用于消费，利率再高也难以推迟人们消费。

3.4.3 利率对投资的调节作用

投资可分为实质性投资和证券投资两种。实质性投资是指对生产流通领域进行的投资活动。证券投资是指人们对金融证券或金融商品的选择和持有。利率对投资的影响因投资类别不同而异。利率与实质性投资关系密切，对实质性投资影响大；而利率对证券投资的影响主要是调节银行储蓄与金融证券的结构以及金融证券不同种类的选择。这里，我们主要讨论利率对实质性投资的影响。

一般理论认为，利率是投资的减函数，低利率可以刺激投资，高利率则能够抑制投资。这是因为在其他条件不变的情况下，如果利率水平较低，可以减少生产成本中的利息支出，增加企业盈利，提高预期收益，企业认为有利可图，就会扩大生产，结果刺激投资的扩大；相反，如果利率水平较高，就要增加生产成本中的利息支出，减少企业盈利，降低预期收益，企业可能认为无利可图，就会减少生产，不增加甚至减少投资。

利率对投资影响大小的关键在于投资的利率弹性大小。如利率弹性较低，则利率水平的高低变动对投资活动均无约束，不能有效调节投资活动，若利率弹性较高，则可以规范投资行为，起到有效的约束作用。从深层次剖析，影响投资的利率弹性主要是制度方面的因素。因为在一定的制度下，经济活动中的产权约束和政策约束对利率作用的发挥会产生很大的制约作用。如果投资主体产权明晰，利益机制和风险机制健全，则投资的利率弹性就大，反之就小。实证研究表明，市场发达国家，一般利率弹性大些；市场不发达国家，利率弹性就小些。从我国的实际情况来看，在高度集中计划经济体制时期，缺乏投资的利率弹性，因此利率对投资的影响很小；随着现代企业制度的建立，投资的利率弹性正处于由低区向高区转化阶段，利率对投资的调节作用逐步加强。

3.4.4 利率对货币流通的调节作用

在现代货币流通条件下，货币供应量小于货币需要量的情况很少发生，而货币供应量大于货币需要量的现象却经常出现。因此，对货币流通的调节主要是使货币供应量与货币需要量相适应，消除或防止通货膨胀，保证通货稳定。利率是调节货币流通的有力杠杆。第一，运用利率杠杆，调节货币供应量。调高贷款利率水平，银行贷款和社会信用规模就会收缩，货币供应量就会减少；调低利率，货币供应量则会增加。第二，运用利率杠杆，调节现实购买力与潜在购买力的数量。主要是通过提高存款利率，增加存款，把一部分有支付能力的社会购买力推迟购买，使其转化为潜在购买力，这对促进供求平衡和通货稳定具有重要作用。

第三，运用利率杠杆调节信用结构，促进产业结构合理化和经济协调发展。这是货币流通正常的基础。第四，利率的高低还直接影响到企业的生产规模和经营状况，从而影响社会商品供给总量和结构，对正常货币流通有着重要作用。

此外，利率对调节国际收支，加速资金周转，提高资金使用效益都有十分重要的作用。

【本章小结】

利息是借贷关系中借入方支付给贷出方的报酬。也可以看做是货币持有人一段时期内放弃货币流动性的报酬或放弃获取投资收益的补偿。

利息是与信用密切相连的经济范畴，它是随着借贷行为的产生而产生的。利息存在的基础是商品、货币及信用关系。在商品交换发展的初期就有了借贷行为，利息作为一种占有使用权的报酬就已经出现了。

马克思从借贷资本的特殊运动形式的分析中，揭示了利息的来源，分析了利息的本质。马克思指出：利息直接来源于利润；利息只是利润的一部分而不是全部；利润不过是剩余价值的转化形态，所以利息只是利润的一部分，也就等于利息只是对剩余价值的分割。

利率有多种分类标准，如年利率、月利率和日利率；名义利率与实际利率；固定利率与浮动利率；市场利率、官定利率、公定利率；基准利率、普通利率与优惠利率。

利率体现了货币的时间价值，即货币的价值会随着时间的推移而增长。利息的计算有两种基本方法：单利法和复利法。

决定和影响利率的因素：平均利润率、银行成本、通货膨胀预期、中央银行的货币政策、商业周期、借款期限和风险、借贷资金供求状况、国际利率水平。

利率决定理论，古典学派的储蓄投资理论、流动性偏好理论、可贷资金模型、IS-LM 模型的利率决定。

【关键术语】

利息与利率　单利与复利　实际利率与名义利率　市场利率与官定利率　现值与终值

【复习思考题】

1. 利率的决定与影响因素有哪些？
2. 利率在经济中的作用是什么？
3. 什么是现值和终值？
4. 利率决定理论的主要内容有哪些？
5. 结合实践，谈谈我国利率市场化改革未来的进程。

专栏 3-1

中国利率市场化进程一览

中国人民银行 2013 年 7 月 19 日称，决定进一步推进利率市场化改革，将自 2013 年 7 月 20 日（周六）起全面放开金融机构贷款利率管制。下一步将进一步完善存款利率市场化所需要的各项基础条件，稳妥有序地推进存款利率市场化改革。

央行表示，为继续严格执行差别化的住房信贷政策，促进房地产市场健康发展，个人住房贷款利率浮动区间暂不作调整。将建立健全金融机构自主定价机制，逐步扩大负债产品市场化定价范围。

中国利率改革的长远目标是建立以市场资金供求为基础，以中央银行基准利率为调控核心，由市场资金供求决定各种利率水平的市场利率体系的市场利率管理体系。

以下为利率市场化进程：

1993 年，中国共产党的十四大《关于金融体制改革的决定》提出，中国利率改革的长远目标是：建立以市场资金供求为基础，以中央银行基准利率为调控核心，由市场资金供求决定各种利率水平的市场利率体系的市场利率管理体系。

1996 年 6 月 1 日，人民银行放开了银行间同业拆借利率，此举被视为利率市场化的突破口。

1997 年 6 月，银行间债券回购利率放开。1998 年 8 月，国家开发银行在银行间债券市场首次进行了市场化发债，1999 年 10 月，国债发行也开始采用市场招标形式，从而实现了银行间市场利率、国债和政策性金融债发行利率的市场化。

1998 年，人民银行改革了贴现利率生成机制，贴现利率和转贴现利率在再贴现利率的基础上加点生成，在不超过同期贷款利率（含浮动）的前提下由商业银行自定。再贴现利率成为中央银行一项独立的货币政策工具，服务于货币政策需要。

1998 年、1999 年人民银行连续三次扩大金融机构贷款利率浮动幅度。央行行长周小川在《关于推进利率市场化改革的若干思考》的文章中坦承，2003 年之前，银行定价权浮动范围只限 30%以内。

同时，进行大额长期存款利率市场化尝试，1999 年 10 月，人民银行批准中资商业银行法人对中资保险（放心保）公司法人试办由双方协商确定利率的大额定期存款（最低起存金额 3000 万元，期限在 5 年以上，不含 5 年），进行了存款利率改革的初步尝试。2003 年 11 月，商业银行农村信用社可以开办邮政储蓄协议存款（最低起存金额 3 000 万元，期限降为 3 年以上，不含 3 年）。

积极推进境内外币利率市场化。2000 年 9 月，放开外币贷款利率和 300 万美元（含 300 万）以上的大额外币存款利率；300 万美元以下的小额外币存款利率仍由人民银行统一管理。2002 年 3 月，人民银行统一了中、外资金融机构外币利率管理政策，实现中外资金融机构在外币利率政策上的公平待遇。2003 年 7 月，放开了英镑、瑞士法郎和加拿大元的外币小额存款利率管理，由商业银行自主确定。2003 年 11 月，对美元、日元、港币、欧元小额存款利率实行上限管理，商业银行可根据国际金融市场利率变化，在不超过上限的前提下自主确定。

2004 年 1 月 1 日，人民银行再次扩大金融机构贷款利率浮动区间。商业银行、城市信用社贷款利率浮动区间扩大到 [0.9，1.7]，农村信用社贷款利率浮动区间扩大到 [0.9，2]，贷款利率浮动区间不再根据企业所有制性质、规模大小分别制定。扩大商业银行自主定价权，提高贷款利率市场化程度，企业贷款利率最高上浮幅度扩大到 70%，下浮幅度保持 10%不变。

2004 年 10 月，贷款上浮取消封顶；下浮的幅度为基准利率的 0.9 倍，还没有完全放开。与此同时，允许银行的存款利率都可以下浮，下不设底。

扩大商业性个人住房贷款的利率浮动范围。2006 年 8 月，浮动范围扩大至基准利率的 0.85 倍；2008 年 5 月汶川特大地震发生后，为支持灾后重建，人民银行于当年 10 月进一步提升了金融机构住房抵押贷款的自主定价权，将商业性个人住房贷款利率下限扩大到基准利率的 0.7 倍。

2012 年 6 月，央行进一步扩大利率浮动区间。存款利率浮动区间的上限调整为基准利率的 1.1 倍；贷款利率浮动区间的下限调整为基准利率的 0.8 倍。7 月，再次将贷款利率浮动区间的下限调整为基准利率的 0.7 倍。

2013 年 7 月，进一步推进利率市场化改革，自 2013 年 7 月 20 日起，全面放开金融机构贷款利率管制。将取消金融机构贷款利率 0.7 倍的下限，由金融机构根据商业原则自主确定贷款利率水平，并取消票据贴现利率管制，改变贴现利率在再贴现利率基础上加点确定的方式，由金融机构自主确定。下一步将进一步完善存款利率市场化所需要的各项基础条件，稳妥有序地推进存款利率市场化。

2013 年 10 月，央行宣布，自 2013 年 10 月 25 日起正式运行贷款基础利率集中报价和发布机制。

资料来源：中国人民银行网站（www.pbc.gov.cn）

专栏 3-2

美国利率市场化进程

所谓利率市场化，是指利率的数量结构、期限结构和风险结构由交易主体自主决定，中央银行调控基准利率来间接影响市场利率，从而实现货币政策目标。

美国的利率管制是从 20 世纪 30 年代的经济危机开始的，并且是以法律条款的形式出现的。1933 年 5 月，美国国会通过了《1933 年银行法》。该银行法的第 Q 项条款（俗称 Q 条款）规定：禁止会员银行对活期存款支付利率，限制定期及储蓄存款利率的上限。1935 年存款利率限制法对 Q 条款进行了修订，使其存款利率最高限不仅适合于联邦会员银行，而且还适用于非会员银行的商业银行，1966 年其适用范围又扩大到非银行金融机构（虽然其存款利率上限高出商业银行 0.25%）。规定存款利率上限的目的是为了防止各金融机构为争夺存款，竞相提高利率而导致吸收存款成本过高，使银行贷款利率相应提高而影响经济的发展，危及银行的安全。这种管制利率的体制一直到 60 年代中期基本上没有重大变化。从 60 年代后期开始，由于持续的通货膨胀，金融市场利率不断向上攀升，如 60 年代中期，国库券的利率一直低于 5%，而 1973～1974 年达到 7%，此后有一个时期高达 16%。市场利率的上升拉大了它和银行存款利率的差距，而且 Q 条款的存在，存款金融机构不能通过改变利率而增加吸收存款，终致“脱媒”现象的出现（美国在 1966 年、1969 年、1973～1974 年、1978～1979 年曾多次发生大规模的“脱媒”危机），引发货币信用危机。为求生存与发展，在存款金融机构之间展开了激烈的竞争，出现了绕过金融管制的金融创新，如大额可转让存款单、回购协议等金融工具，新的金融工具往往具有利率高、流动性强等特点，使得商业银行和非银行存款金融机构从货币市场上吸引了大量资金。70 年代，银行和非银行存款金融机构普遍使投资多样化，努力适应市场利率不断上升的压力。这一切都给美国的利率管制带来新的问题，要求放松利率管制的暗流已在涌动。

为应付这种变化，1970 年 6 月，美国总统尼克松批准成立了“关于金融机构和金融管制总统委员会”（President’s Commission on Financial Structure and Regulation），任命亨特（Read O. Hunt）任该委员会主席。该委员会于 1971 年 12 月，提出了著名的“亨特委员会报告”，其核心是强调金融机构的自由竞争能带来资金最大效益的分配，主张放松管制，鼓励金融业自由化。在利率自由化方面，该委员会提出，废止对10万美元以上的定期存款、CD等利率上限，对于未满10万美元的上述存款由联邦储备委员会视经济、金融状况而决定是否规定利率上限，但在10年后也要废止。1973年8月，美国总统在提交给国会的《关于金融制度改革的咨文》中指出，存款利率上限的规定明显有害于存款人和存款机构，由于存款利率上限大大低于市场利率，因而那些依赖于存款金融机构的小储户享受不到市场高利率的好处，反过来却要蒙受高通货膨胀的损失；对于存款金融机构来说，由于存款来源减少，对中、小企业可提供的资金也就急剧下降。另外，存款金融机构为争取储户还不得不利用一些手段来弥补利率上限带来的劣势，如提供免费服务和赠送礼品等，这样势必提高了存款金融机构的经营成本。在此后的《1973年金融机构法》中又提出：在5年半的时期内分阶段废除定期存款和储蓄存款利率的上限。1976年2月，美国众议院草拟的《1976年金融改革法案》中又重申了这一政策主张：在5年期限内，分阶段废除Q条款。

20世纪80年代，《1980年银行法》获得通过。它被认为是美国半个世纪以来最重要的银行立法。该法规定，自1980年3月31日起，分6年逐步取消对定期存款和储蓄存款利率的最高限（即取消Q条款）。为此专门成立一个存款机构放松管制委员会，负责制定存款利率的最高限，使其逐步放松直至最后取消。1982年，存款机构放松管制委员会作出两项重大决定：①自1982年2月14日起，准许存款机构提供一种既无利率上限，又允许存户每月签发3张支票和进行3次自动转账的货币市场账户。②允许存款机构自1983年1月15日起，对个人开立一种可无限制签发支票的超级可转让支付命令。这种账户像可转让支付命令一样，可当做交易媒介，但没有利率最高限。

取消利率限制也带来了一些副作用。美国取消利率限制是加速商业银行倒闭的催化剂。自20世纪70年代末联邦政府取消利率限制以来，商业银行自由竞争，长期以来利率居高不下。在高利率的吸引下，许多本来并无信贷业务的保险公司、证券经纪公司等金融机构纷纷向有关企业提供贷款，不仅使原来在政府保护下的小金融机构越来越受到来自大金融机构的威胁，而且大的金融机构也受到了来自非金融机构的威胁。另外，一些商业银行深深卷入了盛行于美国的兼并风潮。许多公司为兼并其他公司不惜大举借债，一旦被兼并的行业出现经济衰退，这些债台高筑的公司也把发放贷款的银行一同拖垮。

资料来源：曹龙骐．2005．金融学案例与分析．北京：高等教育出版社

专栏 3-3

英国利率市场化进程

在凯恩斯的故乡——英国，利率的政策性作用受到重视。英国在政策取向上选择了低利率水平，以减轻国债付息的负担。在利率的管理上，英国没有具体条款管制利率，各清算银行实行卡特尔制度——协定利率制，即根据英格兰银行的利率来确定商业银行的存贷款利率，这事实上是用中央银行的利率限制商业银行的利率水平，是一种间接的利率管制。英国的利率管理可以称为“基准利率指导制”，其主要工具是再贴现率，再贴现率对商业银行的利率具有极强的约束力。

由于英国采取低利率政策，也就不可避免地出现了存款逃离清算银行、存款量不断下降、中央银行调控能力减弱的问题。为转变这种情况，英国金融当局不得不连续提高再贴现

率。1971 年，英格兰银行公布了《竞争和信贷控制法案》，全面取消了清算银行的卡特尔制度，商业银行利率不再与英格兰银行贴现率相联系，可以根据自己的需要变动利率；允许清算银行直接参加银行间存贷市场，使银行之间可以进行短期资金融通；允许清算银行进入 CD 市场等。由此迈开了金融自由化和利率市场化的步伐。1972 年 10 月，英格兰银行取消贴现率，改为“最低贷款利率”，即英格兰银行在货币市场上作为“最后贷款人”所用的利率。最低贷款利率，每月公布一次，但不作为其他利率变动的依据，然而它对短期利率会产生决定性的影响，并与国库券每周投标所形成的平均利率相联系。银行间协定利率取消后，清算银行又推出基础贷款利率作为共同标准，并与英格兰银行的最低贷款利率挂钩。1981 年 8 月，英国又宣布取消公布最低贷款利率的做法。这样，英国的商业银行不再根据官方最低利率来调整存贷利率，而主要依据市场资金供求关系进行自由调整，基础贷款利率开始与市场利率相联系，平均每月变动一次。但英格兰银行保留必要时干预的权力，即对利率提出建议并规定银行利率，仍控制着市场利率变动。英国的利率市场化后，金融业出现了一些新的情况：一是金融工具增多，如推出了可转让存款单等；二是金融机构之间的竞争增强，加强了利率的竞争；三是金融体系的不稳定性加强。高利率加上世界经济的不景气，如石油冲击等，这一切使得许多中小金融机构经营危机不断发生。

资料来源：曹龙骐．2005．金融学案例与分析．北京：高等教育出版社

第 4 章　金融机构体系

【教学目标】

通过本章的学习，使学生了解和掌握国内、国际金融机构的概念、金融机构组成及相互关系、各金融机构的性质及业务内容、各金融机构体系的发展及变革情况。在此基础上，了解市场经济体制下金融机构体系尤其是我国金融机构体系的发展。

【教学要求】

知识要点	能力要求	相关知识
金融机构的含义	能够熟练掌握金融机构的含义 能够重点掌握金融机构的分类 能够了解金融机构的功能	金融机构的含义 金融机构包括银行类金融机构、非银行类金融机构、商业性金融机构、政策性金融机构、国内金融机构和国际金融机构 金融机构的地位和作用
金融机构体系的一般构成	能够掌握金融机构体系的含义 能够熟练掌握金融机构的一般构成	银行类金融机构、非银行金融机构、金融监管机构
我国金融机构	能够了解旧中国金融机构体系和新中国金融机构体系的形成与发展 能够掌握我国现行的金融机构体系	旧中国金融机构体系和新中国金融机构体系的产生和发展 我国现行的金融机构体系
国际金融机构	能够掌握全球性的国际金融机构和区域性国际金融机构	全球性国际金融机构 区域性国际金融机构

【导入案例】

盛极一时的山西票号

我国历史上很早就有类似银行的金融机构了，最早可以追溯到魏晋南北朝时期，隋唐时期又出现了较为进步的“质库”（又称质舍、质肆、解质等），专门经营借贷（典当）业务。我国金融机构的历史虽然悠久，但真正形成气候的还要算闻名遐迩的钱庄和票号了。

清朝道光年间，大批的山西商人在山西和京城之间做生意，常会有整车整车的黄金白银在北京和山西之间频繁运转。但是北京到山西路途遥远，路上多有盗贼出没，因此商人们运送金银时必须花钱请镖局保镖护送，货币运送既不安全，成本又高。山西的西裕成颜料庄在北京设有分庄，总经理雷履泰想出了个妙招：要把钱送回山西的商人，可以先把现银交给西裕成颜料庄北京分庄，分庄就给商人开出一张票，同时写信给山西西裕成颜料庄，商人到山西后凭票在西裕成支取现银。一时间，前来请山西西裕成颜料庄帮忙的人络绎不绝。雷履泰发现这是个生财之道，就放弃了颜料庄的生意，改行创办“日升昌”票号，专门做汇兑的买卖，这就是中国历史上第一家票号。很快，“日升昌”又开始作吸收现金并发放贷款的生意，这已经近似于今天的银行了。

“日升昌”生意兴隆，财源旺盛，资本越聚越大，通汇地点越来越多。“日升昌”在全国各大中城市、商埠重镇开设了分号 40 多处，以“汇通天下”而著称于世。“日升昌”年汇兑金额白银 100 万两至白银 3800 万两，历经 100 余年，累计创收白银 1500 万两。“日升昌”的成功很快就引来了效仿者，山西商人竞相开办票号。从 1823 年到 1852 年的 29 年中，票号由 1 家发展到 11 家，由平遥一县发展到平遥、太古、祁县三县。票号的业务也走出了国门，祁县的“合盛元”票号在日本的神户、东京、横滨、大阪都开设了分支机构，平遥的“永泰裕”票号在印度加尔各答开设了分号。在中国票号 100 余年的历史中，全国共有票号 51 家，其中山西商人创办了 43 家，平遥就有 22 家，为全国之最。

山西票号闻名遐迩，可谓“生意兴隆通四海，财源茂盛达三江”。鸦片战争以后，现代银行在中国出现并逐渐发展。与清王朝建立了千丝万缕联系的山西票号，随着清王朝的衰落与灭亡，最终消失在历史的长河中。

资料来源：2007. 金融知识国民读本. 北京：中国金融出版社

金融机构是金融市场中最重要的参加者，也是金融活动的组织者。它对整个社会经济的发展与运行起着至关重要的作用。在现代市场经济中，各种货币运动、信用关系和金融市场活动都离不开金融机构。金融机构相互之间分工协作、联系，构成经济金融系统均衡发展的金融机构体系。世界各国的金融机构体系大体包括中央银行、金融监管机构、商业银行、专业银行和非银行金融机构。国际金融机构体系包括全球性金融机构和区域性金融机构两类。

4.1　金融机构概述

4.1.1　金融机构的含义

金融机构是指从事各种金融活动的组织，通常以吸收存款、发行有价证券等作为资金来源，以发放贷款和金融投资为资金投向，通过提供金融产品和金融服务而获取利润。金融机构有狭义和广义之分。狭义的金融机构是指调剂资金融通的机构如商业银行，广义上来讲，金融机构就是调剂金融资源在时间上跨期配置的机构如投资银行和金融租赁等。

金融机构与一般的企业不同，体现在三个方面。一是金融机构经营的是特殊的商品，即货币资金。一般的企业经营对象是商品和劳务，主要以从事商品生产和提供劳务获取利润。而金融机构一般通过资金借贷、金融产品交易和其他金融服务等在金融市场中获利。二是金融机构与客户之间建立的是资金融通或投资关系，金融机构经营遵循信用原则。一般的企业与客户之间建立商品和劳务的买卖关系，遵循等价交换原则。三是金融机构的经营风险对社会影响巨大。一般企业经营过程中面临的风险主要表现在商品生产、流通和企业资金周转方面。单个企业风险发生，即使破产，对整个社会经济影响不大。金融机构的风险主要是信用风险、利率风险、汇率风险和挤兑风险等。这些风险对社会影响极大，单个金融机构因经营不善造成破产会对整个金融体系稳健运行造成巨大威胁，甚至会造成金融危机、经济危机，进而引起社会经济秩序混乱，造成严重的社会和政治危机。

4.1.2　金融机构的分类

金融机构按照不同的划分标准有不同的类别。

1. 按照业务可划分为银行类金融机构和非银行类金融机构

银行类金融机构是指以吸收存款和发放贷款为主要业务的金融机构。大部分银行类金融机构以存、贷款利差为主要的利润来源。主要包括非营利性的中央银行和政策性银行，以及营利性的商业银行和专业银行。银行类金融机构以稳健经营为特征，一般较少进行风险较大的资本市场投资。

非银行类金融机构是指以发行股票和债券、接受信用委托、提供保险和从事其他金融产品等筹集资金，并将所筹资金用于中长期性投资的金融机构，主要包括证券机构、保险机构、信托投资公司、融资租赁机构和财务公司等。这类金融机构的主要业务是为金融市场参加者提供各种类型的金融服务来促进金融交易的顺利进行，并参与资本市场投资。非银行类金融机构从事的业务种类各异，风险差异也较大。

2. 按照业务性质可划分为商业性金融机构和政策性金融机构

商业性金融机构是按照现代企业制度改造和组建起来的，以营利为目的的银行和非银行金融机构，它们承担了全部商业性金融业务。商业性金融机构恰当合理地安排其资产负债结构，以在流动性和安全性允许的前提下实现盈利的最大化。商业性金融机构自主经营、自负盈亏、自我发展，一般不受政府政策性的约束，以市场价值规律进行竞争，实现利润最大化的目标。

政策性金融机构是指那些由政府或政府机构发起、出资、参股或保证创立的不以利润最大化为经营目的，并在特定的业务领域内从事政策性融资活动的金融机构。政策性金融机构以贯彻和配合政府的社会经济政策或意图为主要目的。这类金融机构大多数是全额或部分政府出资，为政府产业政策服务的机构。

3. 按照业务所辖的地理范围可划分为国内金融机构和国际金融机构

国内金融机构是指其业务在一国范围之内的金融机构。这类金融机构是为本国金融提供服务，接受本国金融监管机构的监管。

国际金融机构是指从事国际金融管理和国际金融活动的超国家性质的组织机构，按地区可分为全球性的国际金融机构和区域性的国际金融机构。国际金融机构按照所从事的业务分为商业性的国际金融机构和政策性的国际金融机构。商业性的国际金融机构是指从事跨国或全球营利性的金融业务，包括跨国银行、多国银行和集团银行等。政策性的国际金融机构是指为各国政府提供服务的国际金融机构。比如，国际清算银行等。

4. 按照职能作用分为管理性的金融机构和经营性的金融机构

管理性的金融机构是指为监督、管理和调节金融经济活动而设立的金融机构。这类金融机构包括国家政府设立的金融监管机构和行业自发成立的自律性组织机构。国家政府设立的金融监管机构包括中央银行、银行业监督管理委员会、证券业监督管理委员会和保险业监督管理委员会等。行业自发成立的自律性组织机构包括银行业协会、证券业协会和保险业协会等。

经营性的金融机构包括为国家政策需要而设立的政策性金融机构和以营利为目的的商业性金融机构。

综上所述，金融机构还有一些其他类别。例如，按照资本和业务大小分为大型金融机构、中型金融机构和小型金融机构；按照组织管理方式分为公司型金融机构、合作性金融机构和政策性金融机构等；按照资本来源与组织机构可分为国有金融机构、国有控股金融机构、股份制金融机构、中外合资金融机构和外资金融机构等。事实上，一个金融机构往往可能具备几种类别的性质，各类金融机构之间相互联系，彼此制约，共同构成庞大的金融机构体系。

4.1.3　金融机构在现代经济体系中的地位与作用

金融在现代经济体系中处于核心地位，而作为组织和从事金融活动的金融机构，它在现代经济中也起到十分重要的地位与作用。

1. 金融机构是一国资金活动的总枢纽

现代经济活动中常常存在资金供求不均衡的矛盾，金融机构的作用就是使这一问题得到有效解决。金融机构拥有多样化的类型和庞大的网络体系，通过发行各类金融产品将零星、分散和闲置的资金筹集起来，变成高效、稳定的长期资金。同时根据经济、金融政策投放给市场中急需资金的个体。这样，金融机构通过引导资金流向，保证了资金的合理使用，支持了经济的发展。

2. 金融机构是一国调控经济活动的杠杆

金融机构是联系国民经济各部门的枢纽，是反映国民经济的“晴雨表”。国家经济政策与政府意图的实现采用的是货币政策与财政政策，而这些政策都是通过金融机构来完成的。中央银行的三大货币政策工具的实施，商业银行的存贷利率变动，中央银行为财政的收入与支出做出纳，以及金融市场上其他金融机构的经济行为都对国民经济各部门产生直接或间接的影响。一国政府要求金融机构进行合理设置、科学管理、有效运作，最终达到金融与经济社会稳定发展的目标。

4.2　现代金融机构体系的一般构成

金融机构是指专门从事各种金融活动的组织。世界各国现代金融机构体系的构成大体相同。一般是以中央银行为核心，以商业银行为主体，专业银行和非银行金融机构并存，金融监管机构为重要组成部分的综合金融系统。

4.2.1　中央银行

中央银行在整个金融体系中处于核心地位，代表国家对全国的金融业进行调控与管理。中央银行是银行类机构中最特殊的银行，特殊性体现在央行的三大职能，即发行的银行、银行的银行和国家的银行。发行的银行是指中央银行垄断一国货币的发行权，成为全国唯一的现金发行机构；银行的银行是指中央银行对一般的金融机构充当“最后贷款人”，来保证金融体系的稳健运行；国家的银行是指中央银行代表国家贯彻执行财政金融政策，代为管理国家财政收支以及为国家提供各种金融服务。关于中央银行的详细内容在第 6 章详细论述，这里不再赘述。

4.2.2 金融监管机构

金融监督管理机构是根据国家法律规定对一国的金融体系进行监督管理的机构。其职责包括按照规定监督管理金融市场；发布有关金融监督管理和业务的命令和规章；监督管理金融机构的合法合规运作等。目前各国的金融管理性机构主要有四类：一是负责管理存款货币并监管银行业的中央银行或金融管理局；二是分业务设立的监管机构如银行业监督管理委员会、证券业监督管理委员会和保险业监督管理委员会；三是金融同业自律组织如银行行业协会；四是社会性公律组织，如会计师事务所、评估机构等。其中，中央银行或金融管理局通常在一个国家或地区的金融监管组织机构中居于核心位置。

美国由美联储负责监管混业经营的金融控股公司，银行、证券和保险分别由其他监管部门监管；英国、日本、瑞典、澳大利亚等国将银行、证券、保险统一于非中央银行的单一金融监管机构；韩国由中央银行同时负责货币政策和银行、证券、保险的监管；多数欧元区国家将银行、证券、保险的监管从中央银行中分离出去。

4.2.3 银行类金融机构

1. 商业银行

商业银行是以经营存、贷款为主要业务，并为客户提供多种其他金融服务的金融机构。商业银行以机构网点数量多，业务覆盖面广和资产总额比重大而在金融机构体系中成为骨干，在整个金融体系中处于主体地位。商业银行的详细内容在第5章详细介绍，这里不再赘述。

2. 专业银行

专业银行是指经营规定范围业务和提供专门性金融服务的银行。专业银行是社会分工在金融业的表现。专业银行在西方国家较普遍，这类银行一般表现为业务的专门性、客户的特定性和建立的政策性。专业银行主要有储蓄银行、清算银行和抵押银行等。

1）储蓄银行

储蓄银行指专门办理居民储蓄并以吸收储蓄存款为主要资金来源的银行。这类银行的资金来源主要是居民储蓄存款，资金投向主要是为居民提供消费信贷和住房信贷。另外，储蓄银行也通过购买国债等进行其他的投资活动。各国的储蓄银行称谓各异，例如，国民储蓄银行、信贷协会、互助储蓄银行和住房储蓄银行等。

2）清算银行

清算银行亦称“交换银行”、“划拨银行”或“汇划银行”，是指能直接参加票据交换所进行票据清算的银行。票据交换是指在同城范围内银行间相互代收、代付票据进行相互清算，是一种集中办理转账清算的制度。票据交换一般由中央银行管理，通过票据交换所进行。清算时，若应收款大于应付款，则应收款大于应付款的差额会增加其在中央银行的存款；应收款小于应付款，则应收款小于应付款的差额会减少其在中央银行的存款。

3）抵押银行

抵押银行是专门以土地、房屋等不动产作抵押办理长期贷款的专业银行。这类银行的业务是办理以土地为抵押的长期贷款，主要贷给土地所有者或购买土地的农业主。同时办理以城市房屋为抵押的长期贷款，主要贷给房屋所有者或经营建筑业的企业。法国的房地产信贷银行、德国的私人抵押银行和公营抵押银行等，均属此类。

3. 政策性银行

政策性银行是指多由政府创立、不以盈利为目的、专门为贯彻并配合政府社会经济政策或意图服务的金融机构。政策性银行也具有专业性银行的特征，但是专业性银行并非都是政策性银行。一般来说，大多数国家成立的政策性银行主要包括开发银行、农业政策性银行和进出口政策性银行。开发银行是指那些专门为经济开发提供长期投资贷款的金融机构；农业政策性银行主要是为农业提供特别贷款，特别是低利率中长期优惠性贷款，促进和保护农业生产与经营；进出口政策性金融机构是国家支持和推动进出口尤其是出口，促进国际收支平衡、带动经济增长的金融机构。

4.2.4　非银行金融机构

非银行金融机构泛指中央银行、商业银行及其他专业银行以外的金融机构。这类机构通常不冠以银行的名号，而以公司、信用社或基金相称。非银行金融机构与银行相比，或其业务范围较小，或其专业性更强。非银行金融机构就其性质而言，绝大多数是商业性的，即以盈利为目标，在某一领域以特定方式筹集和运用资金。

1. 保险机构

保险机构是指在保险市场上从事保险相关业务的金融机构。包括保险经营类机构和保险服务类机构。保险经营类机构即保险公司，是指以销售保险合约、提供风险保障为主要业务的机构。保险公司主要经营活动包括财产、人身、责任、信用等方面的保险与再保险业务及其他金融业务。资金来源包括以保险费形式聚集起来的保险基金以及投资收益。资金运用主要为保险赔付，同时要通过购买政府公债、市政债券、公司股票及债券、不动产抵押贷款、保单贷款等进行长期投资；保险服务类机构是指在保险市场上专门为保险人和投保人服务，促进保险单的签订、保险资金的管理和保险产品的创新运行、以盈利为目的的保险机构。保险服务类机构主要包括保险代理机构、保险经纪机构、保险公估机构和保险资金管理机构等。

2. 证券机构

证券机构是指在证券市场上从事证券投资、证券产品交易和证券服务等相关业务的金融机构。证券机构分为证券经营类机构和证券服务类机构。证券经营类机构是依法设立的以盈利为目的的证券公司。证券公司业务包括证券经纪业务、证券承销业务和证券自营业务。世界各国的证券交易都集中在证券交易所进行，证券交易所实行会员制的交易形式，证券公司具有证券交易所的会员资格，以其会员身份代理客户进行证券交易，称之为证券经纪业务。同时，证券公司还与证券发行主体签订合同，为证券发行主体销售有价证券，称之为证券承销业务。另外，证券公司还会动用自有的资金在证券市场上进行证券投资，称之为证券自营业务。证券服务机构是指在证券市场上为证券交易提供各类服务的机构，既有营利性证券机构，也有非营利性的证券机构。包括证券登记公司、证券交易所、证券投资咨询机构、证券信用评级机构和证券信息公司等。

3. 信托投资公司

信托投资公司，是以资金及其他财产为信托标的，根据委托者的意愿，以受托人的身份管理及运用信托资财的金融机构。信托公司业务包括接受资金和财产经营信托，代理保管资产，从事投资基金、金融租赁、投资咨询、证券发行及其他投资等。

现代信托业比较发达的是美国、英国、日本、加拿大等国家。美、英等国除一些专营信托公司外，相当部分的信托业务由各商业银行的信托部门来办理。日本、加拿大的情况与美、英有所不同，政府从法律上限制商业银行和信托机构的业务交叉，实行银行业务与信托业务相分离的政策。因此，这两个国家的信托公司（或信托银行）具有资本雄厚、经营稳健、管理有序的特点。

4. 资产管理公司

资产管理公司是美国、日本、韩国等一些国家，对从金融机构中剥离出的不良资产实施公司化经营而设立的专业金融机构。金融资产管理公司的业务包括追偿债务、对所收购的不良贷款形成的资产进行租赁或者以其他形式转让重组、债权转股权，并对企业阶段性持股、资产管理范围内公司的上市推荐及债券股票承销、发行金融债券，向金融机构借款、财务及法律咨询，资产及项目评估和经管理部门批准的其他业务活动。

5. 财务公司

财务公司也称金融公司，指以经营消费信贷及工商企业信贷为主的非银行金融机构。财务公司资金的主要来源是银行贷款、发行债券筹资、卖出公开市场票据（商业本票）筹资、发行股票及定期大额存款证筹资等。在资金运用上，或专营抵押放款业务，或依靠吸收的大额定期存款进行贷款或投资，或专营耐用品的租购及分期付款销货业务，或兼而营之。规模较大的财务公司还兼营外汇、证券包销、财务及投资咨询业务等。

6. 金融租赁公司

现代金融租赁公司是指专门经营融资租赁业务的机构。一般来说，融资租赁活动通过直接融物满足客户实际上的融资需要。金融租赁公司目前有两种：第一种是银行或与银行有关的金融机构所属的租赁公司；第二种是独立经营的租赁公司。近年来，金融租赁业务迅速发展。这为企业购进或使用设备提供了融资服务。企业可不必追加大量投资即可通过租赁获得新技术设备的使用，减少因科技迅猛发展而产生的无形损耗。

7. 信用合作社

信用合作社是由个人集资联合组成的，以互助为主要宗旨的合作金融组织。信用合作社基本的经营目标是以简便的手续和较低的利率，向社员提供信贷服务，帮助经济力量薄弱的个人解决资金困难，以免遭高利盘剥。信用合作社资金来源是成员交纳的股金和吸收存款，贷款主要用于解决其成员的资金需要。起初，信用合作社主要发放短期生产贷款和消费贷款。现在，一些资金充裕的信用社已开始为解决生产设备更新和改进技术等提供中、长期贷款，并逐步采取了以不动产或有价证券为担保的抵押贷款方式。

8. 基金组织

基金组织是指筹集、管理、运用某种专门基金的金融机构。重要的基金组织主要有养老（退休）基金组织和互助基金组织 。养老（退休）基金组织是向参加养老基金计划的公司雇员以年金形式提供退休收入的金融机构。其基金来源是政府部门、雇主的缴款及雇员个人自愿缴纳的款项。养老基金组织多投资于股票、债券及不动产等高收益资产项目以保值增值。互助基金组织也称为投资基金组织或投资公司，它通过向许多小投资者发行股份来聚集资金，用于购买证券。

9. 典当行

典当行亦称典当公司或当铺，是主要以财物作为质押进行有偿有期借贷融资的非银行金融机构。以物换钱是典当的本质特征和运作模式。当当户把自己具有一定价值的财产交付典当机构实际占有作为债权担保，从而换取一定数额的资金使用，当期届满，典当公司通常有两条营利渠道：一是当户赎当，收取当金利息和其他费用营利；二是当户死当，处理当物用于弥补损失并营利。所以，典当实质上是以质押为条件的货币信贷，典当行是一种既有金融性质又有商业性质的、独特的金融机构。

4.3　我国金融机构体系

4.3.1　旧中国金融机构体系

据记载，我国远在周朝时期就出现了从事货币信用业务的金融机构。唐朝时期的典当行、钱庄和票号大多占有主要地位，但仍被高利贷所垄断。后来长安商铺的“飞钱”，宋代设置的“金银钱交易铺”和便钱务，金朝开办的“质典库”，元代的“解典库”，明朝中叶以后出现的“钱庄”和清代出现的票号等。这些机构虽然不是真正意义上的银行，但已具备银行的一些基本性质。中国出现具有现代意义的银行是在鸦片战争和外国资本侵入之后的近代，1845 年和 1848 年，英国的丽如银行（后改为东方银行）先后在香港和上海设立分行。从而使得我国出现了第一家资本主义银行。之后，许多国家都来华设立分行，到 1935 年，外国在华银行多达 53 家 153 个机构。这些外国银行曾长期控制着中国的金融市场，曾一度把持着当时中国的财政命脉。1897 年中国通商银行成立，这是中国人自己开办的第一家银行，由清政府督办全国铁路大臣盛宣怀创办，总部设在上海。此后，中国相继出现了一些民族资本或半官半商的银行。

国民党政府和四大家族运用手中的权力分别建立了四行、二局、一库（图 4-1）为核心的官僚资本金融机构体系。同时，中国共产党在领导全国人民夺取政权的革命斗争中，在各个革命根据地也建立了自己的银行机构。其中主要有中华苏维埃共和国国家银行、陕甘宁边区银行和华北银行等。

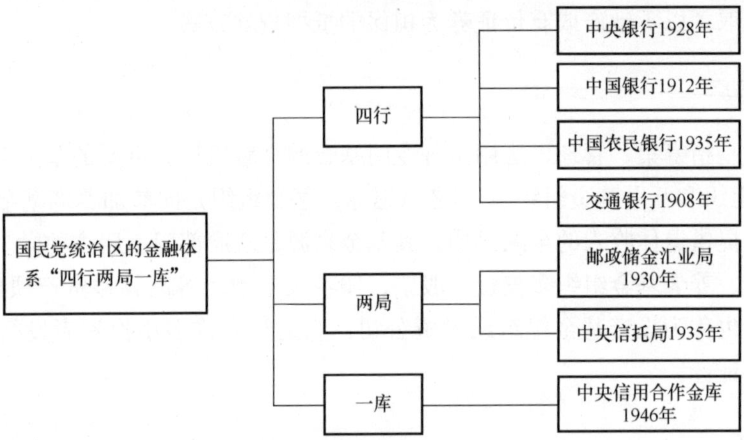

图 4-1　四行、二局、一库图

4.3.2　新中国成立后金融机构体系的形成与发展

新中国成立后金融机构体系的建立与发展大致可分为以下几个阶段。

1. 初步形成阶段（1948～1953 年）

1948 年 12 月，在原华北银行、北海银行和西北农民银行的基础上建立了中国人民银行，标志着新中国金融体系的开始。

2.“大一统”的金融体系（1953～1978 年）

1953 年我国开始大规模、有计划地进行经济建设，在经济体制与管理方式上实行了高度集中统一的计划经济体系及计划管理方式。与这个时期的经济体制和管理方式相适应，金融机构体系也实行了高度集中的“大一统”模式。这一体系的特征是全国只有中国人民银行一家银行，中国人民银行既具有货币发行权、负责管理全国金融事务的金融机构，发挥中央银行的职能，又办理普通银行的信贷业务，它包揽了工商信贷、农村金融、储蓄存款、转账结算、现金出纳等具体的银行业务。中国人民银行内部实行高度统一的资金管理体制。在存贷款的管理上实行“统存统贷”的资金管理体制，即各级地方分支行吸收的存款全部逐级上交到总行，自身无权支配。各级分支行所需信贷资金由总行核批计划指标，层层下拨。

这种高度统一的金融体系，在计划经济管理体制下，发挥了一定的积极作用，有利于金融宏观控制，有利于统一调拨资金。但其消极作用也是明显的，不利于调动地方各级银行的积极性。这一体系是为适应高度集中的计划经济体制而设立的，因此，一直延续到 1979 年改革开放以前。

3. 改革初期（1979～1983 年）

这一时期表现为中国银行、中国农业银行、中国建设银行从中国人民银行中分设出来，打破了中国人民银行一家包揽的局面。但中国人民银行仍然集货币发行和信贷于一身，不能有效地对专业银行和金融全局进行领导、调控与管理。

4. 初具规模阶段（1983～1993 年）

1983 年，国务院决定中国人民银行专司中央银行职能，1984 年中国工商银行成立，并增设了全国性综合型银行，如交通银行等，还批准了一批非银行金融机构。形成了以中央银行（中国人民银行）为核心，以中国银行、中国农业银行、中国建设银行和中国工商银行四大专业银行为主体，其他各种金融机构并存和分工协作的金融机构体系，并初具规模。

5. 新型金融机构体系的提出与建设阶段（1994 年至今）

1994 年改革的目标之一是建立在中央银行宏观调控下的政策性金融与商业性金融分离，以国有商业银行为主体，多种金融机构并存的金融机构体系。为此，1994 年我国先后建立了三家政策性银行，同时进行专业银行向商业性银行的转换。2000 年以后，我国对国有独资商业银行和非银行金融机构进行了股份制改造，成为国有控股金融机构。近年来，我国放宽了设立金融机构的门槛，大量的城市商业银行、新型金融机构等不断设立。目前，我国正处于改革和建立新型金融机构体系阶段。详细内容在下面的我国现行的金融机构体系中介绍。

4.3.3　我国现行的金融机构体系

我国的金融机构体系如图 4-2 所示，由中国人民银行领导，三大监管机构监督建立，目

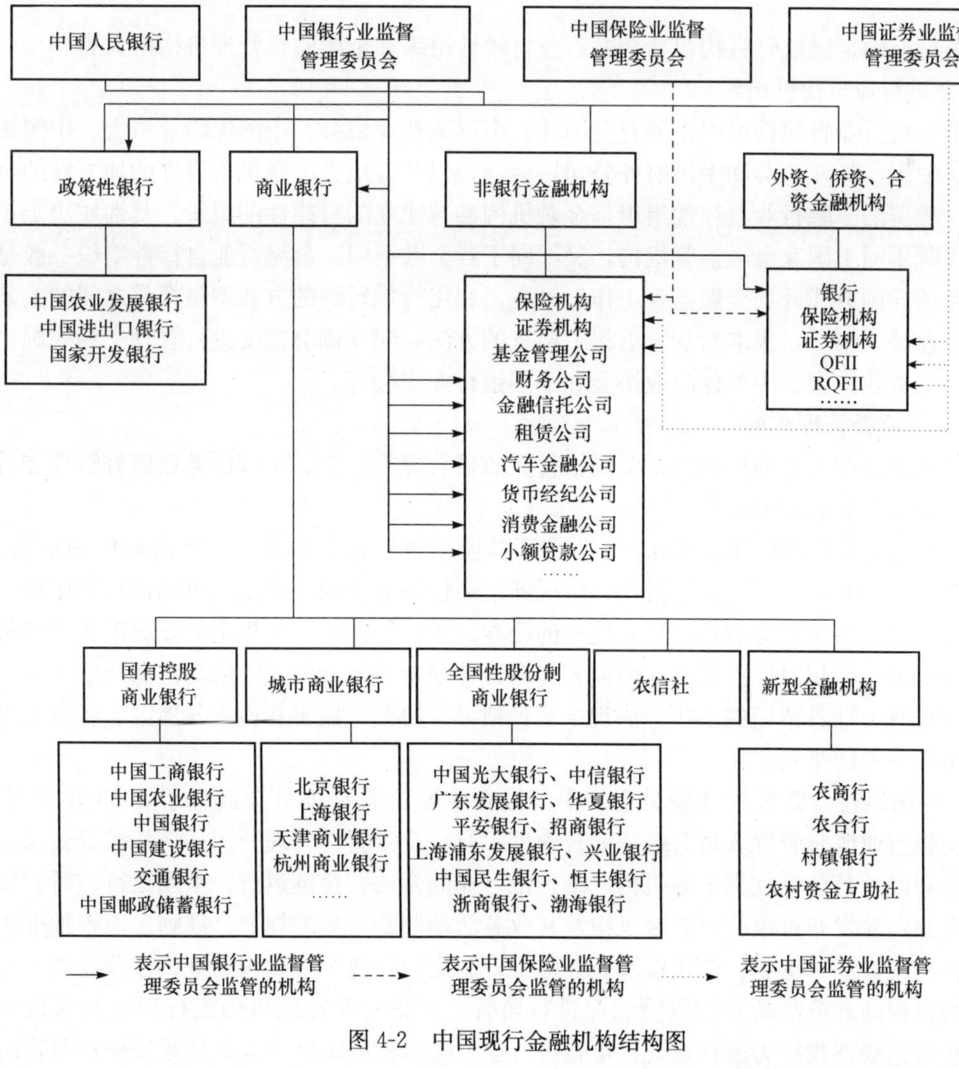

图 4-2　中国现行金融机构结构图

前主要包括五大国有控股的商业银行、三大政策性银行、其他商业银行、非银行金融机构和外国金融机构在我国的分支机构构成。

1. 中央银行

中国人民银行是我国的中央银行。1983 年 9 月，国务院决定中国人民银行专门行使中央银行的职能，中国人民银行成为国务院管理领导全国金融事业的国家机关，履行三大职能：一是享有货币垄断发行权，履行发行银行的职能；二是它代表政府管理全国的金融机构和金融活动，经理国库，履行政府银行的职能；三是中央银行作为最后贷款人，在商业银行资金不足时，可向其发放贷款，履行银行的银行职能。中国人民银行的机构在全国设立 9 家跨省、自治区、直辖市分行，实行总行、分行、中心支行和县支行四级管理体制。中国人民银行在北京设有总行，在上海设有总部，在全国 9 个城市即沈阳、天津、济南、上海、南京、武汉、成都、广州和西安等设有分行。总行对其分、支行在银行业务和人事管理上实行垂直领导，统一管理。

2. 监管机构

我国目前的金融监管机构包括金融行业自律性组织和金融监督管理机构两大类。

1）金融行业自律性组织

我国金融行业自律性组织主要有全国性的中国证券业协会、中国保险业协会、中国银行业协会、中国信托业协会和中国财务公司协会等，以及各地方金融机构设立的地方性的金融业协会。我国的金融行业自律性组织是金融机构参与建立的自律性的组织。其性质决定了其工作方式既不同于国家金融监管机构，又不同于各金融组织。金融行业自律性组织一般是采取协约和诱导的方式开展金融监管工作。第一，利用行规行约的方式调整会员之间的关系并进行相互监督。第二，采取指导、汇报、检查的方法，建立例会制度进行管理。在我国，主要有中国证券业协会、中国保险业协会和中国银行业协会等。

2）金融监督管理机构

我国的金融监督管理机构包括中国银行业监督管理委员会、中国证券业监督管理委员会和中国保险业监督管理委员会。

(1) 中国证券业监督管理委员会。中国证券业监督管理委员会（以下简称中国证监会）成立于 1992 年 10 月，经国务院授权，中国证监会依法对全国证券期货市场进行集中统一监管。中国证监会基本职能包括：建立统一的证券期货监管体系，按规定对证券期货监管机构实行垂直管理；承担对证券期货业的监管和对证券期货市场金融风险的防范和化解工作；负责组织拟订有关证券市场的法律、法规草案；指导、协调、监督和检查各地区、各有关部门与证券市场有关的事项。

(2) 中国银行业监督管理委员会。中国银行业监督管理委员会成立于 2003 年 4 月 28 日。中国银行业监督管理委员会统一监督管理银行、金融资产管理公司、信托投资公司、金融租赁公司以及其他存款类金融机构，维护银行业的合法、稳健运行。中国银行监督管理委员会负责制定并发布对银行业金融机构及其业务活动监督管理的规章、规则；审查批准银行业金融机构的设立、变更、终止以及业务范围；制定银行业金融机构的审慎经营规则，对银行业金融机构的业务活动及其风险状况进行监管，对银行业金融机构实行现场和非现场监管，依法对违法违规行为进行查处；审查银行业金融机构高级管理人员任职资格；负责编制全国银行数据、报表，并按照国家有关规定予以公布；加强对银行业金融机构风险内控的监管，重视其公司治理机制的建设和完善，促使其有效地防范和化解金融风险。

(3) 中国保险业监督管理委员会。中国保险业监督管理委员会成立于 1998 年 11 月 18 日。中国保险业监督管理委员会根据国务院授权履行行政管理职能，依照法律、法规统一监督管理全国保险市场，维护保险业的合法、稳健运行。拟订有关商业保险的政策法规和行业规则；依法对保险企业的经营活动进行监督管理和业务指导，依法查处保险企业违法违规行为，保护被保险人的利益；维护保险市场秩序，培育和发展保险市场，完善保险市场体系，推进保险改革，促进保险企业公平竞争；建立保险业风险的评价与预警系统，防范和化解保险业风险，促进保险企业稳健经营与业务的健康发展。

3. 政策性银行

政策性银行是我国深化金融体制改革过程中，为实现国有专业银行向商业银行转化而成立的专门承担政策性信贷业务的银行。我国的政策性银行分别是 1994 年组建的国家开发银行、中国进出口银行和中国农业发展银行。这 3 家银行的分工是：国家开发银行主要为国家重点项目、重点产品和基础产业提供金融支持；中国进出口银行主要为扩大我国机电产品和成套设备出口提供政策性金融服务；中国农业发展银行主要为农业基本建设、农副产品、农业发展等提供资金支持。

4. 商业银行

目前我国商业银行主要包括国有控股商业银行、股份制商业银行和城市合作银行等。

1) 国有控股商业银行（大型商业银行）

国有控股商业银行在我国金融体系中居于主体地位。2000 年后，我国对国有独资商业银行进行了股份制的改造，由国家控股，引进投资者，在证券交易所上市，成为国家控股的股份制商业银行。截至 2013 年 11 月，我国共有 5 家国有控股商业银行，分别是中国银行、中国建设银行、中国农业银行、中国工商银行和中国交通银行。同时，2007 年 3 月 6 日，我国的邮政储蓄进行股份制改造，成为国家控股的邮政储蓄银行，也成为我国第 6 家国有控股商业银行。中国邮政储蓄银行承继原国家邮政局、中国邮政集团公司经营的邮政金融业务及因此而形成的资产和负债，并从事存贷款、储蓄、结算和托管业务。中国邮政储蓄银行拥有覆盖全国城乡网点面最广、交易额最多的个人金融服务网络。国有控股商业银行在我国金融领域中均处于举足轻重的地位。

2) 全国性股份制商业银行

我国除了国有控股商业银行外，还有 12 家全国性股份制商业银行。如图 4-2 所示，目前已有多家商业银行公开上市发行股票。它们是招商银行、中信银行、上海浦东发展银行、中国民生银行、中国光大银行、兴业银行、华夏银行、渤海银行、广东发展银行、平安银行、恒丰银行和浙商银行。从业务活动范围来看，这些商业银行在初建时分为全国性商业银行和区域性商业银行。但随着金融改革的深化，银行业务在不断延伸，区域性银行的业务范围已经超出原来指定的地域范围，这些商业银行依照国际通行的规则和市场原则开展各项银行业务活动和进行自身经营管理。

3) 城市商业银行

我国的第三类商业银行是城市商业银行。截至 2013 年 11 月，我国有 132 家城市商业银行。其中，多家地方商业银行已经发行股票上市。包括北京银行、宁波银行、恒丰银行、汉口银行、宁波商行 、天津银行、贵阳商行、包头商行、柳州商行、长沙商行和江苏商行等。

4）农信社

农信社也称为农村信用合作社或农村信用社，是我国银行类的金融机构。截至 2013 年 11 月，我国共有 70 家农信社，农信社为支持我国农村经济发展做出了贡献。

5）新型银行类金融机构

我国近些年出现了一些新型的农商行、农合行、村镇银行和农村资金互助社等金融机构，成为我国金融机构体系的有力补充。这些金融机构为我国农村小额信贷、中小企业融资和其他金融活动提供了重要的融资业务。截至 2013 年 11 月，我国共有 138 家农商行、57 家农合行、313 家村镇银行和 8 家农村资金互助社。

5. 非银行金融机构

除上述银行性金融机构外，我国还有多种非银行性金融机构，他们经办某种专门的金融业务和金融服务，是我国现行金融体系的重要组成部分。以下介绍主要的几种非银行金融机构。

1）保险机构

目前，我国保险市场形成了以国有商业保险公司为主，多种经济类型和中外合资保险公司并存，多家保险公司竞争的新格局。截至 2012 年 12 月，全国共有保险专业中介机构 2532 家。其中，保险中介集团公司 3 家，全国性保险专业代理机构 92 家，区域性保险专业代理机构 1678 家，保险经纪机构 434 家，保险公估机构 325 家。

2）证券机构

目前，我国证券机构主要有证券公司、证券投资咨询机构和期货公司等。证券投资咨询机构是对证券投资者和客户的投融资、证券交易活动和资本营运提供咨询服务的专业机构。中国第一家证券公司 1987 年成立于深圳，以后在各省相继成立了多家证券公司。截至 2013 年 11 月，全国共有 115 家证券公司，88 家证券投资咨询机构，6 家资信评级机构。截至 2012 年 9 月 13 日，全国共有 163 家期货公司，150 家期货经营机构。

3）基金管理公司

近年来，我国的基金产品发展较快，出现了大量的基金管理公司。截至 2013 年 10 月 14 日，全国共有 85 家基金管理公司，1411 只证券投资基金产品。

4）财务公司

中国的财务公司都是由企业集团内部集资组建的，其宗旨和任务是为本企业集团内部各企业筹资和融通资金，促进其技术改造和技术进步。1987 年，经中国人民银行总行批准，中国第一家财务公司——东风汽车工业财务公司成立，之后又有 9 家财务公司相继批准成立。1988 年 4 月，在中山、重汽等财务公司的倡导下，成立了全国财务公司联合会（简称全国财联）。中国财务公司协会于 1994 年 8 月正式成立，具有了合法的地位。截至 2013 年 11 月，中国共有 115 家财务公司。

5）信托公司

信托公司是经营信托投资业务的金融机构。1979 年 10 月，经国务院批准成立了第一家信托投资公司——中国国际信托投资公司。从此，金融信托业在全国范围内迅猛发展起来。截至 2013 年 11 月，我国共有 62 家信托投资公司。比较著名的有中信信托有限公司、中国国际信托有限公司和中诚信托投资有限公司等。

6）金融租赁公司

1981 年 4 月 8 日，国内最早专营融资租赁业务的中国东方租赁有限公司成立，同时也是我国第一家中外合资的融资租赁公司。目前，纳入我国相关监管的融资租赁公司共有三类。一是由银监会监管的金融租赁公司；二是由商务部监管的 30 多家中外合资租赁公司；三是由商务部监管的 1000 多家内资租赁公司。截至 2013 年 11 月，我国共有 15 家金融租赁公司。

7）新型非银行金融机构

我国近些年出现了一些新型的非银行金融机构，分别为小额贷款公司、汽车金融公司、货币经纪公司和消费金融公司，成为我国金融机构体系的有力补充。截至 2014 年 1 季度末，我国共有小额贷款公司 8127 家、汽车金融公司 17 家、货币经纪公司 5 家和消费金融公司 4 家。

6. 在华外资合资金融机构

我国对外资金融机构的引进主要采取三种形式：一是允许其在我国设立代表机构（工作范围是进行工作洽谈、联络、咨询服务，而不得从事任何直接营利性的业务活动）；二是允许其设立业务分支机构；三是允许其与我国金融机构和工商企业合作设立中外合资金融机构。

截至 2010 年年底，先后有中金公司等 13 家合资证券公司获准设立；先后有 37 家合资基金管理公司获准设立，其中 17 家合资基金公司的外资股权已达 49%；截至 2010 年年底，我国有外资保险公司 54 家，包括外资财产险公司 19 家，寿险公司 28 家，再保险公司 7 家。此外，有 23 个国家和地区的保险机构在 15 个城市设立了 169 家代表机构。

截至 2012 年 12 月，中国境内外资银行营业机构总数为 412 家，49 个国家和地区的银行在华设立了 42 家外资法人机构、95 家外国银行分行和 197 家代表处。截至 2012 年年底，外资银行在中国 27 个省（自治区、直辖市）、59 个城市设立了机构，包括外资银行支行在内的营业网点已达到 900 家，初步形成具有一定覆盖面和市场深度的总、分、支行服务网络。截至 2012 年 8 月，外资投资融资租赁公司有 142 家。

7. QFII 和 RQFII

QFII（Qualified Foreign Institutional Investors）是合格的境外机构投资者的简称，是指外国专业投资机构到境内投资的资格认定制度。2002 年 11 月 5 日，我国出台了《合格境外机构投资者境内证券投资管理暂行办法》，2003 年 5 月 27 日，瑞士银行有限公司、野村证券株式会社获得中国证券监督委员会批准，成为我国首批取得证券业投资许可证的合格的境外机构投资者（QFII）。之后，随着金融市场的发展，大量合格的境外机构投资者进入我国。截至 2013 年 11 月 12 日，共有 247 家机构成为我国合格的境外机构投资者，包括资产管理机构、保险公司、证券公司、商业银行、养老基金、慈善基金会、捐赠基金、信托公司、政府投资管理公司等。这些合格的境外机构投资者参与我国的证券市场投资。

RQFII（RMB Qualified Foreign Institutional Investors）是指人民币合格境外投资者，是指允许合格的境外机构投资者，在一定规定和限制下汇入一定额度的外汇资金，并转换为当地货币，通过严格监管的专门账户投资当地证券市场，其资本利得、股息等经批准后可转为外汇汇出的一种市场开放模式。我国的 RQFII 试点于 2011 年 12 月推出，初期参与机构仅限于境内基金管理公司、证券公司的香港子公司。2012 年 12 月，证监会、央行和外汇局决定增加 2000 亿元 RQFII 投资额度，使试点总额度达到 2700 亿元。2013 年 3 月，中国证监会、央行和外汇局联合发布修订后的《人民币合格境外机构投资者境内证券投资试点办法》，允许更多境外金融机构将离岸筹集的人民币资金投资境内资本市场，同时放宽 RQFII 投资范围的限制。中国人民银行 2013 年 5 月 2 日发文明确了人民币合格境外机构投资者（RQFII）在境内开立银行账户、投资银行间市场等内容。截至 2013 年 11 月，我国共有 39 家 RQFII 参与金融市场投资。

4.3.4 中国香港、中国澳门和中国台湾的金融机构体系

1. 中国香港特别行政区的金融机构体系

香港金融机构体系颇具特色，以国际金融资本为主体，银行、外汇、黄金、证券、保险、期货共同基金等多种金融机构并存。包括监管机构、发钞机构、银行机构、保险机构、证券机构以及外汇投资有限公司、香港按揭证券有限公司、香港银行同业结算有限公司、香港交易及结算所有限公司等多种金融机构。

香港金融监管机构主要是金融管理局、证券及期货事务监察委员会与保险业监理处，他们分别负责监管银行、证券与期货，以及保险与退休计划等行业。此外，香港政府还充分发挥金融行业工会的作用。香港银行业的同业组织是香港银行公会。

港币是由香港政府通过法律授权某些信誉卓著、实力雄厚的大商业银行发行的。目前发行港币的三家银行是汇丰银行、渣打银行和中国银行。

2. 中国澳门特别行政区的金融机构体系

澳门金融业主要由银行和保险机构构成，具体包括金融监管机构、发钞机构、银行机构、保险机构和其他金融机构。澳门不设中央银行，主管金融事务的最高级官员是经济协调政务司，具体制定金融政策和实施金融监管的权力机构是 1989 年 6 月成立的澳门货币暨汇兑监理署（AMCM）。1999 年澳门回归祖国后，澳门货币仍由大西洋银行和中国银行澳门分行代理发行。目前发行的澳门货币是一种区域货币，澳门元与港元直接挂钩。

3. 中国台湾的金融机构体系

台湾的金融体系包括正式的金融体系与民间借贷两部分。正式的金融体系分为金融中介机构与金融市场机构，其中金融中介机构依据能否创造货币准则又可分为货币机构和其他金融机构。

台湾的货币金融体系由“行政院金融监督管理委员会”及“中央银行”共同管理。为控制和稳定金融体系，台湾设有“中央存款保险公司”。台湾的货币机构包括“中央银行”与存款货币机构，其中存款货币机构包括台湾的一般银行、中小企业银行、外国银行在台分行、信用合作社、农会信用部及渔会信用部等。台湾的金融市场机构包括证券投资基金、办理有价证券融资融券之证券商、证券经纪商、证券自营商、证券承销商、证券投资信托公司、证券投资顾问公司、证券金融公司、证券金融相关单位、期货商和票据交换所等机构。

4.4　国际金融机构体系

国际金融机构是指从事国际金融管理和国际金融活动的超国家性质的组织机构，在重大国际经济金融事件中协调各国的行动；提供短期资金援助，缓解国际收支逆差，稳定汇率；提供长期资金，促进各国经济发展。国际金融机构按业务范围可分为全球性国际金融机构和区域性国际金融机构。

4.4.1　全球性国际金融机构

1. 国际货币基金组织

国际货币基金组织（International Monetary Fund，IMF）是根据 1944 年 7 月 44 个国家在美国新罕布什尔州布雷顿森林达成的《国际货币基金协定》而建立的。到 2007 年 1 月 18 日为止，基金组织成员国已达 185 个国家。IMF 的资金主要来源于成员国缴纳的份额、借款、捐款、出售黄金所得的信托基金以及有关项目的经营收入。国际货币基金组织的主要业务包括汇率监督、磋商与协调和金融贷款。中国是 IMF 的创始国之一，1980 年 4 月 17 日，IMF 执行董事会通过决议，恢复了中国的合法席位，2010 年，IMF 确定了一揽子改革调整草案，国际货币基金组织理事会已正式投票通过中国成为该组织第三大成员国。

2. 世界银行集团

世界银行集团（World Bank Group）包括国际复兴开发银行、国际开发协会和国际金融公司三家机构。

1）国际复兴开发银行

国际复兴开发银行（International Bank for Reconstruction and Development，IBRD）成立于 1944 年 7 月 1 日，成为联合国专门机构。宗旨是通过向中等收入国家和信用好的贫困国家提供贷款和分析咨询服务，促进公平和可持续发展，创造就业，减少贫困，应对全球和区域性问题。截至 2011 年 3 月，国际复兴开发银行的成员国有 187 个。中国是创始国之一，于 1980 年恢复世界银行集团的合法席位。目前，中国在国际复兴开发银行的投票权占总票权的 4.42%，居第三位。截至 2011 年 2 月 28 日，国际复兴开发银行对华承诺贷款累计达 381 亿美元。

2）国际开发协会

国际开发协会（International Development Association，IDA）于 1960 年成立，是世界银行的附属机构之一。截至 2011 年 3 月，国际开发协会的成员国有 170 个。它的宗旨是通过向世界 79 个最贫困的国家提供无息贷款和赠款，促进其经济发展，减少不平等现象，提高人民生活水平。1980 年，中国恢复了在世界银行集团的合法席位，并同时成为国际开发协会的成员国。截至 1999 年 7 月，协会共向中国提供了约 102 亿美元的软贷款。从 1999 年 7 月起，国际开发协会停止对中国提供贷款。2007 年 12 月，我国向国际开发协会捐款 3000 万美元。2010 年 12 月，我国承诺向国际开发协会第 16 次增资捐款 5000 万美元，同时按照世行法律条款双倍加速偿还 IDA 借款，并在此基础上自愿额外一次性提前偿还 10 亿美元借款。对于我国自愿额外一次性提前偿还的 10 亿美元，世行折合成约 1.1 亿美元计入我国 IDA 的直接捐款。

3）国际金融公司

国际金融公司（International Finance Corporation，IFC）也是世界银行下属机构之一，1956年7月正式成立。其宗旨主要是帮助和促进发展中国家私营部门发展。截至2011年3月，国际金融公司的成员国有182个。1980年5月15日，中国在该公司的席位也得到恢复。我国按规定认缴股金并享有投票权。目前，我国与国际金融公司的业务往来日益密切。1980年，中国恢复了在世界银行集团的合法席位，并成为国际金融公司的成员国。中国在国际金融公司认购股份24500股，折合2450万美元，占国际金融公司法定股本总额的1.03%。中国在国际金融公司的投票权为24 750票表决权，占总投票权的1.02%。自国际金融公司1985年批准第一个对华项目起，至2011年2月28日止，国际金融公司在中国共投资了206个项目，并为这些项目提供了51亿美元的资金，其中，39.5亿美元为自有资金，8.73亿美元来自世界银行集团中的其他银行，2.49亿美元为IFC所提供的担保。

4.4.2 区域性国际金融机构

1. 亚洲开发银行

亚洲开发银行（以下简称“亚行”Asian Development Bank，ADB）是面向亚太地区的区域性政府间的金融开发机构，于1966年11月正式建立。亚洲开发银行的宗旨是向其会员国或地区成员提供货款和技术援助，帮助协调会员国或地区成员在经济、贸易和发展方面的政策，同联合国及其专门机构进行合作，以促进亚洲地区的经济发展。1986年3月10日，中国成为亚行正式成员国。中国是亚行第三大股东国，持股6.429%，拥有5.442%的投票权。2008年8月，亚行董事会任命中国进出口银行副行长赵晓宇为亚行副行长。

2. 非洲开发银行

非洲开发银行（African Development Bank，ADB/AFDB）于1964年11月正式成立。非洲开发银行是非洲最大的地区性政府间开发金融机构。非洲开发银行的宗旨是通过提供投资和贷款，利用非洲大陆的人力和资源，促进成员国经济发展和社会进步，以逐步实现非洲经济一体化。截至2011年6月，非洲开发银行有77个成员国。其中，非洲53个国家全部为成员，此外还有包括中国在内的区外成员国24个。中国于1985年5月8日加入非洲开发银行。截至2007年年底，中国在非洲开发银行持股24230股，占非洲开发银行总股份的1.117%。2007年非洲开发银行年会在中国上海举办。

3. 加勒比开发银行

加勒比开发银行（Caribbean Development Bank，CDB）成立于1969年10月18日。宗旨是促进加勒比地区成员国经济的协调增长和发展，推进经济合作及本地区的经济一体化，为本地区发展中国家提供贷款援助。加勒比开发银行有26个成员国（1998年1月），其中本地区成员国20个，非本地区成员国6个，即加拿大、英国、法国、意大利、德国以及中国。1997年5月22日，加勒比开发银行在第27届理事会年会上接纳中国为其第26个成员国。认缴股本6235股，占总股本的5.51%。中国在加勒比开发银行享有一个董事席位，代表中国以及在中国之后加入加勒比开发银行的非本地区国家。

4. 欧洲复兴开发银行

欧洲复兴开发银行（European Bank for Reconstruction and Development，EBRD）成立于 1991 年。欧盟委员会（前欧洲共同体委员会）、欧洲投资银行和 39 个国家在银行中拥有股权。欧洲复兴开发银行的宗旨是在考虑加强民主、尊重人权、保护环境等因素下，帮助和支持东欧、中欧国家向市场经济转化，以调动上述国家中个人及企业的积极性，促使他们向民主政体和市场经济过渡。投资的主要目标是中欧、东欧国家的私营企业和基础设施。

5. 美洲开发银行

美洲开发银行（Inter-American Development Bank，IDB）于 1959 年 12 月 30 日成立。该行是美洲国家组织的专门机构，其他地区国家也可加入。非洲、拉丁美洲国家不能使用该行资金，但可参加该行组织的项目投标。宗旨是集中各成员国的力量，对拉丁美洲国家的经济、社会发展计划提供资金和技术援助，并协助它们单独和集体为加速经济发展和社会进步作出贡献。截至 2010 年，美洲开发银行有 48 个成员国。

4.4.3 国际清算银行与巴塞尔银行监管委员会

1. 国际清算银行

国际清算银行（Bank for International Settlement，BIS）成立于 1930 年，最初为处理第一次世界大战后德国战争赔款问题而设立，后演变为一家各国中央银行合作的国际金融机构，是世界上历史悠久的国际金融组织。该银行宗旨是以“促进各国中央银行之间的合作并为国际金融业务提供便利”，是中央银行行长和官员的会晤场所。截至 2011 年国际清算银行共有 55 家成员中央银行或金融管理当局。国际清算银行的法定股本为 15 亿金法郎，共分为面值相等的 60 万股（每股面值 2500 金法郎），由成员国认缴。中国人民银行于 1996 年 11 月正式加入国际清算银行，中国人民银行是该行亚洲顾问委员会的成员。中国认缴了 3000 股的股本，实缴金额为 3879 万美元。2006 年 7 月，国际清算银行增选中国人民银行行长周小川为该行董事会董事，任期三年。自此，该行董事由 17 名增至 20 名。

2. 巴塞尔银行监管委员会

巴塞尔银行监管委员会（Basel Committee on Banking Supervision）简称巴塞尔委原会，是由美国、英国、法国、德国、意大利、日本、荷兰、加拿大、比利时、瑞典 10 大工业国的中央银行于 1974 年年底共同成立的，作为国际清算银行的一个正式机构，以各国中央银行官员和银行监管当局为代表，总部设在瑞士的巴塞尔。每年定期集会 4 次，并拥有近 30 个技术机构，执行每年集会所订目标或计划。巴塞尔委员会的主要宗旨在于交换各国的监管安排方面的信息、改善国际银行业务监管技术的有效性、建立资本充足率的最低标准及研究在其他领域确立标准的有效性。2009 年 3 月 17 日，中国加入巴塞尔银行监管委员会，使其成员扩大为 20 家。

【本章小结】

金融机构是指从事金融服务业有关的金融中介机构，为金融体系的一部分，金融服务业包括银行、证券、保险、信托、基金等行业，与此相应，金融中介机构也包括银行、证券机构、保险机构、信托投资公司和基金管理公司等。

金融机构按照不同的标准可划分为不同的类型。按照是否能够接受公众存款，可划分为存款性金融机构与非存款性金融机构；按照是否属于银行系统，可划分为银行金融机构和非银行金融机构；按照业务范围划分为国内金融机构和国际金融机构；按照职能划分为经营性金融机构和管理性金融机构。

金融机构一般由中央银行、商业银行、专业银行、政策性银行和非银行金融机构等组成。中央银行是一国金融机构的核心，商业银行是一国金融机构的主体，其他的银行和非银行金融机构是一国金融市场的重要组成部分。

我国的金融机构由中国人民银行领导，三大监管机构监督建立。目前有五大国有控股商业银行、三大政策性银行、其他股份制银行、非银行金融机构和外国金融机构在我国的分支金融机构构成。

国际性金融机构主要有三大类。第一类是全球性的国际金融机构即国际货币基金组织、世界银行和国际金融公司；第二类是区域性国际金融机构即亚洲开发银行、非洲开发银行等；第三类是国际清算银行与巴塞尔银行监管委员会。

【关键术语】

商业银行　政策性银行　财务公司　共同基金　储蓄银行　不动产抵押银行　保险公司　证券公司　信托公司　租赁公司　财务公司　信用合作社

【思考题】

1. 我国现有的金融机构体系的构成框架是什么？
2. 西方国家的专业银行通常包括哪些？
3. 阐述我国三大政策性银行的特点？
4. 国际金融机构发展状况？
5. 我国金融机构的发展历史？

专栏 4-1

美国中小银行秘密

——7000 社区金融机构支撑 60%中小企业

美国得克萨斯州爱丁堡市的第一国民银行在 2013 年 9 月 13 日获得了一项“殊荣”——成为 2000 年以来美国倒闭的第 500 家银行。相距 2500 公里，康涅狄格州布里奇波特市的地区银行也在同一天宣布倒闭。这在美国司空见惯。在经济不好的年份，银行倒闭的数字更是惊人。

1929 年经济大萧条时期，1930～1933 年，美国银行倒闭 1/3 以上，银行数量由危机前的 25000 家骤减到危机后的 15000 家，促成了 1934 年美国联邦存款保险公司的成立。20 世纪 80 年代的储贷危机，由于大量发放住房按揭贷款以及经营环境的变化，1980～1995 年，共有 2943 家机构倒闭。储贷危机 1989 年达到顶峰，仅那一年就有 534 家银行破产，创下第二次世纪大战后的最高纪录。2008 年爆发的全球金融危机也在近五年中夺去了 451 家美国银行的“生命”。即使是在金融危机的“复原期”2013 年，仍有 22 家银行宣布了破产。

然而，无论银行破产的数字是如何惊人，美国人都不习惯将银行倒闭数量作为估算金融危机严重程度的最好方法。因为在美国的银行体系中，更多的倒闭来自于中小银行，也就是资金规模低于10亿美元的银行。在运转制度和保险机制上的设置决定了这些银行的倒闭并不会像大型银行那样威胁美国的金融系统。

中小银行的倒闭对于大多数美国储户来说，只是服务形式的一次转换。就像爱丁堡第一国民银行在破产公报中所说的那样，“我们的一切服务仍将继续，只是换了一家银行为你服务”。

与破产造成的负面作用相比，美国中小银行带给美国经济的正向力量则更为强大。社区组织者相较美国监管机构以资金规模来区分银行大小而言，美国人更喜欢将中小银行归类为社区银行。主要为经营区域内的中小企业和居民家庭服务，正是这些中小银行的营业重点。从其职能上也可以看出“社区化”经营正是这些银行经营模式的高度概括。而这种社区经营的范围则可以代指一个居民区、一个县、一个市或一个州。

美国社区银行的形成与美国早期的银行体制密不可分。美国曾是典型的单一银行制国家。为了保证各州的信贷资源和地区发展利益，1927年美国议会通过了《麦克法登法案》，该法案禁止银行跨区域经营。在该法案的限制下，在固定地区进行信贷服务的小型金融机构开始逐渐增多，这成为美国社区银行发展的第一个“黄金（1283.00，－3.30，－0.26%）时期”。这一时期大约持续了70年，随着1994年《瑞格—尼尔跨州银行与分支机构有效性法案》的通过，美国中小银行开始由固定区域转向跨州运营。但由于该法案受益的主体恰好是以信贷为主要业务的社区银行而并非是商业银行，因此社区银行不但没有在与以商业银行为主要模式的大银行竞争中“溃败”，反而得以壮大，成为美国银行体系中最富有活力的成员之一。

社区银行的“社区”特色也成为其与大型银行竞争的另一个“杀手锏”。社区银行大多都属于本土企业，一般由当地人创办，主要为本地人服务，与当地经济紧密相连。在这种前提下，社区银行在运营之初就已经拥有了“地缘优势”和“人缘优势”。大多数美国社区银行都将吸纳本地资金为本地发展服务作为主要宗旨。在美国社区银行的行业机构美国独立社区银行协会（ICBA）给出的社区银行经营范围中，贷款给当地居民用于消费、贷款给当地中小企业用于发展、贷款给当地基础设施建设项目，甚至为当地福利设施募集资金都赫然在列。ICBA在其网站上宣传社区银行的优越性时写道：“无论你有什么需求，你都只需在家门口告诉社区银行工作人员。他们更了解你的具体情况，了解你的需求，了解你的人品而不是像那些躲在高楼中的大银行一样，因为你的信贷记录没有达到所指定的严格标准而拒绝你。”

在面向社区居民消费服务之外，社区银行还有另一个更重要的角色——担当中小企业的“金主”。美国的大银行主要以高端企业客户为主要服务对象，因此熟悉当地情况的社区银行自然成为当地中小企业的主要贷款机构。美国中小企业管理局（SBA）数据显示，社区银行一直在中小企业贷款中占据着60%的市场份额，在金融危机期间，这一份额甚至一度达到70%。ICBA统计显示，目前全美大约有7000多家社区金融机构，这些机构大约有5万个营业网点。其中一半分布在农村地区，29%分布在城市的郊区，17%分布在城市。资金规模在1亿～10亿美元的银行占社区银行总数的58.9%。“银行完全可以成为一个社区发展的组织者”。美国最大社区银行Shorebank创始人玛丽·霍顿早在20世纪60年代就做出这样的预言。

在社区银行承担起社区发展“组织者”的角色之后，谁来扮演另一个重要的角色，监管社区银行的运行规范，在社区遭遇外部环境恶化的干扰，或在“组织者”出现决策失误时——拯救储户于危险之中，则成为社区银行能否取信于民的另一个关键所在。联邦存款保险公司（FDIC）所扮演的正是这样一个“救赎者”的角色。

大小银行的营业规模决定了资本相对较为短缺的社区银行更容易受到金融动荡的冲击。为了增加这些银行抵抗冲击的免疫力，美国法律规定，在美国经营吸储性银行，必须首先加入存款保险。因此所有社区银行都是FDIC的投保人。FDIC对个人存款可以实施最高达25万美元的保险。除担负对储户的赔偿责任外，FDIC在银行的运行过程中还兼职监管者的角色。各投保银行必须定期向FDIC报送报表，无条件接受检查，并对检查出的问题进行处理。对于银行的违法行为，FDIC甚至有权取消其保险资格。

在FDIC之外，美国健全的法律制度也为银行破产之后的善后提供了解决路径。通过1933年的《联邦存款保险法》，以及1991年的《联邦存款保险公司改进法案》，美国最终确定了以首先保护存款人权益为核心的银行破产制度。

为了充分体现保护存款人权益最大化，与美国企业破产程序不同的是，美国银行的破产只能有银行主管机构，例如，颁发银行执照的许可机构、监管机构和FDIC来决定。只要上述机构发现一家银行的存款人权益即将或已经遭遇损失，即可依据法律条例提出破产。之后，FDIC将对破产银行进行清算，并对其债务进行处理。破产银行的资产将最先被用于赔付存款债权人。按照惯例，FDIC都会试图为倒闭的银行寻找一家接管银行，启动存款赔付程序。正是在这一存款债权人利益优先前提下，FDIC成功地在储户与银行之间筑起了一道防火墙。

金融体系从来都不是完美的，破产也是银行业无法回避的一个问题，但是它们都太重要了，因此在“大而不能倒”的大银行背后，社区银行也同样具有“小而能倒，倒能再起”的灵活性。正是在大小银行的分工合作下，美国金融系统更加层次分明，更加具有活力，并最终将这种活力注入美国经济之中。

资料来源：新浪财经. 2013年9月28日

专栏 4-2

当铺也要上网

典当是指当户将其动产、财产权利作为当物质押或者将其房地产作为当物抵押给典当行，交付一定比例费用，取得当金，并在约定期限内支付当金利息、偿还当金、赎回当物的行为。典当业是人类最古老的行业之一，堪称现代金融业的鼻祖，是抵押银行的前身。

当铺也要为自己洗刷历史污垢了，传统的典当行业总是与失业、赌博、高利贷、生意变故和阴暗交易扯上关系。而在后危机时代，典当不仅成了新型的融资渠道，还学会利用新技术吸引着新的消费群。以美国为例，典当行正在向电子商务迈进，网络快速交易正吸引着一些爱时髦、缺现金的新客户。

“Pawngo ”是新开张的网络当铺，它的日常工作和传统当铺一样，但顾客大多是寻求短期贷款的人。他们遵循的还是当铺老规矩，不做无利的买卖。这家店会首先评估所当物品，然后提供一项小于所当物评估价值的贷款。例如，一块手表估价1000美元，顾客可以担保得到为期三个月800美元的贷款，月利息为5%。如果顾客想赎回物品，直接支付资金就可，如果不想赎回，手表归当铺处理。

看似更简便，但网络当铺与传统店铺也有不同之处。几乎所有的美国当铺都是严格的实体企业，他们出售的都是无法赎回、重新估价的物品。然而，“Pawngo”不是实体经济，它是由 Groupon 创始人埃里克·莱夫科夫斯基和布拉德·凯威尔合资成立的投资集团 Light-Bank 注资，新开辟的以电子商务为主的网络典当行。运行主要是通过电子邮件和电话进行，顾客可以通过联邦快递将所当物品发送给当铺，并可在 24 小时内收到贷款，但贷款不以现金形式发放，而是通过银行转账，过程更透明化。对于如何处理无人赎回的物品，Pawngo 希望能建立自己的销售网站，形成一条产业链。现阶段他们还借助于网络零售商、拍卖行、易趣等出售积压品。

网络典当行可以锁定更高档客户。传统当铺的平均贷款大多为 100 美元，典型的客户都是很少或毫无积蓄的人。然而，Pawngo 想迎合的顾客是受过高等教育、工作经验丰富的人士，但临时出现财务问题的人。25 岁的首席执行官 Todd Hills 已经是行业内的资深人士，他表示，网络当铺只接受高档商品作为抵押，如钻戒或贵重金饰，二手电视和旧萨克管不在典当范围内。这样一来，贷款额就比其他典当铺的额度高了许多，平均典当额为 1700 美元，最高贷款额为 10 万美元。

Hills 认为，突破传统典当行的沉闷形象是最大的挑战。传统当铺坏名声已经在外。随着金银价格高涨，典当行业的竞争者多了，现在他们正寻求新的“转变”，要把典当行业往日的神秘色彩大众化，建立一种既时尚、友好、效率高、又透明的新业务。看似高档，实质上已经将这一行业门槛降低了许多，可以让每位顾客都轻松坦然典当自己的物品，最可取的是，它更加方便缓解“燃眉之急”。

Hills 希望每位普通的美国老百姓都能意识到，典当是个值得信赖的金融服务业。“我们突破了 3000 多年的坏名声障碍，现在的典当行已经走出了破旧的小镇，顾客也不用战战兢兢、全家护航走进当铺，你只需要待在家中就可完成交易。”

Pawngo 不是唯一一家突破传统的网络当铺，据全美典当商协会调查，类似的网站正在迅速增加，行业竞争会越来越激烈，大多数当铺都是以家庭为单位开设的。从市场前景看，网络当铺更能吸引顾客。

与美国典当行业的技术转型相比，英国的 Wonga 和 Borro 显得更加别致和细腻。过去几年里，许多实体当铺都经过了重新定位和升级，好几家连锁店重新装修了店面，工作人员都穿着卡其裤和正式的工作服吸引顾客。一些当铺甚至考虑去掉门面上的“典当”二字，改成“资产贷款互换”的广告牌。

媒体正在帮助传统典当行转型。从 2009 年 7 月开始，美国有线电视网历史频道开始推出“典当星”（Pawn Stars）纪实系列节目，类似的节目还有很多，比如，真人秀节目《铁杆典当铺》等。

《国际金融报》记者在向上海典当行业协会求证时，相关人士对记者表示，上海目前还未把典当行业推向电子商务阶段，因为监管的法律法规还不够完善。不过，中国对典当行业的监管正在加强，国务院法制办公室 2011 年 5 月 6 日公布的《典当管理条例（征求意见稿）》，就在于完善该行业的立法建设。

资料来源：人民网-国际金融报．2011 年 6 月 17 日

专栏 4-3

中国人自办的第一家银行：中国通商银行

上海开埠后，洋行不断开设，为融通资金需要，外资金融机构开始建立，开办最早的银行是道光二十五年（1845 年）的英资丽如银行，以后有阿加剌、汇隆、麦加利（又称渣打银行）等英商银行在外滩相继开业。其后法、德、美、俄、日、荷、比等国也在外滩开办银行。其中英资汇丰银行资力和影响最大。开埠至 19 世纪末，外资银行通过对清政府提供贷款，垄断国际汇兑，控制中国关税，凭其特权发行纸币等，长期操纵上海金融市场。

当外资银行陆续占领上海的同时，一些华资银行也先后在外滩及附近地段开设。光绪二十三年（1897 年），中国最早由国人自办的第一家银行——中国通商银行由户部奏准设立，行址设在上海黄浦滩路（今中山东一路）6 号，另在南外滩设立支行。这是李鸿章办洋务运动的得力助手、铁路总办盛宣怀奏请清廷创办的商办银行。时当中日战争之后洋商银行把持中国金融业，清政府为挽回利权计，招募商股设立该行，作为整理金融币制的枢纽，并令该行发行银两、银元两种钞票，以抵制洋商之钞票，而便民用。银行创办人还有严信厚、叶澄衷、朱葆三等。初创时招商股 500 万两，先收半数；借库银 100 万两，议分五年归还，至光绪二十八年（1902 年）如约还清，纯留商股。商股来自封建官僚和买办以及各地票号钱庄的资本家，这是我国钱业集团向新式银行转化的开始。由于中国无银行法令及成例，乃参酌洋商银行实施办法而益求严谨。盛宣怀督同各总董议订章程，向清政府奏明：权归总董，利归商股，用人办事，以汇丰为准，商款商办，官担保护而不管事。张振勋、叶成忠、严敦信、杨文骏、刘学询、杨廷杲、施则敬、朱佩珍为总董。聘上海钱业领袖陈笙郊为大班，英人美德伦为洋大班，藉以融通中外金融。招股之始，先在招商局办理挂号手续，参照西方挂号条例，先收股银十分之一（每股 5 两），派陈辉庭经理其事。自光绪二十四年至三十年（1898～1904 年），先后发行银两 50 万两，银元 670 万元。在全国各大行省先后设立分行，并代收库银。银行发行的银元券分一元、五元、十元、五十元、一百元五种，银两券分一两、五两、十两、五十两、一百两五种，这些票券是中国最早的银行券。银行券一面是中文，印有“中国通商银行钞票永远通用”和“只认票不认人”等字样；一面是英文，并有英籍大班美德伦的签字，以示负责。

辛亥革命后，中国通商银行成为纯粹的商业银行，行务全由国人主持。1932 年经股东大会修正章程，改两为元，实收资本为国币 350 万元。1935 年国民政府实施法币政策，停止发行兑换券。1937 年呈准财政部加入官股，改为官商合办银行，实收资本法币 400 万元，领有财政部银字第 274 号营业执照。1942 年汪精卫伪政府实行币制改革，该行以资本法币 400 万元，二对一折合中央储备银行券 200 万元。1943 年奉命改组，资本总额增订为中央储备银行券 400 万元。新中国成立后，官股由人民政府接管，商股于 1952 年与其他银行钱庄合组成公私合营银行。

资料来源：上海黄浦档案局（http：//hpdaj. shhp. gov. cn/front/content. jsp? firstId）

专栏 4-4

互联网改变中国金融：传统金融机构该如何应对

自20世纪90年代以来，互联网在世界范围内迅速普及，深刻地改变了人类生活的方方面面。继即时通信、商品零售等多个领域后，金融成为又一个即将被互联网颠覆性改变的领域。

在中国，互联网等现代信息技术的介入，降低了金融市场交易成本，提高了交易效率，强化了海量数据的收集、处理和挖掘过程，更打破了金融体系由少数机构垄断的局面。互联网已超越了金融产品营销渠道的形象，而是更深地融入金融产品创新、流程设计、模式改造中。互联网的冲击也使得提供金融服务的机构分野成两大阵营：一个是以第三方支付、电商信贷、P2P信贷等为主业，基于大数据、云计算、移动互联网、社交网络等技术创新平台的新兴企业；另一个是借鉴和整合了新的信息技术和技术平台的传统银行、券商、保险等金融机构。

第三方支付等新兴的互联网金融服务提供者正逐渐渗透和撼动着支付、信贷、证券、基金、保险等传统金融行业的业务乃至商业模式。第三方支付是目前中国互联网金融众多模式中较为成熟和拥有最大市场规模的一种模式，更是其他众多互联网金融模式的基础和依托。

第三方支付起源于客户对网络交易便捷性和安全性的需求，主要应用于与支付背景高度相关的领域。自1999年开始，国内就有服务于交易的支付网关模式。2003年伴随着网络购物和电子商务的兴起，第三方支付队伍开始壮大。同年，阿里巴巴旗下的第三方支付平台“支付宝”首创担保交易付款模式，解决了C2C模式下买卖双方的诚信问题。支付宝迅速崛起，成为至今中国第一大第三方互联网支付企业。截至2012年年底，共有223家支付企业获得了支付牌照。2012年，中国第三方互联网支付市场全年交易额规模达到3.8万亿元人民币。其中，支付宝、财付通、银联网上支付、快钱、汇通天下占据了绝大市场份额。

经过10余年的发展，第三方支付的业务范围基本完全覆盖互联网支付、银行卡收单、数字电视及移动电话支付等，并深耕服务细分行业如网购、航旅、网游、电信、车险、考试等传统支付领域，还逐渐扩展到基金支付服务、供应链金融服务、资产管理服务、外汇结算服务等领域，并开始布局手机支付这一未来战略重地。第三方支付公司的主要收入来自于商户服务佣金、广告收入、金融增值性服务收费等。

电商＋信贷。“电商＋信贷”是指电商企业基于历史交易信息和信用评估系统，为小、微企业提供信贷服务的互联网金融模式，典型代表是阿里金融。2010年和2011年，阿里巴巴小额贷款公司陆续在浙江、重庆成立，标志着阿里巴巴“电商＋信贷”模式的确立。

阿里B2B、C2C和B2C平台上的商户多为小、微企业甚至个人，难以得到传统金融的贷款支持。阿里利用平台业务和支付宝积累下的国内最丰富的中小企业数据库和信用记录，通过云计算平台对客户信息的充分分析、挖掘，确实观测和把握对客户信用水平和还款能力，解决了传统金融行业小额贷款存在的信息不对称和流程复杂的问题。

现在阿里小贷主要有淘宝贷款、阿里巴巴贷款和支付宝信用支付三种贷款服务。其中淘宝贷款主要面向天猫、淘宝以及聚划算的卖家，分为订单贷款和信用贷款；阿里巴巴贷款主要面对阿里巴巴B2B的会员；支付宝信用支付是2013年5月阿里金融联合银行推出的面向淘宝、天猫买家的消费金融服务。

为有效地控制贷款的质量，阿里小贷建立了多层次微贷风险预警和管理体系，对贷款从申请到回收进行了全程监控，以实现贷前、贷中、贷后三个环节的紧密结合。贷前，阿里小贷根据企业在平台上的经营数据和第三方认证数据，判断企业经营状况，作出是否允许贷款的决策；放贷过程中，支付宝和阿里云平台将实时监控商户交易状况和现金流，提供即时风险预警；贷后，阿里仍将通过平台监控企业经营动态和行为，通过贷后监控和网络店铺关停机制，控制贷款风险。一旦发觉有违约风险出现，阿里小贷还可以通过支付宝随时截断客户的现金流。

截至2012年6月，浙江和重庆的阿里小贷以16亿元的注册资金累计贷款260多亿元，累计服务企业12.9万家，单日利息收入100万元，不良率为0.9%。阿里小贷被冠以"最赚钱的小贷公司"的称号。

阿里小贷的成功也吸引了越来越多的电商加入此行列。2012年年底，京东与苏宁纷纷成立小额贷款公司，希望通过提供供应链金融服务来增强供应商黏合度，并产生新的盈利增长点。

P2P信贷。P2P（即Peer to Peer）信贷模式是近年来逐渐兴起的一种模式，其摒弃了银行这一传统信贷媒介，借贷双方通过P2P信贷平台发布信息，自主成交。这种模式的产生源于利率体系的僵化和金融机构的过度垄断使得面向个人和低评级企业客户的资金供需匹配效率较低。P2P的资金需求方是信用良好但较难从传统金融机构获得资金支持的个人和小、微企业；资金供给方是希望能获得较为固定的收益率的普通投资者。

在一个借贷流程中，P2P信贷公司负责对借款人的信用水平、经济效益、经营管理水平、发展前景等情况进行详细的考察，然后将信息提供给资金出借人，并收取账户管理费和服务费等。现阶段，按照平台责任大小，可分为三种：第一种是无担保在线模式，以拍拍贷为代表；第二种是有担保在线模式，以红岭创投为代表，是现阶段的主流；第三种是线下模式，以宜信为代表。

由于P2P模式部分弥补了传统借贷中的信息不对称，降低了参与门槛和渠道成本，分散了信用风险，并拓展了投资渠道，因而，受到了投资供需方的欢迎。截至2012年年底，全国网贷平台已超过300家，2012年全行业的成交量达到200亿元。

目前，P2P公司还处在野蛮生长期，一些公司存在违规行为，甚至有非法集资的嫌疑。未来，随着法律体系、行业监管体系和个人信用体系的健全和匹配，P2P信贷模式的整体风险会进一步下降，从而进入一个更高层次的发展阶段。

众筹融资。众筹融资最早源于2009年成立的美国网站Kickstarter，是指项目和投资者通过网络直接对接。任何人都可以将自己的创业构想发给网站，经网站审核后发布，网友自愿给予资金支持，回报则是相应的产品或服务。众筹网站从成功项目中抽取一定比例的资金作为报酬。

2011年7月上线的点名时间是中国创办最早的众筹网站，截至2013年4月，共有7000多个项目提案，近700个项目上线，接近一半项目已筹资成功并顺利发放回报。其中，单个项目的最高筹资金额为50万元。

然而，中国的众筹网站还处于发展初期，面临诸多挑战。目前网站不允许以股权、现金、利润分享等形式作为回报，并且创意项目收益周期长、成功率低，阻碍部分资金进入。由于法律体系的不健全，创意产权保护、信用风险监管也存在一定问题。

第三方基金销售。区别于以商业银行为主要渠道的传统基金销售，第三方销售机构以其独立性和平台性突破了销售渠道的单一性，并在专业化程度上有较大的提升。第三方基金销售的运营模式分为面向大众投资者的基金超市（如众禄）和专注于高净值客户的专户（如诺亚正行和展恒理财模式）。

截至2013年3月，共有19家第三方基金销售机构。多数获批的独立基金销售机构，基本是已经有多年财富管理经验的公司，在线下已经有众多固定客户。

目前，第三方基金销售还处于起步阶段，公信力和知名度都不够高，其销量也微乎其微，距离最终被投资者接受还尚需时日。

互联网保险。2013年2月，由马云、马明哲、马化腾共同发起筹建了国内首家互联网保险公司——众安在线，注册资金10亿元，不设分支机构。

众安在线将自己定位在一家服务于互联网的保险服务提供商，而非简单地将保险搬到网上销售。公司希望针对电子交易中的风险设计相应保险，为互联网的参与者化解和管理互联网经济的各种风险，为互联网行业安全高效运行提供保障。

传统金融机构该如何应对

新兴互联网金融服务机构发展如火如荼，传统商业机构如银行、证券、基金、保险深感变革的迫切，或以独立的方式，或采取与互联网企业合作的方式，不同程度地将互联网与其传统业务相结合。

银行业。互联网企业已深入支付结算和信贷这两项银行核心业务，不甘退居后端的银行为增进客户黏合度，也向电商、移动支付等领域发展。一方面，个人和企业客户开始在网上或手机终端办理业务，电子钱包、网上银行渐渐代替传统柜台业务；另一方面，银行自营电商平台或与传统电商平台合作，销售银行金融产品，并介入面向个人的在线信贷服务和面向企业的全产业链融资服务及其他增值服务，如建行推出的“善融商务”，囊括了个人和企业两个平台，为他们提供全方位的金融服务。

证券业。目前互联网已成为券商和基金公司的新型营销和服务渠道。目前较为流行的做法有：第一，基金公司除借助商业银行网上银行和证券公司网上营业厅代销外，还自建电商平台或入驻已有电商平台进行直销，拓展基金销售渠道，面向广大的投资群体，提供多样化营销方式。具有典型代表性的如天弘基金与支付宝合作推出的“余额宝”产品，实质就是基金公司通过与支付宝平台合作推出类似货币基金的投资产品的同时，利用支付宝平台作为其营销渠道；而支付宝平台则通过资金形态的转化，很好地实现了支付沉淀资金的合规要求。第二，券商通过嵌入电商平台或者自主开发电子商务，开展网上开户和理财产品网上销售等业务。截至2013年3月，经纪业务收入排名前30的券商中超过80%已和天猫、百度以及京东等大型电商接触和沟通，探索与电商合作开展业务的可能。

保险业。截至2013年3月，国内的网络保险规模达到300多亿元，但网上保险直销占整个保险销售渠道的比例还不足5%。

平安集团作为应用互联网金融模式的引领者，除了建立自己的网上销售平台，也在2010年入股电商网站1号店时，进行了一些探索：如将下属平安药网和平安医网嵌入1号店平台，并协助后者取得了“网上卖药”牌照。平安本希望基于保险业务的信息网，构建属于自己的健康产业链，但由于计划过于创新，健康险的理赔数据和报销流程短时间内难以与网络对接，又没有相应地指导，计划并未实现。

在互联网跨界金融的领域里，众多的商业模式正在探索中。有一些疑惑是所有人都渴望获得解答的：互联网到底会给传统金融带来多大的冲击？互联网跨界金融，究竟只是形成了与传统金融业态互补的新兴金融模式，还是以新手段替代传统金融的部分功能？是否会出现一种既不同于商业银行间接融资、也不同于资本市场直接融资的第三种金融融资模式，即“互联网金融直接融资市场”或“互联网金融模式”？

资料来源：经济观察报．2013 年 9 月 15 日

第5章 商业银行

【教学目标】

本章主要介绍商业银行的基本概念及其运用。通过本章的学习，使学生能够掌握商业银行的职能、作用、类型与外部形式，理解商业银行的特点。准确把握商业银行的资产业务、负债业务和中间业务的运作原理、运作过程；了解商业银行的经营管理理论，理解西方国家对商业银行的管理方式，掌握管理的内容，把握经营发展的动态。

【教学要求】

知识要点	能力要求	相关知识
商业银行的含义	能够了解商业银行的产生和发展 能够掌握商业银行的职能 能够重点掌握商业银行的组织形式 能够熟练掌握商业银行业务运作原则	商业银行的含义 商业银行的产生、发展 商业银行的组织形式 商业银行的业务原则
商业银行的业务	能够了解商业银行的资产负债表 能够重点掌握商业银行的资产业务和负债业务 能够熟练掌握商业银行的表外业务、中间业务	商业银行的自有资本、存款业务和其他负债业务 商业银行的放款业务、投资业务 商业银行的狭义表外业务和中间业务
商业银行管理	能够掌握商业银行的经营原则 能够重点掌握资产管理理论、负债管理理论 能够熟练掌握资产负债管理理论	商业银行经营的安全性、流动性和营利性原则，商业银行“6C”原则 资产管理理论；负债管理理论 资产负债管理理论

【导入案例】

金融超市

所谓金融超市，是指将金融机构的各种产品和服务进行有机整合，并通过与保险、证券、评估、抵押登记、公证等多种社会机构和部门协作，向企业或者个人客户提供的一种涵盖众多金融产品与增值服务的一体化经营方式。

“金融超市”在发达国家已不罕见，在许多国家和地区，是没有“银行储蓄所”这个概念的。散布在街头的金融网点，可承接几乎所有的常规金融业务。当消费者进入多功能的“金融超市”后，就如同进入一个超级商场。从信用卡、外汇、汽车、房屋贷款到保险、债券甚至纳税等各种金融需求都可以得到满足。在日本，很多银行都为消费者提供集银行、寿险、其他代理服务为一体的交叉业务的一站式金融服务。在美国，老百姓只要到商业银行就可以购买开放式证券投资基金，股市行情、汇市行情在银行里也能见到，如果要进行交易，所有的结算在这里都可以一次性办妥。不但在某种程度它影响着个人传统的消费行为，而且也成为一家银行形象的标志。其经济效益、社会效益都非常好。据统计，在美国，消费信贷占银行贷款总额比例达 20%。在加拿大，银行普通贷款中的 1/3 是向个人提供的，并且全球有名的花旗银行，香港的汇丰银行，其金融超市已成为银行收入的主要业务。在我国，自 2007 年第一家金融超市的建立，金融超市在我国悄然兴起 ，并成为商业银行发展的新趋势，北京、上海、浙江、大连等全国各地纷纷建起了金融超市。金融超市网络化是其发展的一大特点，现在许多金融超市开展了网上超市业务，网络金融超市的不断建立，是银行业综合业务发展的方向。

金融超市的发展主要表现在业务上的全能化和银保一体化。银行、保险与证券等各类金融业务将逐渐融入一体。银行开始涉足资本市场或金融衍生品市场，大量非银行金融产品及其衍生品已成为当今银行的主产品。自 2013 年以来，平安、新华、太平洋、中国人寿等保险公司的保险产品都已在部分商业银行和邮政储蓄所设有代理点。从长远来看，对于银行、保险及消费者三方均是利大于弊的。对于银行而言，因其现有的网络可获得保险公司给予的报酬，并进一步向客户提供全方位的金融服务，从而加强了客户对银行的依赖和信任，使客户与银行的联系更为密切，巩固了银行相对于其他竞争者的地位；对于保险公司而言，通过银保一体化，可更快捷地进入银行的强大势力影响网络中，而且通过银行来分销产品的费用，实际上也较其他方式（如保险代理人）更为低廉；对于消费者而言，他们将获得连锁式的金融服务，从而使综合费用大大降低。金融超市另一表现是规模上的大型化。金融机构越大，成本与收入之比越低，市场份额越集中，经营效益越佳。

近年来，在互联网的作用下，网络金融超市产生。网络金融超市是第三方金融服务平台以网络为媒介，通过自身的规模效应，将各家商业银行或其他金融机构的同类产品集中，进行横向整合、对比，为客户进行系统分析、规划、选择的一种金融服务模式。网络金融超市将各类金融产品以网络为媒介呈现在客户面前，满足客户的不同需求。网络金融超市是金融服务创新的表现。目前全国各家金融机构都建立了网络金融服务，新的网络金融超市也不断建立，比较典型的有 91 金融超市、中国找钱网和中国金融超市网等。

5.1 商业银行概述

商业银行是指以吸收公众存款、发放贷款、办理结算等为主要业务的金融机构。商业银行在银行体系中占据着重要的地位，在信用活动中起着主导作用。如今商业银行同其他金融机构的业务界限已日趋消失，但在许多方面是其他金融机构所不能代替的，仍是银行体系的基本环节。

5.1.1 商业银行的产生

1. 早期银行的产生

早期的银行是由货币经营业演变而来的。早期银行主要经营货币兑换、保管和汇兑，后来演变为经营存款、放款和汇兑，实现了货币经营业到银行的转变。在货币产生以后，随着商品交换的发展，出现了兑换、保管和借贷货币等经营货币的业务。在前资本主义社会，货币的铸造是分散的，铸币的重量、成色都不统一。随着贸易的发展，逐渐分离出专门从事货币兑换的商人。这些商人最初只办理铸币的兑换而从中收取手续费。货币兑换商人因而聚集了大量的货币资财，他们后来开始利用这些资财办理贷款业务。同时为使货币沉淀额稳定而开始向托管人支付一定的货币利息，于是货币保管业务又演变为存款业务。这样，货币兑换业就发展成为既办理兑换，又经营货币存款、贷款和汇款的早期银行了。

在古希腊和古罗马时代，已有委托存款、汇款及兑换货币等活动，但这些还只是货币兑换业性质。中世纪时期，地中海沿岸商业发达，一些专门经营货币业务的机构得到了很大发展，银行业务逐渐兴起。早在16世纪，意大利就已出现了银行业，如1580年成立的威尼斯银行，1593年成立的米兰银行等，以后，世界商业中心由意大利移至欧洲北部，17世纪初，1690年荷兰成立阿姆斯特丹银行，1621年德国成立了纽伦堡银行，1629年又成立了汉堡银行。

2. 现代商业银行的产生

现代商业银行的建立有两条途径：一条是高利贷性质的银行逐渐转变为资本主义商业银行；另一条则是按照资本主义经济的要求组织股份商业银行。在英国，从早期银行中独立出一些专门在资本家之间从事信用中介的银行。但是从早期高利贷银行转变为现代银行的过程非常缓慢，直到18世纪末才完成。当时的贷款利率依然很高，年利率在20%～30%。这种情况无法满足工商业的需求。17～18世纪，新兴的资产阶级开展了反高利贷的斗争，要求以法律形式限制放款的利息水平，但由于信用被高利贷者垄断，降低利率的法令不会产生实际效果，于是，他们建立了一些股份银行。这种股份银行资本雄厚，规模大，利率低，逐渐发展成为资本主义商业银行的主要形式。世界上第一家股份银行是1694年在英国伦敦创办的英格兰银行，它的贴现率规定为4.5%～6%。

5.1.2　商业银行的职能

商业银行的职能是由其性质决定的。它具有以下几种职能。

1. 信用中介

银行一方面作为货币资本贷出集中者，即贷出者，另一方面作为货币资本借入集中者。这时它就是信用中介，这是银行最基本的职能。银行通过吸收存款集中社会上一切闲置的货币资本，然后，又通过发放贷款把这些货币资本贷给资本家使用，并从中承担风险，这样，银行实际成了货币资本的集中，贷出者和借入者之间的中介人。银行作为信用中介，可以克服直接借贷的种种局限，如在资本数量、借贷时间、空间、期限上的不一致和不易了解借者资信等方面的局限性，银行通过信用中介职能对资本进行再分配，使货币资本得到充分有效的运用，加速了资本的周转，促进了生产的扩大。

2. 资本集中

“小的金额是不能单独作为货币资本发挥作用，但它们结合成为巨额，就形成一个货币力量。”把社会中各阶层的货币收入和储蓄变为资本，也是商业银行的重要职能，个人的货币收入一般是日常消费的，储蓄则是为了供将来的消费，它们都不是资本。但是，通过银行把它们汇集起来贷放给企业使用，这些零星的货币就成为生产经营者用来从事生产和经营活动的资本，这样，非资本的货币就转化为资本。

3. 支付中介

银行办理各种同货币资本运动有关的技术性业务时，便充当支付中介。由于银行具有较高的信誉和较多的分支结构，银行业务又与各个企业和部门有密切联系，因此，无论企业或个人都愿意委托银行保管货币、贵金属、有价证券、办理货币收付和转账结算等，这样，银行就成为社会的“出纳”和“账房”。银行通过账户为顾客办理货币结算，对于节约流通费用，加速资本的周转具有重要意义。

4. 创造信用工具

商业银行创造的信用流通工具主要是银行券和支票。银行券是由银行开出的、并可随时兑现的、不定期的债券证券，是银行用来扩大信用业务的工具。支票是由客户签发，要求银行从其活期存款账户中支付一定金额的付款凭证，也是银行的一种债务证券。借助于支票流通，银行可以超出自有资本和吸收资本的总额而扩大信用。银行借助银行券和支票的流通，扩大信用业务，并不是无限的，因为它要受银行本身现金准备状况和经济发展对信用的客观需要量的限制。

5.1.3 商业银行的组织形式

各国商业银行的组织形式，大体上可以分为以下几种类型。

1. 单一银行制

单一银行制是指银行业务完全由一个银行机构（总行）经营，不设立任何分支机构的制度。目前仅美国银行采用这一体制，美国各州独立性很强，各州政府为保护各自的利益而采用这一制度。但是，随着经济的发展，地区经济联系的加强，以及金融竞争的加剧，美国金融业已一再冲破单一银行制的限制。许多州对银行开设分支机构的限制已有所放宽，例如，根据各州不同的法律规定，有的州并不限制银行设立分支机构，有的州限定商业银行的分行只能在某一特定区域开设，有的州则完全禁止。单一银行制在一定程度上限制了银行兼并和垄断，既缓和了银行间的竞争和集中，也有利于协调地方政府和银行关系，各家银行在业务上具有较大的灵活性和独立性，但单一银行制在限制竞争的同时，也限制了自身的业务创新和规模的扩大。

2. 分支行制

分支行制是指银行机构除总行外，还可在其他地区设立分支机构。分支行遍布各地，容易吸收存款；便于分支行之间的资金调度，减少现金准备；放款分散于各分支行，可以分散风险。但分支行制会使银行业过分集中，不利于自由竞争。其典型代表为英国。英国有10多家商业银行，其中规模较大的有4家，即巴克莱银行、米特兰银行、劳合银行、国民西敏士银行，共有分支机构一万余家，总存款额占银行体系的70%。我国的商业银行也主要采取这种组织形式。

3. 银行控股公司制

银行控股公司制也称集团银行制，即由某一集团成立股权公司，再由该公司控制或收购两家以上银行的股份，大银行通过持股公司把许多小银行置于自己的控制之下，这一制度在美国最为流行。第二次世界大战后，美国商业银行为了冲破各州对设立分支行的限制，银行控股公司出现并迅速发展。银行控股公司有两种形式：一种是银行控股公司控制一家商业银行的股权，设立各种附属机构，开展多种非银行的金融业务，它多以大银行为主；另一种是银行控股公司控制两家以上商业银行的股权，便于银行扩展和进行隐蔽的合并，它多以中小银行为主。银行控股公司制有利于扩大资本总量，增强银行的实力，弥补单一银行制的不足。但这种制度容易形成银行业的集中和垄断，不利于银行之间开展竞争。

4. 连锁银行制

连锁银行制是指由个人或集团控制两家以上商业银行的制度。它可以通过持股控制所有权、共同董事等法律所允许的方式实现。连锁制的成员银行都保持其独立性，连锁银行是在禁止实行分支行制银行和多家控股公司的美国各州发展起来的，经营活动大都在较小地区，其成员多是小银行。它们一般环绕在一家主要银行的周围，其中的主要银行确立银行业务模式，并以它为中心，形成集团内部的各种联合。

随着国际银行业务的不断发展，又出现了多个国家的大银行合资设立跨国财团银行，从事大规模的国际资本投资活动。

5.2 商业银行的业务

商业银行的业务大体上可以分为三类，即负债业务、资产业务和表外业务。

5.2.1 商业银行的负债业务

商业银行负债业务是指形成商业银行资金来源的业务。主要包括自有资本、存款业务和其他负债业务。

1. 自有资本

银行自有资本包括财政拨给的信贷基金、银行成立时发行股票所筹集的股份资本、公积金以及未分配的利润。财政拨给的信贷基金是指在商业银行成立时，国家财政根据一定的比例拨给的铺底资金，它是我国商业银行最原始的资金来源。西方商业银行一般是股份制银行，成立时发行股票筹集资本，这种股份资本是西方商业银行最原始的资金来源。以后可以通过扩股和股息资本化来增加自有资本。银行的自有资本一般只占银行负债的小部分，但是这部分自有资本是银行吸收外来资金的基础。因为银行拥有的资本越雄厚，越能得到存款人的信任，就可以吸收更多的存款。

2. 存款业务

存款是银行接受存款人存入资金，存款人可以随时或按约定时间支取款项的一种信用业务。这是银行的传统业务，在负债业务中占有重要的地位，约占负债总额的70%以上。

商业银行存款分为活期存款、通知存款、定期存款和储蓄存款。

1）活期存款

活期存款是不规定存款期限，存户可随时提取，银行有义务随时兑付的存款。银行发给存款人支票簿，存款人可用支票从银行提取现款，但更多的是用支票向第三者支付货款或偿还债务。由于活期存款可用支票随时提取存款，存取数量大，流通速度快，银行需付出大量的人力和物力，因此，绝大多数国家的银行对活期存款不付利息。有些国家，甚至收取活期存款客户的手续费。我国商业银行目前对活期存款仍给付较低的利息。虽然活期存款客户经常不断提取存款，但同时也经常有新存款在补充，所以银行总是有稳定的活期存款余额，用于发放贷款。

2）通知存款

通知存款是存款人在提取存款时，必须提前一定时间通知银行，以便银行准备资金，保证支付的存款。这项存款的利率一般高于活期存款而低于定期存款。

3）定期存款

定期存款是有固定期限、到期才能提取的存款。这种存款凭存单提取，存单不能转让。定期存款具有稳定性，是银行吸收外来资金中相对稳定的部分，可用于长期贷款业务，所以银行均给以较高的利息。存款户如因急需，要求提前提取时，须按规定提前通知银行方能提取，并减少利息。对提前支取的定期存款，我国是按活期存款支付利息的。

4）储蓄存款

储蓄存款一般是个人为了积存货币和取得利息收入在银行开设账户的存款。储蓄存款不使用支票，而是使用存折、存单和银行卡，手续比较简单。储蓄存款有活期和定期两种。活期储蓄存款存取无一定期限，只凭存折、银行卡即可提取，存折一般不能流通转让，存户不能透支款项。

3. 其他负债业务

其他负债业务主要是指商业银行向同业、向中央银行、向社会公众借款和在办理结算中占用的客户资金。

1）同业拆借

同业拆借是指商业银行之间及商业银行与其他金融机构之间的短期资金融通。拆入资金的银行主要是用来解决临时资金周转的需要，故一般期限较短，多则7天、少则1天，甚至还有半天拆借，上午借，下午还的现象。我国同业拆借的期限一般较长。同业拆借的利率水平一般较低。同业拆借一般是通过各商业银行在中央银行的存款账户上拆出或拆入，也可以采取同业存款，以及回购协议等形式。

2）向中央银行借款

中央银行作为银行的银行，担负着向商业银行贷款的责任。商业银行向中央银行融通资金主要是通过再贴现和再贷款方式进行。再贴现是指商业银行将办理贴现业务所取得的未到期票据，转让给中央银行以获得中央银行贴现款的一种行为。即向中央银行办理再贴现。再贷款是商业银行开出票据或以政府债券做抵押向中央银行取得的贷款。各国中央银行对再贷款限制较严，一般只允许用于商业银行临时调剂资金，而不能用于扩大银行资产规模，我国中央银行则根据不同时期的银行状况以及金融政策实行严控。

3）发行金融债券

发行债券也是商业银行筹资的一种方式，用于弥补流动资本的不足，形成负债业务，这种筹资方式的好处是不需交纳存款准备金。自1985年以来，我国银行经中国人民银行批准面向社会发行金融债券，为特定用途筹集资金。

4）占用资金

占用资金是指商业银行在办理中间业务及同业往来过程中，临时占用的资金。银行在办理汇兑、代收代付、代客买卖、代理投资等中间业务时，可以在收进款项和完成业务之间的这段时间内占用客户的资金；在同业往来过程中，如果出现应付款大于应收款，也会占用他行的资金。虽然从每笔业务看，占用时间很短，金额不大，但从周转总额来看则非常巨大，因而也构成商业银行的一项重要资金来源。

5.2.2　商业银行的资产业务

商业银行资产业务是指商业银行资金运用的业务，分为贷款业务和投资业务。

1. 贷款业务

1）贷款根据偿还期限不同可分为活期贷款、定期贷款和透支。活期贷款是贷款期限未定，银行可以随时收回或借款人可以随时偿还的贷款；定期贷款是指具有确定期限的贷款。透支是银行允许存款户在约定的时间范围内，超过其存款余额签发支票予以兑现的一种贷款，透支贷款有随时偿还的义务，利息按天计算。

2）贷款根据使用贷款的经济内容不同可分为经营性贷款、有价证券经纪人贷款和消费性贷款。经营性贷款是指商业银行对工商企业经营活动过程中的正常资金需要而发放的贷款。包括工商业贷款、农业贷款和不动产抵押贷款等。工商业贷款是银行对工商企业的贷款；农业贷款是银行对农场或农民个人发放的用于生产的贷款；不动产抵押贷款是以建筑物和土地为抵押品的贷款。有价证券经纪人贷款是指银行向专门从事证券交易的经纪人提供的贷款。目的是解决证券交易过程中暂时资金短缺的需要。消费性贷款是指银行对消费者个人发放的、用于购买耐用消费品或支付其他费用的贷款。目的是解决个人用于购买汽车、家用电器、房屋等方面的资金需要。

3）贷款根据信用担保的性质可分为担保贷款和信用贷款。担保贷款是指以票据、商品、股票、债券为担保的贷款；信用贷款并无实物或有价证券做质押，通常仅由借款人出具签字的书面凭证作为保证。

4）贷款按成本定价方法可分为固定利率贷款和浮动利率贷款。固定利率贷款是客户根据借款时与银行约定的利率还本付息，就是在合同存续期间利率不做调整的贷款；浮动利率贷款分为两种，一种是对资信状况较好又与银行有长久合作关系的客户，一般实行优惠利率，即在银行贷款基准利率基础上上下浮动；另一种是在市场利率不稳定的条件下为了使双方单方面承担利率风险，在贷款合同有效期内约定利率调整期限，到期贷款利率以基准利率为基础上浮或下浮。

2. 投资业务

商业银行的投资业务是指银行购买有价证券的业务活动。银行购买的有价证券包括债券（国库券、金融债券、公司债券）和股票。但对于购买股票，一般国家多加以限制或禁止，目前各国商业银行的证券投资主要用于购买政府债券。商业银行购买有价证券，目的是从中谋取投机利润。商业银行在证券交易所中广泛进行投机活动，并对证券交易的经纪人进行贷款资助。据统计，纽约证券交易所内取得商业银行贷款的有价证券周转额超过 50%。证券投资的盈利有可能高于贷款的收益。

5.2.3　商业银行的表外业务

商业银行表外业务是商业银行不动用自有的资本，即不构成资产负债表内资产和负债，代替客户承办支付和其他委托事项而收取手续费的业务。商业银行表外业务是按照会计准则不列入资产负债表，不影响资产负债额，但是影响商业银行当期收益，改变银行资产报酬率的经营活动。按照商业银行承受风险与否，表外业务有狭义和广义之分，狭义表外业务（有风险表外业务）是指商业银行所从事的业务具有一定的风险，在一定条件下会转化为表内资产负债的经营活动。广义表外业务（无风险表外业务）也称中间业务，是指商业银行通过提供专业的金融服务来收取手续费，不承担任何风险的表外业务。

1. 无风险表外业务（中间业务）

1）汇兑业务

汇兑业务是银行代理客户把现款汇给异地收款人的业务。这种业务要使用特殊的汇兑凭证即银行汇票、银行支票和支付委托书。这些凭证是承汇银行向另一银行或分支行发出的命令，命令后者向第三者支付一定数额的货币。银行汇票由银行交给客户，客户再将它寄给收款人，由收款人向汇票指定的银行取款。银行支票由客户直接开给收款人，收款人到支票指定银行直接取款。支付委托书是由承兑银行用邮信或电报直接通知另一银行，再由后者通知第三者取款。

银行经营汇兑业务可以占用客户一部分资金，因为客户把款交给银行，银行再把款汇给异地的收款人，这中间总会有一段时间间隔。在这段时间内银行就可以占用客户的资金。虽然每一笔款项可占用的数额不大，时间也短。但由于银行每天办理大量的汇兑业务，这笔占用的资金数量就颇为可观。

2）代收业务

代收业务是银行接受客户的委托，根据各种凭证代替客户收取款项的业务。代收业务的对象包括支票、票据、有价证券和商品凭证等。代收支票款项是客户收到其他银行的支票，委托自己的开户银行代为收款。票据代收业务是银行接受客户的委托，负责收取票据款项。有价证券代收业务是客户把有价证券交给银行，委托银行代收利息与股息等。商品凭证代收业务是卖方把货物向买方运送出去以后，把有关发货的商品凭证交给银行，委托银行代收款项，在异地和国际贸易中广泛采用商品凭证代收业务，而且这种业务往往与贷款业务有密切联系。

3）同业往来

同业往来是银行之间在进行各项业务时建立的往来关系。银行在办理汇兑、信用证、代收等业务时，需要在不同地区的两家银行进行，而这两家银行如果没有隶属关系，就需要事先订立契约并建立往来账户，通过这种账户办理相互委托的收付事项。在这种业务中，银行之间就要发生债权债务关系。由于这种业务具有相互性质，所以债权债务可以相互抵消。但抵消后总会有一定的差额。如果某银行这种差额表现为负债，就占用对方银行的资金。

4）代理买卖业务

代理买卖业务是银行接受客户的委托，代为买卖有价证券、贵金属和外汇的业务。银行在代理国家发行公债或代企业发行股票和债券时，可以从发行总额中获得一定比率的手续费。这种收入往往是非常可观的。银行办理这种业务时，常常与资产业务相结合，即银行先按一定的折扣把有价证券买进，然后再陆续卖出。在现代经济中，代理买卖证券业务已超出中间业务的范围，成为投资银行资本运营的一种主要形式。

5）信托业务

信托业务是银行受客户的委托，代为管理、营运、处理有关钱财的业务。这种业务按对象可划分为对个人和对社团、企业两个方面。对个人的信托业务包括代管财产、办理遗产转让，保管有价证券和贵重物品，代办人寿保险，设计旅游路线，代拟家庭预算和代办个人纳税等；对社团企业的信托业务包括代办投资，代办公司企业的筹资事宜，如股票、公司债券等的注册、发行及股息红利分发、还本等事宜，代办合并或接管其他企业，代管雇员福利账户和退休养老金的发放、业务咨询，代理政府办理国库券、公债券的发行、推销以及还本、付息等。银行经营信托业务一般只收取有关的手续费，至于在营运中获得的收入则归委托人所有。银行开展这项业务时，可把占用的一部分信托资金用于投资业务。信托业务一般由专门的信托公司办理，但大的商业银行也没有信托部经营这种业务。

6）租赁业务

租赁业务是银行通过所属专业机构将大型设备出租给企业使用的业务。这种业务一般是由银行所控制的分公司经营。租赁的范围包括飞机、船只、车辆、钻井平台、电子计算机和各种机电设备，目前甚至扩大到成套工厂。租赁的一般程序是，先由租户直接与设备制造厂商就设备的型号、规格、数量以及价格和交货日期等进行谈判，谈判结束后，租赁公司向设备制造厂商购买设备，所需资金由租赁公司负责；然后租户与租赁公司签订租赁合同，与设备制造厂商签订维修、培训人员、更新部件等技术合同。厂商按合同向租户所在地发货，货到验收合格后，租期即开始。租户按合同规定，向租赁公司交纳的租金总额包括设备费，手续费和利息等。租期一般为3～5年，也有长达10年的，租期中一般不得中途解约，租期结束后，承租人可续租，议购或终结租赁退回设备。

7）咨询和信息服务业务

由于银行同各方面均有联系，对市场情况了解较多，所以企业经常咨询有关业务。因此，一些国家的大商业银行设立专门机构从事此项业务。包括企业资信评估，提供商品市场供需结构变化趋势，协助专业研究会计手续、结账办法、估算流动资金情况，分析成本，选择客户等。

8）代理融通业务

代理融通是由商业银行代客收取应收账款，并向顾客提供资金融通的一种业务。这种业务产生于工商企业扩大销售与收回货款的需要，既有利于应收账款按时收回，又可解决赊销企业资金周转不灵的困难，因此极受客户的欢迎。商业银行在办理此项业务时可以收取一定的手续费和融资的利息，因此是一项很有发展潜力的业务。

9）银行卡

银行卡是由银行发行、供客户办理存取款和转账支付的新型服务工具。包括信用卡、支票卡、记账卡和智能卡等。它是银行业务与高科技相结合的产物，使银行业务有一定突飞猛进的发展。

实际上，除上述新业务外，银行为了拓展业务和获取利润，还向客户提供多方面的服务，如住宅及不动产管理业务，协助中小企业发展业务，协助开展国际贸易和国际投资业务等。

2. 有风险表外业务

1）信用证业务

信用证业务是由银行保证付款的业务，可以解决买卖双方互不信任的矛盾。这种业务分为商品信用证和货币信用证两种。

商品信用证是银行应买方的要求，开给卖方的一种保证付款的凭证。在银行应买方的要求开出信用证时，信用证上开列买方购货所规定的条件。如货物的规格、数量、单价等，只要卖方按所列条件发货，就有权凭信用证要求银行付款。这种业务在异地采购，尤其在国际贸易中，使用非常广泛；货币信用证是银行收取客户的一定款项后，开给客户保证在异地银行兑取相应现款的一种凭证。

银行经营信用证业务，可以从中收取手续费，并可以占用一部分客户资金。但是银行担保付款，若出现付款人资金不足或不付款，银行资产将会受损。

2）贷款承诺

贷款承诺是商业银行做出的在一定期间内以确定条款和条件向承诺持有者（潜在借款人）提供贷款的承诺。商业银行在贷款承诺中可以获取按照一定比例或固定数额计算的贷款承诺费。但是，贷款承诺一般需要承受两方面的金融风险：一是信用风险，这种风险与潜在借款人的还款能力和意愿直接相关。二是市场风险，这种风险与市场的变化相关，包括利率和汇率等及价格变动风险。

3）金融衍生产品交易

金融衍生交易类业务，是指商业银行为满足客户保值或自身头寸管理等需要而进行的货币（包括外汇）和利率的远期、掉期、期权等衍生交易业务。金融衍生产品风险巨大，商业银行因而需承担由此而带来的损失。

5.3 商业银行资产负债管理

5.3.1 商业银行经营原则

1. 商业银行经营基本原则

世界各国商业银行普遍遵守的经营基本原则是营利性、安全性和流动性，简称“三性”原则。

1）营利性

营利性是指商业银行在其经营管理活动中以追求利润最大化为经营管理的原则。这是商业银行经营金融活动的目的。商业银行经营的营利性原则是商业银行生存的基本保证。银行的所有项目，首先要审查是否会为银行创造利润。商业银行营利性作为其经营的方针，是由其股份制性质决定的，是商业银行改进服务、开拓业务和改善经营管理的内在动力，也是满足社会经济发展客观需要的。但是商业银行在遵守营利性的同时，也需要遵守国家金融市场的管理，维护银行业的健康、合法和有序的竞争环境。

2）流动性

商业银行的流动性原则是指商业银行能够随时满足客户提取存款等方面要求的能力。商业银行对流动性原则体现在两个方面：一是商业银行必须精准的预计并做好存款人随时提取或兑付的要求。二是商业银行必须将资产和负债安排合理以能够应付突发的提取和兑付即挤兑的要求。所以，银行经营坚持流动性原则至关重要。银行在坚持流动性原则时，一方面，要安排银行资金运用保持流动性，另一方面，也要保持合理的负债结构，使商业银行能够在流动性原则下获得足够的融资。

3）安全性

安全性是指商业银行在经营中要避免经营风险，保证资金的安全。银行在经营之中自有资本占比较小，银行资金来源中大多数资金是负债和借款，而其资金运用主要是贷款和投资。在银行的业务中，往往存在信用风险、市场风险、管理风险、营运风险和道德风险等，任何风险都会导致银行本息收不回，影响银行自身的安全和生存。因此，银行在经营过程中必须遵守安全性原则。

商业银行的三原则既相互统一，又相互矛盾。安全性与流动性呈正相关关系，流动性较强的银行资产，其安全等级较高。但是安全性、流动性与营利性呈负相关关系，流动性好，安全等级较高的资产，营利性一般较小；相反，营利性较高的资产，往往流动性较差，风险较大。由于三个原则之间的关系，商业银行在经营过程中必须统筹三者之间的关系，综合考虑权衡利弊。一般在安全、流动性的前提下实现盈利的最大化。

2. 西方商业银行经营管理“6C”原则

西方商业银行为了安全与盈利，非常重视对借款人信用状况的调查与审查，并形成了完整的衡量借款人信用状况的标准。就是放款“6C”原则。

(1) 品德（character），这是审查借款人的信用和品德。假如借款人是个人，就审查其工作作风、生活方式和诚实等品德。假如借款人是企业法人，就是指企业负责人的品德、企业管理和资金运用方面是否健全，企业经营是否稳妥及偿还贷款的可行度如何。对企业和个人借款人而言，履行经济合同条款的以往记录对其品德判断具有重要意义。

(2) 才能（capacity），这是指个人或企业借款人的才干、经验、决断能力和业务素质等。才能好坏直接关系个人企业经营的成败，这给贷款造成风险。

(3) 资本（capital），无论是企业还是个人，借款人都得有一定量的资本，这是衡量借款人经济实力的重要指标。

(4) 担保品（collateral），借款人需要给银行提供一定量的担保品，以减少或避免银行贷款的风险。在银行的贷款中，银行对中、长期贷款通常都要求有担保品，否则不给其贷款。

(5) 经营环境（condition），这是指借款者的经营行业在整个经济中的经营环境及趋势。在经营环境中，经济状况、同业竞争、劳资关系、政局变化等也都是予以考虑的内容。

(6) 事业的连续性（continuity），这是对借款的企业经营前景的考察。考察企业在现代竞争日益激烈的环境下，能够继续生存并发展的能力。

5.3.2　资产管理理论

资产管理理论是以商业银行资产的流动性为重点的传统管理方法。在20世纪60年代前，认为商业银行的负债主要取决于客户的存款意愿，只能被动地接受负债；而银行的利润主要来源于资产业务，而资产的主动权却掌握在银行手中，因此，商业银行经营管理的重点应是资产业务，以保持资产的流动性，达到营利性、安全性、流动性的统一。资产管理理论产生于商业银行经营的初级阶段，是在经历了商业贷款理论、资产转移理论、预期收入理论和超货币供给理论几个不同发展阶段逐渐形成的。

1. 商业贷款理论

商业贷款理论也称真实票据理论。这一理论是在18世纪英国银行管理经验的基础上发展起来的。其主要内容为银行的贷款应以真实的、有商品买卖内容的票据为担保发放，在借款人出售商品取得贷款后就能按期收回贷款。一般认为这一做法最符合银行资产流动性原则的要求，具有自偿性。所谓自偿性就是借款人在购买货物或生产产品时所取得的贷款可以用生产出来的商品或商品销售收入来偿还。根据这一理论要求，商业银行只能发放与生产、商品联系的短期流动贷款，一般不能发放购买证券、不动产、消费品或长期农业贷款。对于确有稳妥的长期资产来源才能发放有针对性的长期贷款。

这一理论与当时经济尚不发达、商品交易限于现款交易、银行存款以短期为主、对贷款的需要仅限于短期的现实相适应，但是当借款人的商品卖不出去、或应收账款收不回来、或其他意外事故，贷款到期不能偿还的情况还是会发生的，自偿性就不能实现。随着经济发展，银行吸收存款不但数额庞大，其中定期存款所占比重也不断升高，如果银行贷款还仅限于自偿性的短期贷款，就会导致资金周转不畅，不能满足经济对中、长期贷款的需要，也会影响银行的盈利水平。所以当今的西方学者和银行家已不再接受或不完全接受这一理论。

2. 资产转移理论

资产转移理论是 20 世纪初在美国银行界流行的理论。该理论要点是随着金融市场的发展，银行为了应付提存所持现金的一部分，投资于具备转让条件的证券，作为第二准备金。这种证券只要信誉高、期限短、易于出售，银行就可以达到保持其资产的流动性的目的。如美国财政部发行的短期国库券就符合这种要求。根据这一理论，银行除继续发放短期贷款外，还可以投资于短期证券。另外银行也可以用活期存款和短期存款的沉淀额进行长期放款。资产与负债的期限没必要严格对称。

当各家银行竞相抛售证券的时候，有价证券将供大于求，持有证券的银行转让时将会受到损失，因而很难达到保持资产流动性的预期目标。资产与负债期限的不对称性也必须有一定的界限，在实际工作中这一界限往往很难准确确定。

3. 预期收入理论

预期收入理论是在第二次世界大战后，美国学者普鲁克诺于 1949 年在《定期贷款与银行流动性理论》一书中提出的，它是在商业贷款理论和资产转移理论的基础上发展起来的，但又与这两种理论不同。该理论要点是只要资金需要者经营活动正常，其未来经营收入和现金流量可以预先估算出来，并以此为基础制订出分期还款计划，银行就可以筹措资金发放中、长期贷款。无论贷款期限长短，只要借款人具有可靠的预期收入，资产的流动性就可得到保证。这种理论强调的是借款人是否确有用于还款的预期收入，而不是贷款能否自偿，担保品能否及时变现。

基于这一理论，银行可以发放中长期设备贷款、个人消费贷款、房屋抵押贷款、设备租赁贷款等，使银行贷款结构发生了变化，成为支持经济增长的重要因素。这种理论的主要缺陷在于银行把资产经营建立在对借款人未来收入的预测上，而这种预测不可能完全准确。而且借款人的经营情况可能发生变化，到时不一定具备清偿能力，这就增加了银行的风险，从而损害银行资产的流动性。

4. 超货币供给理论

这一新理论产生于 20 世纪 60 年代末。该理论要点随着货币形式的多样化，不仅商业银行能够利用贷款方式提供货币，而且其他许许多多的非银行金融机构也可以提供货币，金融竞争加剧。这要求银行管理应该改变观念，不仅单纯提供货币，而且还应该提供各方面的服务。根据这种理论，银行在发放贷款和购买证券提供货币的同时，还应积极开展投资咨询、项目评估、市场调查、委托代理等多种服务，使银行资产管理更加深化。

超货币供给理论的缺陷是银行在广泛扩展业务之后，增加了经营的风险，如果处理不当容易遭受损失。以上理论的产生是适应当时各阶段经济发展情况的，但是这些理论又随着经济的发展，其缺陷越来越突出而难以满足社会经济发展对银行的要求。

5.3.3 负债管理理论

负债管理理论是以负债为经营重点来保证流动性和营利性的经营管理理论。理论的核心是主张以借入资金的办法来保持银行流动性，从而扩大银行资产业务，增加银行收益。进入20世纪60年代以后，各国经济迅速发展，迫切需要银行提供更多的资金，因而促使银行不断寻求新的资金来源，满足客户借款的需要，此外，由于银行业竞争的加剧和实施存款利率最高限制，迫使商业银行必须开拓新的负债业务，不断增加资金来源。除传统的存款业务以外，商业银行还积极向中央银行借款，发展同业拆借，向欧洲货币市场借款，发行大额可转让定期存单，签订“再回购协议”借款等。负债管理包括资本管理、存款管理和借入款管理。

1. 资本管理

国际银行业进行资本管理基本都是遵照《巴塞尔协议》，《巴塞尔协议》强调银行必须拥有足以覆盖其风险资产的充足的资本金，并提供了统一的计算标准。协议中，银行资本被分为核心资本和附属资本，核心资本也被称为一级资本，主要包括永久性的股东权益和公开储备；附属资本也被称为二级资本或补充资本，指银行的长期次级债务等债务性资本。风险资产是由不同的信贷资产以不同的风险权重计算的加权总资产，资本金除以风险资产就是资本充足率。《巴塞尔协议》最初规定，银行的核心资本充足率不能低于4%，总资本（核心资本+附属资本）充足率不能低于8%，即资本应达到全部权重风险资产的8%。2010年9月出台了新的《巴塞尔协议Ⅲ》，协议规定，截至2015年1月，全球各商业银行的一级资本充足率下限将从现行的4%上调至6%，由普通股构成的“核心”一级资本占银行风险资产的下限将从现行的2%提高至4.5%。另外，各家银行应设立“资本防护缓冲资金”，总额不得低于银行风险资产的2.5%，该规定将在2016年1月至2019年1月分阶段执行。

2012年6月，中国银行业监督管理委员会发布了《商业银行资本管理办法（试行）》（以下简称《管理办法》），统筹借鉴了国际资本监管《巴塞尔协议 II》和《巴塞尔协议 III》的新框架，建立了与国际新监管标准接轨、符合我国银行业实际的新资本监管制度。根据《管理办法》相关规定，2013年系统重要性银行和其他银行的资本充足率的监管标准分别为11.5%、10.5%，核心资本充足率分别为9.5%和8.5%。

2. 存款管理

存款管理是商业银行负债管理的重点，包括对吸收存款方式的管理、存款利率管理和存款保险管理。对吸收存款方式的管理，例如，规定不得以抽彩给奖的方法吸收存款，不得使用欺骗引诱手段吸收存款等。存款利率管理，例如，实行严格的利率管制，浮动利率管理，利率自由政策等。存款保险管理一般规定商业银行必须参加存款保险，以便在发生意外事故破产时，能够及时清偿债务，以维护存款人的利益。

3. 借入款管理

借入款管理主要包括向中央银行借款管理、同业借款管理和发行金融债券管理。总的管理内容是严格控制借入款的使用，分散借入款的偿还期和偿还金额，借入款应控制适当的规模和比例等。

5.3.4 资产负债管理理论

1. 资产负债管理理论的含义

资产负债管理是要求商业银行对资产和负债进行全面管理，而不能只偏重于资产或负债某一方的一种新的管理理论，20 世纪 80 年代初，金融市场利率大幅度上升，存款管制的放松导致存款利率的上升，从而使银行吸收资金成本提高，这就要求商业银行必须合理安排资产和负债结构，在保证流动性的前提下，实现最大限度盈利。资产负债管理理论就是通过资产和负债的共同调整，协调资产和负债项目在期限、利率、风险和流动性方面的搭配，尽可能使资产、负债达到均衡，以实现安全性、流动性和营利性的完美统一。由于资产负债管理理论是从资产和负债之间相互联系、相互制约的整体出发来研究管理方法，因而被认为是现代商业银行最为科学、合理的经营管理理论。

2. 资产负债管理的内容

资产负债管理包括准备金管理、贷款管理和证券投资管理。

(1) 准备金管理。准备金管理按准备金性质划分：有存款准备金管理、资本准备金管理和贷款准备金管理等。存款准备金管理，是商业银行对吸收的存款按法定比例交存中央银行准备金的管理。中央银行对交存的法定存款准备金不支付利息；资本准备金管理，是商业银行对从税后利润中提取的准备金进行管理；贷款准备金管理，即呆账准备金管理，是商业银行对从税前利润中提取的准备金进行管理。

(2) 贷款管理。贷款是商业银行资产负债管理的重点，包括贷款风险管理、贷款长、短期结构管理、信用贷款和抵押贷款比例管理等。贷款风险管理是商业银行为减少贷款损失，要求对单个客户的贷款不超过银行贷款总额或银行自有资本的一定比例，以达到分散风险的目的；贷款长、短期结构管理要求长期贷款不得超过贷款总额的一定比例；信用贷款和抵押贷款比例管理限制信用贷款占全部贷款的比例。

(3) 证券投资管理。这是商业银行对证券买卖活动的管理，主要内容包括：证券投资应面向不同种类的证券，实现证券的最佳组合，一般应优先购买风险性小、收益率高、流动性大的证券，如政府债券。证券投资应保持适当的比例，实现资产的最优组合，一般规定购买的证券总额不得超过资本总额的一定比例。

5.3.5 资产负债比例管理

1. 资产负债比例管理的基本要求和重要意义

1994 年中国人民银行根据国际惯例和我国实际制定《商业银行资产负债比例管理暂行监控指标》，要求商业银行全面推行资产负债比例管理制度，即以比例加限额控制方法，对商业银行资产负债实行综合管理。

管理制度要求以资金来源控制资金运用，防止超负荷经营，保持资产与负债的期限，数量结构相对应，建立指标监控体系；提高资产的流动性，坚持营利性、安全性、流动性的统一，降低不良资产负债比例，提高经济效益。资产负债比例管理有利于商业银行转换经营机制，增强自我约束、自我发展的能力；有利于人民银行加强宏观调控；有利于商业银行的公平竞争和金融秩序的稳定，有利于我国商业银行与国际惯例接轨，参与国际竞争。

2. 资产负债比例管理的指标体系

(1) 资本充足率指标；

(2) 存贷款比例指标；

(3) 中长期贷款比例指标；

(4) 资产流动性比例指标；

(5) 备付金比例指标；

(6) 单个贷款比例指标；

(7) 拆借资金比例指标；

(8) 对股东贷款比例；

(9) 贷款质量指标。

各银行在执行上述中国人民银行规定的统一指标前提下，可以根据自身资金营运的特点和强化管理的需要，制定一些补充指标。报经人民银行同意后组织实施，如中国工商银行补充了汇差清算比例、资产利润比例、负债成本比例、应收利息比例等；中国农业银行补充了二级存款准备金比例；中国建设银行补充了信用贷款比例、资金损失比例、负债成本比例、资产盈利比例、实收利息比例、资本回报比例等；交通银行补充了可购置固定资产指标、投资限额指标、本息回收率指标、经营收益率指标等。

3. 资产负债比例管理的分类管理

分类管理是针对不同类型的商业银行，分别提出不同的比例要求，并根据比例指标的性质，归类划分为总量管理、流动性管理、安全性管理和效益性管理。

1) 总量管理

总量管理是资金来源与资金运用的平衡管理，包括存贷款比例、拆借资金比例、汇差清算比例等指标。其作用在于使商业银行认真贯彻资金来源，制约资金运用的原则，在业务活动中自求资金平衡，防止超负荷经营。存贷款比例是总量控制的重要指标，商业银行必须在存款总额中扣除上缴人民银行存款准备金，并保留必要的备用金以后，才能发放贷款；还要按核定指标购买国家债券和政策性银行的金融债券。对国有商业银行按增量控制，其他商业银行按存量控制。拆借资金比例中规定了拆入资金、拆出资金两个比例，目的在于控制同业之间盲目拆进拆出资金，控制商业银行过量借款，扩张贷款规模，从而影响总量平衡。

2) 流动性管理

流动性管理是关于支付能力、变现能力的管理，包括备付金比例、资产流动性比例和中长期贷款比例等指标。备付金反映银行随时支付客户款项的准备能力，低于5%～7%说明支付能力不足，但也不宜过高，否则浪费资金。资产流动性比例反映银行资产的变现能力，比例越高，变现能力越强。中、长期贷款比例反映长期资产与长期负债的对应关系，比例越高，流动性越差；比例越低，流动性越强。

3）安全性管理

安全性管理是关于防范风险，保护银行信誉的管理，包括资本充足率、风险权重资产比例、贷款质量比例、单个贷款比例和股东贷款比例等指标。资本充足率指标反映银行资本金（含核心资本与附属资本）与加权风险资本的比例关系；各商业银行这一比例要达到8%，其中核心资本要达到6%。风险权重资产比例反映按风险权重系数折算后的风险资产总额与总资产的比例关系。要求这一比例关系不能超过6%，超过则为高风险区。在具体工作中应通过调整资产结构，即压缩风险度高、效益低的资产项目，增加风险度低、效益高的资产项目，以便从总体上降低风险权重资产比例。贷款质量已通过五级分类管理进行监控。单个贷款比例和股东贷款比例是为防止贷款风险过分集中而设置的指标，如果银行对某一企业或某一股东贷款金额过大，一旦这家企业或股东出现经营风险，风险就会转嫁到银行，使银行资产遭受损失，因此必须加以控制。

4）效益性管理

效益性管理指标均由各商业银行自行设置，主要有负债成本比例、资产盈利比例、资产损失比例、应收利息比例、本息回报比率、经营收益率比例等。通过对这些指标的分析，找出产生问题的原因，以便采取措施，提高获利水平。

【本章小结】

银行作为特殊的企业，它具有不同于一般工商企业的特殊利益和风险。商业银行是金融中介机构中最重要的一部分，其作用主要在于：充当信用中介；充当支付中介；提供金融服务；创造信用流通工具。商业银行的外部组织形式主要有总分行制、单一银行制、持股公司制和连锁银行制等。

商业银行的传统业务有三项：资产业务、负债业务和表外业务。负债包括存款负债、其他负债。资产包括现金资产、信贷资产、投资。狭义的表外业务指那些未列入资产负债表内，但同表内的资产或负债关系密切的业务，广义的表外业务还包括服务性的中间业务。近些年，发达国家商业银行的表外业务已成为商业银行获取利润的重要手段。

商业银行管理理论经历了由资产管理理论、负债管理理论到资产负债管理理论的发展过程，而且还在进一步发展。资产管理的重点是流动性管理，主要经历了商业贷款理论、可转换性理论、预期收入理论三个发展阶段。负债管理的核心思想是主张以借入资金的办法来保持银行的流动性。资产负债综合管理的基本思想是通过同时调整资产和负债，达到合理搭配，以实现银行的经营目标。

【关键术语】

商业银行　单一银行制　分支行制　银行控股公司制　连锁银行制　负债业务　资产业务　中间业务　负债管理　资产管理　资产负债管理

【思考题】

1. 怎样理解商业银行是一个特殊的企业?
2. 商业银行如何协调经营的“三性”原则?
3. 商业银行信用创造的过程如何?
4. 商业银行资产负债管理背景及其手段有哪些?
5. 商业银行的主要业务活动及功能有哪些?

专栏 5-1

多米诺骨牌效应

1930 年,美国爆发了一场规模空前的银行大危机。在此前的 10 年里,美国经济一路高歌猛进,然而在繁荣的背后隐藏着即将到来的危机,狂热的人们把股市吹成了巨大的泡沫。1929 年 10 月,人们的信心再也无法支撑股票市场的泡沫,股市开始大幅下跌,直至彻底崩溃,人们积累起来的财富在不到一个月的时间几乎完全蒸发。

然而这还不是最糟糕的。当银行一家接一家地破产时,美国人才意识到,真正的灾难才刚刚开始。由于当时美国很多商业银行把大量的资金投入证券市场,股市的暴跌给他们带来了巨额亏损,市场上关于某银行即将破产的流言四处传播,恐慌的储户希望赶在银行破产之前把钱取出来,很多商业银行立刻陷入挤兑危机。这种恐慌已经失去控制,它像脱缰的野马四处奔腾,人们已经不管自己存款的银行是不是健康,一心想着把钱取到手才算安心。挤兑令更多银行被迫关门停业,很多财务健康的银行也惨遭横祸。1930 年美国有 1350 家银行倒闭,1931 年有 2300 家银行倒闭:1932 年有 1450 多家银行倒闭,1933 年情况恶化到了极点,公众对银行彻底失去信心,银行倒闭风潮加速进行,这一年共有 4000 余家银行倒闭,有许多州宣布银行停业。1933 年 3 月,罗斯福就任美国总统,并立即宣布全国银行停业。

最糟糕的是,在挤兑的压力下,银行紧缩信贷,这更加剧了企业的衰退和破产,越来越多的工人加入失业大军。人们的收入水平急剧下降,产品需求萎靡不振,销毁牛奶、面包的举动与人们的饥肠辘辘并存。整个社会似乎陷入了毫无希望的恶性循环之中,以致前总统柯立芝去世时还在悲叹:“举目四望,我们看不到任何希望!”大危机期间,美国先后有 9800 家银行破产,而企业破产竟超过 14 万家。

从 20 世纪 30 年代的经济危机中可以看出,银行业是整个经济的核心体系,银行危机具有传染性强、破坏性大等特点。一旦发生银行倒闭事件,如处理不好,就会引起连锁反应,甚至引发整个银行业的危机,而银行业的崩溃又好像多米诺骨牌一样,引发一系列社会经济危机。正是由于银行业的特殊地位,各国中央银行和金融监管当局都非常重视金融风险的控制和银行危机的防范。

以下列举几个中外银行危机实例。

1. 商业银行支付危机之海南发展银行的关闭

1998 年 6 月 21 日,中国人民银行发表公告,关闭刚刚诞生 2 年 10 个月的海南发展银行。这是新中国金融史上第一次由于支付危机而关闭一家有省政府背景的商业银行。海南发展银行成立于 1995 年 8 月,是海南省唯一一家具有独立法人地位的股份制商业银行,其总行设在海南省海口市,并在其他省市设有少量分支机构。它是在先后合并原海南省 5 家信托投资公司和 28 家信用社的基础上建立和壮大的。成立时的总股本为 16.77 亿元，海南省政府以出资 3.2 亿元成为其最大股东。该银行关闭前有员工 2800 余人，资产规模达 160 多亿元。

海南发展银行从开业之日起就步履维艰，不良资产比例大，资本金不足，支付困难，信誉差。1997 年年底，按照省政府的意图，海南发展银行兼并 28 家有问题的信用社之后，公众逐渐意识到问题的严重性，开始出现挤兑行为。随后几个月的挤兑行为耗尽了海南发展银行的准备金，而其贷款又无法收回。为保护海南发展银行，国家曾紧急调了 34 亿元资金救助，但只是杯水车薪。为控制局面，防止风险蔓延，国务院和中国人民银行当机立断，1998 年 6 月 21 日宣布关闭海南发展银行。同时宣布从关闭之日起至正式解散之日前，由中国工商银行托管海南发展银行的全部资产负债，其中包括接收并行使原海南发展银行的行政领导权、业务管理权及财务收支审批权；承接原海南发展银行的全部资产负债，停止海南发展银行新的经营活动；配合有关部门实施清理清偿计划。对于海南发展银行的存款，则采取自然人和法人分别对待的办法，自然人存款即居民储蓄一律由工行兑付，而法人债权进行登记，将海南发展银行全部资产负债清算完毕以后，按折扣率进行兑付。1998 年 6 月 30 日，在原海南发展银行各网点开始了原海南发展银行存款的兑付业务，由于公众对中国工商银行的信用，兑付业务开始后并没有造成大量挤兑，大部分储户只是把存款转存工商银行，现金提取量不多，没有造成过大的社会震动。

资料来源：易纲，1999. 货币银行学 [M]. 上海人民出版社

2. 20 世纪 80～90 年代俄亥俄、玛丽兰和罗德岛等地的银行恐慌

在 20 世纪 80 年代之前，大多数人认为银行恐慌已是过去的事了（最后一次发生在大萧条时期）。但是，20 世纪 80 年代中至 90 年代初在俄亥俄、玛丽兰和罗德岛等地发生的事件却表明：银行恐慌仍是金融体系健康运行的一大威胁。

这几个州的银行存款不受联邦存款保险，而是受州保险基金的担保。俄亥俄州是俄亥俄州存款担保基金，玛丽兰州是玛丽兰储蓄保险公司，罗德岛是罗德岛股份与存款保障公司。当投保机构的损失超过这些保险基金所持储备时，存款人担心他们在其他银行机构存款会受到损失，自然引发存款人到银行提现的风潮，这种银行恐慌使人想起了 20 世纪 30 年代对这些机构的挤兑时所发生的那些银行恐慌。

大危机之后的第一次银行恐慌发生在俄亥俄州。1985 年 3 月倒闭的辛辛那提市储蓄银行耗尽了俄亥俄州存款担保基金。该银行倒闭起因于向从事欺诈活动的证券公司发放的贷款变成坏账。

为了争得时间将有支付能力的银行与无支付能力的银行进行分类，俄亥俄州州长宣布银行放假，暂时性地关闭了 70 家储蓄机构。在联储和联邦家庭贷款银行董事会的帮助下，这些银行在获得了联邦存款保险后重新开业。

此后不久，1985 年 5 月玛丽兰两家投保的储蓄贷款协会周转不灵，使得玛丽兰储蓄保险公司破产。这场波及 100 家玛丽兰储蓄贷款协会的银行危机，最后通过州长颁布每月限额提款 1000 美元的临时性法规及通过新创建的、以州担保的存款保险基金代替私人存款保险等举措方得以平息。

损失最重的银行危机发生于 1991 年 1 月的罗德岛。在一家位于普拉费顿斯的银行由于贪污而发生支付困难后，该州州长被迫宣布银行新年放假一天，关闭了 45 家小银行和信用协会。结果，在一个只有 100 万人口的州里，竟冻结了 359 000 个户头的 13 亿美元。州长

的救援方案付给倒闭银行的每位存款人提现的最高额为 12 500 美元，对于其余的在 10 万美元受保限额内存款，将于数年内以不付息的州债券（小面额的欠条）予以偿还（类似的债务在 20 世纪 30 年代的银行危机中最后一次发行）。在一家倒闭的银行里，任何超过 100 万美元的存款数额看起来不大可能偿还了。平息罗德岛的银行危机用了 18 个月的时间。1992 年 6 月，最后一批受保存款人领取了他们 90%的存款，其余的 10%将在 20 年以内予以偿还。

从那以后，强加给罗德岛的经济萧条一直很严重。州政府不得不将销售税永久性提高 1 个百分点以偿付救援费用。此外，银行危机使该州的经济衰退趋于恶化。在银行危机之后，1992 年该州 6.1%的人丢了饭碗，从百分比上来说，这是美国最高的失业率水平。

在 1984 年以前，大陆伊利诺斯国民银行发放了许多笔有问题的贷款（主要是对能源业企业和外国的贷款），1984 年 5 月初有关其财务困难的谣言泛起，大额存款人随之从该银行提取了数额超过 100 亿美元的存款。为挽救这家银行，联邦存款保险公司于 1984 年 7 月宣布将给予其最高可达 45 亿美元的资金；尽管如此，联储还是借给大陆伊利诺斯国民银行 50 多亿美元。联邦储备体系的行动防止了进一步的银行倒闭，并且再一次避免了潜在的银行恐慌。

资料来源：改编自《金融知识国民读本》（北京：中国金融出版社，2007）与《货币金融学》（中译本）（［美］米什金．［M］北京：中国人民大学出版社，1998 年）

专栏 5-2

李仁杰：银行与非银行企业的边界

经历了 30 多年的改革，中国银行业确实发生了翻天覆地的变化，取得了有目共睹的成就。特别是过去这 10 年，应该说中国银行业迎来了快速发展的黄金时期，银行业的整体实力持续增长，抗风险的能力不断地增强，公司治理的状况明显改善，服务能力和水平日益提升，各类机构协调均衡地发展。我们经常讲的改革的红利，制度的红利已经十分显著。大体上体现在以下三个方面。

一是银行的个头普遍长大了，从资产规模来看，过去这 10 年中国银行业的资产增长了 4.6 倍，从 23.7 万亿元增长到 133.62 万亿元。从盈利水平来看，行业平均净利润，年均复合增长率超过了 30%。ROE 从 0.1%上升到了 1.28%，ROA 也从 3%上升到接近 20%。从资产质量来看，行业的平均不良贷款比率从 10 年前的 10%以上逐步下降到现在 1%左右，或者说不到 1%。

二是银行主体的市场化改造应该说基本完成，以市场化为导向，各类银行特别是大中型银行纷纷加快了市场化改革的步伐，通过股改上市，转变经营机制，再造风险管理体系，逐步建立了相对规范的公司治理的架构，经营管理的效率显著提升。银行业主要矛盾从过去效率低下，服务能力低下，不良资产集中已经转换到了公司治理完善，内控水平的提升以及核心竞争力的打造上。

三是多层次的银行体系初步形成了，改革开放 30 多年，中国银行业已经从过去计划经济下一元的体制，逐步发展成多层次的银行体系。从过去最初基本上是充当政府“财政司库”的角色，现在从中央银行，到工商银行、农业银行、中国银行、建设银行、交通银行国有大银行，还有股份制银行、城商行、农信社等，多层次、现代化的银行体系已经初步形成。10 年前都记得，那个时候中国银行业被媒体描绘出技术上可以拓展，现在中国银行业已经成为国际金融业不可忽视的重要力量。

目前在全球银行市值排名前10大银行当中，我们国家的工商银行、农业银行、中国银行和建设银行，这四家银行都已经榜上有名。特别是工商银行经常称之为“宇宙航”，占据榜首。从兴业银行来说，10年前我们大概资产不到2000亿元，实现的净利润也不到5个亿，而且从整个市场来看，知名度都为大家所熟悉，发展到今天，我们的资产规模差不多有3.6万亿元，今年的税后利润估计超过400亿元，已经成为跻身中国银行业的10强，全球银行业的500强，世界企业也是500强。作为中国银行业的一员，能够亲身经历了中国银行业这一波澜壮阔的历史进程，亲身参与了中国银行业的改革与再造，亲眼见证了中国银行业的成长与壮大，我与大家一样都感到很荣幸，很自豪。

首先，中国银行业即将迎来一轮新的重大变革，也就是今天论坛的改革再出发。以党的十八大为指引，中国经济社会发展已经进入了一个新的大变革时代，尤其是三中全会，对我国在新的历史起点上全面深化改革做出了新的战略部署，为中国经济社会未来发展描绘出了一幅新的宏伟蓝图。其中对金融领域的改革，看似笔墨不多，但实际上影响深远。大家都知道，这一轮深化改革在经济领域最重要的决定是要把市场对资源配置的基础性作用，上升到起决定性的作用。反映在金融领域，核心就是要培育形成更加完善的金融市场体系，营造一个完全市场化的金融竞争环境。相比过去10年的改革，这一轮的金融改革将会呈现出改革层次更深、改革层面更广、改革力度更大，其中有两个方面的改革我觉得是根本性的改革。一是价格的改革，核心是利率和汇率的市场化改革。价格机制是市场经济的基础和灵魂，是市场在资源配置中起决定性作用的关键，从这个意义讲，金融价格的机制改革就意味着我们国家金融市场改革将真正的进入了深水区、核心区，其影响将是极其广泛和深远的。

站在银行业的角度，如果说过去市场化的改革还只是拥抱一下市场化，市场化的改革仅仅是一种“彩排”、“热身赛”，未来这种价格的改革将使我们的整个市场进入生死存亡的“淘汰赛”。这一次论坛我看了很多的演讲嘉宾都谈到了利率市场化改革，实际上只要是银行的经营管理者，都会深切感受到改革的力量。由于大家对通货膨胀的担忧，由于大家对利率市场化改革的这种期望，从银行经营来看，现在明显感受到客户负债的分流，存款往往被理财化了，而且负债的成本在不断地上升。举一个例子，前一个月财政国库的资金进行招标，三个月的资金招标的结果年化收益达到6%，如果考虑商业银行吸收这一类的资金交存款准备金，实际上综合的成本将接近7%。如果再把商业银行的资本跟成本、各类的人工、网点、费用各种成本加在一起。如果定价，我个人认为不定在10%就很难做，这很现实。也可以说利率市场化的初期，很可能会造成商业银行的存贷利差的下降。

当然，存贷利差受资金供给关系的影响，现在这种货币市场的成本，资金的价格在往上走，推动了债券市场的价格也往上走，债券市场价格往上走以后，一定会影响到信贷市场的定价。但是从另一方面，我们作为经营管理者，感受到的是什么，因为经济状况不好，除非那些对利率不是太敏感的行业和企业，比如，地产和政府融资平台，也许能承受比较高的资金成本。但是作为我们商业银行从风险管控的角度，又不敢加大对这一类企业，对这一类需求的投入。

实体经济状况不好，它制约了资产端的定价往上走，所以最终的结果我认为，银行的利差要收窄。这种利率市场化对银行带来很多的影响，一方面利差设窄，另一方面因为市场价格在波动，不像过去有人民银行的法定利率的保护，过去我们做银行工作相对比较容易，因为只要余额在那里，都是有利润的。今后价格波动可能是往上亏的，所以这一种市场价格内部怎么传导经营单位，传导到基层，也是银行必须要考虑的。这方面的影响将是非常深刻的。

其次，多层次的金融市场进一步健全完善，我们过去经常讲金融的脱媒，现阶段我自己感觉现在银行与非银行、金融与非金融机构之间的这种业务的边界在模糊。很多非银行机构也在做银行的事，甚至很多都没有金融牌照的非金融企业也在做金融的业务。比如，最有名的支付宝余额宝，实际上都在做金融的业务。在这种形势下，逼着银行要转型，银行过去是信用的中介，有钱向银行存，没钱向银行贷，银行是存、贷款业务。今后靠这种存、贷款业务难以为继，就可能要逼着银行去转型。当然存、贷款业务还存在，但今后要再从信用中介向信息中介，甚至资本的中介去发展，银行的角色在发生变化。

综合来看，我们将面临着新一轮的金融改革，将是全面和深刻的，对现有的金融主体，特别是银行机构而言，挑战是巨大的。这种挑战事实上今年以来已经逐渐的明显。我的感觉真是“山雨欲来风满楼”，对中国银行业而言，尽管过去改革取得了很大的成效。从表面看，银行个头都长大了，从形式看，公司治理似乎也完备了。但是不可否认，我们过去的这些成长，在很大程度上仍然离不开国家政府和中央银行的呵护，还没有经历完全市场化环境的考验。未来，面对新一轮的金融改革，面对全新的市场环境，银行业能否继续从容应对，还有待于时间的考验。

最后，我想就中国银行业未来几年可能出现的一些发展态势谈几点看法。立足于上述改革趋势的这种分析，结合国际银行业发展的经验和规律，我个人认为，未来几年国内的银行业可能呈现出以下几个方面的发展态势。

一是分化。随着利率市场化向纵深推进，利差的收窄，金融的脱媒，银行的利润空间将受到明显的挤压，以此为背景，不同银行机构的经营状况、实力地位将出现分化，适者生存，那些真正具备差异化竞争能力、更强的价值创造能力的银行，将会脱颖而出。

二是重组。与行业分化相对应的市场化的兼并重组，优胜劣汰，将成为常态。现阶段，银行业出现了很有趣的一种现象，一方面，对我们银行业的估值偏低，大概PE是4倍多，甚至5倍、6倍，大概可以这样。另一方面，似乎大家都要打破头皮要进入这个领域，所谓民营企业，或者说要创办银行的积极性非常高涨，我个人觉得过去跑马圈地，野蛮生长的机会已经不复存在了，市场化的并购重组可能是迅速做大规模更可靠的路径。

三是多元。金融主体更加多元，大、中、小型、全能型与专业型的金融机构将同时并存。对银行个体而言，经营的好坏，竞争的优劣将不再简单地以规模大小来衡量，主要看自己的市场定位准确不准确，是不是有自己的经营特色和竞争优势。

四是融合。一方面，金融行业内部将加快融合，体现为不同行业金融机构的业务范围，将互相渗透，比如说现在的银行，特别是大、中型银行，实际上已经存在着综合经营的趋势。银行下面有保险、有基金、有租赁等，银行与非银行金融机构的边界越来越模糊。另一方面，在移动，互联网等新技术的影响下，跨界的竞争也将愈演愈烈，银行将越来越多的面对其他非银行、非金融机构的这种渗透和挑战，银行与非银行企业之间的边界将不像过去那么分明。

资料来源：李仁杰．银行与非银行企业边界将不再分明．新浪财经，2013年12月10日

专栏 5-3

中资银行推进全球化战略

随着中国经济实力不断攀升，中资银行日益成为全球银行业中亮眼的“明星”。与许多在欧债危机和经济疲软中多方承压、翘首等待各方救助资金的欧美银行不同，不少坐拥雄厚资本、业务快速发展的中资银行在继续拓展国内业务的同时，也对开拓海外兴趣趋浓。

从大方向来看，中资银行推进全球化战略主要采取新设和并购两种方式。在国际化的不同阶段，根据东道国及自身特点，中资银行灵活运用设立代表处、分行、附属子公司、参股外资银行、建立战略联盟等方式推进全球化战略。如中行 2012 年在斯德哥尔摩、波兰等地设立分行；在肯尼亚和安哥拉设立代表处；在俄、法、美、加等地增设多家二级机构。具体方式选择上，考虑各地市场环境和监管准入难度等因素，除以新设机构进入海外市场外，还选择少数参股、投资控股、整体并购、交叉持股、换股、股权有偿转让、现金并购、资产置换并购、二级市场并购等多种形式来拓展海外业务。如建设银行在 2013 年 11 月 1 日宣布收购巴西 BIC 银行总股本 72%的股份买卖交易，收购的总基准价款约为 16 亿雷亚尔。

我国中资银行推进全球化已初见成效。从 1981 年中国银行在纽约开设的第一家国外分行拉开了中资银行“走出去”的序幕，到 2013 年 9 月，20 家中资银行在海外 50 个国家和地区设立了近 1100 家机构，总资产超过 1.2 万亿美元，为我国银行业实施走出去战略提供了有力支持。2013 年 12 月 10 日，交通银行香港分行、农业银行香港分行、中国银行香港分行和建设银行香港分行 4 家陆资银行首次推出的“宝岛债”在台湾证券柜台买卖中心同步挂牌交易，合计发行金额达到 67 亿元。

随着经济、金融全球化、信息化和市场化的进一步深入，银行业走出去已经成为推进国家经济发展战略、参与国际金融合作与竞争的内在要求，也是加快银行经营转型的重要步伐。中国银行业要走出去，正在成为不可逆转的潮流。第一，企业国际化客观要求银行业走出去。我国已经成为全球生产、贸易和投融资市场的重要参与者，而且随着全球产业链的形成，境内企业对海外市场、资源、技术依赖程度越来越深，企业走出去步伐明显加快。第二，人民币国际化带来了新的机遇。从长期来看，人民币国际化是必然趋势，危机后人民币跨境结算进程加快，在周边流通和使用的范围扩大，境外结算业务量加速增长。第三，银行业整体实力增长。我国中资银行整体实力增长也为其全球化提供了条件。

中资银行推进全球化之所以成功，源于两个方面的因素：一是包括美国在内的外国监管机构对中资银行风险管理能力、综合能力的认可度正在不断提升。美联储通过了中国工商银行收购东亚银行在美业务，还批准了农业银行纽约分行和中国银行芝加哥分行的开业申请。二是从国内大型银行自身来讲，在 2003 年重组上市之后，它们的综合实力、财务经营能力、风险管理能力都在不断加强，现在是“走出去”的绝佳时机。

资料来源：掘金海外商业银行“国际化”提速．金融时报，2013 年 6 月 3 日，
中资银行大步“走出去”，2013 年 12 月 11 日，经济日报

第6章　中央银行

【教学目标】

通过本章的学习，了解中央银行的产生和发展的历程，掌握中央银行制度的类型、中央银行资本的类型以及中央银行的职能等基本内容，熟悉中央银行的业务。

【教学要求】

知识要点	能力要求	相关知识
中央银行产生的背景与客观原因	了解中央银行产生的背景 了解中央银行产生的客观原因	商品经济快速发展、商业银行普遍设立、货币信用在不断扩展的背景下产生的 银行券垄断发行的需要、集中票据交换和清算的需要、充当商业银行最后支持者的需要、银行业监管和政府融资的需要而产生的
中央银行的制度类型与资本类型	掌握中央银行的制度类型 掌握中央银行的资本类型	中央银行的制度类型有：单一型中央银行制度、复合型中央银行制度、准中央银行制度和跨国中央银行制度 中央银行的资本类型有：资本全部为国家所有、资本部分为国家所有、资本全部为民间所有、无资本金以及资本为多国共有
中央银行的职能	掌握中央银行的三大职能	中央银行是发行的银行 中央银行是银行的银行 中央银行是政府的银行
中央银行的业务	了解中央银行的业务原则 熟悉中央银行的负债业务 熟悉中央银行的资产业务 了解中央银行的支付清算服务	中央银行活动的一般原则包括非营利性、流动性、公开性和合法性 中央银行的负债业务包括存款业务、货币发行业务、发行中央银行债券、对外负债和资本业务 中央银行的资产业务包括再贴现和贷款业务、证券买卖业务和国际储备业务 中央银行的支付清算服务包括组织票据交换清算、办理异地跨行清算、为私营清算机构提供差额清算服务、提供证券和金融衍生工具交易清算服务和提供跨国支付服务等内容

【导入案例】

针线大街上的老妇人

“针线街的老妇人”（Old Lady of Threadneedle Street）是英格兰银行的昵称，得名于英格兰银行大楼位于伦敦市的针线大街（Threadneedle Street）。早期的英格兰银行只是英国政府的“钱袋子”。300 多年前，英法激战正酣，庞大的战争开支早将英国政府的财政收入消耗一空。为筹集更多军费，急需用钱的英国国王和议会迅速采纳了一位叫威廉·佩特森的苏格兰商人的提议——成立一家可以向政府贷款的银行。于是，1694 年 7 月 27 日，伦敦城的 1268 位商人合股出资，正式组建了英格兰银行。此后的短短 11 天内，英格兰银行就为政府筹措到 120 万英镑巨款，极大地支持了英国在欧洲大陆的军事活动。

刚刚成立的英格兰银行与一般的商业银行并没有多大区别，办理着那时的商业银行都能办理的业务——发行钞票、吸收存款、发放贷款。不过，英格兰银行一开始就与政府维系着一种特殊而密切的关系，即一直向政府提供贷款，负责筹集并管理政府国债，还掌握绝大多数政府部门的银行账户。正是凭借这一关系，英格兰银行的实力和声誉迅速超越了其他银行。到 1837 年，英格兰银行不但安然挺过了当年的银行危机，还拿出大笔的资金，帮助那些有困难的银行渡过难关，这也成为英格兰银行充当“最后贷款人”角色的开始。1844 年，英国议会通过《银行特许法》，让英格兰银行在发行钞票方面享有许多特权。自此，英格兰银行逐渐退出一般性的商业银行业务，专注于货币发行，并开始承担维护英国金融市场稳定和监督其他商业银行的职能。1928 年，英国议会通过《通货与钞票法》，使英格兰银行垄断了在英格兰和威尔士地区的货币发行权。到 1946 年，英国议会通过《英格兰银行法》，赋予英格兰银行更为广泛的权力，使它可以按照法律对商业银行进行监督和管理，英格兰银行从此成为一家显著不同于一般商业银行的特殊银行——中央银行。

资料来源：2007. 金融知识国民读本. 北京：中国金融出版社

中央银行是一国实行货币政策和对金融业实施监督管理的特殊金融机构，是国家的货币当局和金融体系的核心，负责制定和执行货币政策，防范和化解金融风险，维护金融稳定。当今世界绝大多数国家都实行中央银行制度。

6.1 中央银行的产生与发展

中央银行产生于 17 世纪后半叶，中央银行制度则形成于 19 世纪初叶。中央银行的产生有两条途径，一是早期的中央银行是从商业银行中分离出来或由商业银行演变而成的；二是第一次世界大战后的中央银行直接由政府出资建立的。中央银行的产生和发展是信用制度和银行体系不断健全和完善的结果。

6.1.1 中央银行产生的历史背景和客观原因

1. 中央银行产生的历史背景

中央银行产生的历史背景，大致有三个方面：商品经济快速发展、商业银行普遍设立、货币信用不断扩展。

1) 商品经济快速发展

欧洲资本主义制度形成于15～16世纪，一些手工业开始从农业中分离出来，形成独立的生产部门，农业生产也从传统的自给型生产转向商品型生产。到了17世纪，科学技术创新不断地推动生产力的快速发展，商品经济较为发达的一些欧洲国家的工商企业在社会生产中占据的地位越来越重要，为欧洲工业革命打下了良好的基础。18世纪初，欧洲国家开始了工业革命，蒸汽机广泛与工具机结合，社会生产力得到迅速发展，手工业和工场手工业被机器大工业所代替，商品经济得以快速发展。

2) 商业银行普遍设立

随着商品经济的快速发展和资本主义生产方式的兴起，在15～16世纪的欧洲出现了商业银行设立的一个高潮，如1587年成立的威尼斯银行（Bank of Venice）、1593年成立的米兰银行（Bank of Milan）等。到了17～18世纪，商业银行业务活动不断创新，如发行钞票、为企业办理转账、为企业融资等。商业银行业务创新的成功引来了又一次银行设立的高潮。

3) 货币信用不断扩展

银行的业务创新使货币信用活动越来越多地与商品生产、商品贸易有机结合，银行把吸收的存款作为资本投入到经济活动中，集中零散的资金满足规模化生产的需要。与此同时，银行还为企业的资本联合和筹资活动提供服务和便利，如为股份公司代理发行股票、为企业代理发行债券等。银行通过票据贴现、抵押贷款等方式，逐渐把商业信用转变为银行信用，使信用范围和规模得以大幅度扩展。

2. 中央银行产生的客观原因

商品经济快速发展，商业银行普遍设立，货币信用不断扩展，既为中央银行的产生奠定了经济基础，又为中央银行的产生提出了客观要求，主要包括：银行券垄断发行的要求、集中票据交换和清算的要求、充当商业银行最后支持者的要求、金融业监管的要求和政府融资的要求。

1) 银行券垄断发行的要求

在银行业发展初期，许多商业银行除了办理存放和汇兑等业务以外，都从事银行券的发行。银行券分散发行，存在许多弊端：一是无法保证银行券的信誉和流通的稳定，一些银行特别是小的商业银行，无法保证自己所发行银行券的兑现，将引起社会的混乱；二是银行信用活动的范围有限，许多银行发行的银行券只能在有限的地区流通，无法满足更大规模的生产和流通需要。因此，客观上要求建立一个实力雄厚、有权威的银行来统一发行银行券。

2) 集中票据交换和清算的要求

随着银行业务的发展，票据流通量增多，各银行之间的债权债务关系复杂化，由各个银行自行轧差进行当日清算已越来越困难。这种状况不仅表现为异地结算矛盾突出，即使同城结算也成问题。因此，客观上要求建立一个全国统一的、有权威的、公正的清算中心，集中进行票据交换和清算，而这个中心只能由中央银行来承担。

3) 充当商业银行最后支持者的要求

随着商品生产和流通的扩大，对银行贷款的需求量不断增加。商业银行如果将吸收的存款过多地提供贷款，会出现因支付能力不足而发生挤兑或破产的可能。这就要求有一个信用卓著、实力强大并具有提供有效支付手段能力的机构，集中各家商业银行的一部分现金准备，充当商业银行的最后支持者。

4）金融业监管的要求

金融业经营同其他行业一样，竞争非常激烈。而银行破产、倒闭给社会经济生活带来的动荡很大。另外金融业又是一个较为特殊的行业，存在严重的信息不对称和很高的风险性，并且直接关系到一国的货币供给量。因此，客观上需要有一个权威机构加强金融业监督、管理和协调的工作。

5）政府融资的要求

国家机器的强化、自然灾害的发生和战争的频繁爆发，一方面要求政府增加财政开支，另一方面又有可能导致税收减少。为弥补财政亏空，一些国家的政府逐渐向银行要求融资。因此，客观上政府需要建立一个与其保持密切关系的金融机构，从而能够在必要时向该金融机构融资。

6.1.2 中央银行的产生和发展

从 1656 年瑞典银行成立到 1913 年美国联邦储备体系创建，中央银行经历了 257 年的初创时期。此后，中央银行发展史上又经历了 1921～1942 年和 1945～1971 年的两次创建高峰。

1656 年成立的瑞典银行最初是一家私人银行，但该行是最早发行银行券和办理证券抵押贷款业务的银行之一，1666 年陷入困境，1668 年政府将其收归国有。1697 年瑞典通过法案，将货币发行权集中到瑞典银行，从而使瑞典银行具有中央银行的某些特性。成立于 1694 年的英格兰银行原为商业银行，但从其诞生起就与政府有着密切的关系。为政府筹资、接受政府存款和向政府提供贷款是该行成立之初最主要的业务之一。成立时的股本为 120 万英镑，全部贷给当时的英国政府，并管理国库的收支。同时该银行得到了银行券发行额不超过资本总额的权限。1833 年，英国议会通过一行法案，规定只有英格兰银行发行的银行券具有无限清偿资格。这是英格兰银行成为中央银行决定性的一步。1844 年，由英国当时的首相皮尔主持拟定，英国议会通过了《英格兰银行条例》，又称《皮尔条例》。该条例增加了英格兰银行没有金银准备作保证发行银行券的限额，同时又限制或减少了其他银行的发行量。到 1928 年，英格兰银行成为英国唯一的发行银行。1854 年，英格兰银行成为英国银行业的票据交换和清算中心。随着英国金融业的发展，英格兰银行逐渐发展为英国的中央银行。英格兰银行是最早全面发挥中央银行功能的银行。

1791 年，由美国政府出资 200 万元（殖民地元的等值货币），以每股 400 元的价格认购了新成立的第一联邦银行 5000 股的股份，占总股份的 20%。虽然并不是一个“中央银行”，但第一联邦银行却具有中央银行的一些职能，如发行货币、接受政府存款和向政府提供贷款。该行经营期 20 年，经营期满后没有通过延期申请。面对银行数量大幅增加，金融秩序的混乱，1816 年经国会批准，成立了第二联邦银行，20 年经营期结束后也没有延期。1913 年 12 月 23 日，国会通过了《联邦储备条例》。之后在 1914 年 11 月，美国建立了联邦储备体系。

第一次世界大战期间，各国政府为了保障战时的财政需要，向中央银行大量借款，并且纷纷强迫中央银行停止或限制银行券兑现，导致战后经济金融混乱、通货膨胀严重。1920 年布鲁塞尔国际货币金融会议通过了关于各国应平衡财政收支、割断政府对发行银行的控制，以稳定货币的重要决议。1922 年日内瓦会议除了重申这些主张外，进一步建议未设立中央银行的国家应尽快设立中央银行。此外，20 世纪 30 年代经济大危机使得金本位制崩溃，管理货币供应、控制货币数量成为各国中央银行的重要职责。1921～1942年，世界各国改组或者新设立的中央银行有40多家。其中，德国国家银行、奥地利国家银行、匈牙利国家银行、苏联国家银行、智利中央银行、厄瓜多尔中央银行是典型代表。

第二次世界大战结束后，许多国家为了满足恢复经济，稳定金融，满足币制重建和货币发行制度化的需要，通过采取对中央银行国有化措施加强对中央银行的控制。一些新成立的国家，由政府出资纷纷设立中央银行，中央银行成为国家机器的重要组成部分，制定和实施货币政策成为中央银行的主要职责。1945～1971年，改组、重建和新设的中央银行共有50多家。中央银行普遍在世界各国建立。

6.1.3　中央银行制度的类型

虽然目前世界各国基本上都采取中央银行制度，但并没有一个统一模式。从目前各国采取的中央银行制度来看，大致可归纳为单一型中央银行制度、复合型中央银行制度、准中央银行制度和跨国中央银行制度四种类型。

1. 单一型中央银行制度

单一型中央银行制度是指国家建立单独的中央银行机构，使之全面行使中央银行职能的中央银行制度。这种类型又分为两种情况：

1）一元式中央银行制度

一元式中央银行制度是指一国只设立一家统一的中央银行，行使中央银行的权力和履行中央银行的全部职责，中央银行机构设置一般采取总、分行制，逐级垂直隶属。目前世界上绝大多数国家的中央银行都实行这种体制，如英国、法国、日本等。一元式中央银行制度的特点是权力集中统一、职能完善、有较多的分支机构。中国的中央银行——中国人民银行亦采用一元式组织形式。

2）二元式中央银行制度

二元式中央银行制度是指中央银行体系由中央和地方两级相对独立的中央银行机构共同组成。中央级中央银行和地方级中央银行在货币政策方面是统一的，中央级中央银行是最高金融决策机构，地方级中央银行要接受中央级中央银行的监督和指导，但在货币政策的具体实施、金融监管和中央银行有关业务的具体操作方面，地方级中央银行在其辖区内有一定的独立性。这种制度一般与联邦制的国家体制相适应，如目前的美国实行此种中央银行制度，德国曾经也采取二元中央银行制度。

美国的中央银行称为联邦储备体系（Federal Reserve System，FED）。在中央一级设立联邦储备理事会（Board Of Governors Of the Federal Reserve System）、联邦公开市场委员会（Federal Open Market Committee，FOMC）；在地方一级设立12家联邦储备银行及其分支机构。

德国中央银行在中央一级设立中央银行理事会和为其服务的若干业务职能机构，在地方一级设立了9个州中央银行。

2. 复合型中央银行制度

复合型中央银行制度是指国家不单独设立专司中央银行职能的中央银行机构，而是由一家集中央银行与商业银行职能于一身的国家大银行兼行中央银行职能的中央银行制度。这种中央银行制度往往与中央银行初级发展阶段和国家实行计划经济体制相对应，前苏联和以前多数东欧国家即实行这种制度。中国在 1983 年以前也实行这种制度。

3. 准中央银行制度

准中央银行制度是由政府授权专门机构行使对金融业的监督和管理职能，如金融管理局和货币局等，同时政府又授权大商业银行行使货币发行、准备金保管等其他中央银行业务。目前采取这种中央银行组织形式的国家和地区有新加坡、马尔代夫、斐济、沙特阿拉伯、阿拉伯联合酋长国、塞舌尔和中国香港等。

新加坡设立金融管理局，除货币发行权授于大商业银行之外，金融管理局全面行使中央银行的其他各项职能，包括制定和实施货币政策、监督管理金融业、为金融机构和政府提供各项金融服务等；马尔代夫设立货币总局，负责货币发行和管理，制定和实施货币政策，同时授权商业银行行使某些中央银行职能。

中国香港在很长的时期内，并无一个统一的金融管理机构，长期实行英镑汇兑本位，1972 年改行港币与美元挂钩，1983 年 10 月开始实行与美元挂钩的联系汇率制度。1993 年 4 月 1 日，香港成立了金融管理局（HK Monetary Authority），集中行使货币政策、金融监管和支付体系管理职能，但货币发行由渣打银行、汇丰银行和中国银行香港分行负责。票据结算则由汇丰银行负责。

4. 跨国中央银行制度

跨国中央银行制度是由多个国家联合组织一家中央银行，在成员国范围内发行共同货币，制定和执行统一的货币政策，办理成员国共同商定和授权的金融事项。这种体制早期存在于一些经济欠发达且地域相邻的经济联合体或货币联盟的国家。主要有：1960 年 3 月由喀麦隆、乍得、刚果、加蓬和中非共和国等 5 国联合组成的“中非国家银行”，并发行共同货币；1962 年 5 月由贝宁、科特迪瓦（象牙海岸）、毛里塔尼亚、尼日尔、塞内加尔和布基纳法索（上沃尔特）等 6 国联合组成的“西非国家中央银行”，发行共同货币；1965 年 1 月由安提瓜、多米尼加、格林纳达、蒙德塞拉特、圣卢西亚、圣文森特等 6 国组成的“东加勒比海货币管理局”，该货币管理局只对成员国发放贷款，不负责对成员银行的监督，也不行使最后贷款人义务。跨国中央银行制度最具代表性和具有划时代意义的当属“欧洲中央银行”(European Centre Bank，ECB)。

根据欧共体 12 国在 1991 年 12 月达成的《马斯特里赫特条约》（简称《马约》）的协议内容，1998 年 7 月 1 日，欧洲中央银行正式成立。从 1999 年 1 月 1 日起，欧洲中央银行逐步从欧元区国家接受直接管理货币的权力。欧洲中央银行的储备金由各成员国按其在欧元区内的人口比例和国内生产总值所占比重来提供。各欧元区国家的中央银行仍保留自己的外汇储备。欧洲中央银行是欧元区内最高的决策机构，负责发行欧元（EURO），制定欧元区内各国共同遵循的货币政策，而各成员国的中央银行则是该体系中的执行机构，具体实施和执行欧洲中央银行制定的政策。

6.1.4 中央银行的资本类型

1. 资本全部为国家所有

目前大多数国家中央银行的资本金是国家所有的。一部分国家通过购买中央银行资本中原来属于私人的股份而对中央银行拥有全部股权；另一部分中央银行成立时，全部资本金来源于国家。一般来说，历史比较久远的中央银行大多由私营银行或股份银行演变而来，国家通过购买私人股份的办法逐渐实行了中央银行的国有化，如加拿大银行（1938 年）、法兰西银行（1945 年）、英格兰银行（1946 年）、荷兰银行（1948 年）等。1920 年布鲁塞尔国际经济会议要求各国普遍建立中央银行制度以后，原来未建立中央银行制度的国家纷纷设立了自己的中央银行，有许多国家是由政府直接拨款建立中央银行的。第二次世界大战之后，一批新独立的国家由政府拨款直接建立了自己的中央银行。目前，中央银行资本为国家所有的国家有英国、法国、德国、加拿大、澳大利亚、荷兰、挪威、西班牙、瑞典、丹麦、俄罗斯等。中国人民银行的资本组成也属于国家所有的类型，《中国人民银行法》第 8 条规定："中国人民银行的全部资本由国家出资，属于国家所有。"

2. 资本部分为国家所有

这类资本组成，通常国家资本大多在 50%以上，非国家资本即民间资本包括企业法人和自然人的股份低于一半。如日本银行，政府拥有 55%的股份，民间持股为 45%；墨西哥的中央银行，国家资本占 53%，民间资本占 47%；巴基斯坦中央银行的股份，政府持有 51%，民间资本占 49%，等等。比利时、厄瓜多尔、委内瑞拉、卡塔尔等国家中央银行的资本中政府和民间股份各占 50%。在国家不拥有全部股份的中央银行中，法律一般都对非国家股份持有者的权利作了限定，如只允许有分取红利的权利而无经营决策权，其股权转让也必须经中央银行同意后方可进行。由于非国家股份持有者不能参与经营决策，所以对中央银行的政策基本上没有影响。

3. 资本全部为民间所有

这类资本组成，国家通常不持有股份，全部资本由其他股东投入，由法律规定执行中央银行职能，主要有美国、意大利和瑞士等少数国家。美国联邦储备银行的股本全部由参加联邦储备体系的会员银行所拥有。意大利银行为公法银行，由储蓄银行、公营信贷银行、保险公司、社会保障机构等所持有，股份转让也只能在上述机构之间进行，并需得到意大利银行董事会的许可。瑞士国家银行多数股份由州政府银行持有，少数股份由私人持有。瑞士政府并不持有国家银行的股份，但掌握其人事权，其董事大部分由政府指派。

4. 无资本金的中央银行

韩国的中央银行是目前唯一没有资本金的中央银行。1950 年韩国银行成立时，注册资本为 15 亿韩元，全部由政府出资。1962 年《韩国银行法》的修改使韩国银行成为"无资本的特殊法人"。该行每年的净利润按规定留存准备之后，全部汇入政府的"总收入账户"。会计年度中如发生亏损，首先用提存的准备弥补，不足部分由政府的支出账户划拨。

5. 资本为多国共有

跨国中央银行的资本金是由各成员国按商定比例认缴的，各成员国以此认缴比例作为其在跨国中央银行所有权的标准。

中央银行的资本组成虽然有不同类型，但无论是哪种类型的中央银行，都是由国家通过法律或条约赋予其执行中央银行的职能，资本所有权的归属并不对中央银行的性质、职能、地位、作用等发生实质性影响。

6.2 中央银行的性质与职能

6.2.1 中央银行的性质

中央银行的性质是指中央银行自身所具有的特有属性，中央银行的性质可以表述为：中央银行是国家赋予其制定和执行货币政策，对国民经济进行宏观调控和管理监督的特殊的金融机构。

从中央银行业务活动的特点和发挥的作用看，中央银行既是为金融机构和政府提供金融服务的特殊金融机构，又是制定和实施货币政策、进行金融监管的管理机构。

从业务特性来看，中央银行掌管商业银行的法定准备金存款，对商业银行提供再贴现和再贷款，并提供结算服务，与金融机构有相似之处。但是它与商业银行等金融机构具有根本性差别。首先，其经营不以盈利为目的。中央银行是非营利性机构，它的存贷、结算业务不是为了谋求利润，而是为了维护货币流通和金融制度的稳定。它制定并组织执行货币政策、实施金融监管的出发点是社会公众利益和经济发展。其次，其经营对象主要是商业银行等金融机构。中央银行办理各种特定的金融业务，但其业务对象不是企业和个人。最后，其经营业务不同于一般商业银行。中央银行通过其存贷款业务监测国内货币状况，及时调控货币规模，通过资金转移，引导资金流向，实现宏观经济政策目标。

中央银行是制定并组织执行货币政策、实施金融监管的专门管理机构，是代表国家管理金融活动的政府管理机关。中央银行虽然经过一国的政府授权，享有各种金融管辖权，但与一般政府行政管理机构存在区别：首先，中央银行在履行各项管理职能时，都是以“银行”的身份出现的，而且管理手段也更多地具有银行业务操作的特征。其次，中央银行通常凭借经济和法律的手段分层次来实施监督管理职能，行政手段居于次要地位。最后，中央银行在行使管理职能时，具备较大的独立性。

6.2.2 中央银行的职能

1. *发行的银行*

中央银行是发行的银行，是指中央银行垄断货币发行权，中央银行是一个国家唯一的货币发行机构。货币发行具有双重含义：一是指货币从中央银行发行库，通过各家银行业务库流向社会；二是指货币从中央银行流出的数量大于流入的数量。中央银行资产负债表中的货币发行是第二层含义。

中央银行拥有垄断发行货币的权利是中央银行履行其他职能的基础条件和重要保证。中央银行发行货币的信用基础，在金本位制下，是其集中的黄金储备，在信用货币制度下，是以国家信用为担保，中央银行所发行的货币是法定通货。各国货币发行制度的共同特性是：采取经济发行，反对财政发行；规定要有十足的资产作保证；一般都规定发行的最高限额。

中央银行根据货币政策目标要求，根据经济运行对货币的客观要求，在其与商业银行等金融机构的业务往来过程中，具体行使货币发行职能。

中央银行是发行的银行，这一职能是指中央银行服务于社会和经济发展，供应货币、调节货币量、管理货币流通的职能。中央银行发行货币的渠道，是通过再贴现、贷款、购买证券、收购金银和外汇等渠道，将纸币注入流通领域，并通过反向操作，组织货币回笼。

2. 银行的银行

中央银行是银行的银行，这一职能是指中央银行服务于商业银行和整个金融机构体系，履行维持金融稳定、促进金融业发展的职责。中央银行是银行的银行具体体现在以下几个方面：

1）保管存款准备金

存款准备金是商业银行为应付客户提取存款和划拨清算的需要而设置的专项资金。一部分是支付准备金，即库存现金，为保证存款支付和票据清算而保留的货币资金；另一部分是法定存款准备金，依照法律的规定，商业银行必须将其存款的一部分上缴中央银行。商业银行吸收的存款不能全部用于贷款业务，它必须保留一部分现金作为准备，以备存款人提取。各行除了在本行保留一部分外，必须把其余一部分存入中央银行的活期存款账上。商业银行向中央银行交纳存款准备金的多少用法定准备金率来表示。法定准备金率高，商业银行的贷款能力降低；反之，贷款能力扩大。

这种存款准备制度的意义在于，一方面保证商业银行的清偿能力，应付客户提存需要，从而保护存款人利益和保障商业银行自身安全；另一方面，相对节约整个社会存款准备数量，同时为中央银行调节信用规模、控制货币供应量创造条件。中央银行集中存款准备金业务，主要确定：法定存款准备金比例、存款准备金计提基础、规定存款准备金的构成等。

2）充当最后贷款人

最终贷款人（Lender of Last Resort）是指在危机时刻中央银行应尽的融通责任，它应满足对高能货币的需求，以防止由恐慌引起的货币存量的收缩。当一些金融机构出现暂时流动性不足时，中央银行可以通过贴现窗口或公开市场购买等方式向这些银行发放紧急贷款。最后贷款人若宣布将对流动性暂不足的金融机构进行融通，就可以在一定程度缓和公众对现金短缺的恐惧和恐慌。

3）成为资金清算中心

所谓清算，即商业银行之间债权债务关系的计算和结清。作为银行的银行，各商业银行等其他金融机构都在中央银行开立账户，商业银行之间的清算都通过各自在中央银行账户上存款的相互划转来完成。中央银行支付清算系统，对商业银行各应收、应付款项进行清算，同时对商业银行调拨资金提供划转服务。在中央银行制度下，各商业银行须在中央银行开立清算账户，对于商业银行来讲，集中办理清算，成本低、效率高、安全可靠。对于中央银行来讲，在发挥服务功能的同时，可以加强对资金流量和流向的监测。

3. 政府的银行

中央银行是政府的银行，是指中央银行为政府提供金融服务，同时又是政府管理金融的专门机构。为政府提供的金融服务主要包括代理国库、为政府融通资金、代表政府参加国际金融活动、为国家持有和经营管理黄金外汇储备等业务。

1）代理国库

国库是国家金库的简称，是专门负责办理国家预算资金的收纳和支出的机关。国家的全部预算收入都由国库收纳入库，一切预算支出都由国库拨付。从世界范围来看，大多数国家中央银行都负有代理国库的职责。各级财政部门在中央银行开立账户，国库资金的收缴、支出、拨付、转账结算等均委托中央银行无偿办理。此外，中央银行还代国库办理公债券、国库券的发行和兑付国债业务。

2）为政府融资

当国家财政状况出现赤字时，中央银行贷款就会成为国家财政弥补财政赤字、平衡财政收支的手段。在现代经济社会中，中央银行向政府提供信贷的主要形式，是中央银行利用自己的资金购买政府债券，或以政府债券为抵押提供贷款，特殊情况下可直接向政府提供信用贷款和透支。

3）保管国际储备

一国国际储备数量的多少是一国国力强弱的标志，也是一国正常对外经济交往的基础。中央银行负有持有和管理国家黄金外汇等国际储备的责任。为此，中央银行应随时研究国际收支及外汇市场动态，保持适当的国际储备，及时调整储备结构，避免外汇风险。

4）代表政府参与国际金融活动

在国际金融交往中，代表政府与有关方面建立业务联系，出席各种国际金融会议，处理各种国际金融事务。

6.2.3 中央银行的相对独立性

1. 中央银行的相对独立性的含义

中央银行的相对独立性问题，实际上是中央银行与政府的关系问题。这一问题包括两层含义：一是中央银行应与国家行政当局间保持一定的独立性；二是中央银行又不可能完全脱离于政府，这种独立性只能是相对的。

2. 中央银行相对独立性的类型

1）独立性较强的类型

这种模式的主要特点是：中央银行直接对国会负责，政府不得对其发布命令、指示。中央银行在制定和实施货币政策时享有较强的独立性，当中央银行与政府发生矛盾时，要通过协商解决。中央银行的独立地位在法律上有明确规定。美国、德国等国家的中央银行属于此种类型。

2）独立性表面上较弱实际较强的类型

这种类型的特点是中央银行名义上隶属于政府，但在实际上保持相当大的独立性，仍可相对地制定、执行货币政策和采取措施。英国、日本等国家的中央银行属于此种类型。

3）独立性较弱的类型

这种类型的中央银行不论在名义上还是实际上都服从于政府的指令，其货币政策的制定以及相应措施的实行要经过政府批准，政府有权否决或推迟中央银行决议的执行。如意大利和法国的中央银行都属此种类型。

6.3 中央银行的业务

6.3.1 中央银行业务活动的一般原则

与一般商业银行和其他金融机构相比，中央银行的业务活动不仅拥有特定的权力、特定的业务范围和限制，而且在业务活动中的经营原则也有不同。首先，从总体上说，最基本的业务活动原则是必须服从于履行职责的需要。因为中央银行的全部业务活动都是为其履行职责服务的，是其行使特定职权的必要手段，中央银行的各种业务活动必须围绕各项法定职责展开，必须以有利于履行职责为最高原则。其次，在具体的业务经营活动中，中央银行一般奉行非营利性、流动性、公开性和合法性四个基本原则。

1. 非营利性

非营利性指中央银行的一切业务活动不以营利为目的。由于中央银行特殊的地位和作用，决定了中央银行以调控宏观经济、稳定货币、稳定金融、为银行和政府服务为己任，是宏观金融管理机构而非营利性金融机构。由此决定了中央银行的一切业务活动都要以此为目的，不能以追求赢利为目标。只要是宏观金融管理所必需的，即使不赢利甚至亏损的业务也要去做。因此，在中央银行的日常业务活动中，赢利与否不是其追逐和考虑的目的。当然，中央银行的业务活动不以赢利为目的，并不意味着不讲经济效益，在可能的情况下，应该获得应有的收益，尽量避免或减少亏损，以降低宏观金融管理的成本。

2. 流动性

流动性指中央银行的资产业务需要保持流动性。中央银行在充当金融机构的最后贷款人、进行货币政策操作和宏观经济调控时，必须拥有相当数量的可用资金，才能及时满足其调节货币供求、稳定币值和汇率、调节经济运行的需要。为了保证中央银行资金可以灵活调度，及时运用，中央银行必须使自己的资产保持最大的流动性，不能形成不易变现的资产。以保持流动性为原则从事资产业务，就必须注意对金融机构融资的期限性，一般不发放长期贷款。同时，在公开市场买卖有价证券时，也要尽量避免购买期限长、流动性差的证券。

3. 公开性

公开性指中央银行的业务状况公开化，定期向社会公布业务与财务状况，并向社会提供有关的金融统计资料。中央银行遵循业务公开性：一是可以使中央银行的业务活动置于社会公众的监督之下，防止暗箱操作，有利于维护中央银行的权威和信誉；二是有利于国内外有关方面及时了解中央银行的政策意图及其操作力度，增强货币政策效应。正因为如此，各国一般都以法律形式规定中央银行必须定期公布其财务状况及金融统计资料，在业务活动中必须保持公开性，不能隐匿或欺瞒。

4. 合法性

由于中央银行在一国金融体系中的特殊地位和作用，各国都对中央银行的业务以法律形式进行了限制，以使其更好地履行职能。各国对中央银行的业务限制主要有：不得经营一般性银行或非银行业务；不得直接对任何企业或个人发放贷款，也不得向任何企业或个人提供担保；不得直接从事商业票据承兑、贴现业务；不得从事不动产买卖和不动产抵押贷款；不得从事商业性证券投资业务；在一般情况下，不得向财政透支、直接认购包销国债和其他政府债券；股份制中央银行，不得回购本行股票。

6.3.2　中央银行的负债业务

中央银行的负债是指金融机构、政府、个人和其他部门持有的对中央银行的债权。中央银行的负债业务是由货币发行业务、存款业务、其他负债业务构成的。

1. 货币发行业务

货币发行是中央银行最重要的负债业务，这种负债事实上是中央银行长期的无序清偿的债务。中央银行通过再贴现、再贷款、购买有价证券、外汇等活动，将纸币注入流通领域，并可通过同样的渠道将货币回笼。

1）中央银行货币发行的原则

（1）垄断发行原则，是指货币发行权高度集中统一于中央银行，这样可避免多头分散发行所造成的货币流通混乱和经济动荡，便于中央银行制定和执行货币政策以保持通货稳定。

（2）经济发行原则，是指在现代不兑现信用货币制度下，中央银行的货币发行量要与国民经济发展水平相适应，根据国民经济发展的客观需要增减货币供应量。

（3）弹性发行原则，是指货币发行应具有一定的伸缩性和灵活性，以适应经济状况变化的需要，既要避免通货不足而导致通货紧缩、经济衰退，也要避免通货过多造成通货膨胀、经济过热。

2）货币发行准备制度

货币发行准备制度是指中央银行以某种或某几种形式的资产作为货币发行准备，从而使货币发行量与这种或这几种资产之间建立起联系和制约关系。在早期的金属货币制度下，以法律所规定的贵金属金或银作为货币发行准备。在现代的不兑现信用货币制度下，货币发行准备已经与贵金属脱钩，有的国家以现金、外汇资产做准备，有的国家以政府有价证券或合格的商业票据做准备，还有的国家以一定物资做准备。

3）货币的发行与回笼

各国根据本国货币流通的收支规律和对货币流通量宏观控制的需要，以本国货币发行机制为基础，制定本国的货币发行与回笼的法律程序和操作程序，确保货币发行和回笼的安全、严密，以充分配合宏观货币政策的执行。

我国人民币的发行与回笼是通过中国人民银行发行库和金融机构业务库进行的，其程序如图 6-1 所示。人民币从中国人民银行发行库流入到金融机构的业务库，人民币进入流通领域，实现货币的发行；反之，人民币回流到发行库，则人民币退出流通，实现货币的回笼。

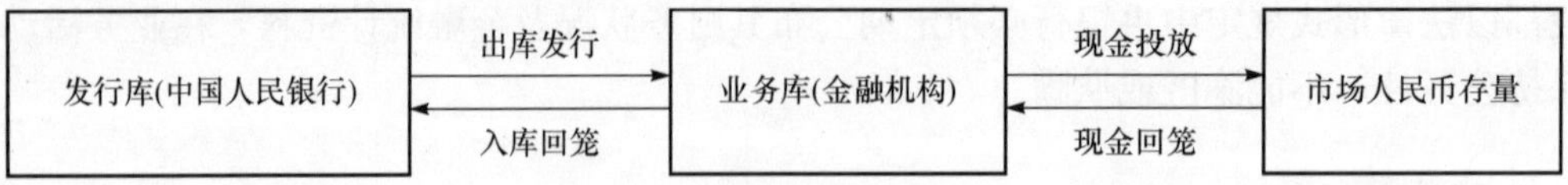

图 6-1　人民币发行及回笼程序

2. 存款业务

1）中央银行存款业务的意义

中央银行存款业务的意义体现在以下几点：①中央银行集中保管商业银行等金融机构的存款准备金，以在其清偿能力不足时进行贷款支持，充当最后贷款人，同时也有利于中央银行监督其业务经营和资金运用状况；②中央银行可以通过法定存款准备金比率的调整来影响全社会的信用规模和货币供应量；③中央银行作为全国的支付清算中心，可以利用其所吸收的存款实现商业银行等金融机构之间债权债务的顺利清偿、加速社会资金周转。

2) 中央银行存款业务的特点

中央银行存款业务的特点有以下几点：①存款对象具有特殊性。中央银行吸收存款的对象为商业银行、政府部门、非银行金融机构以及特定部门，不直接面对个人和企业。②存款具有一定的强制性。世界上多数国家的法律都强制要求商业银行按一定比例上交存款准备金存款给中央银行。③存款业务具有非营利性。中央银行的存款业务不以营利为目的，其吸收存款的目的是执行中央银行的职能，进行宏观金融调控和管理。

3) 中央银行存款业务的种类

(1) 准备金存款。准备金存款是商业银行等金融机构按照吸收存款的一定比例存放于中央银行的存款，包括法定准备金存款和超额准备金存款。

(2) 政府存款。政府存款主要是指中央政府存款，一般包括国库持有的货币、活期存款、定期存款以及外币存款。有的国家还包括各级地方政府存款、政府部门存款、国家财政拨款的行政事业单位的存款。

(3) 外国存款。一些外国政府或外国中央银行为了国家之间贸易、债务清算支付的需要，将其资金存放于本国中央银行。

(4) 其他存款。其他存款业务包括非银行金融机构存款、特定机构存款、特种存款等。

3. 其他负债业务

中央银行的其他负债业务主要有发行中央银行债券和对外负债。

中央银行通过向国内金融机构发行债券及买卖债券，能够影响商业银行等金融机构的准备金，灵活调节货币供应量。当中央银行发行债券时，商业银行等金融机构的超额准备金减少，货币供应量相应减少，但中央银行购回已发行债券时，商业银行等金融机构的超额准备金增加，货币供应量相应增加。有些国家，由于金融市场不发达，可供进行公开市场操作的工具少，因而更多的利用中央银行债券作为操作工具。

中央银行对外负债主要包括从国外银行借款、对国外发行债券、从国际金融机构借款、从国外中央银行借款等。中央银行对外负债的主要目的是平衡国际收支及维持汇率稳定。

6.3.3 中央银行的资产业务

中央银行的资产是指在一定时点上中央银行所拥有的各种债券。中央银行的资产业务包括再贴现和贷款业务、证券买卖业务、国际储备业务等。

1. 再贴现和贷款业务

再贴现和贷款业务既是中央银行对商业银行等金融机构提供融资、作为最后贷款人职能的主要方式，也是中央银行投放基础货币、调控全社会货币供应量的重要渠道。

1) 再贴现业务

再贴现是指商业银行为弥补营运资金的不足，将由贴现取得的商业银行票据提交中央银行，请求中央银行以一定的贴现率对商业票据进行二次买进的经济行为。中央银行通过调整再贴现率提高或者降低再贴现额度，可以实现调节信用规模的目的。

2) 贷款业务

中央银行贷款业务的对象主要是商业银行和国家财政，在特殊情况下，也对一些非银行金融机构发放小额贷款，不直接对工商企业和个人发放贷款。对商业银行的贷款，需要审查商业银行的贷款数额、期限和用途，确定利率，且通常为短期，并以政府债券和商业票据为担保。对财政的贷款有一类与商业银行贷款相同，即正常贷款，还有一类是财政透支，以及财政性国库券和国债的证券投资。对国家财政的贷款以短期贷款为主，不以赢利为目的，并且严格控制贷款数额。

2. 证券买卖业务

中央银行买卖证券一般是在公开市场上进行的，所以中央银行买卖证券的业务又称公开市场操作。中央银行在公开市场上买卖的证券主要是政府债券、国库券以及其他市场性非常高的有价证券。中央银行公开市场操作的目的在于：一是调控货币供应量。当中央银行在公开市场上买入证券，银行体系的超额准备金增加，刺激银行增加贷款，从而会扩大货币供给量。反之，当中央银行在公开市场上卖出证券，会紧缩货币供给量。二是调控利率。中央银行购买证券会使证券价格上涨，利率下降。反之，中央银行出售证券会使证券价格下跌，利率上升。中央银行公开市场操作具有较强的主动性、灵活性和可逆性，且可进行连续性和经常性的操作，因而成为最受推崇的货币政策工具。

3. 国际储备业务

中央银行保管经营国际储备业务，促进币值稳定、汇率稳定，有利于平衡国际收支。国际储备包括黄金、外汇、在国际货币基金组织（IMF）的储备头寸以及未动用的特别提款权。金银外汇储备的特点：黄金的安全性强，兑换性和营利性不及外汇，保管成本也很高；而外汇的持有风险较高，所以需要确定一个适当的比例。

6.3.4 中央银行的支付清算服务

中央银行的支付清算是指中央银行作为一国支付清算体系的参与者和管理者，通过一定方式和途径，使金融机构间的债权债务的清偿以及资金转移能够顺利完成，并维护支付系统的平稳运行，从而保证经济活动和社会生活的正常进行。中央银行提供支付清算服务是履行其“银行的银行”职能的重要表现之一。

1. 中央银行支付清算体系

中央银行的支付清算体系是中央银行向金融机构及社会经济活动提供资金清算服务的综合安排。

1）清算机构

清算机构是为金融机构提供清算服务的中介组织。在不同国家，清算机构有不同的名称，如票据交换所、清算中心、清算协会等。清算机构既有私营的，也有政府组建的；既有地方性的，也有全国乃至国际性的。清算机构一般实行会员制，会员必须遵守组织章程和操作规则，并缴纳会员费。在很多国家，中央银行是清算机构的主要成员，直接参与清算支付活动。在另一些国家，中央银行不直接加入清算机构，但对其施行监督和审计。

2）支付系统

支付系统，又称为清算系统，是由提供支付清算服务的中介机构和实现支付指令传送及资金清算的专业技术手段共同组成，用以实现债权债务清偿及资金转移的一种金融安排。支付系统的任务是快速、有序、安全的实现债权债务的清偿及资金的转移。

3）支付结算制度

支付结算制度是关于结算活动的规章政策、操作程序、实施范围等的规定和安排。中央银行有责任根据经济金融发展状况，会同相关部门制定支付结算制度。中央银行有结算监督职权，应该根据需要对支付结算制度进行变革。

4）同业间清算制度和操作规则

同业间清算，又称为行业间清算、联行清算，是指金融机构之间为实现客户委托办理业务和自身需要所进行的债权债务清偿和资金划转。同业间清算制度是指为实现金融机构间的清算而制定的规则、程序与清算安排。由于同业间清算金额巨大，故在一国支付清算体系中占有重要地位。各国政府对同业间清算的制度设计、系统设计、操作规则等予以高度重视，并赋予中央银行管理监督同业间清算的职权。

2. 中央银行支付清算服务的主要内容

1）组织票据交换清算

票据交换是最基本的行业间清算手段。当各银行收到客户提交的票据后，需要通过票据交换，将代收的票据交给付款行，并取回其他银行代收的己方为付款行的票据，彼此间进行债权债务清偿和资金清算。有些国家的票据交换由中央银行组织管理，有些国家则由私营清算所进行，但资金清算一般都通过中央银行或清算机构在中央银行开立的账户来完成。

2）办理异地跨行清算

不同区域、不同银行之间的资金清算往往由中央银行办理。通过中央银行的清算服务，跨行跨区域款项得以清算完成，减少了资源消耗，提高了支付效率。但各国关于异地资金划拨的具体做法不一样：一种是先由各金融机构系统内部划转，再由其总行通过中央银行办理转账清算；另一种做法是把异地票据集中到中央银行办理轧差转账。

3）为私营清算机构提供差额清算服务

在很多国家，存在着各种形式的私营清算组织，它们拥有支付网络系统，为经济交易和消费活动提供不同形式的支付清算服务，成为一国支付清算体系的重要组成部分。为了实现清算机构参加者之间的差额头寸清算，很多清算机构多利用中央银行提供的差额清算服务，即通过中央银行对相关清算活动参与者的账户进行差额头寸的转移划拨完成清算。

4）提供证券和金融衍生工具交易清算服务

由于证券交易金额大，不确定因素多，尤其关系到中央银行公开市场操作的效果，所以在一些国家，为证券和金融衍生工具交易专门设立支付系统提供清算服务。

5）提供跨国支付服务

随着国际经济交往的逐渐深入，国际的资金转移和债权债务清偿问题越来越重要。中央银行除了为本国经济金融活动提供支付清算服务外，在国家的对外支付结算和跨国支付系统的网络建设中也发挥着十分重要的作用。

【本章小结】

中央银行产生于商品经济快速发展、商业银行普遍设立以及社会经济活动中的货币信用关系越来越广泛的背景下，其产生的客观原因是统一发行银行券的需要、集中票据交换和清算的需要、充当商业银行最后支持者的需要、对银行业监督管理的需要和政府融资的需要。从 1656 年瑞典银行成立到 1913 年美国联邦储备体系创建，中央银行经历了 257 年的初创时期。此后，中央银行发展史上又经历了1921～1942年和1945～1971年的两次创建高峰。

世界各国中央银行制度有多种类型：实行单一型中央银行制度的有英国、法国和日本等国中央银行的一元式以及美国联邦储备体系的二元式；实行复合中央银行制度的如前苏联和以前多数东欧国家，中国在1983年前也实行这种制度；实行准中央银行制度的有新加坡、马尔代夫、斐济、沙特阿拉伯、阿拉伯联合酋长国、塞舌尔等国家和中国香港地区；实行跨国中央银行制度如西非国家中央银行和欧洲中央银行。就中央银行的资本类型来看，有的资本全部为国家所有，有的资本部分为国家所有，有的资本全部为民间所有，有的无资本金，还有的资本为多国共有。

发行的银行、银行的银行、政府的银行是中央银行的基本职能。发行的银行是指中央银行垄断货币发行权，中央银行是一国唯一的货币发行机构。银行的银行主要体现在集中商业银行的存款准备、充当最后贷款人以及成为资金清算中心等方面。政府的银行体现在代理国库、向政府融资、保管国际储备以及代表政府参与国际金融活动等方面。

中央银行活动的一般原则包括非营利性、流动性、公开性和合法性。中央银行的负债业务包括货币发行业务、存款业务、发行中央银行债券、对外负债和资本业务。中央银行的资产业务包括再贴现和贷款业务、证券买卖业务和国际储备业务。中央银行提供支付清算服务是履行其银行的银行职能的重要表现之一。

【关键术语】

中央银行　发行的银行　银行的银行　政府的银行

【复习思考题】

1. 中央银行制度的发展有哪几个主要阶段？
2. 中央银行制度主要有什么类型？
3. 中央银行的性质和基本职能是什么？
4. 中央银行资产业务与其货币政策操作有何联系？

专栏6-1

美国联邦储备体系的发展历程

就全世界所有中央银行的情况而论，美国联邦储备体系的发展也许是最不寻常的。

20世纪以前，美国政治的一个主要特征是对中央集权的恐惧，使美国人对建立中央银行抱有敌意。此外，传统的美国人对于金融业一向持怀疑态度，而中央银行又正是金融业的最突出代表，美国公众对中央银行的公开敌视使得早先旨在建立一个中央银行以管辖银行体系的尝试先后两次归于失败。1791年，美国建立第一国民银行，资本金1000万美元，其中20%由政府出资，营业期限为20年，并开设了8家分行，主要业务内容是发行货币、接受政府存款和向政府机构提供贷款以及办理票据贴现和接受私人存款；同时，通过拒收过度发行银行券的州立银行券或要求发行银行兑换黄金，达到管理州立银行、整顿货币发行纪律的目的，引起州立银行和反对加强联邦权力的农业州的普遍不满和反对，认为银行代表的是大城市有钱人的利益。

1811年，美国第一国民银行的经营许可期满，美国国会以一票之差否决了第一国民银行的展期申请，第一国民银行被迫解散。从此，州立银行承担发行货币和代理国库的业务，州立银行的数量迅速增加。1812年，美国宣布与英国开战，各州银行给财政提供贷款，货币泛滥，金融秩序大乱。鉴于此，1816年，国会给美国第二国民银行颁发了经营许可证。该银行的资本金为3500万美元，其中联邦政府拥有20%的资本金，其他内容与第一国民银行基本相同。但是，由于主张建立强大中央银行的支持者（联邦制拥护者）和主张进一步分权的反集权主义者（反联邦制者）之间的摩擦始终不断，因此，1836年，安德鲁·杰克逊总统又否决了美国第二国民银行要求延长经营期限许可证的请求。

1836年，美国第二国民银行停业后，由于不再有能够向银行体系提供准备金并使之避免银行业恐慌的最后贷款人，1837年、1857年、1873年、1884年、1893年和1907年，先后爆发银行恐慌。特别是1907年银行恐慌所造成的如此广泛的银行倒闭和存款人的大量损失终于使美国公众相信需要有一个中央银行来防止悲剧重演。但是，美国公众一方面担心华尔街的金融业（包括最大的公司和银行）可能操纵这样的一个机构从而能对整个经济加以控制；另一方面，也担心联邦政府利用中央银行过多干预私人银行的事务。于是，国会便把一套精心设计的带有制约和平衡特点的制度写入了1913年的联邦储备法，从而创立了拥有12家地区联邦储备银行的美国联邦储备体系。

1908年5月，国会建立了国家货币委员会，用以专门调查研究各国银行制度，1912年决定建立兼顾各州利益、又能满足银行业集中管理需要的联邦储备制度。1913年12月23日，国会通过了《联邦储备条例》，这是银行制度史上划时代的创举，为中央管理和地方管理、自愿参加和强迫参加、政府所有和私人所有、政府管理和私人管理的相互平衡和折中提供了成功的范例。联邦储备法创立了中央银行——银行的银行，其目标单一，仅为了在出现突发事件时可以给商业银行贷款，提供必要资金来避免由于无力偿还储户存款而最终导致银行破产。

1913年的立法进一步赋予美联储提供“弹性货币”的职能，也就是现在常说的“最后贷款人”。随着时间的推移，美联储的职能不断扩大。大萧条期间，有接近8000家银行在1930～1933年倒闭，显而易见，那时美联储有限的活动范围和权力不足以应对危机。于是，在1933年和1935年的银行改革法案中，国会为美联储提供了它所需要的许多其他的政策工具和规章。

联邦储备体系的正式结构由12家地区联邦储备银行、约4000家成员商业银行、联邦储备体系理事会、联邦公开市场委员会和联邦咨询委员会所组成。联邦储备系统的最高机构是设在首都华盛顿的联邦储备理事会（有时称为“联邦储备委员会”）。它的7名理事由美国总统征求参议院的意见和同意后任命，除非遇到“诉讼”，他们才能被罢免，但到目前为止尚未发生过这类事情。理事会的任期为14年，任期满后不得连任，这是为了避免他们邀宠于总统或受胁于总统。每周一早上，联储的7名委员都将在位于华盛顿的联储大楼办公室里开会，听取高级职员对国内和国际经济形势的汇报，准备这些报告的高级职员都是经过职业训练的经济学家。

联邦储备理事会制定货币政策，控制贴现率，并可以在规定范围内改变银行的法定准备金率。它和联邦公开市场委员会的其他成员一起控制了最重要的货币政策工具——公开市场买卖业务。

作为中央银行的一种形式，美国联邦储备体系的建立在发达资本主义国家中是比较晚的。美国联邦储备体系的建立标志着中央银行制度在世界范围的基本确立。

资料来源：范方志．美国联邦储备体系的发展与演变．中国社会科学院金融研究所博士后流动站

专栏 6-2

中国人民银行的发展历程

中国人民银行的历史，可以追溯到第二次国内革命战争时期。1931 年 11 月 7 日，在江西瑞金召开的“全国苏维埃第一次代表大会”上，通过决议成立“中共苏维埃共和国国家银行”(简称苏维埃国家银行)，并发行货币。从土地革命到抗日战争时期一直到中华人民共和国诞生前夕，人民政权被分割成彼此不能联结的区域。各根据地建立了相对独立、分散管理的根据地银行，并各自发行在本根据地内流通的货币。1948 年 12 月 1 日，以华北银行为基础，合并北海银行、西北农民银行，在河北省石家庄市组建了中国人民银行，并发行人民币，成为中华人民共和国成立后的中央银行和法定本位币。

中国人民银行成立至今的 60 多年，特别是改革开放以来，在体制、职能、地位、作用等方面，都发生了巨大而深刻的变革。

1. 中国人民银行的创建与国家银行体系的建立（1948～1952 年）

1948 年 12 月 1 日，中国人民银行在河北省石家庄市宣布成立。华北人民政府当天发出布告，由中国人民银行发行的人民币在华北、华东、西北三区的统一流通，所有公私款项收付及一切交易，均以人民币为本位货币。1949 年 2 月，中国人民银行由石家庄市迁入北平。1949 年 9 月，中国人民政治协商会议通过《中华人民共和国中央人民政府组织法》，把中国人民银行纳入政务院的直属单位系列，接受财政经济委员会指导，与财政部保持密切联系，赋予其国家银行职能，承担发行国家货币、经理国家金库、管理国家金融、稳定金融市场、支持经济恢复和国家重建的任务。

在国民经济恢复时期，中国人民银行在中央人民政府的统一领导下，着手建立统一的国家银行体系：一是建立独立统一的货币体系，使人民币成为境内流通的本位币，与各经济部门协同治理通货膨胀；二是迅速建立分支机构，形成国家银行体系，接管官僚资本银行，整顿私营金融业；三是实行金融管理，疏导游资，打击金银外币黑市，取消在华外商银行的特权，禁止外国货币流通，统一管理外汇；四是开展存款、放款、汇兑和外汇业务，促进城乡物资交流，为迎接经济建设做准备。到 1952 年国民经济恢复时期终结时，中国人民银行作为人民共和国的国家银行，建立了全国垂直领导的组织机构体系；统一了人民币发行，逐步收兑了解放区发行的货币，全部清除并限期兑换了国民党政府发行的货币，很快使人民币成为全国统一的货币；对各类金融机构实行了统一管理。中国人民银行充分运用货币发行和货币政策，实行现金管理，开展“收存款、建金库、灵活调拨”，运用折实储蓄和存、放款利率等手段调控市场货币供求，扭转了新中国成立初期金融市场混乱的状况，终于制止了国民党政府遗留下来的长达 20 年之久的恶性通货膨胀。同时，按照“公私兼顾、劳资两利、城乡互助、内外交流”的政策，配合工商业的调整，灵活调度资金，支持了国营经济的快速成长，适度增加了对私营经济和个体经济的贷款；便利了城乡物资交流，为人民币币值的稳定和国民经济的恢复与发展做出了重大贡献。

2. 计划经济体制时期的国家银行（1953～1978 年）

在统一的计划体制中，自上而下的人民银行体制，成为国家吸收、动员、集中和分配信贷资金的基本手段。随着社会主义改造的加快，私营金融业纳入了公私合营银行轨道，形成了集中统一的金融体制，中国人民银行作为国家金融管理和货币发行的机构，既是管理金融的国家机关又是全面经营银行业务的国家银行。

与高度集中的银行体制相适应，从1953年开始建立了集中统一的综合信贷计划管理体制，即全国的信贷资金，不论是资金来源还是资金运用，都由中国人民银行总行统一掌握，实行“统存统贷”的管理办法，将银行信贷计划纳入国家经济计划，成为国家管理经济的重要手段。高度集中的国家银行体制，为大规模的经济建设进行全面的金融监督和服务。

中国人民银行担负着组织和调节货币流通的职能，统一经营各项信贷业务，在国家计划实施中具有综合反映和货币监督功能。银行对国有企业提供超定额流动资金贷款、季节性贷款和少量的大修理贷款，对城乡集体经济、个体经济和私营经济提供部分生产流动资金贷款，对贫困农民提供生产贷款、口粮贷款和其他生活贷款。这种长期资金归财政、短期资金归银行，无偿资金归财政、有偿资金归银行，定额资金归财政、超定额资金归银行的体制，一直延续到1978年，期间虽有几次变动，基本格局变化不大。

3. 从国家银行过渡到中央银行体制（1979～1992年）

1979年1月，为了加强对农村经济的扶植，恢复了中国农业银行。同年3月，适应对外开放和国际金融业务发展的新形势，改革了中国银行的体制，中国银行成为国家指定的外汇专业银行，同时设立了国家外汇管理局。以后，又恢复了国内保险业务，重新建立中国人民保险公司，各地还相继组建了信托投资公司和城市信用合作社，出现了金融机构多元化和金融业务多样化的局面。

日益发展的经济和金融机构的增加，迫切需要加强金融业的统一管理和综合协调，由中国人民银行来专门承担中央银行职责，成为完善金融体制、更好地发展金融业的紧迫议题。1982年7月，国务院批转中国人民银行的报告，进一步强调“中国人民银行是我国的中央银行，是国务院领导下统一管理全国金融的国家机关”，以此为起点开始了组建专门的中央银行体制的准备工作。

1983年9月17日，国务院作出决定，由中国人民银行专门行使中央银行的职能，并具体规定了人民银行的10项职责。从1984年1月1日起，中国人民银行开始专门行使中央银行的职能，集中力量研究和实施全国金融的宏观决策，加强信贷总量的控制和金融机构的资金调节，以保持货币稳定；同时新设中国工商银行，人民银行过去承担的工商信贷和储蓄业务由中国工商银行专业经营；人民银行分支行的业务实行垂直领导；设立中国人民银行理事会，作为协调决策机构；建立存款准备金制度和中央银行对专业银行的贷款制度，初步确定了中央银行制度的基本框架。

人民银行在专门行使中央银行职能的初期，随着全国经济体制改革深化和经济高速发展，为适应多种金融机构，多种融资渠道和多种信用工具不断涌现的需要，中国人民银行不断改革机制，搞活金融，发展金融市场，促进金融制度创新。中国人民银行努力探索和改进宏观调控的手段和方式，在改进计划调控手段的基础上，逐步运用利率、存款准备金率、中央银行贷款等手段来控制信贷和货币的供给，以求达到“宏观管住、微观搞活、稳中求活”的效果，在制止“信贷膨胀”、“经济过热”、促进经济结构调整的过程中，初步培育了运用货币政策调节经济的能力。

4. 逐步强化和完善现代中央银行制度（1993至现在）

1993年，按照国务院《关于金融体制改革的决定》，中国人民银行进一步强化金融调控、金融监管和金融服务职责，划转政策性业务和商业银行业务。

1995 年 3 月 18 日，全国人民代表大会通过《中华人民共和国中国人民银行法》，首次以国家立法形式确立了中国人民银行作为中央银行的地位，标志着中央银行体制走向了法制化、规范化的轨道，是中央银行制度建设的重要里程碑。

1998 年，按照中央金融工作会议的部署，改革人民银行管理体制，撤销省级分行，设立跨省区分行，同时，成立人民银行系统党委，对党的关系实行垂直领导，干部垂直管理。

2003 年，按照党的十六届二中全会审议通过的《关于深化行政管理体制和机构改革的意见》和十届人大一次会议批准的国务院机构改革方案，将中国人民银行对银行、金融资产管理公司、信托投资公司及其他存款类金融机构的监管职能分离出来，并和中央金融工作委员会的相关职能进行整合，成立中国银行业监督管理委员会。同年 9 月，中央机构编制委员会正式批准人民银行的“三定”调整意见。2003 年 12 月 27 日，十届全国人民代表大会常务委员会第六次会议审议通过了《中华人民共和国中国人民银行法（修正案）》。

有关金融监管职责调整后，人民银行新的职能正式表述为“制定和执行货币政策、维护金融稳定、提供金融服务”。同时，明确界定：“中国人民银行为国务院组成部门，是中华人民共和国的中央银行，是在国务院领导下制定和执行货币政策、维护金融稳定、提供金融服务的宏观调控部门。”这种职能的变化集中表现为“一个强化、一个转换和两个增加”。

“一个强化”，即强化与制定和执行货币政策有关的职能。人民银行要大力提高制定和执行货币政策的水平，灵活运用利率、汇率等各种货币政策工具实施宏观调控；加强对货币市场规则的研究和制定，加强对货币市场、外汇市场、黄金市场等金融市场的监督与监测，密切关注货币市场与房地产市场、证券市场、保险市场之间的关联渠道、有关政策和风险控制措施，疏通货币政策传导机制。

“一个转换”，即转换实施对金融业宏观调控和防范与化解系统性金融风险的方式。由过去主要是通过对金融机构的设立审批、业务审批、高级管理人员任职资格审查和监管指导等直接调控方式，转变为对金融业的整体风险、金融控股公司以及交叉性金融工具的风险进行监测和评估，防范和化解系统性金融风险，维护国家经济安全；转变为综合研究制定金融业的有关改革发展规划和对外开放战略，按照我国加入 WTO 的承诺，促进银行、证券、保险三大行业的协调发展和开放，提高我国金融业的国际竞争力，维护国家利益；转变为加强与外汇管理相配套的政策的研究与制定工作，防范国际资本流动的冲击。

“两个增加”，即增加反洗钱和管理信贷征信业两项职能。今后将由人民银行组织协调全国的反洗钱工作，指导、部署金融业反洗钱工作，承担反洗钱的资金监测职责，并参与有关的国际反洗钱合作。由人民银行管理信贷征信业，推动社会信用体系建设。

这些新的变化，进一步强化了人民银行作为我国的中央银行在实施金融宏观调控、保持币值稳定、促进经济可持续增长和防范化解系统性金融风险中的重要作用。随着社会主义市场经济体制的不断完善，中国人民银行作为中央银行在宏观调控体系中的作用将更加突出。面对更加艰巨的任务和更加重大的责任，中央银行在履行新的职责过程中，视野要更广，思路要更宽，立足点要更高。特别是要大力强化与制定和执行货币政策有关的职能，不仅要加强对货币市场、外汇市场、黄金市场等金融市场的规范、监督与监测，还要从金融市场体系有机关联的角度，密切关注其他各类金融市场的运行情况和风险状况，综合、灵活运用利率、汇率等各种货币政策工具实施金融宏观调控。要从维护国家经济金融安全，实现和维护国家利益的高度，研究、规划关系到我国整个金融业改革、发展、稳定方面的重大战略问题。目前，我国经济市场化程度越来越高、货币政策决策面临的环境日趋复杂，金融业长期积累的金融风险仍然较重，改革与重组任务十分艰巨。在此情况下，中央银行要更善于准确把握影响经济金融发展全局的因素，注意研究新情况、开发新工具、探索新方法、解决新问题，并创造性地开展工作，努力做到识大局、讲宏观、懂技术、胆识兼备，充分发挥中央银行在宏观调控中的突出作用。

资料来源：上海财经大学《货币银行学》教学网

专栏 6-3

欧洲中央银行

1992年，欧盟首脑会议在荷兰马斯特里赫特签署了《欧洲联盟条约》（亦称《马斯特里赫特条约》），决定自1999年1月1日开始实行单一货币欧元和在实行欧元的国家实施统一货币政策，从2002年1月1日起，欧元纸币和硬币正式流通。由于英国、瑞典和丹麦决定暂不加入欧元区，目前，使用欧元的国家为德国、法国、意大利、荷兰、比利时、卢森堡、爱尔兰、希腊、西班牙、葡萄牙、奥地利、芬兰、斯洛文尼亚、塞浦路斯、马耳他、斯洛伐克（于2009年1月1日加入欧元区）、爱沙尼亚（2011年1月1日加入欧元区）17国，也称为欧元区。欧洲中央银行作为超国家货币政策执行机构，其组织框架、职责和运作机制一直是人们十分关心和讨论的重要问题。

1. 欧洲中央银行的组织框架

欧元区的货币政策通过欧洲中央银行体系予以实施。欧洲中央银行体系由欧洲中央银行和欧盟所有成员国包括尚未加入欧元区的成员国中央银行组成。在欧元区内，欧洲中央银行是最高货币权力机构，其总部设在德国的法兰克福。各成员国中央银行是欧洲中央银行不可分割的组成部分，负责执行欧元区货币政策的日常工作，但欧洲中央银行体系的所有活动必须接受欧洲中央银行决策机构的监督和管理。《马斯特里赫特条约》对欧洲中央银行决策机构的设置做出了明确的规定。欧洲中央银行行长理事会和执行董事会是欧洲中央银行的两个主要决策机构。行长理事会负责制定欧元区的货币政策和实施货币政策的指导纲要，其主要职责是确定欧元区的货币政策目标、主要利率水平和中央银行体系准备金数量等。目前，行长理事会由执行董事会成员和欧元区成员国中央银行行长组成，每个成员拥有一份表决权，采用简单多数表决法决定要实施的货币政策，欧洲中央银行行长担任行长理事会主席，并且拥有在表决中出现赞成票和反对票相等时做出最后裁决的权力。执行董事会主要负责货币政策的实施。执行董事会由欧洲中央银行行长和其他5位成员组成，任期8年，期满后不得继续连任。由于不是所有的欧盟成员国都在1999年1月1日参加欧元区，因此，欧洲中央银行还设立了由欧洲中央银行行长理事会和尚未参加欧元区的中央银行行长组成的第三个决策机构，即总务理事会，负责协调欧盟内欧元区和非欧元区的货币政策。

欧盟东扩到27国后，现行的一国一票制将使欧洲中央银行行长理事会变得十分庞大，难以进行迅速有效的决策，为此，欧洲中央银行将采用“三速”投票模式，按照成员国的经济总量和人口分配投票权，五大国德国、法国、英国、意大利和西班牙为4票，也就是说每5年有一国没有投票权；14个中等国家如比利时、奥地利、瑞典、芬兰、波兰等共8票，即14国中每年8个国家有投票权；8个小国如塞浦路斯、爱沙尼亚、立陶宛、卢森堡等为3票，即每年3个国家有投票权。执行董事会的6名成员有永久投票权。

2. 欧洲中央银行的主要职责

保持价格稳定和维护中央银行的独立性是欧洲中央银行的两个主要原则。根据《马斯特里赫特条约》的规定，欧洲中央银行的首要目标是“保持价格稳定”，与德国规定的德国中央银行的首要任务“捍卫货币”如出一辙。虽然欧洲中央银行有义务支持欧元区如经济增长、就业和社会保障等的其他经济政策，但前提是不影响价格稳定的总目标。

与其他国家的中央银行相比，欧洲中央银行是一个崭新的机构。为了增强欧洲中央银行的信誉，《马斯特里赫特条约》从立法和财政上明确规定了欧洲中央银行是一个独立的机构，欧洲中央银行在指定或更换行长理事会成员以及制定和执行货币政策时，不得接受任何机构的指示和意见，在更换欧洲中央银行行长和理事会成员时，必须得到所有成员国政府和议会的一致同意。同样的，《马斯特里赫特条约》也规定任何政府和机构有义务尊重欧洲中央银行的独立性，不得干预欧洲中央银行货币政策的制定和实施。在财政上，欧洲中央银行对成员国的财政赤字和公共债务实行“不担保条款”。

《马斯特里赫特条约》规定，欧洲中央银行有责任对其实行的货币政策进行说明。欧洲中央银行每周发表综合财务报告，每月发布中央银行体系活动报告。有关中央银行体系的活动和货币政策年度报告必须提交欧洲议会、欧盟理事会和欧盟委员会。欧洲中央银行执行董事会成员要求出席欧洲议会有关委员会的听证会。欧盟理事会主席和欧盟委员会的成员可以参加欧洲中央银行行长理事会会议，但没有表决权。欧盟理事会主席可以在欧洲中央银行行长理事会上提出动议，供欧洲中央银行行长理事会审议。

资料来源：圣才学习网．货币银行学案例．2009

第7章 金融市场

【教学目标】

通过本章的学习，掌握金融市场的概念、金融市场的基本要素、金融市场的运行流程、金融市场的功能和金融市场的类型。重点掌握货币市场和资本市场的基本框架，熟练掌握各种金融工具的概念、特点。了解证券市场的构成、组织和交易程序。掌握金融衍生工具的概念，了解期货、期权交易的交易知识。

【教学要求】

知识要点	能力要求	相关知识
金融市场的含义	能够掌握金融市场的概念、构成要素和主要功能 能够熟练掌握金融市场的分类 了解金融市场的发展情况	金融市场的含义，金融市场的要素构成，金融市场的不同分类，金融产品发行市场和金融产品流通市场，金融市场发展
货币市场	能够掌握货币市场的含义 能够重点掌握货币市场的子市场构成 了解货币市场子市场交易原理	货币市场的含义 同业拆借市场、回购协议市场、商业票据市场、大额可转让定期存单市场和国库券市场 货币市场产品交易原理
资本市场	能够掌握资本市场产品的含义和特点 了解证券发行方式、发行条件、交易方式和上市流程 能够掌握各种证券交易原理和机制	资本市场的含义 股票市场、债券市场和投资基金市场 资本市场一级市场交易流程 资本市场二级市场交易原理
金融衍生品市场	能够掌握金融远期、金融期货、金融期权和金融互换的含义和交易原理 能够了解四大金融衍生产品的区别	金融远期、金融期货、金融期权和金融互换的含义 金融远期、金融期货、金融期权和金融互换的交易管理 金融衍生产品的区别

【导入案例】

“黑色星期一”

1929年10月28日，这个不祥的日子在美国以及世界金融史上一直被人们牢记。在这一天，纽约证券市场股票价格猛跌，正式揭开了美国金融危机和世界经济危机的序幕。1929年10月28日，星期一，纽约股票交易所的全部股票平均下降50点。这一跌就一发不可收拾。这就是历史上著名的“黑色星期一”。高峰在10月29日到来。星期二早晨10点钟，证券交易所大厅的大锣刚刚响过不久，剧烈的抛售就突然发生。大量股票涌到市场，不计价格地在抛售，股票做市商被争先抛售股票的经纪人团团围住，全然没有人考虑买进，交易所的情况十分混乱。开盘后半小时内，交易量就在300万股以上，下午1点30分，超过1200万股，当这天收市的大锣敲响后，股市创造了1641万股成交的历史最高纪录。根据《纽约时报》的统计，50种主要股票的平均价格几乎下降了40％。

股票市场的大崩溃一直持续到1933年初。根据道·琼斯指数的统计，从1929年10月至1933年1月，30种工业股票的平均价格从每股365美元下降到63美元；20种公用事业股票的平均价格从142美元下降到28美元；20种铁路股票的平均价格从180美元下降到28美元。到1933年7月，美国股票市场上的股票价值只相当于1929年9月的1/6。

1929年美国证券市场的崩溃拉开了美国金融危机的帷幕，危机迅速蔓延，导致全球股市暴跌，从而引起借贷市场的混乱。1931年5月，奥地利信贷银行破产成为触发各国银行信用危机的导火线，而信用危机加剧了世界经济危机的程度，首当其冲的是德国。当时德国本身存在严重的国际收支危机，奥地利信贷银行宣布破产后，美、英等西方国家担心资金安全，纷纷从德国提取短期资金。由于外资大量抽走，从5月到7月，德国黄金储备减少42％。德国四大银行中有两家随即破产，同年9月宣布停止支付外债，禁止黄金自由输出。德国中止对外支付后，英国在德国的资金不能够调回，加之大量资金从英国抽走，同年9月底，英国宣布停止黄金支付，停止纸币兑换，放弃金本位，英镑贬值31％。由于英国放弃金本位，与此同时，许多国家的银行大批破产倒闭。1931～1932年，美国银行倒闭达5096家。1933年春，美国又爆发了信用危机的新浪潮，存款大量提取，银行资金周转不灵，发生挤兑风潮，又有4000家银行倒闭，引起资金外逃，联邦储备银行黄金储备锐减，于是美国不得不放弃金本位，美元贬值。其他国家的货币也纷纷贬值，截至1936年年底，欧、美、亚、非、拉几大洲就有44个国家货币先后贬值，几乎没有一个国家得以幸免。截至1933年年底，全世界有25个国家停止偿付国债，这也是世界经济史上绝无仅有的现象。

这场金融危机迅速波及其他经济领域，发展成一次空前的经济危机，危机给美国经济极其沉重的打击。1929年，美国的工业生产下降了46％。危机遍及工业各部门，工业生产连续下降3年之久。危机期间美国13万家企业倒闭，失业人数在1933年达到1283万人，占美国劳动力总数的1/4。与此同时，工人的实际工资下降约1/4。对外贸易和资本输出也受到严重打击。危机期间进出口总值减少70％。资本输出一落千丈，1928年美国发行的外国有价证券是13亿美元，1931年下降到2.5亿美元，1933年仅160万美元，资本输出几乎停止。

这场经济危机迅速地、无一例外地席卷了资本主义世界的所有国家，成为一次规模空前的世界性经济危机。危机使整个资本主义世界工业生产下降了40％，退回到比1913年还低10％的水平。

资料来源：吴慧琴．2000. 国际经济与金融案例评析．广东经济出版社

随着经济一体化、全球化和国际化，金融市场在整个经济体系中发挥着越来越重要的作用。对于金融市场的学习，应先从宏观入手，再详细学习微观的子市场。本章的学习内容就是金融市场概述、货币市场、资本市场和金融衍生产品市场。

7.1　金融市场概述

7.1.1　金融市场的概念和构成要素

金融市场是指金融商品交易的场所和领域（交换关系的总和）。由于科技在金融交易中广泛运用，资金融通日趋无形化。因此，金融市场应该定义为多种金融商品交易活动的组织系统或营运网络。金融市场给予较准确的定义是交易金融资产并确定金融资产价格的一种机制。金融市场有广义和狭义之分。广义的金融市场是指一切从事的资金融通市场，包括货币的借贷、票据的承兑与贴现、有价证券的买卖、黄金和外汇的交易；狭义的金融市场特指证券交易市场，即股票和债券的发行与流通市场。一个完备的金融市场，应包括四个基本要素：金融市场的主体、金融市场的客体、金融市场的媒体和交易价格。

1. 金融市场的主体

金融市场的主体即市场参加者。在金融市场上，市场主体具有决定性意义。一般来说，金融市场交易者的多寡决定着金融市场规模的大小和发达程度。交易者蜂拥的市场肯定要比交易者寥寥无几的市场繁荣得多，同时市场主体之间的竞争提高了金融效率，市场主体的数量与交易的频繁程度也会影响着金融市场的深度、广度与弹性。金融市场的主体包括：政府、企业、居民个人和金融机构。他们成为资金的供给者，同时也成为金融市场上的资金需求者。政府部门为弥补财政赤字而发行债券，同时也会通过存款与购入证券成为资金供给者。

企业通过发行证券和银行贷款成为金融市场上主要资金需求者，同时，他也会把暂时闲置资金存入银行和投资活动成为金融市场上的资金供给者；个人通过储蓄成为资金供给者，通过贷款成为资金需求者；金融机构通过各种业务活动不断成为资金供给者和需求者。

2. 金融市场的客体

金融市场的客体即金融工具，是金融市场的交易对象。一般情况下，金融工具的数量多少是一国金融是否发达或经济发展水平高低的重要标志。金融工具品种和数量的增多，意味着金融市场的发达，因而有利于活跃经济和改善资源配置。目前，各国金融工具主要有各类商业票据、银行票据、可转让大额存单、股票、债券、基金和金融衍生产品等。随着目前金融创新的提高，新的金融产品不断出现。

3. 金融市场媒体

除了金融市场的两个基本要素外，还有一类某些作用同市场主体相同的要素，即金融市场媒体。金融市场媒体是指在金融市场上充当交易媒介，从事交易或促使交易完成的机构和个人。其作用在于促进金融市场上的资金融通，在资金供给者和资金需求者之间架起桥梁，满足不同投资者和筹资者的需要。主要包括金融市场经纪人、金融市场中介机构和证券交易所。

4. 交易价格

金融市场的实际交易必然要有交易价格。价格机制在金融市场中发挥着极为关键的作用，是金融市场高效运行的基础。在一个有效的金融市场上，金融资产的价格能及时、准确、全面地体现该资产的价值，反映各种公开信息，引导资金自动流向高效率的部门，从而优化整个经济体系中的资源配置。不同的金融产品交易价格及机制不同。

7.1.2 金融市场的分类

为了更充分地理解金融市场，尽可能地反映这个复杂市场的全貌，我们从多个角度对金融市场作如下分类。

1. 按标的物不同分类

按标的物不同，金融市场分为货币市场、资本市场、外汇市场和黄金市场。货币市场是指融资期限在一年以下的金融交易市场；资本市场是指期限在一年以上的金融资产交易的市场。资本市场包括两大部分：一是银行中、长期存、贷款市场，二是有价证券市场；外汇市场是指由各国中央银行、外汇银行、外汇经纪人和客户组成的买卖外汇的交易系统。黄金市场是专门集中进行黄金买卖的交易中心或场所。

2. 按中介特征不同分类

按中介特征不同，金融市场分为直接金融市场与间接金融市场。直接金融市场指的是资金需求者直接从资金所有者那里融通资金的市场；间接金融市场是通过银行等信用中介机构作为媒介来进行资金融通的市场。在间接金融市场上，资金所有者将手中的资金贷放给银行等信用中介机构，然后再由这些机构转贷给资金需求者。

3. 按金融资产的交易特征不同分类

按金融资产的交易特征不同，金融市场分为一级市场、二级市场、第三市场和第四市场。一级市场（发行市场或初级市场）是指资金需求者将金融资产首次出售给公众时所形成的交易市场称为初级市场。二级市场（又称流通市场或次级市场）是指证券发行后，各种证券在不同的投资者之间买卖流通所形成的市场。它又分为两种：一是场内市场即证券交易所，二是场外交易市场。第三市场是指原来在交易所上市的证券移到场外进行交易所形成的市场。第四市场是指投资者和证券的出卖者直接交易形成的市场。

4. 按有无固定场所分类

按有无固定场所，金融市场分为有形市场与无形市场。有形市场即为有固定交易场所的市场，一般指的是证券交易所等固定的交易场地；无形市场则是指在证券交易所外进行金融资产交易的总称。它的交易一般通过无形的网络和现代化的电信工具在各金融机构及投资者之间进行。

5. 按交割方式不同分类

按交割方式不同，金融市场分为现货市场与衍生市场。现货市场是即期交易的市场，指市场上的买卖双方成交后须在若干个交易日内办理交割的金融交易市场。一般成交日和结算日在同一天发生或相隔很短的几个交易日；衍生市场是各种衍生金融工具进行交易的市场。衍生市场上买卖双方成交后一般相隔一定的期限再进行交割。一般相隔时间为3、6、9和12个月。

6. 按地域不同分类

按地域不同，金融市场分为国内金融市场和国际金融市场。国内金融市场是指金融交易的作用范围仅限于一国之内的市场，它包括全国性的以本币计值的金融资产交易市场和一国范围内的地方性金融市场；国际金融市场是金融资产的交易跨越国界进行的市场，进行金融资产国际交易的场所。

7.1.3 金融市场的功能

金融市场作为金融资产交易的场所和机制，从整个经济运行的角度来看，它提供重要的功能，主要表现在如下四个方面。

1. 融通资金

金融市场的融通功能是指金融市场引导众多分散的小额资金汇聚成为可以投入社会再生产的资金集合，然后再通过一定的信用程序把资金投放出去。在这里，金融市场起着资金“蓄水池”的作用。在国民经济四部门中，各部门之间、各部门内部的资金收入和支出在时间上并不总是对称的。这样，一些部门、一些经济单位在一定的时间内可能存在暂时闲置不用的资金，而另一些部门和经济单位则存在资金缺口，金融市场就提供了两者沟通的渠道。

2. 配置资源

金融市场的配置功能表现在三个方面：资源的配置、财富的再分配和风险的再分配。金融市场通过将资源从低效率利用的部门转移到高效率的部门，实现稀缺资源的合理配置和有效利用；在金融市场上的金融资产价格发生波动时，其财富的持有数量也会发生变化，一部分人的财富量随金融资产价格的升高而增加，另一部分人则减少，这样，社会财富就通过金融市场价格的波动实现了财富的再分配；在现代经济活动中，不同的主体对风险的厌恶程度是不同的。利用各种金融工具，较厌恶风险的人可以把风险转嫁给厌恶风险程度较低的人，从而实现风险的再分配。

3. 调节经济

调节功能是指金融市场对宏观经济的调节作用。金融市场一边连着储蓄者，另一边连着投资者，金融市场的运行机制通过对储蓄者和投资者的影响而发挥作用。金融市场通过其特有的引导资本形成及合理配置的机制对微观经济部门产生影响，进而影响到宏观经济活动的一种有效的自发调节机制。同时，金融市场的存在及发展，为政府实施对宏观经济活动的间接调控创造了条件。金融市场既提供货币政策操作的场所，也提供实施货币政策的决策信息。

4. 反映行情

金融市场历来被称为国民经济的“晴雨表”和“气象台”，是公认的国民经济信号系统。这实际上就是金融市场反映功能的写照。金融市场的反映功能表现在如下几个方面：一是金融市场是反映微观经济运行状况的指示器。由于证券买卖大部分都在证券交易所进行，人们可以随时通过这个有形的市场了解到各种上市证券的交易行情，并据以判断投资机会。二是金融市场也会反映宏观经济运行方面的信息。货币政策实施时，金融市场会出现波动表示出紧缩和放松的程度，有利于政府部门及时制定和调整宏观经济政策。

7.2 货币市场

货币市场是指融资期限在一年以下的金融产品交易的市场，货币市场产品具有期限短、流动性强和风险小的特点，在货币供应量层次划分上被置于现金货币和存款货币之后，被称为“准货币”，所以将该市场称为“货币市场”。货币市场主要有同业拆解市场、回购协议市场、大额可转让定期存单市场、商业票据市场和国库券市场等构成。

7.2.1 同业拆借市场

同业拆借市场，也可以称为同业拆放市场，是指金融机构之间以货币借贷方式进行短期资金融通活动的市场。同业拆借的资金主要用于弥补短期资金的不足、票据清算的差额以及解决临时性的资金短缺需要。同业拆借市场交易量大，能敏感地反应资金供求关系和货币政策意图，影响货币市场利率，因此，它是货币市场体系的重要组成部分。

1. 同业拆借的产生和发展

同业拆借市场产生于西方存款准备金政策的实施。美国于1913年以法律的形式规定，所有接受存款的商业银行都必须按存款余额计提一定比例的存款准备金，作为不生息的支付准备金存入中央银行，准备金数额不足就要受到一定的经济处罚。由于清算业务活动和日常收付数额的变化，对每家银行的某一时日来说，总会出现有的银行存款准备金多余，有的银行存款准备金不足。准备金多余会出现无利息的潜在损失，准备金不足就会面临被征收罚金的危险。这样，在存款准备金多余和不足银行之间，客观上就存在互相调剂的要求。同业拆借市场便应运而生。

1921年，在美国纽约形成了以调剂联邦储备会员银行的准备金头寸为内容的联邦资金市场。在英国，建立在银行间票据交换过程的基础之上的伦敦同业拆借市场形成。在经历了20世纪30年代第一次资本主义经济危机之后，西方各国普遍强化了中央银行的作用，相继引入法定存款准备金制度作为控制商业银行信用规模的手段。目前，同业拆借的参加者也从商业银行扩大到非银行金融机构，使拆借市场的范围日益扩大。

2. 同业拆借的参加者

既然同业拆借市场是金融机构间进行货币头寸融通的市场，一般来说，金融机构应是同业拆借市场的主要参与者。在同业拆借市场上拆入资金的多为大商业银行，资金供给者主要是地方中小商业银行，以及非银行金融机构，境外代理银行和境外银行在境内的分支机构。此外，外国中央银行也经常成为同业拆借市场的资金供给者。同时，媒体即中介机构和经纪人也成为同业拆借的主要参加者。

3. 同业拆借市场的拆借期限与利率计算

同业拆借市场的拆借期限通常以1～2天为限，短至隔夜，多则1～2周，一般不超过1

个月，当然也有少数同业拆借交易的期限接近或达到一年的。同业拆借的拆款按日计息，拆息额占拆借本金的比例为“拆息率”。拆息率每天不同，甚至每时每刻都有变化，其高低灵敏地反映着货币市场资金的供求状况。同业拆借利息的计算公式为

$$拆入利率=挂牌利率(年率)+固定上浮比率(年率)$$

$$拆入到期利息=\frac{本金\times拆入利率\times天数}{365}$$

例如，某日挂牌利率为9.93755%，拆借资金100万，期限1天，固定上浮利率0.0625个百分点，则拆入利率=9.93755%+0.0625%=10%

$$拆入到期利息=\frac{100\times10\%\times1}{365}=274\ (元)$$

7.2.2 回购协议市场

回购协议是指卖方在出售证券收回现款时，与买方协定在日后按原价或约定价格重新购回该证券，并按约定支付利息。尽管回购协议涉及证券的买卖，但实质上它相当于以证券为抵押品的贷款。回购协议的期限一般很短，最常见的是隔夜拆借，但也有期限长的。

回购市场最初发生于美国，1918年美国联邦储备银行开始进行银行承兑汇票的回购交易。国际回购市场在近十几年内得到迅速发展，成为世界上最重要的金融市场之一。

1. 回购协议的种类

回购协议按照不同的划分形式有不同的类别。

1）如果按交易方式划分，回购协议可以分为正回购和逆回购。正回购协议是指资金需求者在出售证券的同时与证券购买者签订的在一定期限内按原定价格或约定价格购回所卖证券的协议；逆回购是回购的反向操作，指资金供应者从资金需求者手中购入证券，并承诺在约定的期限以约定的价格返还证券。

2）按期限划分，回购协议可以分为隔夜、定期和连续回购。隔夜回购是卖出和买回证券相隔一天的交易称为隔夜回购；定期回购是卖出和买回证券间隔超过一天的交易称为定期回购；连续回购是连续自动生效，直至一方将其终止的隔夜回购称为连续回购。

2. 回购协议的收益与风险

回购协议的收益主要为买卖双方协定的利息，其计算公式如下：

$$回购收益=\frac{投资金额\times利率\times天数}{365}$$

尽管回购协议是一种高质量的抵押贷款，但仍然有一定的信用风险，也就是所抵押的证券价格下降，卖方有可能到期不购回证券；相反，当所抵押的证券价格上升，买方有可能不愿意将证券卖给卖方。为减少风险，一种方法是要求抵押的证券市值大于借款额。抵押证券市值与借款额之间的差额称为余额值，一般的余额值为1%～3%。但当借款者信用较低或抵押证券流动性较差时，余额值可达到10%或更高。减小风险的另一种方法是当抵押证券的市值增加或减少某一百分比时，就相应地调整回购协议。第三种减小风险的方法是贷款人把抵押证券转到借款人的清算银行中由贷款人监管的账户上。这种方法使抵押证券只要在不同的账户上转一次就可以，有效地降低了信用风险。目前，美国基本上采用这种无纸化方式。

7.2.3 商业票据市场

商业票据是大公司为了筹措资金，以贴现方式出售给投资者的一种短期无担保承诺凭证。美国的商业票据属本票性质，英国的商业票据则属汇票性质。由于商业票据没有担保，仅以信用作保证，因此能够发行商业票据的一般都是规模巨大、信誉卓著的大公司。商业票据市场就是这些信誉卓著的大公司所发行的商业票据交易的市场。

1. 商业票据市场的要素

1）发行者

商业票据的发行者包括金融性和非金融性公司。金融性公司主要有三种：附属性公司、与银行有关的公司和独立的金融公司。附属性公司一般是附属于某些大的制造公司。第二类是银行持股公司的下属子公司，其他则为独立的金融公司。非金融性公司发行商业票据的频次较金融公司少，发行所得主要解决企业的短期资金需求和季节性开支，如应付工资及交纳税收等。

2）面额及期限

同其他货币市场信用工具一样，发行者利用商业票据吸收了大量资金。在美国大多数商业票据的发行面额都在100 000美元以上，虽然有的商业票据的发行面额只有25 000美元或50 000美元。二级市场商业票据的最低交易规模为100 000美元。商业票据的期限较短，一般不超过270天。市场上未到期的商业票据平均期限在30天以内，大多数商业票据的期限在20～40天。

3）销售

商业票据的销售渠道有两种：一是发行者通过自己的销售力量直接出售；二是通过商业票据交易商间接销售。究竟采取何种方式，主要取决于发行者使用这两种方式的成本高低。非金融性公司主要通过商业票据间接交易商销售，因为他们的短期信用需求通常具有季节性及临时性，建立永久性的商业票据销售队伍不合算。但有一些规模非常大的公司则通过自己的下属金融公司直接销售，在这样的大公司中，其未到期的商业票据一般在数亿美元以上，其中大多数为大金融公司和银行持股公司。

4）信用评估

美国主要有四家机构对商业票据进行评级，它们是穆迪投资服务公司、标准普尔公司、德莱费尔普斯信用评级公司和费奇投资公司。商业票据的发行人至少要获得其中的一个评级，大部分获得两个。商业票据的评级和其他证券的评级一样，也分为投资级和非投资级。美国证券交易委员会认可两种合格的商业票据：一级票据和二级票据。一般来说，要想成为一级票据，必须有两家评级机构对所发行的票据给予“1”的评级，成为二级票据则必须有一家给予“1”的评级，至少还有一家或两家的评级为“2”。二级票据为中等票据，货币市场基金对其投资会受到限制。

5）投资者

在美国，商业票据的投资者包括中央银行、非金融性企业、投资公司、政府部门、私人抚恤基金、基金组织及个人。另外，储蓄贷款协会及互助储蓄银行也获准以其资金的20%投资于商业票据。投资者可以从三个方面购买商业票据：从交易商手中购买；从发行者那里购买；购买投资商业票据的基金份额。

2. 商业票据市场的类型

1）商业票据的发行市场

（1）出票。出票是指出票人签发票据并将其交付给收款人的票据行为。它包括两个行为：一是按照法定格式做成票据；二是将票据支付给收款人。

（2）承兑。承兑是指汇票到期前，汇票付款人或指定银行确认票据记明事项，在票面上作出承诺付款并签章的一种行为。票据按时间可分为即期票据和远期票据，前者是见票即付的票据，不具备流通性，后者是约定一定期限的票据。其中远期票据必须经过承兑才有实际意义，承兑作为一种票据行为，它表明远期票据的付款人承诺到期日按出票人的指示付款。从法律上讲，付款人在没有承诺前不是真正的票据债务人。经过承兑，承兑者就成了汇票的主债务人，因此，只有承兑后的汇票才具有法律效力，才能作为市场上合格的金融工具转让流通。由于承兑者以自己的信用作保证，负责到期付款，故若委托他人或银行办理承兑，需支付承兑手续费。在国外，汇票承兑一般由商业银行办理，也有专门办理承兑的金融机构，如英国的票据承兑所。

2）商业票据的流通市场

（1）背书。背书是将票据权利转让给他人为目的的票据行为，经过背书汇票权利既由背书人转移给被背书人。背书人是汇票的债务人，他要承担保证其后手持汇票承兑和付款的责任，并证明签收签字的真实性和背书的连续性。如果汇票遭到拒绝付款，其后手有权利向背书人追索要款。背书的次数越多，汇票负责人也越多，汇票的担保性也越强，持票人权利就越有保障。

（2）贴现。票据贴现是指票据持有者为取得现金，以贴付利息为条件向银行或贴现公司转让未到期票据的融资关系。贴现对持票人来说是出让票据，提前收回垫支于商业信用的货币资金；对贴现公司或银行来说则是向持票人提供银行信用。商业银行贴入票据，目的在于获取利润，一般情况下，会将购入票据保存到期，向承兑人收取票款，偿还本息。贴现行为根据贴现机构不同分为贴现、转贴现和再贴现。票据持有企业和个人向商业银行申请提前付款的称为贴现；商业银行向其他商业银行再次的贴现称为转贴现；商业银行向其他中央银行再次的贴现称为再贴现。

7.2.4　大额可转让定期存单市场

大额可转让定期存单（CDs）是20世纪60年代以来金融环境变革的产物，是银行发行给存款人按一定期限和利率计息，到期前可以转让流通的证券化的存款凭证。由于20世纪60年代市场利率上升而美国的商业银行受Q条例存款利率上限的限制，而不能支付较高的市场利率，大公司的财务主管为了增加临时闲置资金的利息收益，纷纷将资金投资于安全性较好，又具有收益的货币市场工具，如国库券、商业票据等。这样，以企业为主要客户的银行存款急剧下降。为了阻止存款外流，银行设计了大额可转让定期存单这种短期的有收益票据来吸引企业的短期资金。这种存单形式的最先发明者是美国花旗银行。1961美国花旗银行首先推出，一经发行就受到了投资者的热烈欢迎。之后其他银行纷纷仿效，使发行大额可转让定期存单成为银行吸收存款的主要形式。

同传统的定期存款相比，大额可转让定期存单具有以下几个特点。

(1) CDs不记名的、可以流通转让。

(2) CDs金额较大。在美国向机构投资者发行的CDs面额最少为10万美元，二级市场上的交易单位为100万美元，但向个人投资者发行的CDs面额最少为100美元。在香港最少面额为10万港元。

(3) CDs既有固定的利率，也有浮动的利率，且一般来说比同期限的定期存款利率高。

(4) CDs不能提前支取，但可在二级市场流通转让。

大额定期存单一般由较大的商业银行发行，主要是由于这些机构信誉较高，可以相对降低筹资成本，且发行规模大，容易在二级市场流通。

1. 大额可转让定期存单的种类

按照发行者的不同，大额存单可以分为四类。

1) 国内存单

国内存单是四种存单中最重要、也是历史最悠久的一种，它由各国银行在本国货币市场上所发行的以本国货币为面值的大额可装让定期存单。存单上注明存款的金额、到期日、利率及利息期限。

2) 欧洲美元存单

欧洲美元存单是美国境外银行（外国银行和美国银行在外的分支机构）发行的以美元为面值的一种可转让定期存单。欧洲美元存单市场的中心在伦敦，但欧洲美元存单的发行范围并不仅限于欧洲。

3) 扬基存单

扬基存单也叫“美国佬”存单，因为美国历史上也叫做扬基（Yankee）国。扬基存单是外国银行在美国的分支机构发行的一种可转让的定期存单。其发行者主要是西欧和日本等地的著名的国际性银行在美分支机构。扬基存单期限一般较短，大多在三个月以内。

4) 储蓄机构存单

这是出现较晚的一种存单，它是由一些非银行金融机构（储蓄贷款协会、互助储蓄银行、信用合作社）发行的一种可转让定期存单。其中，储蓄贷款协会是主要发行者。

2. 大额可转让定期存单市场的构成

1) 发行市场

大额可转让定期存单发行方式有批发发行和零售发行。批发发行是指发行银行将发行的存单数量、利率、面额、发行日期、到期日期等信息预先公布，供投资者认购。零售发行是指发行银行根据投资者需要随时发行存单，面额、利率和期限由资金供求双方商定。

2) 流通市场

大额可装让定期存单的转让市场是指对已发行上市但尚未到期的存单买卖转让的市场。存单的转让流通一般需要经销商作为中介。他们经常买入急需资金者卖出的存单，既可以将这些存单持有直到到期日，兑取本息，也可以再到一级市场出售。在大额可转让定期存单的转让市场上，大额可转让定期存单的流动性比不上国库券市场，但实力雄厚的大银行所发行的大额可转让定期存单在纽约二级市场上的交易还是比较活跃的。

7.2.5　国库券市场

国库券也成短期政府债券，是由国家财政部发行的以政府信用为保证支付的短期融资工具。国债因借债的期限不同有不同的称谓，借债期限在一年以上的就称为公债，借债期限在一年以内的称为国库券。国库券信用度非常好，享有“金边债券”之称。

1. 国库券的市场特征

同其他货币市场信用工具不同，国库券交易具有一些明显的投资特征。这些特征对投资者购买国库券具有很大影响。国库券的四个投资特征是：

1）违约风险小

由于国库券是国家的债务，因而它被认为是没有违约风险的。国库券无违约风险的特征增加了对投资者的吸引力。国库券的这一特征还间接地影响到投资者对国库券的需求，因为各种法令和条例赋予了国库券在投资者中的特殊地位。

2）流动性强

国库券的第二个特征是具有高度的可流通性。这一特征使得国库券能在交易成本较低及价格风险较低的情况下迅速变现。国库券之所以具有这一特征，是由于它是一种在高组织性、高效率和竞争市场上交易的短期同质工具。

3）面额小

相对于其他货币市场票据来说，国库券的面额较小。在美国，1970 年以前，国库券的最小面额为 1000 美元。1970 年初，国库券的最小面额升至 1000～10 000 美元，目前为 10 000美元。其面额远远低于其他货币市场票据的面额（大多为 10 万美元）。对许多小投资者来说，国库券通常是他们能直接从货币市场购买的唯一有价证券。

4）收入免税

免税主要是指免除州及地方所得税。假定州所得税率为 T，那么商业票据收益率和国库券收益率之间的关系可以通过下式表示：

$$\mathrm{RCP}(1-T)=\mathrm{RTB}$$

式中，RCP 为商业票据利率；RTB 为国库券利率；T 为州及地方税率。

从上述公式可以看出，国库券的免税优点的体现取决于投资者所在州及地方税率的高低和利率的现有水平。州及地方税率越高，国库券的吸引力越大。市场利率水平越高，国库券的吸引力也越大。

2. 国库券的发行

1）发行价格的确定

国库券一般是以贴现方式发行，即发行时以低于票面金额发行，到期按面额兑付，投资者的收益是证券的购买价与证券面额之间的差额，或以票面金额减去贴现利息作为发行价格，到期按票面金额偿付，发售价格与票面金额的差额为国库券的利息。

按贴现方式发行国库券的价格计算公式如下：

$$发行价格=面值\times\left(1-\frac{贴现率\times偿还天数}{365}\right)$$

2）发行目的

国库券的发行目的有两个：一是满足政府部门短期资金周转的需要。政府部门弥补长期收支差额，可通过发行中、长期公债来筹措，短期资金周转则发行国库券；二是为中央银行的公开市场业务提供可操作的工具。国库券是中央银行进行公开市场操作的极佳品种，是联结财政政策与货币政策的契合点。目前，由于政府短期证券的发行数额增长很快，其在货币政策调控上的意义，有时超过了平衡财政收支的目的。

3）发行数量及方式

短期国库券的发行数量主要取决于政府近期所需要支出的款项数额，应付到期国库券的数额，以及政府执行财政政策，货币政策需要的因素。其发行方式一般采取公开招标方式。公开招标方式指财政部（或代理财政部发行国库券的中央银行）向公众公布计划发行短期国债的期限数量等情况，邀请有资格参加投标的机构来竞标。投资者对国库券的利率和价格进行竞标，投资者则按照一定的顺序（价格从高到低，利率从低到高）将投资者的竞标进行排列和选择，直到发行额度满为止。

4）发行形式

所发行的国库券主要有三种形式：不记名形式、记名形式和登记形式。不记名形式是国库券上不记载持有者姓名，转让时也不需要经过背书，仅凭国库券进行交易；记名形式是国库券上持有者姓名，转让时除了交付国库券外，还需要经过背书进行交易。这两种形式都需要发行实体；登记形式是将国库券持有者对国库券的持有权登记于财政部的账簿上，国库券认购者仅取得收据及对账单，如果需要转让，则可以转移收据及变更财政部账簿中的所有者姓名。这种形式不需要进行国库券实体的发行。

7.3 资本市场

资本市场是指期限在一年以上的筹资工具发行和交易所形成的市场。资本市场具有三个特点：一是融资期限长。资本市场产品融资期限较长，至少在1年以上，也可长达几十年，甚至到无期。二是流动性差。资本市场上筹集到的资金多用于解决中、长期融资需求，故资本市场金融产品流动性和变现性相对较弱。三是风险大。资本市场由于融资期限较长，发生重大变故的可能性也大，市场价格容易波动，投资者需承受较大风险。当然，作为对风险的报酬，其收益也较高。资本市场按照交易的产品有股票市场、债券市场和投资基金市场。

7.3.1 股票市场

1. 股票的含义和特征

股票是指股份有限公司在筹集资本时向出资人发行的股份凭证。股票有限公司将其资本划分为等额的股份，每一等份以有价证券的形式表现出来，就是股票。投资者购买了股票，就成为股票有限公司的股东，享有股东的一切权利。股票是金融市场上重要的金融产品，具有五个特点。

(1) 收益性高。投资者购买股票可以获取较高的收益，收益来源于两个方面：一是表现在投资者购买股票可以获取股息和红利，当股份有限公司经营良好，年底核算利润丰厚，一般会给股东派发股息和红利。二是表现在股票可以在二级市场上以低价购入高价出售而获取差价。

(2) 风险性大。股票是资本市场上风险较大的金融产品。股票的风险性体现在两个方面：一是股份有限公司的经营风险。当股份有限公司经营不善，投资者持有的股票不但没有分红和派息，而且股票的价值即每股资产净值会降低，投资者将会面临损失。当股份有限公司经营出现亏损甚至破产，投资者将面临更大的损失。二是股票交易市场风险。股票市场价格变动较大，当股票的交易价格出现下跌时，投资者将面临较大的损失。

(3) 流动性强。股票是一种流通性很高的证券。股票的交易大多数集中在证券交易所进行，证券交易所为股票的集中交易提供了竞价交易的机制，股票在交易所可以随时转让，因此股票的流动性非常强。同时，股票还可以作为抵押品随时转让。正是由于股票的高流动性，人们才能在股票价格的变化中获得利差收入。

(4) 参与性。股票是金融市场产品中具有参与性的金融产品。它的参与性体现在以下四点：一是参与经营决策权。持有股票可以参与股份有限公司的股东大会，在股东大会上可以投票表决公司重大事项而享有公司经营决策权。二是参与利润分配权。股票投资者凭借股票可以利润分配，即获取股息和红利。三是剩余财产分配权。当股份公司无力经营或因其他问题决定破产解散时，股东凭持股比例可以获取公司剩余财产。四是新股认购权。当公司发行新股票时，股东享有优先购买的权力。

(5) 不可偿还性。股票一旦购买即不可要求偿还资金，只能在二级市场上出售转让。

2. 股票的分类

股票按照不同的划分方式有不同的类别，下面我们介绍常见的几种股票。

1) 普通股和优先股

普通股是指每一股份对公司财产均拥有平等的权益，股利随着企业经营状况而发生变化的股票。普通股股东拥有投票表决权、参与利润分配权、剩余财产清偿权和优先认股权等。普通股的价格受公司的经营状况、经济政治环境、心理因素、供求关系等诸多因素的影响，其波动没有范围限制，暴涨暴跌现象屡见不鲜。因此，普通股的投资风险较大，其预期收益率高。

优先股是指在剩余财产索取权方面较普通股优先的股票。优先股的股东拥有的权力包括约定股息率、优先权和表决权限制。优先股股票在发行时通常约定固定的股息率，其股息率不受公司经营状况和赢利水平的影响；优先权即优先分配股息和剩余财产；优先股股东一般不享有公司经营参与权，即无表决权。

2) 国有股、法人股和公众股

国有股指在组建股份有限公司时，视投资主体和产权管理主体的不同将其所占用的国有资产构成称为国有资产股，简称国有股。

法人股指企业法人或具有法人资格的事业单位和社会团体，以其依法可经营的资产向公司非上市流通股权部分投资所形成的股份。

公众股即个人股，指我国境内个人和机构，以其合法财产向公司可上市流通股权部分投资所形成的股份。

3) A股、B股、H股、S股、N股、L股和J股

A股（人民币普通股票）是指我国境内的公司发行，供境内机构、组织或个人（不含台、港、澳投资者）以人民币认购和交易的普通股股票。

B股（人民币特种股票）是以人民币标明面值，以外币认购和买卖，在境内（上海、深圳）证券交易所上市交易的股票。

H股、S股、N股、L股和J股是指把那些主要生产或者经营等核心业务在中国内地、企业的注册地在内地，但是在国外证券交易所上市挂牌的企业股票，在香港证券交易所上市的称为H股、在新加坡证券交易所上市的称为S股，在纽约证券交易所上市的称为N股，在伦敦证券交易所上市的称为L股，在日本证券交易所上市的称为J股。

4）有面值股票与无面值股票

有面值股票指的是股票票面上记载一定票面价值的股票。这类股票的票面金额计算方法是净资产除以股份数，其股息用票面金额的百分比来表示。

无面值股票指的是股票面上不记载金额，只注明是公司股本总额若干分之几的股票，即只在票面上表示所占公司全部资产比例的股票。这类股票实质上是一种比例股股票。在实际生活中，股份有限公司的经营活动始终处在不断运行的状态中，公司的净资产经常发生变化，所以，无面值股股票的价值不断发生变化，随着公司资本总额的增减而升降。

5）成长股、收入股、周期股、防守股

成长股指销售额和利润迅速增长，并且其增长速度快于整个国家及其所在行业的公司所发行的股票。这类公司一般只对股东支付较低红利，而将大量收益用于再投资，随着公司的成长，股票价格上涨，投资者便可以从中得到大量收益。

收入股是指股票当前就能为投资者带来较高收入。这类股票成长潜力不大，公司将利润大部分进行分红，较少进行扩大投资。这类企业一般处于企业生命周期的繁荣期。

周期股指那些收益随着经济周期而波动的公司所发行的普通股。这类股票的股份有限公司业务一般与经济周期息息相关，在经济周期的繁荣期，股票价格和收益较高，在经济周期衰退期，股价和收益较低。

防守股指在面临不确定因素和经济衰退时期，高于社会平均收益且具有相对稳定性的公司所发行的普通股。公用事业公司发行的普通股是典型的防守股。

3. 股票市场

股票市场的交易由一级市场和二级市场构成。

1）一级市场

一级市场也称为发行市场或初级市场，是指公司直接或通过中介机构首次将股票向投资者出售而形成的市场。

在一级市场上股票的发行分为首次公开发行（IPO）和增发。股票的一级市场包括五个步骤：①发行人（公司）聘请投资银行对股票发行的具体内容做准备，发行人须听取投资银行的咨询意见并对一些主要问题做出决策。投资银行为发行上市的企业担当承销商、保荐人和上市辅导培训等工作，依此收取费用。在此阶段，上市公司在投资银行、律师和注册会计师的人员和机构的辅导下制定招股说明书和其他法律规定材料。②发行人将准备好的材料向证券审批机关申报，并等待审批机关批准。③通过初审和发行审核委员会的审核后，将审核结果反馈给拟发行上市公司。④拟上市公司接到审核通过通知书后向社会公众进行发行上市的信息披露，然后由投资银行担任承销商将股票销售出去。⑤股票销售完后，就可以向证券交易所申请挂牌交易，交易所审核通过，并与上市公司签订上市协议书，就可以正式挂牌交易了。

2）二级市场

二级市场也称交易市场或流通市场，是投资者之间买卖已发行股票的场所。股票的流通市场主要分为场内交易和场外交易。

场内交易主要是指在证券交易所进行。证券交易所是为证券的集中交易提供固定的交易场所和有关设施，并制定各项规则以形成公正合理的价格和有条不紊的秩序的正式组织。证券交易所股票交易价格由交易所的自动撮合主机采用竞价交易形式确定，竞价的原则采用价格优先和时间优先。投资者申报的委托以价格优先和时间优先进行排队等候，由自动撮合主机竞价交易。

世界各国证券交易所的组织形式大致可分为公司制证券交易所和会员制证券交易所。公司制证交所是由银行、证券公司、投资信托机构及各类机构等共同投资入股建立起来的公司法人。公司制证券交易所以赢利为目的，交易所本身不参与交易，以收取上市费和交易佣金为利润来源；会员制证交所是以会员协会形式成立的不以赢利为目的的组织，主要由证券商组成。只有会员及享有特许权的经纪人才有资格在交易所中进行证券交易。会员对证交所的责任仅以其交纳的会费为限。非会员投资者只能委托会员进行股票的交易，会员凭此收取佣金。

场外交易包括柜台交易、第三市场和第四市场交易。股票也可以在各证券商的柜台上进行，因而也称为柜台交易。柜台交易分散于各地，规模有大有小，由证券公司来组织交易。柜台交易价格是通过商议达成的；第三市场指原来在证交所上市的股票移到场外进行交易而形成的市场，换言之，第三市场交易是既在证交所上市又在场外市场交易的股票，以区别于一般含义的柜台交易；第四市场是指大机构（和富有的个人）绕开通常的经纪人，彼此之间利用电子通信网络直接进行的证券交易。这些网络允许会员直接将买卖委托挂在网上，并与其他投资者的委托自动配对成交。由于没有买卖价差，其交易费用非常便宜。因此，大的机构投资者大多数愿意采用第四市场交易。

7.3.2 债券市场

债券是政府、金融机构、工商企业等机构直接向社会借债筹措资金时，向投资者发行，承诺按一定利率支付利息并按约定条件偿还本金的债权债务凭证。债券是用来表明债权债务关系的凭证。因此，债券的要素必须包括债券的名称、债券的面值、债券的币种金额、债券的期限、债券的利率和价格等几个方面。

1. 债券的特点

债券是金融市场上重要的金融产品，具有以下几个方面的特征。

(1) 偿还性。债券到期必须要求还本，而且要加付利率。债券都有严格的偿还期限，到期必须如期向持有人支付本息。

(2) 流动性低，是指债券能迅速方便地变现为货币的能力。目前，几乎所有的证券营业部或银行都开设有债券买卖业务，且收取的各种费用都比较低。如果债券的发行者即债务人资信程度较高，则债券的流动性就比较强。

(3) 安全性，是指债券在市场上能抵御价格下降的性能，一般是指其不跌破发行价的能力。债券在发行时都承诺到期偿还本息，所以其安全性一般都较高。有些债券虽然流动性不高，但其安全性较好，因为它们经过较长的一段时间后就可以收取现金或不受损失地出售。虽然如此，债券也存在风险，风险主要表现在发债主体的资信状况较差而导致违约，或市场上债券的价格即利率下降导致投资者受损。

(4) 收益性。债券的收益性是指获取债券利息的能力。因债券的风险比银行存款要大，所以债券的利率也比银行高，如果债券到期能按时偿付，购买债券就可以获得固定的、一般高于同期银行存款利率的利息收入。

2. 债券的种类

债券的种类繁多，依据不同的划分形式有不同的种类。

1) 债券按发行主体不同，分为政府债券、金融债券和公司债券

政府债券是指中央政府、政府机构和地方政府发行的以政府信誉作保证而发行的债券，政府债券通常无需抵押，其风险在各种投资工具中是最小的；金融债券是银行等金融机构为筹集信贷资金而发行的债券；公司债券是公司为筹措营运资本而发行的债券。公司债券由于风险较大，因此，债券期限一般较短，需要有抵押或担保。

2) 债券按付息方式不同，分为附息债券和贴现债券

附息债券指在债券上附有支付利息息票的债券，息票是按期领取利息的凭证。付息债券利息是按事先确定的期限分期支付，一般每年付息一次。

贴现债券是指在发行债券时，按规定的贴现率计算，以低于面额的价格发行，到期按面额偿还本金的债券。面额与发行价的差额就是投资者的收益。

3) 债券按利率是否固定，划分为固定利率债券与浮动利率债券

固定利率债券是指在债券期限内利率是固定不变的，持券人到期收回本金，定期取得固定利息的债券。浮动利率债券则是根据事先确定的某一市场利率为参考标准，利率随该参考利率的变化而浮动的债券。

4) 债券按发行地点不同，分为国内债券和国际债券

国内债券指在本国金融市场之内，以本国货币为面额发行的债券；国际债券指由一国政府、地方团体、金融机构、工商企业及国际组织为筹集资金而在国外发行的债券。

3. 债券市场

1) 债券的一级市场

债券的一级市场与股票的一级市场类似，同样要聘请投资银行为债券发行公司的承销商、发行顾问等。债券与股票发行上市制定招股说明书相似，不同是债券发行需要制定发行合同书。发行合同书也称信托契据，是说明公司债券持有人和发行债券公司双方权益的法律文件，由受托管理人（通常是银行）代表债券持有人监督合同书中各条款的履行。债券发行合同书中对发行分公司的各种限制性条款较多。对于有限责任公司来说，一旦资不抵债而发生违约时，这些限制性条款就是用来保护债权人利益的。另外，债券发行环节中还有一项重要的工作就是债券信用评级。债券的信用评级指按一定的指标体系对准备发行的债券质量、还本付息的可靠程度作出客观公正的评定，投资者凭借信用评级的高低来选择购买何种债券。债券同样要向证券监管机构申请，获得批准后就向社会销售了。

2) 债券的二级市场

债券的二级市场与股票类似，也可分为证券交易所、场外交易市场以及第三市场和第四市场几个层次。证券交易所是债券二级市场的重要组成部分，在证券交易所申请上市的债券

主要是公司债券，但国债一般不用申请即可上市，享有上市豁免权。然而，上市债券与非上市债券相比，它们在债券总量中所占的比重很小，大多数债券的交易是在场外市场进行，场外交易市场是债券二级市场的主要形态。关于债券二级市场的交易机制，与股票并无差别，只是由于债券的风险小于股票，其交易价格的波动幅度也较小。

3）债券的偿还

债券的偿还一般可分为定期偿还和任意偿还两种方式。定期偿还是指经过一定宽限期后，每过半年或1年偿还一定金额的本金，到期时还清余额。一般适用于发行数量巨大，偿还期限长的债券，但国债和金融债券一般不使用该方法。定期偿还具体有两种方法，一是以抽签方式确定并按票面价格偿还；二是从二级市场上以市场价格购回债券。为增加债券的信用和吸引力，有的公司还建立偿还基金用于债券的定期偿还。任意偿还是指债券发行一段时间（称为保护期）以后，发行人可以任意偿还债券的一部分或全部，具体操作可根据债券上付的早赎或以新偿旧条款，也可在二级市场上买回予以注销。

7.3.3 投资基金市场

基金是指集中不确定的众多投资者的零散资金，交由专门的投资机构进行投资，风险共担，投资收益由出资者按出资比例共同分享的一种投资工具。证券投资基金是一种集合的投资方式，包含两层含义：第一层含义是投资者资金的集合，即将千万个投资者的小额资金汇集成巨额资金，由具有专业知识和特长的专业人员进行投资；第二层含义是投资方向的集合。证券投资基金的投资方向多种多样，有股票、债券、金融票据、外汇、期货等，证券投资基金正是这些多种多样投资方向的集合，是“一揽子投资”，即投资组合，才能够分散风险。

1. 投资基金的分类

投资基金按不同的划分方式有不同的类型。

1）根据组织形式和法律地位的不同，投资基金分为契约型基金和公司型基金

契约型基金又称信托型基金，是依据一定的信托契约而组织起来的代理投资行为。它是由委托人、受托人和受益人三方订立信托投资契约。基金管理公司（委托人）负责发起组织基金并按照契约运用信托财产进行投资；基金保管机构（受托人）如信托公司或银行按照契约负责保管信托财产和相关的会计核算等事宜；受益凭证持有人也就是一般投资者（受益人）按照契约享有投资收益。

公司型基金是依据公司法组建的，通过发行股票或受益凭证的方式来筹集资金，并把资金投资于有价证券等项目，以达到赢利为目的的股份有限公司。投资者通过购买基金公司发行的股票成为公司的股东，按所持的股份承担经营风险、分享投资收益和参与公司决策管理。

2）根据投资基金受益凭证可否赎回，投资基金可分为开放式基金和封闭式基金

开放式基金是指基金发行的股票或受益凭证的总数是不固定的，可根据基金发展需要追加发行，而投资者也可根据市场状况和自己的投资决策，随时决定退回或增加购买该公司的基金单位份额。基金经理人随时准备按基金净资产值计算的价格向投资者出售或赎回基金单位。

封闭式基金是指在设立时基金的发行总额是限定的，在发行期满后基金就封闭起来不再

增加新的股份。此后，投资者无论是想购买或赎回基金的股份或受益单位，都不能向基金公司提出要求，只能通过证券经纪人在证券交易所里进行买卖。

3）根据投资标的划分为股票基金、债券基金、货币市场基金和混合型基金

股票基金就是把基金的全部或大部分资产投资于普通股股票的基金类型；债券基金是将资产的全部或大部分投资于收益稳定的各类债券上的基金；货币市场基金主要以货币市场上具有较高流动性的有价证券为投资对象；混合型基金是指基金投资的对象是由股票、债券、货币市场产品等混合而成，各占一定的百分比的基金类型。

4）根据投资收益目标的不同，可以把投资基金分为成长型基金、收入型基金和平衡型基金

成长型基金注重资本的长期增值，同时兼顾一定的经常性收益。基金的投资主要集中于市场表现良好的绩优股。基金经理人在进行投资操作时，把握有利的时机买入股票并长期持有，以便能获得最大的资本利得。

收入型基金是以当期收入最大化为投资目标，把资产运用于利息较高的货币市场工具或债券以及股利分配比较丰厚的股票。

平衡型基金是既追求资金的长期成长，又要注重当期收入的取得，平衡型基金则是把资金分散投资于股票（普通股和优先股）和债券等产品，

2. *证券投资基金的运作*

投资基金的运作过程主要包括发起和设立基金、基金发行和基金交易。首先由发起人确定基金性质，选择共同发起人、基金管理人和托管人，制定各项申报文件，向主管机关提交规定的报批文件和发表基金招募说明书来发售基金券；发起后就进入基金的发行。基金发行是指投资基金管理公司在基金发行申请经有关部门批准之后，将基金受益凭证向个人投资者、机构投资者或向社会推销出去的经济活动。基金的发行方式主要有两种：一是基金管理公司不通过任何专门的销售组织而直接面向投资者销售的自行发行（直接销售方式）。二是通过经纪人包销发行。对于基金交易，开放式基金只能在符合国家规定的场所申购、赎回。封闭式基金成立后，基金管理人、基金托管人可以向中国证监会及证券交易所提出基金上市申请。基金上市规则由证券交易所制定，报中国证券监督管理委员会批准。

7.4 金融衍生产品市场

金融衍生工具又称派生金融工具、衍生金融产品等，顾名思义，是与原生金融工具相对应的一个概念，它是在原生金融工具（如债券、股票、外汇等）基础上派生出来的，是指其价值依赖于基础资产价格的金融工具，如远期、期货、期权、互换等。衍生市场的历史虽然很短，但却因其在融资、投资、套期保值和套利行为中的巨大作用而获得了飞速的发展。

7.4.1 金融远期市场

金融远期合约是指双方约定在未来的某一确定时间，按确定的价格买卖一定数量的某种金融资产的合约。例如，甲乙两方签订一份远期合约，合约规定：甲方在三个月后以价格980元购买乙方面值1000元的国库券，三个月后，无论该国库券市场价格是985元还是970元，买方都必须执行这一合约。

金融远期合约是最基本的衍生证券之一，通常是两个金融机构之间或金融机构与客户之间签订该合约。一般而言不在正式交易所里交易。

1. 金融远期合约的基本要素

金融远期交易通常由双方商议签订合约，因此合约中主要包括：合约的买卖双方、合约中商定的买卖的标的物、约定的结算日、规定的结算方式、交易地点、合约规模（数量）和交割价格等内容。

2. 金融远期合约的种类

目前金融远期合约主要有远期利率协议、远期外汇合约和远期股票合约等。

1）远期利率合约

远期利率合约是买卖双方同意从未来某一商定的时期开始在某一特定时期内按协议利率借贷一笔数额确定、以具体货币表示的名义本金的协议。

2）远期外汇合约

远期外汇合约是指双方约定在将来某一时间按约定的远期汇率买卖一定金额的某种外汇的合约。交易双方在签订合同时，就确定好将来进行交割的远期汇率，到时不论汇价如何变化，都应按此汇率交割。在交割时，名义本金并未交割，而只交割合同中规定的远期汇率与当时的即期汇率之间的差额。

3）远期股票合约

远期股票合约是指在将来某一特定日期按特定价格交付一定数量单个股票或一揽子股票的协议。

7.4.2 金融期货市场

金融期货是指协议双方同意在约定的将来某个日期按约定的条件（包括价格、交割地点、交割方式）买入或卖出一定数量的某种金融工具的标准化协议。合约中规定的价格就是期货价格。20世纪70年代初，西方国家出现了严重的通货膨胀，固定汇率制也被浮动汇率制所取代，国内外经济环境和体制的转变使经济活动的风险增大。这种情况反映到金融市场上就是利率、汇率和证券价格的急剧波动，原有的远期交易由于其流动性差、信息不对称、违约风险高等缺陷而无法满足人们急剧增长的需要，因此，金融期货交易应运而生。

1. 金融期货交易特征

与金融远期相比较，金融期货交易具有如下显著的特征，正是由于这些特征，金融期货才克服了金融远期交易流动性差、信息不对称和违约风险高的缺陷，获得了较大的发展。

1）期货合约是间接交易

期货合约均在交易所进行，交易双方不直接接触，而是各自跟交易所的清算部或专设的清算公司结算。清算公司充当所有期货买者的卖者和所有卖者的买者，因此交易双方无须担心对方违约，由于所有买者和卖者都集中在交易所交易，因此就克服了远期交易存在的信息不对称和违约风险高的缺陷。

2）标准化合约

期货合约的规模、交割日期、交割地点和期权品种等都是标准化的，即在合约上有明确的规定，无需双方再商定。交易双方所要做的唯一工作就是选择适合自己的期货合约，并通过交易所竞价确定成交价格，价格是期货合约的唯一变量。当然，这并不是说所有期货合约的交割月份、交割地点等都是一样的，同种金融工具的期货合约可以有不同的交割月份，但它是由交易所事先确定，并在合约中事先载明的，而不是由交易双方商定后载入合约的。正是由于标准化的特征，金融期货克服了金融远期交易流动性差这一特征。

3）期货交易都是通过对冲来平仓

投资者在交易所购入期货合约称之为建仓，期权合约到期前必须结清差价，这称之为平仓。平仓有两种方式：一是实物交割，就是期货买方按照期货合约的约定，将期货合约中规定的基础资产按照约定的价格购买或者出售的行为。二是对冲，是指期权交易者做一笔期权标的物、数量、到期日等均相同，但买卖方向相反的交易结清差价。期货合约的买者或卖者可在交割日之前采取对冲交易以结束其期货头寸（即平仓），而无需进行最后的实物交割。这相当于买者可以把原来买进的期货卖掉，卖者可以把原来卖出的期货买回，这就克服了远期交易流动性差的问题。由于通过对冲结束掉期货头寸，比起实物交割既省事又灵活，因此，目前大多数期货交易都是通过对冲来结清头寸的。据统计，最终进行实物交割的期货合约还不到2%。

4）规定保证金

期货交易是每天进行结算，而不是到期一次性进行，买卖双方在交易之前都必须在经纪公司开立专门的保证金账户。经纪公司通常要求交易者在交易之前必须存入一定数量的保证金，这个保证金叫初始保证金。在每天交易结束时，保证金账户都要根据期货价格的升跌而进行调整，以反映交易者的浮动盈亏。一般初始保证金比率为期货合约的5%～10%，交易所的清算部每天结算，若保证金比率不足，要求交易者补足。

2. 金融期货合约的种类

金融期货合约按照基础资产标的物的不同，分为利率期货、股价指数期货和外汇期货。

1）利率期货

利率期货是指标的资产价格依赖于利率水平的期货合约，如长期国债期货、短期国债期货和欧洲美元期货等。

2）股价指数期货

股价指数期货的标的物是股价指数，由于股价指数是一种极特殊的商品，它没有具体的实物形式，双方在交易时只能把股价指数的点数换算成货币单位进行结算，没有实物的交割。这是股价指数期货与其他标的物期货的最大区别。例如，芝加哥商品交易所（CME）的S&P500指数期货的单位价格（即每份合约的价格）规定为指数点数乘以500美元。

3）外汇期货

外汇期货是指标的物是外汇，如美元、德国马克、法国法郎、英镑、日元、澳元、加元等的期货合约。

7.4.3 金融期权市场

金融期权是指赋予其购买者在规定期限内按双方约定的价格（简称协议价格或执行价格）购买或出售一定数量某种金融资产权利的合约。金融期权是一种特殊的金融产品，它的特殊性表现在它是一种"权"、"钱"交易。这里的"钱"指的是期权费，"权"指的是权利，即按照约定的价格购买或出售一定数量的金融产品的权利。也就是说，期权的买方以付出期权费为代价，获得了购买或出售一定数量的金融产品的权利。金融期权交易相当于期权的购买方自买保险，期权费（或称期权价格）在英文中与保险费是同一个单词“Premium”。这就表明，期权赋予购买者有选择是否执行的权利。

1. 金融期权合约的构成要素

(1) 期权交易的当事人。期权合约当事人包括期权的买方和卖方。对于期权的买方而言，期权合约赋予他的是权利，而没有任何义务。他可以在规定期限内行使其按约定价格购买或出售基础产品的权利，也可以不行使这个权利，或者将期权合约转卖。对期权的出售者来说，他只有履行合约的义务，而没有任何权利。无论期权买方是否履行期权合约，期权卖方都要服从。

(2) 期权费（权利金）。期权费是期权买方支付给期权卖方承担义务的报酬，也称为期权价格。期权费视期权种类、期限、标的资产价格的不同而不同。

(3) 标的物资产。每一期权合约都有标的物资产即基础资产，标的物资产可以是众多的金融产品中的任何一种，如普通股股票、股价指数、期货合约、债券、外汇等。通常把标的物资产为股票的期权称为股票期权。如此类推，期权有股票期权、股票指数期权、外汇期权、利率期权、期货期权等。

(4) 期权合约的期限。每一期权合约具有有效的行使期限，如果超过这一期限，期权合约就会自动失效。一般而言，期权合约的有效期限为 1、3、6、9 个月不等。金融期权场外交易的期限根据买卖双方的需要量身定制，场内交易期限一般都标准化，大概有：①1 月、4 月、7 月、10 月；②2 月、5 月、8 月和 11 月；③3 月、6 月、9 月和 12 月。

(5) 协议价格。期权的协议价格称为施权价，履约价格或敲定价格，是期权买卖双方在购买期权时约定的将来行驶期权的交易价格。

(6) 期权交易数量，是指期权的协议交易量，是期权买卖双方在购买期权时约定的将来执行期权的数量，投资者按约定价格履行的期权数量，不同的期权种类数量不同。

(7) 交易地点。在期权合约中，还要约定将来履行期权的交易地点。

(8) 履约保证金。期权卖方必须存入交易所用于履约的财力担保。

2. 金融期权的种类

期权按照不同的划分方式有不同的类别，目前主要有两类。

1) 按照期权买者的权利划分，期权可分为看涨期权和看跌期权

看涨期权（又称买入期权）是赋予期权买者在约定期限内购买一定数量的标的物资产的权利合约。即期权购买者预计期权的基础资产价格将会上涨，因此他按现行价格签订的在期权有效期内买入基础资产的期权。看跌期权（又称卖出期权）是赋予期权购买者在约定期限内出售基础资产权利的合约。即期权购买者预计期权基础资产的价格将会下跌，因此他按现行价格签订的在期权有效期内卖出基础资产的期权。

2) 按照期权购买者执行期权的时限划分，期权可划分为欧式期权和美式期权

欧式期权是指购买者只能在期权到期日才能执行期权，即行使买进或卖出标的资产的权利的日期在期权到期日当天；美式期权允许买者在期权到期前的任何时间内都可以执行期权。显然，美式期权较欧式期权灵活方便，因此近年来美式期权发展较快。

3. 金融期权的交易

期权交易场所不仅有正规的交易所，还有一个规模庞大的场外交易市场。交易所交易的是标准化的期权合约，场外交易的则是非标准化的期权合约。期权交易既可以在期货交易所内交易，也可以在专门的期权交易所内交易，还可以在证券交易所交易与股权有关的期权交易。为了保证期权交易的高效、有序，交易所对期权合约的规模、期权价格的最小变动单位、期权价格的每日最高波动幅度、最后交易日、交割方式、标的资产的品质等做出明确规定。同时，期权清算公司也作为期权所有买方的卖方和所有卖方的买方，保证每份期权都没有违约风险。

7.4.4 金融互换市场

1. 金融互换的含义

金融互换是约定两个或两个以上的当事人按照商定条件，在约定的时间内，交换一系列现金流的合约。金融互换是比较优势理论在金融领域最生动的运用。根据比较优势理论，只要满足以下两个条件，就可进行互换。一是双方对对方的资产或负债均有需求；二是双方在两种资产或负债上存在比较优势。因此，随着金融全球化、金融一体化的发展，金融互换成为金融领域的重大需求，金融互换也得到了进一步的发展。

2. 金融互换的种类

金融互换虽然历史较短，但品种创新却日新月异。目前主要有利率互换和货币互换。

1）利率互换

利率互换是指双方同意在未来的一定期限内根据同种货币的同样的名义本金交换现金流，其中一方的现金流以浮动利率计算，而另一方的现金流以固定利率计算。互换的期限通常在 2 年以上，有时甚至在 15 年以上。双方进行利率互换的主要原因是双方在固定利率和浮动利率市场上具有比较优势。

2）货币互换

货币互换是将一种货币的本金和固定利息与另一货币的等价本金和固定利息进行交换。货币互换的主要原因是双方在各自国家中的金融市场上具有比较优势。

从最普遍的意义来说，金融互换实际上是现金流的交换。由于计算或确定现金流的方法有很多，因此互换的种类就很多。除了上述最常见的利率互换和货币互换外，目前出现了较多的金融互换品种，例如，远期互换、互换期权和股票互换等。

金融互换在金融市场中具有重要的功能，主要体现在：通过金融互换可在全球各市场之间进行套利，从而一方面降低筹资者的融资成本或提高投资者的资产收益，另一方面促进全球金融市场的一体化；利用金融互换，可以管理资产负债组合中的利率风险和汇率风险。金融互换为表外业务，可以逃避外汇管制、利率管制及税收限制。

【本章小结】

金融市场的参与者主要包括筹资者、投资者和证券商。筹资者是股票、债券等金融工具的发行者，是资金的需求方。投资者是股票、债券等金融工具的购买者，是资金的供给方。证券商则是证券市场的交易中介机构，它们的主要业务就是为筹资者承销证券（投资银行），为投资者买卖证券（证券经纪商）；同时，许多证券商自己也作为证券买卖的一方参与证券活动（证券自营商）。

金融市场按照期限长短划分为两类，期限在一年以内的称之为短期金融市场，即货币市场；期限在一年以上的称之为长期金融市场，即资本市场。货币市场主要是指同业拆借、大额可转让定期存单、回购协议、商业票据、国库券发行和交易所形成的市场。资本市场指的是股票、债券和投资基金的发行和交易的市场。

除货币市场和资本市场之外，目前发展衍生出一个新兴的市场，即金融衍生市场。金融衍生市场是在基础产品基础上衍生出的新的产品发行与交易所形成的市场。金融衍生产品的价值取决于基础产品。目前发展较普遍的主要是金融远期、金融期货、金融期权和金融互换。

【关键术语】

同业拆借　大额可转让定期存单　回购协议　本票　汇票　支票　国库券　股票债券　投资基金　金融远期　金融期货　金融期权　金融互换

【思考题】

1. 金融市场的参加者主要有哪些？
2. 简述货币市场的构成及特点？
3. 资本市场如何运作？
4. 简述开放型基金和封闭型基金的主要区别？
5. 金融衍生产品主要有哪些？金融衍生产品是基于规避哪些问题而创新的？

专栏 7-1

我国金融市场改革需奏响“三步曲”

“改革开放30多年以来，相对于商品市场，中国的金融市场的改革是较为滞后的。金融部门要更有效地服务于实体经济，促使其良性发展，需要突破原有的不合理的制度框架。”这是中国社会科学院经济研究所刘小玄教授，在举行的《金融市场化的演进——来自新兴金融机构和金融市场发展的实践》沙龙上表述的观点。

在她看来，目前我国金融市场可以划分出以下几个层次：

——按照金融市场的供给方来看，可大致分成四个层次。

第一层次是五大国有银行，即工商银行、农业银行、中国银行、建设银行、交通银行五大国有银行。它们最接近中央和省、市级政府，是“嫡系部队”，因而能够获得最优厚的贷款项目和贷款条件，具有非常密切的人脉关系和体制内优势。其主要服务对象是各级国有大型企业，资金供给甚至会超过这些企业所需要的水平。

第二个层次是股份制银行，这类银行较早成立，发展得比较成熟，其不仅面向市场，具有相当一批稳定的优质客户，而且也能从地方政府那里获得一些地方的较大项目，分享一些来自体制内的资源。它们以地方国企和大、中型民企为融资对象，主要根据企业抵押能力来放贷。

第三层次是新兴股份制银行或金融机构，它们大都是城市商业银行和城市信用社，它们多是改制以后形成的新兴股份制银行，例如，宁波银行、南京银行、安徽银行等。许多都是以地方城市、地方省会命名的。它们的服务半径多数是所在城市地区或社区范围。在这个层面上，虽然民企是主体需求方，但是这些银行仍然参与对传统金融市场的竞争，想方设法挖来一些大银行原有的市场份额和新的增长机会。对于民营中、小企业，这些新兴金融机构的出现和发展还跟不上它们的发展速度，再加上它们还能够从部分大、中企业那里获得一些市场份额，顾不上中、小企业，因而远远无法满足中、小企业的融资需求。

第四层次是农信社、农村商业银行、村镇银行，以及民间金融中介，例如，担保公司、小额贷款公司等最新出现的金融机构或准金融机构。这类机构完全面向民间基层市场上的民企或中小企业，个体工商户或农户，如银行有人脉关系也可能会涉及一些稍大些的企业业务。这类市场上的机构大致可分两类，一类是有政府背景或政府控制的，例如，农信社、农商行、村镇银行或政府控股的担保公司，另一类是完全由民间资本形成的，例如，小额贷款公司和各类民间担保公司。

——从金融市场的企业需求方来考察，按规模分类，有大、中、小、微四类融资需求的市场层次。

其中，大型企业的市场需求通常与国有大银行相匹配；中型企业的融资需求通常与国有银行的地方分行，以及与股份制银行的供给能力相匹配，然而，根据银行规定的一系列硬约束条件，许多中型企业也很难得到能够支撑其有效发展的融资需求的满足；小型企业的融资需求领域的市场空白就更多了，它们大都达不到传统金融机构所要求的门槛，几乎无法得到它们的资金供给，而新兴金融机构不仅数量太少，而且更由于不少新兴金融机构的行为基本复制了传统银行的行为方式，因而也很难满足现实小企业的融资需求；微型企业或个体户、农户这一层次的市场，在很长一段时期内，完全是金融机构不涉及的领域。

刘小玄指出，金融市场的层次是与金融机构的层级密切相关的，也是与金融机构形成的时间长短密切相关的。这反映了典型的中国金融市场的转型特点，表现为这样的金融市场化的演进过程——从计划中央集权向地方市场分权，从高层向低层，从国有向民营，从集中性条条向分散化块块，从垄断寡头的几家大银行向原子竞争的多元化金融组织。供求矛盾凸显金融结构失衡

刘小玄在调研中发现，我国金融市场上，存在着巨大的资金供求缺口和资金流动性过剩并存的现象。具体来说，一方面，不管是东部地区，如广东，还是西部地区，如四川，都大量存在着贷款贷不出去，存款大大高于贷款的现象。另一方面，在这些地区也存在着大量的企业融资缺口，不管是中小企业，还是个体工商户和农村专业户，普遍存在贷不到钱的现象。

举例来说，像山西全省的贷款只占存款的一半，甚至许多县多年来只有存款，没有贷款。四川南充市的存款余额是764.7亿元，同期贷款余额是282亿元，存贷比例仅为37%。对江苏江宁区（县级）的调研发现，该地的存贷比是100%，甚至还不够，还要到苏北去拆借一些贷款指标。但通过深入调查却发现，在该区的基层街道（相当于乡镇级），平均7个街道只有一个能享受到银行的融资服务。一些街道为了融资，只好通过街道上的一些公务员，让他们以个人名义来做担保，得到一些银行的小额融资，以便满足一些基层企业、小企业或者个体企业的需求。那么，江苏的钱都到哪里去了？据当地银行的有关人士介绍，江苏有许多国有大企业、国家级的工业园，这些都是银行眼中的“铁饭碗”，贷款大多流向了这些大项目。

刘小玄还谈到，在调研中曾做过一个简单的抽样调查，结果表明，企业最需要的贷款是短期流动资金。而在这方面，近90%的被访企业表示，其短期融资来源于自有资金、民间借贷、内部集资和商业信用，其平均比重（融资额）达到了2/3。换句话说，企业的短期融资需求银行仅能满足不到1/3。

官方发布的《中国金融年鉴》也显示，在过去的10多年，非国企获得的银行正式贷款，仅仅不到20%，其他80%以上的银行贷款都流向了国有部门。其中，私营个体企业的短期贷款在全国银行的贷款比重仅为1.3%，乡镇企业是2.7%。

刘小玄认为，上述数字与实例，表明我国金融市场结构的严重失衡，即国有垄断的金融主体，在面对多元的实体经济主体时，很难适应实体经济发展的需要。破解难题需坚持金融市场化发展方向。

刘小玄指出，按照一般金融学的观点，对资金的需求可以分为有效需求和无效需求。那么，为什么企业的融资需求无法转化为有效需求？调研中发现，主要原因在于银行以抵押方式的贷款行为，银行的利率缺乏必要的灵活浮动性，银行风险控制与激励的不对称等。具体来说有以下几个方面：

首先，从银行角度看，相对于抵押贷款来说，信用贷款的风险更高。如果准入条件低，就会有很多人申请贷款，也许会有很多盲目贷款的人来申请，对双方来说贷款风险会加大。从实体经济企业的角度来看，银行采用抵押方式固然可以避免风险，但是这样是否会把一大批抵押能力不足、具有更多无形资产和发展潜力的企业排除在外呢？银行实际上是把道德风险和市场风险混同，使自己处在旱涝保收的无风险状态。

其次，银行强调信用贷款的成本较高，难以监督，还涉及银行的市场覆盖面问题。较少的银行或金融机构，难以覆盖大量市场末端，自然会产生很高的贷款成本。

再次，银行控制市场风险的方式多数是根据行业或市场的经济周期，但这样的判断依据往往过于粗略，它只是表明某种宏观层面的大趋势，无法判断其中的大量微观个体的潜在风险和潜在价值。

刘小玄认为，金融市场的层次表明，每个层次的供需和市场结构是不同的，价格决定也不同，信息成本也不同，不能适用一个标准，只能根据不同层次的市场，采取不同的方法来解决问题。我国金融结构失衡难题，归根结底，在于金融市场的供给主体不足，缺乏必要的市场竞争，在于金融市场设置了过多和过高的进入门槛，使得大量能够为中小企业提供融资渠道的金融供给主体无法进入市场。

不过可喜的是，近年来央行推动的金融市场逐步放开，出现和形成了许多新型金融机构，如大量的小额贷款公司涌现，村镇银行也在试点中不断发展和完善等。新兴金融机构将成为金融创新的“主角”。

通过上述分析，刘小玄提出了我国金融市场改革的“三步曲”构想：一是要合理放开金融市场，降低金融市场的准入门槛，增加新的金融组织，形成足够的金融覆盖面和必要的竞争格局，打破原有垄断金融供给的卖方市场格局，使得卖方能够主动积极寻找买方，而不是坐等买方上门求贷，从而能够发现一切可能的潜在市场需求。二是金融机构能够发现以低成本去搜寻相关信息的渠道，发现潜在需求的方法，在解决信息不对称的前提下，能够使得金融机构的收支平衡并有盈余，因而使银行行为保持可持续性。三是金融系统应当能够为可能存在的银行风险提供必要的防御机制或风险控制机制。

在这一构想中，每一步都需要产生不同于传统银行体制的制度创新和不同于传统银行行为的创新行为，以及不同于传统金融组织的新兴金融组织。刘小玄认为，传统国有银行虽然也可能会有某些零星的创新行为，但一般不会形成主导行为。只有那些新兴金融机构，在原有的市场空间中难以找到自己的位置，因而试图去发现新市场潜力和新需求的行为，才构成了主导行为。

面对新型金融机构的发展，刘小玄认为，目前仍存在着很多问题，主要是两个方面：其一，大的政策上仍然束缚过多，市场未能真正有效放开；其二，对地方政府缺乏合理监管，只是行政干预，缺少经济手段，蕴含一定风险。具体一些政策建议和思考如下：

——小额贷款公司。由于小额贷款公司难以像金融机构那样按利差征税，而是要按照全部贷款利息收税，包括所得税25%、营业税金及附加税5.56%，让这些小额贷款公司不堪负重。

——村镇银行。根据规定，村镇银行需要国有商业银行控股，因而目前村镇银行大多复制了这些国有商业银行的经营模式。然而，村镇银行有自己的特点，因而那些模式并不适合村镇银行的发展。

——担保公司。由于话语权基本在银行一方，而担保公司没有风险转移的机制，一旦发生风险，担保公司只能代偿，然后追偿，而追偿所得往往不能弥补代偿损失。所以可以说，担保机构完全是弱势群体。

——信用社。首要问题是股权机制未理顺。具体来看，省级信用联社与各级独立法人的信用社的关系是传统的行政隶属关系，省联社具有下属信用社经理的任命权，但不具有股权纽带的控股关系，这种不清不楚的关系往往会导致省联社不负责任地滥用任命权，而下属的信用社却要承担任何可能的亏损。

刘小玄说："总之，未来的改革，仍应坚定不移地推动金融市场化的发展方向，这是实体经济效益增长的需要，是资源配置效益提高的需要，也是社会公平的需要。"

资料来源：中国经济导报，2013年1月17日

专栏 7-2

"327"国债期货事件

1995年2月23日，当天上海国债期货市场发生了惊心动魄的历史事件。此事对于我国的资本市场震动之大，堪比美国的"次贷危机"，这就是"327国债期货事件"。

1995年2月23日，是国际期货市场的一个重要交易日。当时，亚洲货币日元大幅震荡，国内通货膨胀形势也很严峻，债券市场一度流传关于财政部对前几年已发国债加息的消息。当日上午，财政部提高"327国债"利率的传言终于得到证实，财政部发布公告称，"327国债"将按148.50元兑付。当天开盘，国债期货市场多头借此"利好"，率先动用80万口（期货交易单位）将前日148.21元的收盘价一举推高到148.50元；接着又以120万口推高到149.10元，100万口再上攻到150元。1分钟内涨了2元；10分钟时涨到3.77元，下午更是冲到151.98元。

当时上海交易所共有33家会员，其中北京和其他地方的机构有9家，其他都是上海本地机构，最大的3家分别是万国证券、申银证券和海通证券；其中万国证券公司一家的股票交易总额，占股票交易总额的一半左右。沪市有100多只股票，当天沪市只有13.5亿元的成交量。与股市相比，债市尽管低迷，但每天的成交量仍在800亿元左右。

以当时“327国债”万国证券的持仓算，“327国债”每涨1元，万国证券亏损约为12亿元。收市前的8分钟，万国证券忍无可忍，开始反击。先以50万口把价位从151.30元压到150元，然后再把价位压低148元；最后一笔730万口，将“327国债期货”一直压低到147.40元，直至收市。特别值得一提的是，最后这笔730万口的卖单，接近中国1994年国民生产总值（GDP）的30%。当天，其实无论多头的成交，还是空头的成交，下单的量，均超过“327国债期货”的发行规模（按理，国债期货交易的单笔成交是有限量的，开市初期，一级会员限2000口；后逐步加至5000口、1万口、2万口，平时，万口以上的单子也很少见）。当时混乱程度可见一斑。使得当日开仓的多头全线爆仓。1995年2月24日，上海国债期市停市，上海证券交易所发出《关于加强国债期货交易监管工作的紧急通知》，就实行涨跌停板制度、加强持仓量限额管理及期货资金使用管理等问题做出了严格规定。2月26日，中国券监督管理委员会颁布《关于加强国债期货交易风险控制的紧急通知》，要求各国债期货交易所立即采取提高保险金比率、密切注意持仓大户交易情况、严格执行每日结算制度和强行平仓制度等对策。上海证券交易所从2月27日开始休市，在监管部门及上海市政府的积极配合下，对“327”国债期货事件进行了调查。

“327国债”的起因，部分人归为加息。对于“327事件”，原上海证券交易所总经理尉文渊曾经有过一些评论：“我做梦都没想到会贴息，回头想想，这算什么事呀！美联储调利息时，都是0.25个百分点地调，咱们这一下子就是5个百分点！我记得高岭讲过，当时我买的是泥饭碗，你却让我还一个金饭碗，我怎么还得起呀！”

“327”风波之后，各交易所虽采取了提高保证金比例、设置涨跌停板等措施抑制国债期货的投机气焰，但终因当时的市场环境所限，上海证券交易所依旧风波不断，4月再次掀起投机狂潮，透支、超仓、恶意操作等现象层出不穷。5月10日，上海证券交易所又爆发了“319”逼空事件。1995年5月17日，中国券监督管理委员会发出《暂停国债期货交易试点的紧急通知》，宣布我国尚不具备开展国债期货交易的基本条件，暂停国债期货交易试点。5月31日，全国14家国债期货交易场所平仓清场完毕，历时两年半的国债交易戛然而止。

资料来源：新浪新闻中心，2010年5月10日

专栏 7-3

索罗斯量子基金

1. 索罗斯简介

被美国《华尔街日报》称为“全球金融界的坏孩子”，被《经济学家》杂志称为“打垮了英格兰银行的人”，被马来西亚前总理马哈蒂尔称亚洲金融危机的纵火犯，他就是索罗斯。乔治·索罗斯，本名是捷尔吉·施瓦茨，1930年生于匈牙利布达佩斯，美国籍犹太裔商人，著名的货币投机家，股票投资者。1947年，17岁的他移居到英国，并在伦敦政治经济学院毕业。他1956年去美国，在美国通过他建立和管理的国际投资资金积累了大量财产。1979年，索罗斯在纽约建立了他的第一个基金会，开放社会基金。1984年他在匈牙利建立了第一个东欧基金会。1987年建立了苏联索罗斯基金会。索罗斯曾获得社会研究新学院、牛津大学、布达佩斯经济大学和耶鲁大学的名誉博士学位。1995年意大利波伦亚大学将最高荣誉——Laurea Honoris Causa授予索罗斯先生，以表彰他为促进世界各地的开放社会所做的努力。

2. 量子基金

量子基金由双鹰基金演变而来。双鹰基金由索罗斯和吉姆·罗杰斯于1969年创立，资本额为400万美元；1973年改名为索罗斯基金，资本额约1200万美元；1979年，索罗斯将公司更名，改为量子公司。基金设立在纽约，其出资人皆为非美国国籍的境外投资者，从而避开美国证券交易委员会的监管。量子基金投资于商品、外汇、股票和债券，并大量运用金融衍生产品和杠杆融资，从事全方位的国际性金融操作。索罗斯凭借其过人的分析能力和胆识，引导着量子基金在世界金融市场一次又一次的攀升，并在破败中逐渐成长壮大。他曾多次准确地预见到某个行业和公司的非同寻常的成长潜力，从而在这些股票的上升过程中获得超额收益。即使是在市场下滑的熊市中，索罗斯也以其精湛的卖空技巧而大赚其钱。经过不到30年的经营，至1997年末，量子基金已增值为资产总值近60亿美元的巨型基金。在1969年注入量子基金的1万美元在1996年年底已增值至3万美元，即增长了3倍。

量子基金虽只有60亿美元的资产，但由于其在需要时可通过杠杆融资等手段取得相当于几百亿甚至上千亿资金的投资效应，因而成为国际金融市场中一股举足轻重的力量。在20世纪90年代中发生的几起严重的货币危机事件中，索罗斯及其量子基金都负有直接责任。

量子基金是高风险基金，主要借款在世界范围内投资于股票、债券、外汇和商品。量子美元基金在美国证券交易委员会登记注册，它主要采取私募方式筹集资金。据说，索罗斯为之取名“量子”，是源于索罗斯所赞赏的一位德国物理学家、量子力学的创始人海森堡提出“测不准原理”。索罗斯认为，就像微粒子的物理量子不可能具有确定数值一样，证券市场也经常处在一种不确定状态，很难去精确度量和估计。

3. 量子基金投资大事记

(1) 1992年狙击英镑。索罗斯的量子基金卖空了相当于70亿美元的英镑，买进了相当于60亿美元的马克，在一个多月时间内净赚15亿美元，而欧洲各国中央银行共计损失了60亿美元，该事件以英镑在1个月内汇率下挫20%而告终。

(2) 亚洲金融风暴。1997年7月，量子基金大量卖空泰铢，迫使泰国放弃维持已久的与美元挂钩的固定汇率而实行自由浮动，其后量子基金和老虎基金试图“狙击”港元，但香港金融管理局拥有大量外汇储备，加上当局大幅调高息率，使对冲基金的计划没有成功，但高息却使香港恒生指数急跌四成。1998年8月，索罗斯联手多家巨型国际金融机构冲击香港汇市、股市和期市，结果以惨败告终。

(3) 在欧洲，英国的英镑危机和意大利里拉危机。20世纪90年代初，为配合欧共体内部的联系汇率，英镑汇率被人为固定在一个较高水平，引发国际货币投机者的攻击，量子基金率先发难，在市场上大规模抛售英镑而买入德国马克。英格兰银行虽下大力抛出德国马克购入英镑并配合以提高利率的措施，仍不敌量子基金的攻击而退守，英镑被迫退出欧洲货币汇率体系而自由浮动，短短1个月内英镑汇率下挫20%，而量子基金在此英镑危机中获取了数亿美元的暴利。不久，意大利里拉亦遭受同样的命运，量子基金同样扮演主角。

(4) 在美洲，墨西哥金融危机。1994年，索罗斯的量子基金对墨西哥比索发起攻击。墨西哥在1994年之前的经济良性增长，是建立在过分依赖中、短期外资贷款的基础之上的。为控制国内的通货膨胀，比索汇率被高估并与美元挂钩浮动。由量子基金发起的对比索的攻击，使墨西哥外汇储备在短时间内告罄，不得不放弃与美元的挂钩，实行自由浮动，从而造成墨西哥比索和国内股市的崩溃，而量子基金在此次危机中则收入不菲。

(5) 在亚洲，1997 年开始的东南亚金融危机。与 1994 年的墨西哥一样，许多东南亚国家如泰国、马来西亚和韩国等长期依赖中、短期外资贷款维持国际收支平衡，汇率偏高并大多维持与美元、一揽子货币的固定或联系汇率，这给国际投机资金提供了一个很好的捕猎机会。量子基金扮演了狙击者的角色，从大量卖空泰铢开始，买进美元。泰铢直线下跌，一下子卷走泰国政府 40 亿美元。迫使泰国放弃维持已久的与美元挂钩的固定汇率而实行自由浮动，从而引发了一场泰国金融市场前所未有的危机。危机很快波及所有东南亚实行货币自由兑换的国家和地区。之后，索罗斯飓风很快扫荡到了印度尼西亚、菲律宾、缅甸、马来西亚等国家。印尼盾、菲律宾比索、缅元、马来西亚林吉特纷纷大幅贬值，导致工厂倒闭、银行破产、物价上涨等一片惨不忍睹的景象。这场扫荡东南亚的索罗斯飓风，一举刮走了百亿美元巨额财富，使这些国家几十年的经济增长化为灰烬。马来西亚前总理马哈蒂尔公开怒斥：索罗斯是亚洲金融危机的纵火犯。

资料来源：李罗力 . 1997. 金融风暴：东南亚金融危机透视 . 贵州人民出版社
/ (美) 乔治 · 索罗斯 . 1999. 金融炼金术 . 海南：海南出版社

专栏 7-4

债务危机是巴西金融危机的罪魁祸首吗?

1. 巴西金融危机简介

1999 年 1 月 13 日，拉丁美洲第一经济大国——巴西政府宣布对本国货币雷亚尔实行贬值，并任命费朗西斯科 · 洛佩斯为中央银行新行长。此举致使拉美各国以及世界其他地区的股市发生动荡，货币危机发展成为一场全面的金融危机，举世震惊，令人深思。

巴西此次发生金融危机绝非偶然。事实上，从 1999 年 10 月起，由于受亚洲金融危机的影响，特别是 1998 年 8 月俄罗斯金融危机的冲击，巴西的股市和汇市多次发生动荡，金融动荡引起巴西资金大量外流，大量的资金外流又打击了巴西经济，并导致巴西外汇储备急剧减少，货币贬值压力越来越大。

1996 年 1 月 6 日，巴西发生一特别事件：当年刚刚上任的巴西第三大州米纳斯吉拉斯州州长伊塔巴尔 · 佛朗哥宣布，该州欠联邦政府的 154 亿美元的债务拖延 90 天偿还；另有 11 个州也要求与联邦政府重新谈判债务问题，加上传出巴西中央银行行长易人的信息，这使得整个巴西的信誉成了问题，早已十分脆弱的外国投资者信心更加动摇。随即，他们开始抛售股票和有价证券并大量撤资，美元的外流不断加快，仅 1 月 12 日一天就有 12 亿美元外逃，达到了顶峰。为了防止外汇储备过度流失，巴西政府于 1 月 13 日扩大了雷亚尔的管理波幅，从原来的 1 美元兑 1.12～1.22 雷亚尔的范围扩大至 1 美元兑 1.20～1.32 雷亚尔，当日雷亚尔贬值近 10%。1 月 15 日，巴西中央银行被迫放弃爬行式钉住汇率制，任凭雷亚尔自由浮动。到 1996 年 1 月 19 日，雷亚尔贬值了 23%。

当有关巴西中央银行行长易人及货币贬值的传闻成为事实后，饱受巴西金融动荡（在当地被称为“桑巴效应”）惊吓的投资者纷纷逃离拉美新市场，致使拉美各国以及世界其他地区的股市发生动荡。

据此间媒体报道，连续动荡了 4 天的拉美两大股市——圣保罗和里约热内卢股市 13 日一开盘就直线下泻，13 分钟内主要股票指数均跌破 10% 大关，股市当局不得不启动“断路装置””，中止交易半小时，以避免造成更大损失。

巴西总统卡多佐立即发表讲话，解释说央行行长易人及货币平均年贬值6%并不意味着政府经济政策的改变，要求公众保持“镇静”。总统讲话后，圣保罗和里约股市交易略有回升，终盘分别下挫5.04%和5.5%。

在遭受巴西“桑巴效应”冲击的地区中，拉美国家首当其冲，南方共同市场的盟友阿根廷的股指下跌了10.37%，跌幅居拉美之首。投资者对于巴西“桑巴效应”的恐惧心理也迅速感染到拉美地区以外的股票交易市场。据报道，亚太地区中国香港、新加坡和澳大利亚等主要股市分别下泻了4.09%、2.01%和0.85%。伦敦、纽约、巴黎、苏黎世、法兰克福、西班牙等世界著名股市全线下泻，其中西班牙股市跌幅达6.5%，创历史纪录。

2. 金融危机原因为债务危机

1999年初巴西金融危机爆发，表面上看也是由货币危机引起的，但仔细分析之后可以发现，巴西货币雷亚尔在贬值之前高估的幅度约为7.6%，并非是危机的主要根源，真正引发这场危机的是债务危机。

1）财政赤字靠举债弥补

作为拉美第一大经济强国，巴西从1994年中开始推出以实行“爬行式钉住美元”为核心的“雷亚尔计划”，成功地遏制了持续十几年的恶性通货膨胀，通货膨胀率从1994年的高达2100%的水平骤降至1998年的4%左右；国内经济由此走上了平衡发展之路，1994～1998年，国内生产总值平均增长4%。然而，公共部门的赤字问题一直没有得到有效解决，政府债务占国内生产总值的比重不断上升，到1998年约为8%；1998年国债余额达到3500亿美元，约占国内生产总值的60%。政府背负巨额债务的主要原因：①虽然通货膨胀率骤然减少，但是政府的名义支出没有相应减少，仍然保持高通货膨胀时的支出规模；②过于宽松的养老保险政策导致养老金支出庞大；③就业政策规定不能随便解雇公务员和工人，存在就业刚性；④中央政府对地方政府的财政支出无严格约束；⑤间接税等税制不合理，等等。

巴西政府的债务问题并非“一日之寒”。为了弥补赤字，政府只得发行巨额国债，据统计，巴西国内银行体系中44%的资产为政府的债券和贷款。由于政府是在高利率的情况下发行国债（短期国债的利率高达25%以上），巨额国债的发行又进一步抬高了市场利率，因此，国债还本付息的压力很大。同时，由于国内私人部门净储蓄率不高，政府只能通过大量举借外债来满足资金需要。1994～1997年，巴西经常项目下的贸易余额从正的108亿美元恶化为负的83亿美元；从贸易余额体现出政府部门净储蓄与私人部门净储蓄的原理来看，巴西巨额的贸易逆差在很大程度上反映出政府部门的净储蓄缺口必须通过境外的资金来支持。从1993～1997年，巴西资本项目余额从76亿美元增长到260亿美元。除外国直接投资大幅增长以外，外国投资人购买巴西债券的数额平均每年递增几十亿美元，境外贷款也快速增长。据统计，到1998年年底，巴西的外债余额约为2300亿美元。由于巴西公司部门借用外债的水平不是很高，所以巴西外债中有很大一部分为政府外债。另据统计，巴西的偿债率为40%，远远高于20%的国际警戒线水平。对外支付的巨额外债利息在很大程度上造成了经常项目的赤字。

2）巨额债务使政府偿债压力过大

从1997年开始，巴西进入偿还内债的高峰期，政府必须从国内外市场借入巨额新债来偿还旧债。这一方面加大了国内货币市场的压力；另一方面，也给外汇市场造成相当大的冲击。与此同时，1998年8月爆发的俄罗斯金融危机进一步影响了国际市场对发展中国家的信心，这既提高了巴西政府借用外债的成本，又造成了大量资金外流，从8月起至10月在短短3个月内，巴西损失了近300亿美元的外汇储备。

为了应付这一局面，巴西政府采取了一系列措施，其中包括提高官方利率、降低外国固定收入投资的所得税和改进财政状况等。1998年11月，国际货币基金组织为巴西安排了415亿美元的一揽子经济调整计划。上述措施在一定程度上有助于减少国内债券市场和外汇市场的压力。1998年12月，巴西仍需偿还大量外债，许多外国银行不再为巴西提供贷款展期，国内公司为了防止本币贬值提前赎回发行的债券，这些因素导致巴西资本项目恶化，外汇储备日益减少。在这种情况下，地方政府的发难对联邦政府来说是雪上加霜，这大大动摇了投资者对巴西政府偿还内外债的信心，终于引发了债务危机。

3）外资大量流出、外汇储备急剧下降

巴西在1994年进行经济改革，由于改革成功，1995年以后外资大举流入巴西，特别是美国金融机构在巴西有大量投资。1998年巴西对外债务上升到2940亿美元。其中短期外债达500亿美元，加上国内短期债务，巴西短期债务总额达1500亿美元。高额债务令巴西财政负担沉重，而1997年爆发的亚洲金融危机使石油价格下跌，令巴西出口收入下降，国际收支状况恶化。在卢布贬值之后，投资者担心巴西货币雷亚尔也将贬值，因此外资大量出逃。7月巴西有23亿美元的资金流入，但到了8月就出现83亿美元的流出。到9月上旬，平均每天有15亿美元流出。资金流失令巴西外汇储备急剧下降，从7月700多亿美元减少到9月的490亿美元。为阻止资金外流，巴西将短期利率提高到近50厘，使巴西经济受到严重打击。从1998年8月初到9月中旬，巴西股市下跌55.5%，巴西1998年经济增长率将从1997年3.1%下降到1.5%。巴西金融危机将严重损害美国的经济增长，美国股市、债市在10月上旬大幅下挫，道·琼斯股指从9月28日的8108.84点下跌到10月25日的7726.24点，美国长债年利率10月9日突破5%，达5.12%。国际货币基金组织为避免巴西危机引发全球性经济衰退，迅速向巴西伸出援手，宣布给予巴西400多亿美元贷款。巴西政府为取得这项贷款，在10月宣布一项为期三年，削减800亿美元财政支出的改革计划，以加强投资者对巴西金融财政的信心。

1998年11月，巴西议会否决政府计划中关于福利改革的方案，令巴西金融市场再度动荡，12月外资流出又呈上升趋势。12月巴西平均每天资金流失量从11月的1.07亿美元增加到1.83亿美元。对此，巴西政府被迫调整汇率，宣布本国货币雷亚尔贬值8.5%，债务危机引发了货币危机，又进一步演变为全面的金融危机。

巴西金融动荡引发的“桑巴效应”威胁着拉美经济，也使其近邻美国甚为担心。后院起火对美国的股市乃至经济产生了较大影响。

资料来源：吴慧琴．2000．国际经济与金融案例评析．广州：广东经济出版社

第 8 章　货币供求与均衡

【教学目标】

通过本章的学习，掌握货币需求的概念，了解马克思货币需求理论以及西方货币需求理论，掌握货币供给及货币供给量的概念，熟悉货币层次的划分，掌握中央银行体制下的货币供给过程以及货币乘数的含义，掌握货币供求均衡的含义，了解货币供求均衡与社会总供求的关系。

【教学要求】

知识要点	能力要求	相关知识
货币需求与货币需求理论	掌握货币需求的概念 掌握货币需求量的概念 了解马克思货币需求理论 了解西方货币需求理论	货币需求是一定时期内，社会各经济主体为满足正常的生产、经营和各种经济活动需要而应保留或持有一定货币的动机或行为 货币需求量就是为了满足各种经济活动需要而必须保留的货币量 货币需求理论有马克思货币流通规律和西方货币需求理论
货币供给与货币层次划分	掌握货币供给的概念 掌握货币供给量的概念 熟悉货币层次的划分	货币供给是指某一国或货币区的银行系统向经济体中投入、创造、扩张（或收缩）货币的过程 货币供给量是一定时点上由社会公众和企事业单位持有的、由银行体系所供给的货币存量总额 我国货币层次划分为流通中的现金（M_0）、狭义货币（M_1）、广义货币（M_2）
中央银行体制下的货币供给过程	掌握基础货币的概念 掌握存款货币的创造机制 掌握货币乘数的含义	货币供给的全过程，就是由中央银行供给基础货币，基础货币形成商业银行的原始存款，商业银行在原始存款基础上创造派生存款，现金漏损的部分形成流通中的现金，银行存款与流通中的现金最终构成货币供给总量的过程
货币均衡	掌握货币供求均衡的含义 了解货币供求均衡与社会总供求的关系	货币均衡是指货币供给与货币需求基本相适应的货币流通状态 货币均衡是社会总供求均衡的一种反映，货币供求和社会总供求之间存在紧密的联系

【导入案例】

中国货币流动性过剩之谜

流动性过剩一直是一个热门话题。所谓流动性过剩指的是货币供给量相对于经济运行的正常需求量而富裕。巨大的过剩货币强劲地推动中国的资产价格上涨，从而开始酝酿出日益扩大的资产泡沫风险。为了防范这个风险，政府一方面在加强回收过剩流动性的力度，另一方面在努力打压地产和股市的泡沫，这些做法无疑都是对的，但要“治本”还得从消除产生过剩货币流动性的根源入手。我们希望搞明白流动性过剩产生的原因，可是经过一番研究努力后，发现围绕流动性产生的原因，有太多的谜团，提出来供大家参考。

谜题之一：货币乘数之谜

从货币流动性过剩产生的源头看，可能是货币乘数的上升，即每单位基础货币所派生形成的广义货币倍数上升，造成广义货币供给量增加，从而产生流动性过剩。由于货币乘数与法定存款准备金率呈反比关系，因此提高法定存款准备金率，从而降低货币乘数始终是各国中央银行消减货币流动性的重要工具。为了抑制中国货币流动性的增长，近几年央行除了不断扩大对冲操作业务，也在不断提高存款准备金率，从 2003 年到 2007 年年初，法定存款准备金率已经从 6%提升到 9.5%，连续提高了 7 次，但是根据央行的报表计算，中国的货币乘数却从 2003 年年末的 4.23 上升到了 2006 年年末的 5.3，为什么在央行大幅度提升存款准备金率的条件下，货币乘数会不降反升呢?

谜题之二：货币流通速度下降之谜

在货币供给量正常的情况下，如果货币的流通速度提升，根据马克思货币流通规律，经济运行的正常货币需求量会减少，使得流通中的货币量相对富裕，因而产生货币流动性剩余。但是从近几年的实际情况看，中国的货币流通速度也呈下降趋势，自 2003 年中国货币流动性过剩显著增强以来，中国的货币流通速度是在不断下降的，按理说这种变化趋势，本应会导致货币流动性的减少，具体地说，如果按照 2002 年的货币流通速度，到 2006 年年末货币的流动性本应是减少 2 万亿元，但结果却是流动性过剩更加显著。所以货币流通速度的变化，不仅不能解释货币流动性过剩产生的原因，反而增加了更多的迷雾。

谜题之三：生产过剩和贸易顺差与货币流动性过剩并存之谜

目前，中国存在着巨大的生产过剩与贸易顺差，是一个既存事实。按照现代西方经济学中商品市场与货币市场的双重均衡模型，当一国在国内存在商品供给过剩的时候，在货币市场必然存在着货币供给不足。因为在商品市场与货币市场中，某一方出现供给过剩，另一方必然是供给不足。现代国际经济学也说明，一国的贸易收支不平衡，必然与该国的货币市场不均衡并存，或者说，国际收支不平衡是国内货币市场存量不均衡的反映，当国内货币供给小于货币需求的时候，就会出现贸易顺差，反之则会出现逆差。所以，当一个国家有贸易顺差的时候，该国的货币市场必然会存在着货币流动性不足，而不是过剩。货币供给代表国内需求，如果货币供给不足，就会导致国内需求不足，从而导致国内的商品市场出现供过于求，进而形成贸易顺差。所以贸易顺差不是国内货币供给不足的原因，而是货币供给不足的结果。反过来说，如果一国的货币供给过剩，就会导致国内需求过旺，从而引起进口大于出口，形成贸易逆差。但这都是传统理论的分析框架，对目前的中国经济已经不适用了。中国经济的现实是，在国内生产过剩和贸易顺差不断放大的同时，也出现了巨大的货币流动性过剩。

相对前面提到的货币乘数之谜和货币流通速度之谜，中国的生产过剩和贸易顺差与货币流动性过剩之谜，就是更大的谜题了，因为这个谜题说明目前中国的经济运行机理，已经与传统的经济运行机理完全不同，甚至完全相反了。

资料来源：根据《中国货币流动性过剩之谜》（王建，2009）整理

市场经济中最基本的关系和规律是供求关系和供求规律，宏观经济的稳定发展要求社会总需求和总供给在长期内保持基本均衡的状态。社会总需求和总供给要在长期内保持基本均衡，则货币流通状态必须实现货币供给与货币需求基本相适应。

8.1 货币需求

8.1.1 货币需求的概念

货币需求是一定时期内，社会各经济主体为满足正常的生产、经营和各种经济活动需要而应保留或持有一定货币的动机或行为。为了满足各种经济活动需要而必须保留的货币量，就是货币需求量。

1. 货币需求的含义

对于货币需求含义的理解，还应把握下面几点：①货币需求是一个存量的概念；②货币需求是有效需求，是一种持有货币的愿望与能力的统一；③现实中的货币需求不仅包括对现金的需求，而且包括对存款货币的需求；④人们对货币的需求既包括了执行流通手段和支付手段职能的货币需求，也包括了执行价值储藏手段职能的货币需求。

2. 微观货币需求与宏观货币需求

微观货币需求是指个人、家庭或企业在既定时间内，在既定的收入水平、利率水平和其他经济条件下，因生活或生产经营活动的需要而应保留一定货币的动机或行为。

宏观货币需求是指一个国家在一定时期内由经济发展和商品流通需要而引起的对货币供给的要求。

3. 名义货币需求与实际货币需求

名义货币需求是指没有消除物价水平变动影响的货币需求，即直接以名义货币来表示的货币需求。

实际货币需求是指剔除了物价水平变动因素之后，根据货币实际能够购买的商品和劳务来衡量的货币需求。

8.1.2 马克思货币需求理论

马克思在《资本论》第一卷中指出："商品世界流通过程所需求的流通手段量，已经由商品的价格总额决定了。"马克思在《资本论》第三卷中写道："现实流通的货币量是由商品的价格和交易量决定的。银行券的流通也受这个规律的支配。"所以，无论是在金属货币流通的情况下，还是在纸币流通的情况下，都是物价和交易量决定现实流通的货币量。

马克思在研究金属货币流通时指出："就一定时间的流通过程来说，商品的价格总额/单位货币的流通次数＝执行流通手段职能的货币量"，这个规律是普遍适用的。按照马克思的原意这一规律可用符号表示为

$$M=\frac{PQ}{V}$$

式中，P 为商品价格；Q 为商品交易量；V 为货币流通速度；M 为货币需求量。

公式表明，一定时期内商品流通所需求的货币量取决于三个因素：商品数量、价格水平、货币流通速度。货币流通速度是指同一单位的货币在一定时期内平均周转的次数。商品数量与商品价格的乘积就是商品价格总额。所以当商品价格总额不变时，流通市场的货币需

求量与货币流通速度成反比；当货币流通速度不变时，流通市场的货币需求量与商品价格总额成正比。

纸币流通规律只是在金属货币流通规律基础上产生的，并受金属货币流通规律的制约，即流通中原来需求多少金属货币量，就应该发行多少同等价值量的纸币。只要这些纸币确实是代替相应金属货币流通的数量来流通，那么纸币流通也反映货币流通规律的要求。

8.1.3　西方货币需求理论

1. 交易方程式

美国经济学家欧文·费雪（Irving Fisher）1911年在其《货币购买力》一书中提出了现金交易说，对古典货币数量论观点作了最清晰的表述。费雪认为人们需要货币，并不在货币本身，而是因为货币可以用来交换商品和劳务，以满足人们的欲望，人们手中的货币，最终都将用于购买。因此，在一定时期内，社会的货币支出量与商品、劳务的交易量的货币总值一定相等。他认为，如果将存款通货除外，物价水平的决定因素包括：①流通的货币数量；②流通货币的效率，即货币流通速度；③商品交易数量。据此，费雪提出了著名的交易方程式：

$$MV=PT$$

式中，M为流通的货币数量；V为货币的流通速度；MV为用以购买商品的货币总量；P为一年内所交易的各种商品的加权平均价格；T为社会商品总交易量。

费雪现金交易说的论述建立在所有市场出清的经济条件下，货币供给的增加会导致价格水平按比例上升，而货币流通速度保持不变。

2. 剑桥方程式

英国经济学家马歇尔（Alfred Marshall）和A.C.庇古（A.C.Pigou）等从货币供求的角度研究价格的决定，提出了现金余额说。因这些经济学家都在剑桥大学任教，这一学说被称为剑桥学派。剑桥学派用下面的方程式予以表述：

$$M=\mathrm{KPY}\ (0<K<1)$$

式中，M为一国的货币供给总量；Y为实际国民收入或国民总产值即总产量；P为平均物价水平或货币价值的倒数；K为人们手中经常持有的货币量（现金余额）与以货币计算的国民收入（或国民总产值）之间的比例。

根据剑桥学派的观点，在充分就业状态下，各经济体所持有现金余额和国民所得保持一个固定或稳定的关系，即国民收入为一常数，人们手中经常持有的货币量与以货币计算的国民收入之间的比例也为常数，那么货币供给总量的增加必然引起平均物价水平的上升。这一结论，与费雪方程式相同。

3. 凯恩斯货币需求理论

凯恩斯（John Maynard Keynes）在1936年出版的名著：《就业、利息和货币通论》一书中系统地提出，从资产选择的角度对货币需求的各种动机作了分析，认为人们持有货币存在流动性偏好，因此产生对货币的需求，这就是凯恩斯流动性偏好理论。

流动性偏好就是公众愿意以货币形式持有财富和收入的欲望和心理。需求货币是偏好流动性或灵活性，因此，货币需求的实质就是流动偏好或灵活偏好。流动性偏好理论认为，流动性偏好与利率呈反方向变动，在利率高时，流动性偏好即货币需求降低；反之，在利率低时，流动性偏好增加，人们总在持有货币得到的效用和放弃货币得到的收益之间进行权衡。

凯恩斯从货币需求的三种动机出发，分析人们持有货币的心理倾向：交易动机、预防动机或谨慎动机和投机动机。货币交易动机和预防动机形成的货币需求称为货币的交易需求，货币的交易需求取决于收入的多少，收入越多，需求量越大。投机性动机又称为资产动机，资产动机形成的货币需求被称为资产性货币需求。在货币需求只考虑货币和债券（公债）的情况下，资产性货币需求取决于市场利率的高低，市场利率越高，货币需求量越小。

凯恩斯认为，一般情况下，由流动偏好决定的货币需求在数量上主要受收入和利率的影响。其中交易性货币需求是收入的递增函数，投机性货币需求是利率的递减函数，所以，货币需求是有限的。

凯恩斯的货币需求理论在 20 世纪 50 年代后进一步得到深入研究和扩展。主要包括鲍莫尔在交易性货币需求分析中考虑了利率因素，得出“平方根定律”；惠伦在预防性货币需求分析中加入利率因素，得出“立方根定律”；托宾在投机性货币需求分析中考虑了预期的不确定性，得出“托宾资产组合理论”。这些理论都在凯恩斯流动偏好的理论基础上，从不同角度对凯恩斯理论进行发展，得出新的结论和模型。

4. 现代货币数量论

凯恩斯货币需求理论，推翻了自 18 世纪以来占支配地位的传统货币数量论，特别是在 20 世纪 30 年代经济恐慌时期和第二次世界大战后的经济恢复中，发挥了重要作用。从 1936 年到 50 年代末期，可称为凯恩斯学派的全盛时期。但是，从 50 年代开始，世界经济大规模的经济萧条已不存在，出现了通货膨胀，到 70 年代，更是出现了“滞胀”，主要发达国家出现通货膨胀的同时生产停滞，失业增加，这种经济环境的变化，凯恩斯理论无法解释。美国芝加哥大学的米尔顿·弗里德曼（Milton Friedman）1956 年发表了其名作——《货币数量论：一种新的阐释》，从而标志着现代货币数量论的诞生。他的理论及其政策主张，被称为“新货币数量论”或“货币主义”。与凯恩斯不同，弗里德曼不再具体分析持有货币的动机，而是笼统地分析影响其他资产需求的因素也必然影响货币需求。

弗里德曼理论一方面采纳了凯恩斯学派把货币作为一种资产的核心思想，形成其货币函数，另一方面肯定了传统货币数量论的长期结论，货币量变动从长期来看只能影响到总体经济中货币部门的名义变量，如物价、名义利率、名义收入等，而不能影响实质部门的真实量，如就业、实际利率、实际产出和生产率等。

对影响货币需求因素的分析结果表明：①实际货币需求不受物价水平的影响；②实际货币需求取决于作为总财富代表的恒久性收入，其变动是相对稳定的；③持有货币的机会成本对货币需求的影响极小，原因在于货币需求对利率变化的敏感性很差。

由此可见，尽管货币需求是多种复杂变量的函数，但是，由于起决定作用的变量受社会生产力水平和制度等因素制约，从长期来看，不会发生大的变动，尤其是具有高度稳定性的恒久性收入这一因素对货币需求起主导作用。一些易变因素如利率、价格变动率等对货币需求的作用十分有限。因此，从总体上看，货币需求函数是稳定的，经过努力，货币需要量是可以预测的。问题的关键在于，货币当局能否按货币需求量控制货币供给，使货币供给量稳定增长。

8.2 货币供给

8.2.1 货币供给与货币供给量

1. 货币供给

货币供给是指某一国或货币区的银行系统向经济体中投入、创造、扩张（或收缩）货币的过程。货币供给首先是一个金融过程，即银行系统向经济体中注入货币的过程；其次，货币供给必然形成一定时点上由社会公众和企事业单位持有的、由银行体系所供给的货币存量总额，一般称之为货币供给量。

2. 货币供给量

货币供给量有名义货币供给量和实际货币供给量之分。名义货币供给量是一定时点上不考虑物价因素影响的货币存量，而实际货币供给量是一定时点上剔除物价因素影响后的货币存量。

8.2.2 货币层次的划分

现实经济中存在着形形色色的货币，需要将它们划分为不同的层次，使货币供给的计量有科学的口径。处于不同层次的货币，因流动性不同，对经济的影响也是不同的。由于不同层次的货币供给形成机制不同、特性不同，调控方式也不同，因此划分货币供给层次有利于有效地管理和调控货币供给量。

1. 国际货币层次的划分

为了提高成员国之间主要金融指标的可比性，国际货币基金组织（IMF）于 1996 年颁布了《货币与金融统计手册》（Manual On Monetary and Financial Statistics，MFSM），随后分别于 1997 年、2000 年两次修改。在 1997 年版的《货币与金融统计手册》中，国际货币基金组织将货币供应量划分为 M_0、M_1、M_2 和 M_3 四个层次，其中：

M_0＝现金，本币流通中现金；

狭义货币 M_1＝M_0＋可转让本币存款和在国内可直接支付的外币存款；

狭义货币和准货币 M_2＝M_1＋一定期限内的（三个月到一年）单位定期存款和储蓄存款＋外汇存款＋CD；

广义货币 M_3＝M_2＋外汇定期存款＋商业票据＋互助金存款＋旅行支票。

2000 年版的《货币与金融统计手册》取消了对货币和货币分层的定义，转而采用更为原则和笼统的方法规范货币供应量统计。但是各国货币统计基本上仍依据流动性强弱把货币依次划分为 M_0、M_1、M_2 和 M_3 等。不过，并不严格遵守从 0 到 3 的排序，有些中央银行只统计 M_1、M_2 和 M_3（如欧洲中央银行），还有中央银行的货币分层采用跳跃式，由 M_0、M_1 直接跳到 M_3 等（如英格兰银行）。

2. 我国货币层次的划分

我国 1994 年 10 月正式向社会公布货币供应量统计。货币供应量分为 M_0、M_1、M_2 三个层次：

M_0＝流通中现金；

狭义货币 $M_1=M_0$＋能开支票进行支付的单位活期存款；

广义货币 $M_2=M_1$＋准货币（储蓄存款和企业存款中具有定期性质的存款）。

2001 年 6 月第一次修订货币供应量，将证券公司客户保证金计入 M_2。2002 年初，第二次修订货币供应量，按照我国各层次货币供应量的统计原则，将在中国的外资银行、合资银行、外国银行分行、外资财务公司以及外资企业集团财务公司有关的人民币存款业务，分别计入不同层次的货币供应量。2003 年 12 月 17 日，中国人民银行发布公告，就第三次修订货币供应量统计分类向社会公开征求意见。征求意见的报告是中国人民银行研究局的《关于修订中国货币供应量统计方案的研究报告》，根据这个报告，原有的金融机构分类方式和各层次货币供应量统计分类将会进行调整。我国货币供应量的统计分类有可能在原 M_0、M_1、M_2 三个层次的基础上，增加一个新的分层 M_3。

M_1 反映居民和企业资金松紧变化，是经济周期波动的先行指标，流动性仅次于 M_0。M_2 反映的是社会总需求的变化和未来通货膨胀的压力状况，流动性偏弱，通常所说的货币供给量，主要指 M_2。

M_1 反映着经济中的现实购买力；M_2 不仅反映现实的购买力，还反映潜在的购买力（因为 M_2 的构成包括定期存款部分，看国际上对货币层次的划分）。若 M_1 增速较快，则消费和终端市场活跃；若 M_2 增速较快，则投资和中间市场活跃。M_2 过高而 M_1 过低，表明投资过热、需求不旺，有危机风险；反之，若 M_1 过高而 M_2 过低，表明需求强劲、投资不足，有涨价风险。

8.2.3　中央银行体制下的货币供给

在中央银行体制下，货币供给的全过程，就是由中央银行供给基础货币，基础货币形成商业银行的原始存款，商业银行在原始存款基础上创造派生存款，现金漏损的部分形成流通中的现金，银行存款与流通中的现金最终构成货币供给总量的过程。

1. 中央银行与基础货币

1）基础货币及其构成

基础货币也称货币基础、初始货币，因其具有使货币供给总量成倍放大或收缩的能力，又被称为高能货币或强力货币。基础货币包括中央银行为广义货币和信贷扩张提供支持的各种负债，主要指银行持有的货币（库存现金）和银行外的货币（流通中的现金），以及银行与非银行金融机构在货币当局的存款。为了更好地理解货币供给的过程，基础货币简略的表示为流通中的现金与商业银行在中央银行的准备金存款之和，用公式表示如下：

$$B=C+R$$

式中，B 为基础货币；C 为流通中的现金；R 为商业银行在中央银行的准备金存款。

中央银行能够直接控制的流通中现金发行和商业银行的准备金存款，之所以被称为基础货币，是因为如果没有现金的发行和中央银行对商业银行的信贷供给，商业银行的准备金存款便难以形成，或者说，它用以创造存款的原始存款的来源就不存在。从这个意义上说，中央银行供给基础货币，是商业银行借以创造存款货币的源泉，是整个货币供给过程中的最初环节。

2）基础货币的投放渠道

在中央银行的资产负债表上（表 8-1），可以看出基础货币其实等于中央银行的货币性负债总额，则中央银行投放基础货币的渠道主要有：①中央银行对商业银行和其他金融机构的资产和负债；②中央银行对政府的资产和负债；③中央银行对国外的资产和负债。

表 8-1　简化的中央银行资产负债表

资产项目	负债和资本项目
贴现及放款	流通中货币
各种证券及财政借款	各项存款
黄金、外汇储备	国库及公共机构存款
其他资产	商业银行等金融机构存款
	其他负债
	资本项目
资产项目合计	负债和资本项目合计

在中央银行对国外的资产负债方面，基础货币量是被动变化的，中央银行很难直接加以控制；中央银行对财政资产负债的变动也没有完全的支配能力。因此，部分基础货币量的增减变化，中央银行只能借助其他的政策措施间接控制；中央银行对商业银行的资产和负债及由此决定的基础货币具有更强、更直接的控制力。

3）中央银行调控基础货币的主要方式

中央银行调控基础货币的主要方式有两种：

（1）公开市场业务，指中央银行在公开市场上买卖国债或其他证券的业务。中央银行从公开市场上购入证券，基础货币也会增加相同的数额。反之同样成立。

（2）贴现贷款。贴现贷款增加时，基础货币也同样增加。反之，中央银行若收回先前发放的贴现贷款，也会引起基础货币的减少。

2. 商业银行与存款货币

1）存款货币

存款货币是指在商业银行等金融机构的存款。由于存款人可以根据银行活期存款或支票存款开出支票，支票又可以在市场上转让流通，具有流通手段和支付手段职能，使银行存款起到了货币作用，故一般将银行活期存款和支票存款称为存款货币或存款通货。

2）简单存款货币创造过程

为了便于理解简单存款货币创造的过程，我们假设满足条件：①部分准备金制度，商业银行每吸收一笔存款，就要按照一定的比例提取法定准备金，存入中央银行的准备金账户上，且商业银行不再额外提取准备金，即超额准备金为零；②非现金结算制度，是在银行存款的基础上，通过存款账户的转移来完成货币的收付和债权债务关系的建立及解除，流通中的现金为零；③非支票存款为零，没有从支票存款向定期存款或储蓄存款的转化；④二元银行体制，由中央银行和多家商业银行组成。

假设为了增加货币供给量，中央银行在公开市场上从某甲手中购进国库券 100 元，某甲将 100 元现金（或支票）存入 A 银行，存款准备金率为 20%，下面是存款创造过程。

(1) 客户甲在 A 银行存入 100 元现金，A 银行按 20% 比例缴存法定准备金，其资产负债表如表 8-2 所示。

表 8-2　A 银行资产负债表

资产		负债	
法定准备金	20	存款	100
现金	80		

(2) A 银行对客户乙放贷款 80 元，其资产负债表如表 8-3 所示。客户乙提现后购买在 B 银行开户的客户的商品，存款划入 B 银行。

表 8-3　A 银行资产负债表

资产		负债	
法定准备金	20	存款	100
贷款	80		

B 银行按新增存款 20% 比例缴存法定准备金，其资产负债表如表 8-4 所示。

表 8-4　B 银行资产负债表

资产		负债	
法定准备金	16	存款	80
现金	64		

(3) B 银行对丙客户发放贷款 64 元，丙客户因转账支付活动，存款划入 C 银行，其资产负债表如表 8-5 所示。

表 8-5　C 银行资产负债表

资产		负债	
法定准备金	12.8	存款	64
现金	51.2		

这种行为进行了无限回合后，在最初存进银行的 100 元“原始存款”全部变成准备金后停止。最后银行总体的账户上负债有 500 元存款，资产有 400 元贷款和 100 元准备金（表 8-6）。

表 8-6　简单存款货币创造过程示例　　（单位：元）

银行	新增加的存款	新增存款准备金	新增银行贷款
A	100	20	80
B	80	16	64
C	64	12.8	51.2
D	51.2	10.24	40.9
⋮	⋮	⋮	⋮
总计	500	100	400

3) 存款创造乘数

公式推导：

$$\Delta D_d=\Delta R\times[1+(1-r_d)+(1-r_d)^2+\cdots+(1-r_d)^{n-1}]=\Delta R\times\frac{1}{1-(r_d)}=\Delta R\times\frac{1}{r_d}$$

令 $k=\frac{\Delta D}{\Delta R}=\frac{1}{r_d}$，称为简单存款创造乘数。

根据以上结论，我们得出了简单存款货币创造机制：银行体系新增一笔原始存款（准备金），经过银行体系一连串存款→贷款→再存款→再贷款……引致新增加的存款总额是新增原始存款（准备金）的若干倍。法定存款准备金率是影响商业银行存款货币创造能力的最主要因素。如果法定存款准备金率上调，商业银行存款准备金增加，存款货币的创造能力就减少；相反，存款货币的创造能力就增强。

8.2.4　货币乘数与货币供给量

1. 货币乘数的含义及公式

一定的货币供给总量必然是一定的基础货币按照一定倍数或乘数扩张后的结果。或者说，货币供给量总是表现为基础货币的一定倍数。货币乘数也称为货币扩张倍数或货币扩张系数，是指中央银行投放或收回一单位基础货币，通过商业银行的存款创造机制，使货币供给量增加或减少的倍数。这个倍数用货币供给量与基础货币的比值来表示。

$$K=\frac{M}{B}=\frac{c+1}{c+r_d+e+r_t t}$$

式中，K 为货币乘数；M 为货币供给量；以 B 为基础货币；c 为现金漏损率；r_d 为活期存款法定准备率；e 为超额准备率；t 为定期存款占活期存款的比例。由此可见，货币供给是由各种因素共同决定的。

2. 决定货币乘数的因素

从货币乘数的公式可以看出，决定货币乘数的因素有现金漏损率 c、定期存款比率 t、超额准备金率 e、法定准备率 r_d 和 r_t。

1）现金漏损率

现金漏损率 c 是指流通中现金与活期存款的比率。在现实经济生活中，活期存款总会有一部分以现金形式被提走，流出银行体系，银行就不能利用它们来进一步扩张贷款。现金漏损率 c 的提高会使货币乘数下降，创造存款的数量下降。

一般来说，影响现金漏损率 c 的因素有：①社会大众可支配收入水平的高低。可支配的收入越高，需要持有的现金越多，但是 c 趋于下降。②用现金购买或用支票购买的商品和劳务的相对价格的变化。比如，食品的价格相对于耐用消费品价格上升，会增加现金需求，c 值提高。③大众对通货膨胀的预期。预期的通货膨胀率高，c 值则高。相反，c 值就低。④地下经济规模的大小。地下经济多以现金交易为主，其规模越大，现金比率 c 也越大。⑤社会的支付习惯。信用工具的发达程度、社会及政治的稳定性、利率水平等都影响 c 值的变化。

2）定期存款比率

活期存款向定期存款的转化比率 t 对存款创造也会产生制约。在其他条件不变情况下，t 值增加，货币乘数就会下降；t 值减少，货币乘数就会上升。影响 t 值的主要因素有两点：①银行的存款利率。一般来说，如果定期存款的利率上升，则会导致活期存款向定期存款转化，从而使 t 值增大，反之 t 值减小。②通货膨胀预期。t 值的大小同人们的通货膨胀预期有密切的关系，预期通货膨胀率高时，t 值降低。

3）超额准备金率

一般来讲，银行并不会将其全部超额准备金用来发放贷款或购买证券。为了保持资金的流动性，银行经常会持有超额准备金。而且，银行所保持的超额准备金总额与活期存款有一个稳定的比率，称为超额准备金率 e，它的变化与创造存款能力成反比。即超额准备金率 e 上升，货币乘数变小；反之，货币乘数则变大。

商业银行愿意持有多少超额准备金，主要取决于以下因素：①持有超额准备金的机会成本的高低，即生息资产收益率的高低。如果利率低，超额准备金率 e 就高。反之亦然。②借入准备金的成本高低，主要是中央银行再贴现率的高低。再贴现率高，意味着借入准备金的成本增高，商业银行就会保留较多的超额准备金，以备不测之需。反之，如果借入准备金的成本较低，就没有必要保留较多的超额准备金，超额准备金率 e 就低。③银行拆入资金的能力。银行获取短期负债的能力越强，超额准备金率 e 就越低。反之亦然。

4）法定准备率

法定准备率 r_d 和 r_t 的大小是由中央银行决定的。准备率上升，货币乘数变小；反之，货币乘数则变大。

中央银行主要通过控制基础货币 B 和调整法定存款准备率 r_d 和 r_t 来影响货币供给。而现金漏损率 c 和超额准备金率 e 及定期存款与活期存款的比率 t 等，则主要由商业银行和社会公众的行为所决定。当基础货币不变时，货币乘数与货币供给成同方向正比例变化的关系。因此，只有中央银行、商业银行和其他金融机构、财政、企业、家庭、个人等各自的经济行为维持较为稳定的趋势，货币乘数值的变动幅度和变动方向才能保持稳定。

8.3 货币均衡

8.3.1 货币均衡的含义与判断

所谓货币均衡，是指货币供给 M_s 与货币需求 M_d 基本相适应的货币流通状态，即 $M_s=M_d$。其具体含义是货币供给量的实际操作结果和客观需求量相一致，或当年的货币发行量与经济增长的合理需求相适应。

在现实生活中，货币供给与货币需求之间往往呈现三种状态：供给大于需求；需求大于供给；供需基本相适应。前两种状态，我们称之为货币失衡，它往往会导致市场价格和币值不稳，给国民经济带来负面影响。而第三种状态，即货币均衡状态是最为理想的。

货币均衡首先是一个动态的过程，通常是指在一定利率水平下的货币供给同货币需求之间相互作用后所形成的一种状态。其次，货币均衡的实现具有相对性，货币均衡并不要求货币供给量与货币需求量完全相等。

货币均衡的两个判断标志，就是商品市场上的物价稳定和金融市场上的利率稳定。利率稳定是货币供求平衡的直接反映，而物价稳定可反映出商品市场上商品与劳务能迅速转换为货币，因而也是货币均衡的标志。

1．物价

如果物价水平提高，则名义收入增加，名义货币需求增加；如果物价水平下降，则名义收入减少，名义货币需求减少。如果名义货币供给不能随之调整，必然带来货币供求的非均衡。尽管物价水平变化带来的名义货币需求的变化并不会引起实际货币需求的变化，但是如果名义货币供给不变，则物价水平的变化会引起实际货币供给（名义货币供给/物价水平）的变化，就会造成货币供给的非均衡。

当货币供给大于货币需求时，货币购买力下降，物价水平提高，名义货币需求增加，货币供求实现均衡。货币供给小于货币需求时，货币购买力提高，物价水平下降，名义货币需求减少，货币供求实现均衡。由此可见，货币的非均衡表现为物价的变化，物价变化又会使货币供求在新的水平上达到均衡。

2. 利率

在市场经济条件下，货币的均衡和非均衡更重要的表现为利率的变化。利率与社会公众的货币需求呈负相关关系。而对于货币供给来说，利率越高，商业银行超额储备的机会成本越高，超额储备越少，货币乘数越大，货币供给越多，即利率与货币供给呈正相关关系。

8.3.2　货币供求与社会总供求

从形式上看，货币均衡是货币领域内货币供给和货币需求相等的一种货币流通状态，但从实质上看，货币均衡是社会总供求均衡的一种反映，货币供求和社会总供求之间存在紧密的联系。

如果以 M_s、M_d、S、D 分别代表货币供给、货币需求、社会总供给和社会总需求，通过以上分析，货币供求与社会总供求的关系可以表示，如图 8-1 所示。包括以下含义：

(1) 总供给决定了一定时期的货币需求。因为，在商品货币经济条件下，任何商品和劳务都需要货币来表现或衡量其价值量的大小，并通过与货币的交换实现其价值。因此，有多少商品和劳务的供给，必然就需要相应货币量与之对应。

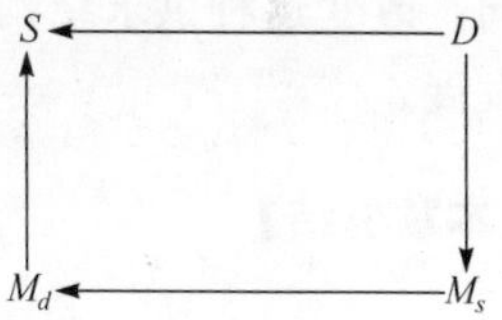

图 8-1　货币供求与社会总供求的关系

(2) 货币的需求决定了货币的供给。就货币的供求关系而言，客观经济过程的货币需求是基本的前提条件，货币的供给必须以货币的需求为基础，中央银行控制货币供给量的目的，就是要使货币供给与货币需求相适应，以维持货币的均衡。

(3) 货币的供给形成总需求，因为任何需求都是有货币支付能力的需求，只有通过货币的支付，需求才得以实现，因此在货币周转速度不变的情况下，一定时期的货币供给水平，实际上就决定了当期的社会需求水平。

(4) 总需求必须与总供给保持平衡，这是宏观经济平衡的出发点和复归点。

8.3.3　中央银行对货币供求的调节

中央银行总是针对具体的货币供求状况来进行调节。一般而言，货币供求状况可能有以下几种情况。

1. 货币供求均衡

货币供求均衡，社会总供求也处于均衡状态。此时，物价水平稳定，生产发展，资源得到有效的利用。这是一种较为理想的状态。这种情况下，中央银行应采取一种中立的货币政策。供给多少货币，完全由经济过程中的各种力量来决定，中央银行不必从外部给予调节。

2. 货币供给不足

货币供给不足，则客观的货币需求得不到满足，整个经济必然会处于萎缩或萧条状态，资源大量闲置，企业开工不足，社会经济的发展因需求不足而受阻。这种情况下，中央银行就应采取一种扩张性的货币政策，增加货币供给，降低市场利率，刺激社会总需求的增加，从而促进生产的恢复和发展，促使货币的供求保持其均衡。

3. 货币供给过多

货币供给量超过货币需求量，整个经济必然会处于过度膨胀的状态，生产发展很快，各种投资急剧增加，市场商品物资供给不足，大多的货币追逐太少的商品，物价上涨。这时中央银行就应采取一种紧缩的政策，缩减货币供给量，提高市场利率，抑制社会总需求的增加，从而使物价趋于稳定，社会的货币供给与货币需求趋于均衡。

4. 货币供需结构性失衡

货币供需结构性失衡是指货币供给与货币需求构成不相适应，一些经济部门由于需求不足，商品积压，一些商品不能顺利实现其价值和使用价值，生产停滞。而另一些经济部门则需求过度，商品供不应求，价格上涨，生产发展速度很慢。这表明整个经济结构失调，发展畸形。这时，中央银行的货币政策应有松有紧，松紧搭配，通过调整货币供给的构成和流向，改变这种供求结构不相适应的状况，促使供求结构趋于协调，以促进整个经济的协调发展。

【本章小结】

货币需求是一定时期内，社会各经济主体为满足正常的生产、经营和各种经济活动需要而应保留或持有一定货币的动机或行为。货币需求量就是为了满足各种经济活动需要而必须保留的货币量。马克思关于货币需求的理论是：货币流通规律是普遍适用，即执行流通手段职能的货币量＝商品的价格总额/单位货币的流通次数。西方货币需求理论具有代表性的主要有：美国经济学家欧文·费雪提出的交易方程式 $MV=PT$；马歇尔和庇古等提出的现金余额说，即剑桥方程式 $M=KPY$；凯恩斯提出的流动性偏好理论，从货币需求的三种动机，即交易动机、预防动机和投机动机；以弗里德曼为代表的现代货币数量论，不再具体分析持有货币的动机，而是笼统地分析影响其他资产需求的因素也必然影响货币需求。

货币供给是指某一国或货币区的银行系统向经济体中投入、创造、扩张（或收缩）货币的过程。货币供给量是一定时点上由社会公众和企事业单位持有的、由银行体系所供给的货币存量总额。现实经济中存在的货币，按照流动性的不同，可以划分为不同的层次，我国货币层次划分为：流通中的现金（M_0）、狭义货币（M_1）、广义货币（M_2）。货币供给的全过程，就是由中央银行供给基础货币，基础货币形成商业银行的原始存款，商业银行在原始存款基础上创造派生存款，现金漏损的部分形成流通中的现金，银行存款与流通中的现金最终构成货币供给总量的过程。基础货币由中央银行供给，主要指银行持有的货币（库存现金）和银行外的货币（流通中的现金），以及银行与非银行金融机构在中央银行的存款。商业银行的存款创造机制是：银行体系新增一笔原始存款，经过银行体系一连串存款→贷款→再存款→再贷款，引致新增加的存款总额是新增原始存款的若干倍，其倍数即为货币乘数，是指中央银行投放或收回一单位基础货币，通过商业银行的存款创造机制，使货币供给量增加或减少的倍数。

货币均衡是指货币供给与货币需求基本相适应的货币流通状态，其具体含义是货币供给量的实际操作结果和客观需求量相一致，或当年的货币发行量与经济增长的合理需求相适应。货币均衡是社会总供求均衡的一种反映，货币供求和社会总供求之间存在紧密的联系。

【关键术语】

货币需求　货币供给　货币乘数　货币均衡

【复习思考题】

1. 比较费雪方程式与剑桥方程式的主要异同点。
2. 影响基础货币的因素包括哪些？
3. 阐述货币乘数产生的内在机理。
4. 什么是货币均衡？其内涵是什么？

专栏 8-1

货币流通速度是常数吗？

古典经济学家得出的货币数量决定名义收入的结论，是建立在他们将货币流通速度 $V=PT/M$ 视为常量的基础上的。那么，这样做合理码？

货币流通速度（GDP/M_2）是在一定程度上反映全体经济社会对央行提供的货币供应量的使用效率，是内含了社会各经济主体运用各种金融资产后的状况。如果用名义 GDP 代表商品价格总额，M_1 代表交易性货币需要量，货币流通速度的计算公式由 $V=PT/M$ 调整为 $V=GDP/M_1$。让我们来看一看我国 1978～2010 年的货币流通速度变化状况。

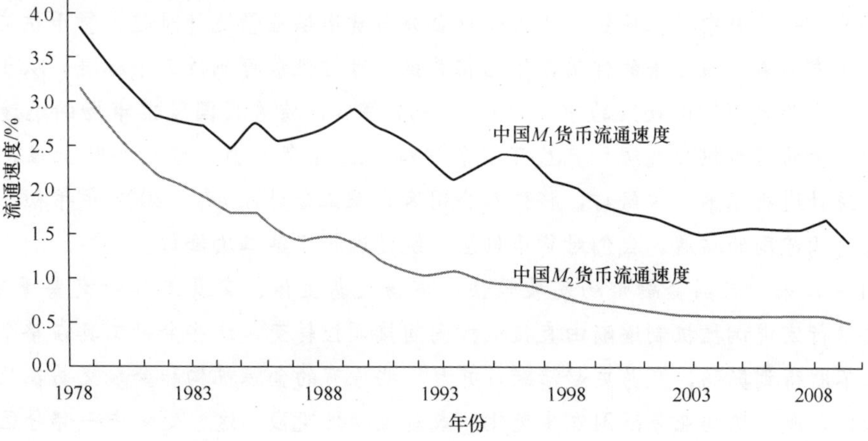

图 8-2　1978～2010 年中国货币流通速度的变化

资料来源：根据中国人民银行、CEIC、国家统计局、招商证券研发中心历年统计资料整理

中国的 M_1 流通速度在 30 年间发生了较大的波动，呈现出先下降，后上升，再持续下降的变化过程，而 M_2 的流通速度则一直保持着下降趋势。从整体上看，中国的货币流通速度是不稳定的，更谈不上是常数了。

事实上，我国货币流通速度的持续下降早已引起了人们的注意，并且把由此引发的货币现象称为“货币的流失”。我们从交易方程式中看到，在名义国民收入不变的条件下，如果货币流通速度 V 下降，那么货币供应量 M 将无形中被“放大”。但事实上，货币供应量是没有发生变化的，因此这部分“新增”的货币供应量就被称为“流失的货币”，这种由于货币流通速度的下降导致的货币供应量的消失就称为“货币的流失”。

我们不妨分析一下导致中国货币流通速度下降，并进而产生货币流失的原因。

首先，改革开放以来中国货币化程度的加深导致货币流通速度下降。所谓的货币化就是指国民收入中以货币为媒介的商品交易越来越多，以及人们以更多的货币等金融资产作为财富的储藏手段。这种货币化的现象就要求经济体吸收更多的货币，从而导致在名义国民收入不变的情况下货币流通速度的下降。

其次，我国居民储蓄近年来持续快速增长，使得货币的价值储藏职能得到强化，在货币总量不变的情况下，减少了作为交易媒介的流通中的货币。非流通货币比重的增大，也会导致货币平均流通速度的降低。

再次，金融市场快速发展，吸收了一部分货币用于金融资产的交易，从而使得货币平均流通速度下降。

最后，资本外逃也会降低货币的平均流通速度，流入到国外的资本并不参与国内商品劳务的交换，这使得本国流通中的货币减少，从而降低了货币的平均流通速度。

资料来源：杨长江，张波，王一富. 金融学教程. 复旦大学出版社

专栏 8-2

有关金融资产计入不同层次货币供应量的原因分析

从 1994 年 10 月中国人民银行正式向社会公布货币供应量统计时起，货币供应量在我国货币政策中发挥着日益显著的作用，依据相关性、可控性和可测性三个标准，从 1996 年起，货币供应量成为我国货币政策的中介目标。1994 年后，随着我国股票市场的迅速发展，其新股申购资金对货币供应量统计产生了显著影响。2001 年 6 月，经国务院批准，我们对货币供应量统计进行了第一次修订，将证券公司客户保证金计入 M_2。2002 年年初，随着我国金融统计机构范围的拓展，我们对货币供应量统计进行了第二次修订。

1994 年以来，我国金融市场发展较快，市场交易主体、交易工具和交易量不断扩大。我国中央银行宏观调控机制逐渐由直接调控向间接调控转变，这些金融工具在整个金融市场中的地位不断得到提高，交易更趋活跃，并且一些原有的金融机构和金融交易在此背景下有了新的含义，或是机构业务范围发生变化，或是流动性变强。这些变化中一部分已对现行的货币供应量统计和货币政策产生了一定影响。按照这些金融工具的流动性、价值储藏手段、对货币政策的影响，以及 IMF2000 年《货币与金融统计手册》的建议和各国的货币供应量统计，从货币定义的三个组成部分即金融资产种类、货币持有者和货币发行者三个方面具体

分析如下。

1. 银行卡项下的个人人民币活期储蓄存款、应解汇款和临时存款、汇出汇款、汇入汇款和本票计入 M_1

在现行的货币供应量统计中，银行卡项下的个人人民币活期储蓄存款、应解汇款、临时存款计入在广义货币 M_2 内，汇出汇款、汇入汇款和本票则没有统计在货币供应量统计中。由上述分析可知，银行卡项下的个人人民币活期储蓄存款、应解汇款和临时存款、汇出汇款、汇入汇款和本票，都是一些可转让性存款，按照 IMF2000 年《货币与金融统计手册》第 289 条“现钞和可转让存款构成了最具流动性的金融资产，所有国家都将其纳入广义货币总量”及注 28“在许多国家，现钞和可转让存款构成了通常所称的‘狭义货币’”的建议，我们将这些可转让存款调整计入狭义货币 M_1。

2. 将已签发的银行承兑汇票计入 M_3

从银行承兑汇票这种金融资产的支付功能、流动性、对经济的影响和 IMF2000 年《货币与金融统计手册》第 310 条“存款性公司发行的银行承兑汇票能够在有效的二级市场进行交易，则其可以归入广义货币”分析，我们建议将已签发的银行承兑汇票计入 M_3。

3. 短期政策金融债券和债券回购协议暂不计入货币供应量

短期政策金融债券和债券回购协议都是具有一定流动性的金融资产，从 IMF2000 年《货币与金融统计手册》第 309 条的建议“由存款性公司发行的一些股份之外的一些短期证券如果在期满之前进行交易，能够以合理的时滞和接近于面值的价格转换为现金或可转让存款，因此它们通常都归入广义货币总量”和第 303 条“如果回购协议在国家定义中属于广义货币的一部分，就应将其划为其他存款”，以及各国实践看（如欧洲中央银行、日本等国），由存款性公司发行的一些期限较短的短期政策金融债券和债券回购协议是可以计入货币供应量统计的。

1994 年公布货币供应量统计时，我国还没有短期政策金融债券这种金融工具，债券回购协议的交易也不大，在当时的货币供应时统计中没有包括存款性公司发行的这两种金融资产。从目前情况看，存款性公司发行的短期政策金融债券和债券回购协议的存量仍十分有限，统计上也存在一定困难，因此，此次修订中暂不考虑这部分。

4. 将保险公司和证券投资基金管理有限公司在存款性公司的存款、住房公积金存款计入 M_3

证券投资基金管理有限公司和住房公积金都是 1994 年后出现的金融机构和金融工具，当时保险公司在存款性公司的存款量不大，因此，在 1994 年公布货币供应量统计时并不包括这一部分的内容。

但是，近年来，保险公司和证券投资基金管理有限公司在存款性公司的存款和住房公积金存款的增长速度较快，同时它们也是具有一定流动性的存款。与企业定期存款不同的是，这些存款在存放或提取时有一定条件。如保险公司的协议存款，最低起存金额为 3000 万元，期限为 5 年期（不含 5 年期）；住房公积金存款的提取，必须是在存款人有用于购房、维修房屋需求时，才可使用。因此，我们建议将这些存款计入 M_3。

对于担保公司、养老基金公司、期货公司等以及未来可能出现的汽车、住房消费者融资机构等在存款性公司的存款，由于目前统计上存在一定困难，此次暂不考虑计入货币供应量统计，未来条件成熟后再进行研究和统计。

5. 境外流通的人民币现金仍计入 M_0

境外流通的人民币现金是非常住机构单位的资产，我国中央银行的负债。从我国实际情况看，境外流通的人民币现金量占流通中货币的比例并不大，数据的取得也存在比较大的困难。此外，按照IMF2000年《货币与金融统计手册》第317条的建议“虽然中央银行和非常住机构单位持有的本币在原则上可以排除在广义货币之外，但如果持有量相对较小，花大力气来判断这种持有量可能没有必要”。我们认为，目前境外流通的人民币现金仍统计在 M_0 中。

资料来源：中国人民银行研究局．修订我国货币供应量统计的背景．2003年12月17日

专栏 8-3

外汇储备与货币供给

我国自1994年实行汇率并轨，在人民币汇率波幅和交易会员持有头寸双双受到限制的情况下，为保证市场出清，央行不得不被动干预外汇市场，这就使央行货币政策陷入两难境地。一方面，外汇储备增加导致货币供给量扩张，对货币政策造成冲击。在现行汇率管理制度下，央行必须无限度地承担外汇资金的回购责任，因此随着外汇储备的增长，外汇占款投放量不断加大，据中国人民银行公布的统计数据，截至2007年6月底，我国外汇储备余额为13 326万亿美元，同比增长41.6%。2007年上半年外汇储备增加2663亿美元，已超过2006年全年的2473亿美元增加额。外汇储备形成的基础货币的投放占同期基础货币的比重高达95.4%，如按一年期央行票据利率1.9%的水平计算，央行每年为“对冲”操作支付的成本也是相当巨大的。同时，根据货币供给理论，基础货币在货币乘数的作用下，货币供应量会成倍增加。可以预计，若外汇占款导致基础货币投放继续放大，不仅会改变我国货币供给结构，而且会加大中央银行的货币“对冲”压力，进一步构成通货膨胀的潜在威胁。另一方面，在外汇储备增加引起外汇占款增加后，为确保货币供应量的适度增长区间，必须减少中央银行再贷款，而这会导致国内信贷收缩，将增加人民币利率的上升压力，反过来又迫使中央银行买入外汇，使货币政策操作陷入循环的两难困境。

1996年以来的 M_0、M_1、M_2 和外汇储备的变动趋势，如图8-3～图8-5所示。

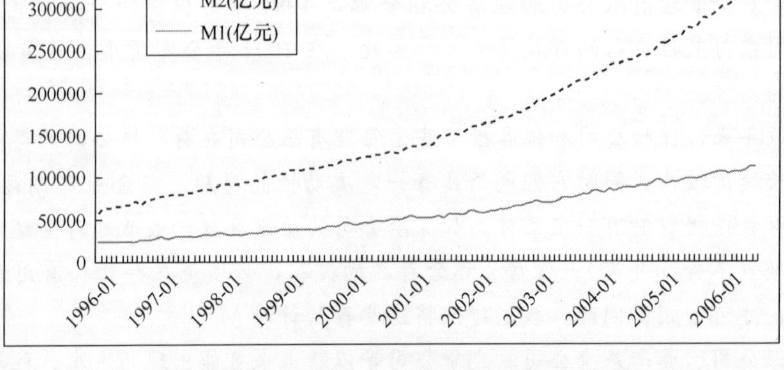

图8-3　M_1 和 M_2 的变动趋势

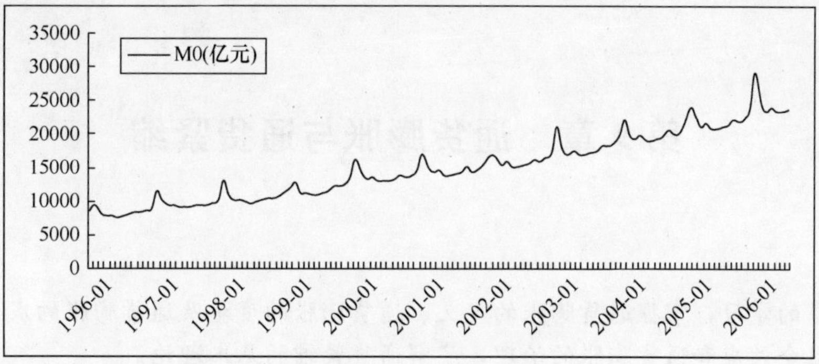

图 8-4　M_0 的变动趋势

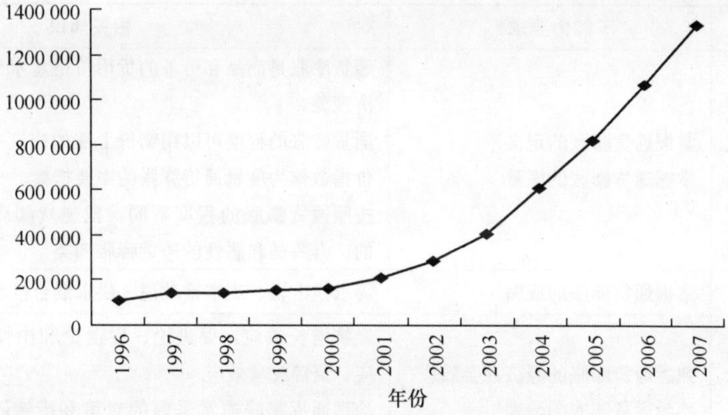

图 8-5　1996～2007 年外汇储备的变动趋势

资料来源：高额外汇储备与我国经济的结构性弊端. 经济参考报，2006 年 6 月 3 日

第9章　通货膨胀与通货紧缩

【教学目标】

通过本章的学习，掌握通货膨胀的定义、通货膨胀的度量及通货膨胀的成因，熟悉通货膨胀的经济社会效应和通货膨胀的治理，了解通货紧缩的基本理论。

【教学要求】

知识要点	能力要求	相关知识
通货膨胀的定义及度量	掌握通货膨胀的定义 掌握通货膨胀的度量	通货膨胀是商品和劳务的货币价格总水平持续明显上涨的经济现象 通货膨胀的程度可以用物价上涨的幅度来衡量，普遍采用物价指数作为度量通货膨胀的主要指标。 按照通货膨胀的程度不同，把通货膨胀分为爬行的、温和的、奔腾的和恶性的通货膨胀四类
通货膨胀的成因	掌握通货膨胀的成因	需求拉上说、成本推动说、供求混合推动说和结构说
通货膨胀的经济社会效应及其治理	熟悉通货膨胀的经济社会效应 熟悉通货膨胀的治理	经济增长效应：促进论、促退论和中性论；收入再分配效应；资源配置效应 治理通货膨胀通常采取的对策和措施：需求政策、收入政策、供给政策和结构调整政策
通货紧缩	了解通货紧缩的基本理论	通货紧缩指的是商品和劳务的货币价格总水平持续下降，货币不断升值的过程 通货紧缩形成的原因：货币政策失误、有效需求不足、劳动生产率的提高、生产能力过剩

【导入案例】

600万第纳尔一个巧克力棒

南斯拉夫贝尔格莱德的卢纳商店，一个巧克力棒值600万第纳尔。短短的一则通告指示："物价提高90%。"这家店在世界其他地方只能算一个小本经营店，要不是店里的计算机不能处理三位数变动，物价甚至应该上升100%。

这是经理Nikolic先生3天内第二次提高价格。他用拖把挡住门，以防止讨价还价的顾客进来。计算机在标签纸上打印出新价格。经理和两个助手忙着把纸撕下来并粘到货架上。他们以前是把价格直接贴到物品上，但物品上贴了这么多标签，让人很难弄清哪个是新标价。

4个小时之后，拖把从门口拿走了。顾客进来，搽搽眼睛看着标签，数数上面有多少个零。当计算机打印出另一种商品价格时，Nikolic本人也看着，这是一台录像机。他自言自语："是几十亿吗?"准确地说是20 391 560 223第纳尔。他指着自己的T恤衫，T恤衫上印着一个词"不可思议"，这句话是对塞尔维亚经济的绝妙写照。"这简直是疯狂"，他说。

除此之外你还能如何描述它呢？自从国际社会实行经济制裁以来，通货膨胀至少每天是10%。如果把这个数字换算成每年的比率则会有 15 个零——高到没有任何意义了。在塞尔维亚，在凯悦酒店 1 美元换到 1000 万第纳尔，在共和国广告上急需用钱的人要换 1200 万第纳尔，而在贝尔格莱德地下社会控制的银行里要用 1700 万第纳尔换 1 美元。塞尔维亚人抱怨说，第纳尔和卫生纸一样不值钱。

据说隐蔽在贝尔格莱德一条道路附近公园中的政府印钞厂正在一天 24 小时印制第纳尔，以力图与加速的通货膨胀保持一致，反过来无止境地印第纳尔又加速了通货膨胀。相信只要发钱就能安抚反对者的政府需要第纳尔来为关门的工厂和机关中不工作的工人发工资。它需要钱购买农民的农产品。它需要钱为走私掠夺和其他避开制裁的方法筹资，以便运进从石油到 Nikolic 店里的巧克力棒的每一种东西。它也需要支持兄弟的塞尔维亚人在波黑和克罗地亚打仗。

一位外汇交易者拿着 500 万张价值 8 亿第纳尔的钞票说："这些钞票是刚印出来的。"他说，他从一家私人银行得到这些钞票，私人银行是从中央银行得到的，而中央银行得益于印钞厂——这是把黑市和财政部联系在一起的一条罪恶管道。"这是集体疯狂"，外汇交易者一边说，一边诡异地笑着。

资料来源：罗格尔·瑟罗．塞尔维亚的通货膨胀．华尔街日报，1993 年 8 月 4 日

在一国宏观经济运行过程中，货币供求均衡不是经常出现的，相反，货币供求失衡却经常发生。货币供给大于货币需求将导致一般物价水平持续上升，出现通货膨胀。反之，货币供给小于需求将导致一般物价水平下降，出现通货紧缩。尤其是对于通货膨胀，世界各个国家普遍经受过这种经济问题的困扰。对通货膨胀的研究已成为经济学理论的一个重要组成部分。

9.1　通货膨胀的定义及度量

通货膨胀是我们在当代经济学中以及日常生活中会经常提到的。大多数人普遍的、直观的理解是"钱不值钱了"、"几乎所有东西都涨价"。

9.1.1　通货膨胀的定义

通货膨胀的定义是：通货膨胀是商品和劳务的货币价格总水平持续明显上涨的经济现象。这一定义包含以下四个要点：①通货膨胀不是局部性的个别商品和劳务价格的上涨，而是指"价格总水平"的上涨；②通货膨胀不是季节性、暂时性或偶发性的价格上涨，而是具有一定趋势的"持续"价格上涨；③通货膨胀是用货币数量标出的"货币价格"的上涨，而不是商品、劳务与商品、劳务之间的对比关系的变化；④通货膨胀是价格总水平"明显"的上涨，而不是轻微的价格水平上升，当然这是个主观性的概念，取决于人们对通货膨胀的敏感程度。

通货膨胀的表象是过多的货币追逐过少的商品，从而引起货币价格总水平持续明显的上涨，因此"无论何时何地，通货膨胀总是一种货币现象"。通货膨胀的本质是货币贬值，通货膨胀的发生总是与货币供应量超过经济增长所需相联系。

9.1.2 通货膨胀的度量

1. 通货膨胀的度量指标

根据通货膨胀的定义，通货膨胀的程度可以用物价上涨的幅度来衡量。目前世界各国普遍采用物价指数作为度量通货膨胀的主要指标，但物价指数有很多种，各国的选择并不统一，主要有以下几种。

1）居民消费价格指数

居民消费价格指数（CPI）也称为消费者物价指数或零售物价指数，是对一个固定的消费品篮子价格的衡量，主要反映消费者支付商品和劳务的价格变化情况，以百分比变化为表达形式。构成该指数的主要商品共分八大类，其中包括：食品和酒及饮品、住房、衣服、教育和通信、交通、医药健康、娱乐、其他商品及服务。居民消费价格指数是一个滞后性的数据，但它往往是市场经济活动与政府货币政策的一个重要参考指标，也是一种度量通货膨胀水平的工具。

2）批发物价指数

批发物价指数（WPI）是根据大宗物资批发价格的加权平均价格编制而得到的物价指数，包括在内的产品有原料、中间产品、最终产品与进出口商品，但不包括各类劳务。批发物价指数只计算了商业在生产环节和批发环节上的价格变动，没有包括商品最终销售时的价格变动，其波动幅度通常小于居民消费价格指数。批发物价指数是讨论通货膨胀时最常提及的物价指数之一，可以作为通货膨胀的征兆。

3）国民生产总值平减指数

国民生产总值平减指数（GNP Deflator）又称国民生产总值缩减指数或国民生产总值折算指数，是用报告期价格计算的国民生产总值除以基期不变价格计算的国民生产总值得出的。国民生产总值平减指数是衡量一国在不同时期内所生产的最终产品和劳务的价格总水平变化程度的价格指数。国民生产总值平减指数的优点是包括的范围广，除了消费品和劳务外，还包括有资本品和进出口商品，所以它能较全面地反映一般物价水平的变动趋势，而其缺点是编制国民生产总值平减指数需要收集大量的资料，而且需要投入大量的时间，很难及时更新和公布，在时效上无法满足经济决策的需要。

以上用以度量通货膨胀水平的三种指数中，居民消费价格指数和国民生产总值平减指数使用最为普遍。但居民消费价格指数和国民生产总值平减指数不包括一些实物资产和金融资产，如房地产、金融资产、绩优股、艺术品等价格，因此对不拥有这些资产的消费者来说，通货膨胀会被低估。

2. 通货膨胀的程度分类

如果用代表物价总水平的物价指数作为度量通货膨胀的主要指标，则通常是用物价指数上升的年率来反映通货膨胀的程度。按照通货膨胀的程度不同，把通货膨胀分为爬行的、温和的、奔腾的和恶性的通货膨胀四类。

爬行的通货膨胀，是指物价总水平上升的年率为1%～3%，且不存在通货膨胀预期的情形。温和的通货膨胀，是指物价总水平上升的年率在3%以上，比爬行的通货膨胀高，但尚未达到2位数的通货膨胀。奔腾的通货膨胀，是指物价总水平上升的年率在2位数以上，物价总水平上涨猛烈，且有较快的发展速度。恶性的通货膨胀，又称超级通货膨胀，是指物价总水平上升的年率为 3 位数甚至更高的情形。在恶性的通货膨胀下，货币完全丧失了价值储藏功能，也部分丧失了交易媒介功能，成了“烫手山芋”，持有者总是想要尽快将手中的货币用出去。人们宁愿以货易货，而不愿收取货币。其结果是严重的破坏正常的生产和流通秩序，造成货币制度的崩溃和国民经济的完全瘫痪。

通货膨胀的分类除了按其程度划分为爬行的、温和的、奔腾的和恶性的通货膨胀四类之外，还可以按市场机制是否发挥作用分为公开型通货膨胀和隐蔽型通货膨胀，按是否被经济主体预见分为预期性通货膨胀和非预期性通货膨胀，按成因不同划分为需求拉动型通货膨胀、成本推动型通货膨胀和结构型通货膨胀。

9.2　通货膨胀的成因

通货膨胀的成因是复杂的，许多学者从不同角度分析了通货膨胀的成因，提出了众多的通货膨胀理论。其中影响力大、概括力强的几种理论有需求拉上型、成本推动型、供求混合推动型和结构型等。

9.2.1　需求拉上型通货膨胀

在西方经济学界，“需求拉上”是出现最早的通货膨胀理论，也是流传最广、影响力最大的通货膨胀理论。“需求拉上”论的基本观点是：假定在生产量或生产成本不变的情况下，由于需求的变动使社会总需求超过社会总供给，处于供不应求的状态，过多的需求拉动价格水平上涨。在现实生活中，供给表现为市场上的商品和劳务，而需求则表现为用于购买和支付的货币，所以这种通货膨胀可以通俗的说成是“过多的货币追求过少的商品”。

“需求拉上”通货膨胀理论有凯恩斯学派的过度需求论和货币学派的货币数量论两种形态。

1. 过度需求论

凯恩斯认为，货币变动对物价的影响是间接的，影响物价的因素除货币量之外，还有成本单位和就业量等多种因素，货币数量的增加是否会引起通货膨胀，要视经济体系是否达到充分就业而定。当经济体系有效需求不足时，社会上存在着大量的闲置资源或失业，故总供给的增加能力很大，总需求增加并不会导致一般物价水平上涨；当经济体系逐渐接近充分就业时，社会上闲置的资源已经很少，故总供给的增加能力也较小，增加总需求在促使产量增加的同时会引起生产要素资源价格的上涨，凯恩斯称为“半通货膨胀”；当经济体系已经达到充分就业时，社会的生产资源已经被充分利用，即不存在任何闲置的资源，总需求增加只会导致一般物价水平上涨，不会带来任何总产出的增加，凯恩斯称之为“真正的通货膨胀”。

2. 货币数量论

传统的货币数量论把货币数量看做是决定一般物价水平的唯一因素。假设经济总量出于充分就业水平，货币数量的增加必然引起一般物价水平同比例上升。以弗里德曼为代表的新货币学派对传统的货币数量论作了修改，但仍强调货币数量对通货膨胀的作用，认为“通货膨胀主要是一种货币现象，是货币量比产量增加更快造成的。货币量的作用为主，产量的作用为辅。许多现象可以使通货膨胀率发生暂时的波动，但只有当它们影响到货币增长率时，才产生持久的影响”。也就是说，如果货币数量增长率超过产量的增长率，势必造成通货膨胀，且一旦人们对物价上涨产生预期之后，整个经济就会陷入“工资—物价”循环上升的过程，致使通货膨胀愈演愈烈。货币数量论强调货币量是独立的外生变量，货币量的变动必先于物价变动而发生，通货膨胀纯粹是一种货币现象。

9.2.2　成本推动型通货膨胀

按照凯恩斯的过度需求理论，“真正的通货膨胀”只发生在充分就业的状态下。但是到了20世纪70年代初期，一些西方国家却出现了经济停滞与通货膨胀并存的两难现象，物价持续上升，而失业率却居高不下。“医治一种疾病成为加重另一种疾病的手段。”对此，需求拉上型理论无法解释。于是一些学者提出了成本推动通货膨胀的新理论，侧重从供给或成本方面分析通货膨胀形成机理，认为通货膨胀的根源不在总需求方面，而是由于总供给的变化造成的。

成本推动型通货膨胀，是指由总供给曲线移动引起的一般物价水平上涨。这种通货膨胀从引起供给曲线向上移动的原因来看，主要归结为四个方面：工资推动、利润推动、原材料价格上升、间接成本推动。

1. 工资推动

在以不完全竞争的劳动市场为假设前提下，由于具有垄断力量的公会为改变收入分配格局所做的努力，或是由于工人错误的通货膨胀预期，货币工资率自发的、一次性的增长。如果工资的增长率超过劳动生产率，企业就会提高产品价格以维持赢利水平。这就是从工资提高开始而引发的通货膨胀。工资提高可能会引发通货膨胀，一旦通货膨胀出现后，工人为了维持先前的实际工资水平而要求工资进一步提高，从而出现西方经济学中所称的“工资—价格螺旋”。需要指出的是，尽管货币工资率的提高有可能成为通货膨胀的原因，但绝不能由此认为，任何货币工资率的提高都会导致工资推动通货膨胀。如果货币工资率的增长没有超过边际劳动生产率的增长，那么工资推动通货膨胀就不会发生。而且，即使货币工资率的增长超过边际劳动生产率的增长，如果是由于市场对劳动力的过度需求造成的，那么通货膨胀的原因仍然是需求拉上型。

2. 利润推动

在垄断存在的条件下，垄断企业有可能操纵价格，使价格上涨速度超过成本支出的增加速度，以赚取垄断利润。垄断企业大幅度提高垄断价格，会带动其他商品价格上涨，达到一定程度之后就会形成利润推动通货膨胀。

3. 原材料价格上升

原材料价格上升会导致商品生产成本上升，企业为维持利润水平会相应地提高商品价格，进一步带动其他商品价格上涨。原材料价格上升有各种因素：如由于气候原因，导致农产品歉收，使价格上升；石油输出国组织大幅提高价格，致使成千上万以石油或其加工品为原料，以及以石油为能源的企业成本上升。

4. 间接成本推动

现代企业为了加强竞争，扩张市场，必须增加技术改进费、广告费等许多间接成本开支，将这些间接成本转嫁到产品价格中，就会引起物价上涨。

无论是哪一种原因，提出成本推动型通货膨胀理论，旨在揭示不存在需求拉上型条件下也能产生物价上涨。在需求给定的前提下，物价水平上涨时取得供求均衡的条件只能是实际产出下降，相应的则必然是就业率的降低。所以，在成本推动通货膨胀的条件下，实现的均衡是非充分就业的均衡。也就是说，成本推动通货膨胀理论解释了在整个经济还未达到充分就业的情况下物价上涨的原因。这种理论也试图被用来解释“滞胀”的成因。

9.2.3　供求混合型通货膨胀

现实经济中的通货膨胀往往是既有需求和供给相互作用的结果，因此需要将总需求和总供给结合起来考虑，从而得出供求混合型通货膨胀成因。在凯恩斯主义盛行的年代，政府对成本推动型的通货膨胀进行需求干预治理，其结果有可能导致供求混合型通货膨胀。假设社会总需求不变，当发生成本推动型的通货膨胀时，工资和物价会螺旋上升，失业增加，总产出减少。政府为了保证就业，采取扩张性的财政政策以扩大总需求，失业和产量会恢复到原来的水平，但又由于需求拉动的原因，物价会进一步上升，从而形成所谓的供求混合型通货膨胀。

9.2.4　结构型通货膨胀

需求拉动或成本推动的通货膨胀理论都不足以充分说明一些国家的长期通货膨胀问题。一些经济学家从一个国家的经济结构及其变化方面寻找通货膨胀的根据，将由于结构因素引起的通货膨胀称为“结构型通货膨胀”。结构型通货膨胀理论的基点是从经济结构、部门结构来分析物价总水平持续上涨的机理，认为部门间发展的差异和不平衡是导致通货膨胀的根源。

1. 需求移动论

1959 年，舒尔兹发表了《最近美国的通货膨胀》一文，提出需求移动论，从经济结构的变化导致需求在部门之间移动来解释通货膨胀的原因。随着产业结构的变化，一些部门日渐兴盛，而另一些部门则日趋衰弱，一部分需求将由一个部门转移到另一个部门。需求增加的部门，其工资物价自然会上升，但需求减少的部门，其工资、物价却未必下降。因此，由于短期中需求在部门之间的大规模转移，资源缺乏流动性，不能从需求下降的部门流向需求扩张的部门，以及工资和价格缺乏下降的弹性三个方面的原因，在总需求不变的情况下，也会引发结构型通货膨胀。

2. 不平衡增长论

1967 年，鲍莫尔发表《不平衡增长的宏观经济学：城市危机的解剖》一文，提出不平衡增长模型，以经济部门劳动生产率增长的不平衡为理论核心来解释通货膨胀的原因。经济活动分为两个部分：一是劳动生产率不断提高的先进部门（工业部门）；二是劳动生产率保持不变的保守部门（服务部门）。当前者由于劳动生产率的提高而增加货币工资时，由于攀比，后者的货币工资也以同样的比例提高。造成本加成定价的通常做法下，整个经济必然产生一种由工资成本推动型通货膨胀。

3. 希克斯-托宾劳动供给理论

托宾1972年发表的《通货膨胀与失业》以及希克斯1974年出版的《凯恩斯经济学的危机》，对通货膨胀的成因提出了类似的见解，人们把他们的理论称为“希克斯-托宾劳动供给理论”。在现代社会中，商品市场和劳动力市场上适用的经济分析原则是不同的。商品市场上，买卖双方交易完成后关系就结束了；劳动力市场上，供需双方的关系会维持相当长的一段时间。工人们关心相对工资胜过关心绝对工资，如果工资比在别处的工资相对下降，他们就可能退出劳动。因此，在经济结构的变化中，“扩展部门”由于劳动力缺乏，工资上升，将引起“非扩展部门”向它看齐，从而在繁荣时期由扩展部门开始的工资上升将蔓延到其他部门，使整个经济的工资普遍上升。而在经济衰退时期，工资却降不下来。这样，就会出现不管劳工是否缺乏，工资总的提高。所以衰退时期工资上升的程度将与繁荣时期工资上升的程度相等或接近于相等。希克斯认为，这时会产生通货膨胀，特别是“滞胀”的主要原因。

4. 输入型通货膨胀理论

以挪威经济学家奥克鲁斯特为代表的北欧学派提出了以实行开放经济的小国为探讨背景的“北欧模型”，也称为“堪斯的纳维亚模型”，用以解释输入型的通货膨胀。开放小国经济分为开放部门和非开放部门，不同部门受世界通货膨胀影响的程度不同。在固定汇率之下，世界市场的价格上涨首先传递到开放经济部门，再通过一致性的货币工资增长率和利润加成定价机制传递到非开放经济部门，引发全面物价上涨。

结构型通货膨胀理论的核心是：经济中存在两大部门（需求增加部门和需求减少部门；先进部门和保守部门；扩展部门和非扩展部门；开放部门和非开放部门），由于需求转移、劳动生产率增长的不平衡、劳动需求的不平衡或世界通货膨胀率的变化，一个部门的工资、物价相应上升，但劳动力市场的特殊性要求两个部门的工资以同比例上升，当相反的情况出现时，工资与物价存在向上的刚性，结果引起物价总水平的普遍持续上升。

9.3 通货膨胀的经济社会效应

通货膨胀既是国民经济出现严重问题的结果，也对经济、社会产生不良影响。对于通货膨胀，几乎没有人持欢迎态度，但通货膨胀经常与经济快速增长、失业率降低相伴而行，因此，一定程度的通货膨胀似乎必须加以容忍。

9.3.1 通货膨胀的经济增长效应

关于通货膨胀对经济增长的效应，西方经济学界在20世纪60年代曾有过激烈的争论，形成三种观点：一是促进论，认为通货膨胀可以促进经济增长；二是促退论，认为通货膨胀会损害经济增长；三是中性论，认为通货膨胀对经济增长既有正效应，也有负效应。

1. 促进论

促进论遵循凯恩斯有效需求分析的传统，认为资本主义经济长期处于有效需求不足、实际经济增长率低于潜在经济增长率的状态，因此，要刺激经济增长就要增加财政支出，增加货币供给量，实施通货膨胀政策，刺激投资与消费，增加有效需求，促进经济增长。通货膨胀对经济增长由促进效应，主要原因有以下几点：

(1) 通货膨胀的直接表现是货币供给过多，货币是由政府强制发行的，多发行的那一部分直接表现为政府的收入，可用于增加投资。政府用多发行的货币来购买社会物资，等居民拿到货币再去购买商品时，市场上的商品已经减少，而存留于流通领域中则是更多的货币，这时物价开始上涨，居民持有的货币事实上已经贬值，所受损失被国家占有，用于投资，这实质上是政府对所有货币持有人的一种隐蔽性强制征税，称为“通货膨胀税”。如果居民的消费不变或消费的下降小于投资的增加，通过乘数效应，产出以新增投资的倍数增加。

(2) 通货膨胀在一般情况下具有一种有利于富裕阶层的收入再分配效应，即在通货膨胀过程中，富裕阶层比贫穷阶层收入增加的更多。与此同时，富裕阶层边际储蓄倾向要高于低收入阶层。因此，通货膨胀会提高社会储蓄率，储蓄额增加，转化为投资，导致实质经济的增长。

(3) 在通货膨胀初期，全社会都存在“货币幻觉”，将名义价格、名义工资、名义收入的上涨看成是实际的上涨。结业者将名义工资的增加看成是实际收入的增加，因而愿意提供更多的劳动。企业家将一般物价的上涨看成是自己产品的相对价格的提高，因而扩大投资，增加雇佣工人，单个企业家行为的集合就导致了就业的增加和产出增长速度的加快。

2. 促退论

促退论与促进论相反，认为通货膨胀不仅不能促进经济增长，反而会降低效率，阻碍经济增长，主要原因在于：

(1) 在通货膨胀时期，货币贬值，存、贷款风险增大，严重的通货膨胀甚至导致金融活动的瘫痪。政府控制名义利率，会降低借款成本，导致对借贷资金的过度需求，迫使金融机构加强信贷配额管理，从而削弱金融体系的运营效率，金融市场优化配置资源的功能将得不到有效发挥。

(2) 较长时期的通货膨胀会增加生产性投资的风险和经营成本，错误的引导资金从生产部门流向非生产部门，对长期经济增长不利。在通货膨胀中，进行投机的商业资本周转快，投机者对商品、黄金、外汇和有价证券进行投机交易可获取丰厚的投机利润。而投入生产领域里的资本，一般周转期较长，在物价上涨时期，进行长期生产投资是不利的，生产不如囤积。结果一部分工业资本从生产领域转向流通领域，服务于投机活动，生产资本减少，经济衰退。

(3) 通货膨胀持续一段时间后，在公众舆论的压力下，政府从自身利益考虑，可能采取全面价格管制的办法，削弱价格的信号作用，使经济运行缺乏竞争和活力，经济效益下降。

3. 中性论

所谓中性论，是一种认为通货膨胀对经济增长既无正效应也无负效应的理论。这种理论认为，由于公众预期，在一段时间内他们会对物价上涨作出合理的行为调整，因此，通货膨胀各种效应作用就会相互抵消。

9.3.2　通货膨胀的收入再分配效应

通货膨胀除了经济增长效应外，还会引起国民收入再分配的效应，具体体现在以下几个方面：

(1) 固定收入者吃亏，浮动收入者得利。那些领救济金、退休金的人，以及白领阶层、公共雇员以及靠福利和其他转移支付维持生活的人，在相当长的时间内他们所获得的收入是固定不变的。对于固定收入者，实际收入因通货膨胀而减少，生活水平必然降低。浮动收入者，收入上涨，如果在企业价格水平和生活费用上涨之前，则会从通货膨胀中得到好处。如果产品价格比工资和原材料价格上升快，企业主就能从通货膨胀中获得好处，增加利润。

(2) 债务人得利，债权人吃亏。债务人获得货币进行即期使用，提高购买力，待其偿还时，由于通货膨胀，同量货币的实际购买力已经下降。通货膨胀靠牺牲债权人的利益而使债务人获利。如果通货膨胀被预期到，在借贷合同中附加通货膨胀条款，则这种再分配效应就不存在了。

(3) 实际财富持有者得利，货币财富持有者受损。实际财富包括不动产、贵金属、珠宝、古董、艺术品等，股票代表实际财富的所有权，有时和实际财富一样，在通货膨胀时期价格上涨；而货币财富包括现金、银行存款、债券，其实际价值因物价上涨而下降。因而，通货膨胀会降低储蓄倾向。

(4) 国家得利，居民受损。国家通过通货膨胀税占有一部分实际资源。货币是政府的负债，同时，政府通过发行公债，已欠下居民大量债务，通货膨胀将其债务的实际价值缩减了。另外，由于累进税制，通货膨胀能提高税基，纳税等级上升，政府税收增加。

9.3.3　通货膨胀的资源配置效应

通货膨胀时期，整个社会资源配置紊乱，运作效率降低，以致总产出减少，国民生活水平下降。通货膨胀的资源配置效应具体体现在以下几个方面：

(1) 料理财务的精力损耗是浪费资源。通货膨胀侵蚀了货币的余额，因此人们总是尽量地缩减手头的存款与现金这类货币财产，同时力图保有那些能在通货膨胀中赢利的资产作为财富。这就需要更多的时间料理财务，从而造成本来应当用于生产服务或享受闲暇的时间被占用。从整个社会角度看，这种精力的损耗也是资源的浪费，人们通常将通货膨胀的这类代价叫“鞋底成本”。另外，由于通货膨胀，使得企业公司人员的注意力和精力从生产活动中引向非生产性活动，如在商品期货市场和远期外汇市场上进行套期保值，以规避价格剧烈波动带来的风险。

(2) 合同短期化的频繁谈判也是耗费资源。在劳动力市场和金融市场中，合同的短期化使资源的使用受到影响。由于通货膨胀的存在，为了规避风险，企业和个人倾向于签订短期合同。在证券市场上，短期货币资金占的比重越来越大，影响了上市公司的财务与投资决策。在劳动力市场上，由于合同期越来越短，更多的时间和精力被耗费在频繁合同谈判上，从而用于生产和服务的资源相对减少。

(3) 价格信号失真易导致资源配置决策失误。通货膨胀时期价格表现出不稳定性，在不同产品中，因价格调整滞后而对通货膨胀率的反应也不尽相同，微观经济信号可能被扭曲。相对价格的变化会引起资源转移，在价格信号失真的情况下，资源配置容易发生决策上的失误。特别是在通货膨胀高涨时期，价格信号失真可能表现得更为剧烈。

总之，通货膨胀对资源配置的影响就是资源配置的成本增加。特别是当通货膨胀演变成恶性的时候，这种代价就非同小可了。

9.4　通货膨胀的治理

通货膨胀破坏正常的经济秩序，增加不确定性，一般民众对其都持反对态度，有时将其视为需要解决的头号经济问题。在发生严重通货膨胀时，货币功能丧失，经济面临崩溃，危及政府统治，各国政府都要加以治理。

对于恶性通货膨胀，政府一般采取断然措施，废除旧币、发行新币，同时辅以其他措施来保持社会安定，恢复和增加生产，从而消除原来货币流通的混乱局面，在新的基础上实现稳定。

恶性通货膨胀一般发生在遭受战争、内战和因社会动乱造成重大破坏的国家，在和平时期极少出现。大多数国家所经历的通货膨胀，都是比较温和的，但治理起来十分复杂。由于各国的经济制度不同，经济实力存在差异，不同时期的经济环境及诱发通货膨胀的原因都不尽相同，所以治理通货膨胀，必须因时因地采取不同的对策和措施。

9.4.1　需求政策

如果通货膨胀主要是由于总需求过度膨胀引起的，那么采取紧缩需求的经济政策就能取得明显的效果，主要有紧缩性的财政政策和紧缩性的货币政策两种。

紧缩性的财政政策有：削减政府支出，包括减少军费开支和政府在市场上的采购；限制公共事业投资和公共福利支出；增加税负，以抑制私人企业投资和个人消费支出。总之是紧缩财政支出，提高税赋，一方面压缩政府支出形成的需求，另一方面抑制私人部门的需求。但是，财政支出有很大的刚性，教育、国防、社会福利的削减都是阻力重重，有时并非能由政府完全控制，增加税收更会遭到公众的强烈反对，政府轻易不敢尝试。

紧缩性的货币政策有时并不是指货币存量的绝对减少，而只是减缓货币供应量的增长速度，以遏制总需求的急剧膨胀。当然当局也可以利用传统的中央银行三大政策工具，提高法定存款准备金率、提高再贴现率以及在公开市场上出售有价证券，限制银行信贷规模，绝对减少货币存量。

9.4.2　收入政策

收入政策又称为工资与物价管制政策，是指政府制定一套关于物价和工资的行为准则，由价格决定者共同遵守。目的在于限制物价和工资上涨率，以降低通货膨胀率，同时又不造成大规模的失业。收入政策主要针对成本推动型的通货膨胀。当工人要求提高工资在国民收入中的份额或厂商试图提高利润份额时，就会导致成本推动型通货膨胀并引起工资和物价的螺旋式上升。收入政策的主要内容如下：

（1）强制性工资、物价管制。由政府颁布法令，强行规定工资、物价的上涨幅度，甚至暂时将工资和物价加以冻结。这种办法通常在战争时期或在通货膨胀变得非常难以控制时采用。

（2）指导性收入政策，即制定工资—物价指导线。所谓“指导线”即当局在一定年份内允许货币总收入增长的目标数值线，并据此相应的采取控制每个部门工资增长率的措施。在

“指导线”内，由工会和企业自愿设定工资的实际增长率，但不得超过“指导线”。

（3）以税收为基础的收入调节。政府以税收作为奖励和惩罚的手段来限制工资、物价的上涨。如果企业的工资增长率在政府规定的幅度之内，政府就以减少所得税的方式予以奖励；否则，就增加税收作为惩罚。

（4）收入指数化政策。所谓收入指数化政策，就是把工资、利息、债券收益和其他收入与物价指数挂钩，使它们能够随着物价的变化进行相应的调整。收入指数化政策的主要目的在于维持社会各阶层原有的利益格局，克服通货膨胀造成的分配不公现象，保证不降低居民的实际生活水平。这种政策有利于杜绝政府制造通货膨胀的动机，消除人们的恐慌心理，以降低人们对通货膨胀的心理预期。

9.4.3 供给政策

以拉弗（A. Laffer）等为首的供应学派认为，通货膨胀是与供给紧密联系在一起的。通货膨胀与供给不足之间的关系：通货膨胀的主要危害在于损伤经济的供给能力，而供给不足、需求相对过剩又是引起通货膨胀的主要原因。供应学派认为，虽然通货膨胀的直接原因是货币量过多，但从根本上来说，需求膨胀、货币过多是相对于商品供给过少而言的。

供应学派认为，治理通货膨胀，摆脱滞涨困境，治本的方法在于着力增加生产和供给。增加生产意味着经济增长，这样可以避免单纯依靠紧缩总需求引起衰退的负面效应。增加供给就满足了过剩的需求，从而克服通货膨胀。

增加生产和供给，一个关键的措施就是减税，减税可以提高人们的储蓄和投资的能力与积极性。同时配以其他政策措施：一是削减政府开支增长幅度，争取平衡预算，消灭财政赤字，并缓解对私人部门的挤出效应；二是限制货币增长率，稳定物价，排除市场机制的干扰，保证人们储蓄与投资的实际效益，增强其信心与预期的乐观性。政府除为增加供给创造良好的环境和提供必要的条件外，不应对经济多加干预，而由市场机制对经济进行自动调节。只有这样，才能充分发挥减税刺激供给的积极作用。随着商品和劳务供给的增加，彻底消除通货膨胀。

针对供给方面治理通货膨胀的另一项重要的措施是改善劳动力市场结构的人力资本政策。主要包括：对劳动者进行再就业的训练；提供有关劳动市场的信息，减少对就业和转业的限制，指导和协助失业人员寻找工作；优先发展劳动密集型和技术熟练要求程度较低的部门以扩大就业，由政府直接雇用私人企业不愿雇用的非熟练工人，使他们在从事对社会有益的事业中得到训练和培养，进一步提高就业能力。

9.4.4 结构调整政策

根据结构型通货膨胀理论，部分经济学家建议应该采取的措施，是产业各部门之间保持一定的比例，从而避免某些产品供求因结构型失调而推动物价上涨，特别是某些关键性产品，如食品、原材料。

结构调整的财政政策主要包括税收结构政策和公共支出政策。税收结构政策不是指变动税收总量，而是指在保证一定的税收总量的前提下，调节各种税率和施行范围等。同样，公共支出结构政策指在一定的财政支出总量前提下，调节政府支出的项目和各种项目的数额。

结构调整的货币政策包括利息率结构和信贷结构。旨在通过各种利息率差的调整，以及通过各种信贷数额和条件的变动来影响存款和贷款的结构和总额，提高资金使用效率，鼓励资金流向生产性部门，遏制消费基金的扩张。

9.5　通货紧缩

从历史上看，通货膨胀多有发生，人们对于通货膨胀现象比较了解，也进行了比较深入、系统的研究。对于通货膨胀给一国经济带来的影响和造成的危害，人们容易理解，而对于通货紧缩有多大坏处，并不太理解。事实上，如果出现了通货紧缩，同样是极具破坏力的，同样是对一国经济稳定的极大威胁。

9.5.1　通货紧缩的定义

所谓通货紧缩指的是商品和劳务的货币价格总水平持续下降，货币不断升值的过程。为了清晰的理解通货紧缩的定义，需要说明：①物价持续下降不是由于技术的进步和劳动生产率的提高而引起的，不是存在于个别部门和部分产品，也不是存在于相对较短的时间，而是在较长的时间内，商品和劳务的价格普遍地、不断地下降。这并不是简单的物价下降，而是物价总水平连续下降的动态过程。②关于物价下降的幅度为多少时就可以判定为通货紧缩，目前尚存在争论。比较通行的看法是，只有物价水平长时间的负增长才能成为通货紧缩。

除了以物价水平的下降来判断通货紧缩，还可以依据以下四点来判断是否存在通货紧缩：①商品有效需求不足。在通货膨胀得到抑制之后，市场供求变化的一种可能是趋于正常；另一种可能是在通货膨胀刺激下已经扩大的商品供给与萎缩了的有效需求发生矛盾，以货币计量的商品总需求连续降低。②生产下降，经济衰退。随着市场萎缩，价格下降，企业订单减少。利润降低甚至发生亏损，生产型投资显著缩小。③投资风险加大。企业由于市场萎缩，商品滞销，订单减少，发展前景不明，而市场无热点，投资无热项，因而投资风险加大，投资者对新项目采取谨慎态度。④失业增加，工资收入下降，进一步制约着对商品的有效需求。

9.5.2　通货紧缩的经济效应

直观地说，通货紧缩是供给超过需求的结果。仔细分析，导致供给超过需求的原因既可能是供给增加、需求萎缩，也可能是供给的增加超过需求的扩张。而供给之所以增加，可能是生产能力的充分利用造成了生产过剩，也可能是由技术创新与进步、提高了劳动生产率所致；需求的缩减，既可能是收入下降造成的，也可能是有效需求不足所导致。因而，通货紧缩对经济社会的影响就不能一概而论，既有负面影响也有正面影响。

1. 负面效应

严重的通货紧缩会对社会经济产生巨大的破坏作用，物价普遍的持续下降对经济增长的负面效应表现在以下几个方面。

1）通货紧缩导致和加速经济衰退

价格总水平的持续下降意味着货币购买力不断提高，消费者会推迟购买，以等待将来更低价格的出现，从而在储蓄增加时，个人消费相应减少。同时，由于需求抑制导致商业活动相应萎缩，进而影响就业增长、形成工资下降的压力等，经济会因此而陷入通货紧缩的状况之中，最终可能导致衰退或萧条。而且，通货紧缩还会使投资项目的吸引力下降，因为持续的物价下降意味着实际利率上升，使投资成本变得昂贵。同时通货紧缩下社会总供求的环境也会使投资前景变得暗淡，各类经济主体的投资减少必将导致经济增长率的下降，甚至经济衰退。

2）通货紧缩可能引发银行危机

首先，通货紧缩使实际利率上升，从而增加债务人的负担，债务人因经营困难不能按时还贷，会使银行不良资产比率上升。其次，通货紧缩会降低抵押资产和担保品的价值，银行被迫要求客户尽快偿还贷款，而这将导致资产价格的进一步下跌、贷款者净资产的进一步减少。最后，如果预期通货紧缩还将持续，那么在任何名义利率下借款者都会愿意借款，而如果预期资产和商品价格会下降，则银行在任何名义利率下都会“借贷”，从而造成信贷供给和需求的极度不平衡。

3）通货紧缩会引起负财富效应

通货紧缩在使货币变得越来越贵的同时，也会产生商品和资产价格的持续下降，股市的狂泻，会产生负面的财富效应，从而降低资产的抵押或担保价值，加速企业的破产过程。

2. 正面效应

在经济增长率不断上升时伴随着轻度的通货紧缩，意味着人们手中单位货币购买力的不断升值，从而对全体社会成员来说都能在不同程度上收益。但是通货紧缩对经济的这种积极效应能否发挥出来，取决于造成通货紧缩的背景、环境、条件和形成机制等。

一般的，下列情况下的通货紧缩是有利于经济的稳健发展的：一是自由竞争的市场环境下，追求利润最大化的企业为占领和扩大市场份额所进行的价格战，一方面使平均价格趋于降低，另一方面又成为促进企业不断提高经营管理水平、降低成本和提高劳动生产率的动力。二是由技术进步、设备更新、资本有机构成提高而形成的劳动生产率提高和单位产品成本的下降，也构成了商品价格持续下降的因素。三是全球化、一体化的开放经济条件下，通货紧缩会在国家之间传递，虽然在短期内对本国经济的发展造成一些不利影响，但从长期看却能促使本国企业加快技术进步，降低成本，提高本国商品的国际竞争力。

9.5.3 通货紧缩的成因及其治理

1. 通货紧缩的成因

对于通货紧缩的原因，有多种解释。同通货膨胀一样，通货紧缩的成因是比较复杂的，单一原因造成通货紧缩的可能性不大。在通货紧缩出现时，往往是多方面因素合力形成的。一般认为，通货紧缩形成的原因主要有以下几个方面。

1）货币政策失误

货币政策的失误不是造成通货紧缩的唯一原因，但货币政策的失误有可能造成通货紧缩。如果货币政策操作失误，造成货币供应量不能满足货币需求量，必然会导致物价水平下降。这与货币供应量过多时的情况正好相反，货币供应量不能满足货币需求量时，过多的商品会追逐数量有限的货币，其结果只能是物价水平下降。

2）有效需求不足

过度的有效需求会造成需求拉上型的通货膨胀，反过来，有效需求不足则会造成通货紧缩。对于一个开放的经济来说，社会总需求包括：消费需求、投资需求、政府购买、出口需求。四种需求的大幅度减少都有可能形成通货紧缩。

3）劳动生产率的提高

在一个竞争性的市场中，企业一般采用成本加成定价法定出价格。在其他条件不变的情况下，劳动生产率的提高会使产品的生产成本下降，表现在产品价格上：第一，同样的产品其价格不断下降；第二，在价格不变的情况下，产品的性能和质量不断提高。

4）生产能力过剩

生产能力过剩有两种表现：一是绝对过剩；二是相对过剩。前者是指与主观愿望上的社会需求相比，已有生产能力显得过大了，这种情况并不常发生。后者是指相对于有购买力的需求来说，或者说相对于企业要获得的利润率来说，生产能力显得过大了。生产能力过剩，结果就是产品市场出现供过于求。只要这个市场是竞争性的市场，产品价格就会下降。当一个经济体中的大多数产业部门都出现了生产能力过剩时，在竞争条件下，一般物价水平就会下降，从而出现通货紧缩。

除以上原因外，还可能出现输入型通货紧缩，即出口需求减少，进口大于出口，导致市场上流通的货币减少，居民的货币所得减少，购买力下降，造成一般物价水平下降。但外部因素并不是造成通货紧缩的独立因素，它是将其影响叠加在上述四个方面来影响一般物价水平的。

2. 通货紧缩的治理

通货紧缩对于一国经济会产生多方面的影响，其危害绝不亚于通货膨胀，因此，当通货紧缩发生时，必须积极寻找有效的治理途径。通货紧缩成因的多样性决定了通货紧缩治理手段的多样性。通常，治理通货紧缩有以下三种措施。

1）采用扩张性的需求管理政策

这一政策包括两个方面，一是扩张性财政政策，二是扩张性货币政策。扩张性的财政政策意味着增加政府支出，以弥补私人部门支出过少引起的需求不足。扩张性的货币政策指通过货币供给量的增加刺激有效需求增加。在通货紧缩时期，财政政策的作用更为直接，其效果也更为显著。

2）生产结构的调整

对于生产能力过剩等长期因素造成的通货紧缩，难以通过短期性的需求管理政策从根本上解决，必须进行产业结构调整，以推进产业结构和产业组织结构调整。就产业结构调整来说，主要是推进产业结构升级，培育新的经济增长点，同时形成新的消费热点。就产业组织结构调整来说，主要是使一些企业退出市场，或者使行业内部出现较大范围的兼并与重组，从而有效制止恶性竞争，避免由恶性竞争带来的物价水平大幅度下降。

3）金融制度的建设

现代经济社会的货币化程度不断加深，对于占现代经济核心地位的金融部门来说，如果其运行出现问题，就可能在出现通货紧缩的苗头时不仅不能有效地遏制其发展的势头，甚至可能加速其发展。为了防患于未然，金融部门要建立健全金融风险的防范制度，如建立健全银行内部风险防范机制、存款保险制度、信贷供给适应信贷需求结构的制度等，以避免大规模的系统性风险的出现。

【本章小结】

通货膨胀是商品和劳务的货币价格总水平持续明显上涨的经济现象。通货膨胀总是表现为过多的货币追逐过少的商品，从而引起货币价格总水平持续明显的上涨，“无论何时何地，通货膨胀总是一种货币现象”。通货膨胀的本质是货币贬值，通货膨胀的发生总是与货币供应量超过经济增长所需相联系。

通货膨胀的程度可以用物价上涨的幅度来衡量，目前世界各国普遍采用物价指数作为度量通货膨胀的主要指标，主要有居民消费价格指数（CPI）、批发物价指数（WPI）、国民生产总值平减指数（GNP Deflator）。按照通货膨胀的程度不同，把通货膨胀分为爬行的、温和的、奔腾的和恶性的通货膨胀四类。

通货膨胀的成因是复杂的，众多的通货膨胀理论中影响力较大的理论有需求拉上型、成本推动型、供求混合推动型和结构型等。通货膨胀对经济增长的效应有三种观点：促进论、促退论和中性论。通货膨胀除了经济增长效应外，还会引起国民收入再分配的效应及资源配置效应。

严重的通货膨胀对经济社会的危害极大，必须加以治理。治理通货膨胀通常采取的对策和措施有需求政策、收入政策、供给政策和结构调整政策。

与通货膨胀相对应，通货紧缩指的是商品和劳务的货币价格总水平持续下降，货币不断升值的过程。通货紧缩对经济社会既有负面影响也有正面影响。通货紧缩形成的原因主要有货币政策失误、有效需求不足、劳动生产率的提高、生产能力过剩。治理通货紧缩通常有三种措施：采用扩张性的需求管理政策、生产结构的调整和金融制度的建设。

【关键术语】

通货膨胀　需求拉上　成本推动　通货紧缩

【复习思考题】

1. 你是如何理解通货膨胀这一概念的？
2. 需求拉上型通货膨胀理论有哪两种形态？
3. 可能产生成本推动型通货膨胀的原因有哪些？
4. 认为通货膨胀会促进经济增长的理由有哪些？促退论的理由有哪些？
5. 通货紧缩有哪些正、负面效应？

专栏 9-1

“票子毛了”怎么办？

政府发行纸币，实际上不是很久远的事情。1935 年国民党政府对货币制度进行改革，完成了法币化。

为什么会发生以纸币代替贵金属这个转折？其中一条大家都能接受的理由就是贵金属作为交易的媒介不是那么方便，沉甸甸的、目标又大，容易被贼惦记。

统一发行货币的权力是把“双刃剑”。国家拥有了它之后，能不能谨慎地使用这个权力，这是现代经济史的一条中心线索。

国家发行票子本身有巨大的好处。法国历史上每当国王有了财政困难，往往从这个环节下手，铸币的名义值与实际的含金量之间开始有了差额，这就是劣币的由来。所以很多势力都要争夺国家政权，从经济角度看首先就是争夺铸币权。从经济史来看，很多国家在很多时候都经不起印钞机的诱惑，把手里的印钞机开得快一点，就可以解决财政缺钱的问题。所以金本位解体后，全球经济的波动就不是金本位时代可以比拟的。

在政府介入货币领域后，当政府有财政需要的时候，本可以靠税收体系征税，但很多没有完成现代化改造的国家税收基础很薄弱，也不愿意通过民众对政府的信任发放国债来筹钱。在政府机器运转又需要大量钱财时，它就直接印钞。从历史上看，这样做后来都酿成了大祸。最著名的就是 1921 年、1922 年的德国。钞票印得离谱，物价指数有过每月上涨 500%的纪录。德国那场危机最后导致了希特勒的崛起。而在中国历史上，蒋介石也是这方面的一把好手。

抗日战争胜利后，他要打共产党，又没有税收基础，只好直接印钱。那个时候的记录每月通货膨胀率大概是 50%以上。这累积起来是非常惊人的。而且为了让老百姓接受这种越来越毛的票子，规定民间不得持有美元、英镑、黄金、白银，强力推行这种政策，把民间的贵金属全部收掉，你只能用它发行的金圆券，而金圆券越印越多，使国统区民不聊生。

北京大学的季羡林教授，前几年就住在我们 CCER（北京大学中国经济研究中心）后边，我们过年去看他，聊起老蒋的事很有意思。他当学生的时候，一个月 7 块大洋就过得很好了，这些钱足够他交学费、吃饭了，他有时出去时还可以坐坐黄包车，等到他当了教授，月收入提高了很多，那时候有两三百块大洋，但到 20 世纪 40 年代中后期，物价涨得很离谱，季老领到钱后，第一件事情就是跑步去买米，而且跑慢了与跑快了米价都是不一样的，这是当年大学教授的生活，更不要讲普通老百姓了。还有一个是费孝通的故事，《乡土中国》是他从美国回来以后于 40 年代后期写的，写得非常短。后来有人就问费老说，那么好的学术著作你怎么写得那么短？他的回答就是因为通货膨胀。因为你必须写完就发表，发表就领稿费，领了稿费就跑去买米，这个流程不能打乱。所以如果写一部大著作，等写出来早就不值钱了。这就是通货膨胀对人民生活的影响。

中国共产党获得国家政权以后，在货币问题上接受了国民党的教训，接管上海后的第一仗就是打通货膨胀的仗。

当时外国人和国民党都等着看共产党的笑话，看它怎么收拾这个局面。

解决通货膨胀的办法就是增加生产，减少货币供应。讲起来很简单，做起来很困难。所以共产党刚刚进城时候的那些政策是非常值得研究的。

当时怎么保障增加供应？

现实情况是战争已经毁了整个生产系统。资本家认为共产党来了要共产，都不敢开工生产。资本家不开工不生产东西，但货币还是这么多，最后货币不就毛了吗？

我是上海人，过去听父母讲，当时上海人人都在囤积，一领了钱就跑步去买米。剩下的钱就囤东西，有囤毛巾的，有囤纸张的，每个人都在囤东西，只有实物才能保值。

但是陈云组织把煤炭和大米源源不断地背进上海。第三野战军后来就组织部队不断往上海背米，你囤我就供应，要一直供应到让市场上的米价撑不住。预期都是过了一定临界点后才会突破。粮商看你还有便宜的米，他再囤，直到钱也没有了，仓库也没空的了，最后他看市场上米的价格比他进货时候还要便宜，那他不就亏了吗？这时他就往外吐。这样物价就平了。所以上海是靠一黑（煤炭）一白（大米）把国民党留下的烂摊子收拾了。

当然更重要的一招是旧币换新币。解放区当时也印了好多钱，各个根据地的钞票五花八门，东北就有二十多种，当时叫解放票。中国中央人民银行第一任行长南汉宸的回忆录里说，他当时就跟中央领导讲，说解放军占领了北京，不能像八国联军进北京一样。后来他做的一项工作就是统一货币，一万块换成一块，等于是一次币制改革。自那次币制改革以后，新中国在货币问题上一直是比较谨慎的，特别是陈云管经济的时候，那时他常讲三大平衡，其中一个就是货币平衡。

但是在计划经济时代货币体系也出现过问题，最突出的大概是1958年、1959年“大跃进”时候。

冒进的政策背后要有货币基础，实际上1958年、1959年超发货币情况也是很厉害的。流入到市场中的钱多了，商品没有相应增加，甚至在1961年、1962年还出现了供应量减少，不管是东方社会主义还是西方资本主义，最后的结果是一样的，即钞票就会发毛（贬值）。但那时与现在不同之处在于，那时是所谓计划经济时代，我们对价格是进行管制的。在这样的情况下，就会出现后来叫做隐性的通货膨胀。就是在计划体制下，物价没有变化，鸡蛋总是5分钱一个，但常常买不到。因为钱比货多，鸡蛋一来就卖光了。我们国家后来出现的排队、发票子，其实都是因为隐性通货膨胀。

隐性通货膨胀在中国持续了好多年。苏联也有相同的遭遇。当时苏联老大妈上街就背个大口袋，一看到排队也不管卖什么就跟着排上去，因为不排的话家里生活就会有问题。匈牙利有个经济学家把计划经济下出现的这种情况叫短缺经济。

为什么资本主义国家老是生产过剩，东西都卖不掉？我们却老是短缺？这个谜今天看来很好破解，其实就是因为物价管制加上钞票偏多。

市场上的隐性通货膨胀很严重。那后来怎么解决问题？

陈云在第一代领导人中是最懂经济的一个，他知道问题出在票子太多上，那就回笼货币，那么怎么把发出去的钱给收回来呢？当时想了很多办法。当年国家就用很少的外汇进口了一批伊拉克蜜枣，然后高价在市场上卖。市场上不是没有农副产品吗？就把伊拉克蜜枣价格定得很高，记得上海卖到5元人民币一斤①。这样就通过伊拉克蜜枣把一部分货币收回来了。

陈云还提议，用外汇进了一些比较好的面粉，加上黄豆粉，用来做高级点心，然后放开这个市场。

北京财贸战线的人后来回忆陈云时，说到这个事，因为当时计划时代的人还没做过高级点心，做完送到中南海给陈云看。陈云看了以后就批评说做得这么粗糙，这怎么能高价卖？拿回去重做。后来改了模具，把这点心做得比较好一点了，然后高价卖。

还有一件事就是开放高价饭馆。1962～1964年，北京、上海有很多高价饭馆。我的父母后来跟我讲，新中国成立以后所有储蓄，就在那几年全部吃光了，因为我那时还小，要长身体，所有东西都是定量供应，老吃不饱。我记得有了高价饭馆以后，我们好开心，一到周末父母就带着我们下馆子。而开放高价饭馆其实就是回笼票子，就把票子收回去了，多发的票子收回去以后，物价就比较平稳一点了。20世纪60年代后期国民经济形势好一点就跟这次回笼货币有关。

改革开放以后，我们有过两次超发货币。第一次是1978年。当时因为农民穷了几十年，一角钱一斤粮食从农民手里收了几十年，这是农民给国家工业化做的贡献。在十一届三中全会前召开的经济工作会议上，陈云就说农民太苦了，要让农民休养生息，减少农村征购的任务。

---

① 1斤=0.5公斤。

那怎么满足城市需求啊？第一个举措是用外汇进口一部分粮食，第二个举措是提高国家对农副产品收购的价格，

但是农副产品价格提高后，城市里国家机关公务人员、事业单位、国有企业人员还是低工资。过去之所以实行低工资，就是因为物价低。为什么物价低？就是因为压低农副产品价格，这是计划经济时代最重要的几个法宝，牵一发而动全身。

国家收购农产品的价格高于城市卖的农副产品价格，财政就出现了赤字。当时财政盘子很小，赤字大概有两三百个亿。还用老办法，财政有窟窿，人民银行多印一点钱，使财政收支平衡。第二年又有窟窿，再多印钱。这么连续超发货币，1985 年以后市场上就看出来了。

1984 年，北大学生国庆游行的时候打出“小平您好”的横幅。1985 年以后牢骚、怪话、异见就开始多了。这当然有各种原因，其中一个经济原因就是票子开始发毛（钞票贬值），物价上涨的压力开始逼近。

1980 年、1988 年、1993 年，弗里德曼三次来中国都是通货膨胀比较高的时候。他是货币主义者，讲来讲去就这一条，不管是什么主义、什么国家，票子多了，物价一定要上涨，通货膨胀是个货币现象。这个规律全球是一致的。

实际上 1986～1988 年是以前累积的通货膨胀释放过程。最严重的是 1988 年。中国不得不面对物价上涨的问题，所以从 1988 年 3 月开始，邓小平会见外宾就不断讲价格要放开，要进行价格闯关。当时为了进行物价改革，在物价改革决定之前大概半个月的时候，先放开了名烟名酒价格，20 多元的酒一下子就变成 200 元，涨了 10 倍，香烟差不多也涨了这么多倍。于是老百姓就得出一个简单公式，价格放开就等于物价涨 10 倍。所以人们一听价格要改革，他先把下个月的米买回来再说。于是谁也没料到，1988 年《中共中央关于改革物价工资体系的决定》一发表，竟变成了一个抢购动员令。

当时没有人好好学习中央的决定，都去买东西了。这就是货币偏多的情况下，价格一旦放开，隐性通货膨胀就变成显性通货膨胀了，有价无市变成了商品价格急剧往上冲。

就在几个星期里，社会商品零售总额一下子比正常情况上涨了两三百个亿，很多商店都卖空了。凡是不要票不要本的东西见什么买什么。最厉害的是挤兑。人们为了要抢购就要把银行的存款拿出来，这下银行傻眼了，因为银行的钱已经全部用到基建项目里去了。那么多人同一时间取钱，哪能应付过来？前面的人领不出钱来，后面的老头老太太就急了。这个局面还怎么稳定？

后来中央发出声明，价格改革要持续五年以上。现在就是要控制物价，谁也不准涨价。我记的当时国务院还发了明码电报给各地，共产党员、国家机关干部，不准到银行取钱。后来总算把局面稳定住了。这是改革开放后第一次政府货币发行超过经济增长需要，引起了这么大的麻烦。

第二次是 1993 年。实际上是阴差阳错导致的结果，当时为了回收 20 世纪 80 年代初期多发的货币，1989～1991 年，中国政府实行了严厉的宏观调控措施，控制基建规模，控制投资规模，就是要消化多余的货币。那时的经济增长率非常低，增长率只有 1%～2%。

当时这样收缩了两三年后，过度货币回收差不多了。邓小平在视察南方时说，经济增长不能这么慢，要加快，中国还是要发展。

南方一些银行就把贷款额度全部发光，然后跟中央银行要钱，倒逼中央银行放款，于是中央银行也开始放款了，一下子基本建设 1993 年比 1992 年增加了百分之六十几，1988 年中国的 CPI 最高达到 19%，1993 年、1994 年达到 24%，这样下去一定要翻车！

后来据说邓小平很快明白了加快经济发展没有错，但是不能通过一下子发这么多票子来发展。朱镕基就是在这个社会背景下，调到北京当副总理主管经济工作并兼任央行行长。他当时的主要任务就是关货币龙头。所有借出去的钱一道命令下去都要收回来。北京、上海1994年房地产价格大概跌了一半以上。

当时许多人都批评朱镕基的调控，但事后看要没有这次调控中国经济这艘船早就翻了。朱镕基在三年之内把CPI从24%降到了3%以内。之后全国人大通过了《中国人民银行法》，规定财政出现赤字再也不得向人民银行透支。这是非常重要的，有了这部法律，货币发行一定要跟经济增长保持平衡这个原则才在制度上落实下来了。政府花钱只能第一靠税收，第二靠发债。做这样的自我约束，在发展中国家还真是不多。

1994年以后，财政向中央银行透支这个问题基本解决了，但是我们没有想到出现了另外一个问题，就是在开放环境下，货币发行遇到了被动多发的问题。外贸顺差导致大量的美元流进中国，因为中国实行外汇管制，企业赚到美元以后必须把它换成人民币。央行拿什么换？就是基础货币。在美元流入量很小的时候它不是个问题，中国过去多年封闭，没有多少外汇进来，而且国家外汇严重不足。可是我们没有想到外汇问题竟转变成这几年宏观经济不平衡的根源。

一美元进来，八元多人民币就出去了。现在一个工作日流进中国的有26亿美元，每一元美元进来都是八元多人民币流进市场，这些钱全是基础货币，高能货币，带动多大的市场力量？

然后又组织短期央票去对冲回笼。但因为流出去的量太大，最后收不干净的部分进入市场，就在市场里漫游。

国内前两年为什么经济那么热？现在大家都说是冬天，别忘了这个冬天前面有个非常炎热的夏天，热得离谱。什么价格没有飞涨过？CPI是最后涨起来的。2007年5月CPI涨之前，其他资产的价格早就涨得离谱了。为什么会涨？购买力摆在这里啊！政府还去压供给，先是钢铁、电解铝、水泥三大行业过热，派工作组去压，压不下去。因为市场有需求，工厂怎么关得了？越关价格越高，后来又说九大行业过热。

九大行业过热还没有解决，房地产又开始升温，房地产价格涨得很多人都忘了2003年以前的房价是多少。季老当年是跑步买米，这两年我们是跑步买房。不买房更贵，每月涨10%，一个房价就把中国人民分裂成两大集团，买上房的越涨越高兴，因为家庭财产增加了。没买上房的真要急死，工资追不上房价啊！

经济学家讲什么话也不对，后来干脆闭口不讲房地产问题。如果要讲这个问题至少有一半人要跟你没完没了。那已经不是学术讨论了，那是利益冲突。

中央管了这个城市，那个城市又涨，一线城市捂住二线三线城市又涨。国务院为了抑制房价发了多少文件，房价还在涨。之后股市也开始升温，一年半的时间里，上证指数就从1000多点升到6200点。除股市以外，哪一个投资品这几年没热过？古钱、字画、普洱茶等，价格都涨得离谱。还有邮票、红木家具、瓷器、字画这两年价格都是飞涨。齐白石的画贵，毕加索的画贵，这都好懂，因为这些画家都死了。但现在中国艺术品市场炒活着的画家，这也是在世界艺术品市场上没见过的。因为作者还活着，他会对价格飞涨做出反应，天天画，从早画到晚，这就不是有限供给的产品了，那画的投资价值怎么守得住？

先是让很多家庭、企业高兴得不得了，然后一个跟头扎下去，就这么折磨人。上证曲线也是尖尖地上去，然后满仓地掉下来，让长三角、珠三角的多少企业都关门了。企业关门不完全是受当时外部因素的影响，还因为很多公司把流动资本都投进股市了，因为觉得稳赚不赔啊！资产价格飞涨最大的问题是侵蚀了人们的工作伦理、企业家精神，让人们觉得根本不需要辛苦工作，根本不需要什么创新，数钱都数不过来了。很多炒股人的武功就因此被废了，不愿意再去好好上班了，不愿意再把一个产品好好做好了。所以货币出了问题，就得疗养一段时间。现在是冬天，冬天也有好处，脑子比较容易清醒，想清楚什么叫做经济增长。哪有天上掉馅饼这种事情？所以不要怨天怨地，大落之前有个大起。大起大落跟货币制度有关，跟这种法定货币的困境也有关系。

现在看来我们对于过量货币流到了哪里还缺乏认识。20 世纪 80 年代很好懂的，政府只要头脑一热，基建项目上得多，如果基建项目投资 100 元钱，就有 40 元钱肯定进了工资口袋。工资一涨人们立刻买农副产品，农副产品价格就跟着涨。CPI 一涨政府就着急，因为老百姓的利益会受到侵害，然后就调控。现在钱多了以后首先不是冲击消费品市场，不是冲击农副产品，而是冲击投资品，在各种各样偶发因素的影响下，过量的货币会凝聚到某种投资品上，凝聚到哪种投资品上，哪种投资品价格就会飞涨，在微观上，人是很难抗拒这个力量的。

当然，人民币超发有一个更大的背景就是美元超发的问题。

过去很多专家讲的也有道理，发展中国家如果把本币跟一个好的货币挂钩会有好的结果。因为发展中国家政权不稳定，掌权的人没有长远行为，今天上台了今天就开印钞机，所以发展中国家通常都会把货币搞得乱七八糟。如果发展中国家把自己的货币与美元挂钩，假定美元是好货币，就不能滥发了。这个逻辑我直到今天也还是承认。

但具体情况具体分析，这几年中国自己倒是有了自律，特别是 1994 年那场改革后，我们把财政动机超发人民币这个龙头关上了。但是倒过来看这几年美元超发的一塌糊涂。美国调控货币的办法是通过联储基准利率，简单讲基准利率升高就是减少货币供应量，降低就是扩大货币供应量。1999 年美联储的基准利率是 9%，现在快降到 0 了。

在美国过量的钱里面，有很大一块不是美国人民储蓄得到的钱，而是外国人把钱借给美国人花。列宁当时说，帝国主义国家是资本输出，在全球食利，现在是发展中国家把钱借给美国人。

说到底因为美元是世界主要结算货币和储备货币。第二次世界大战以后美国做了个承诺，任何国家央行可用持有的美元换黄金，36 美元换一盎司的黄金。昨天金价是多少呢？1000 美元了。所以美国人没有很好地履行他当年的承诺。特别是 20 世纪 60 年代末越南战争时，美国的财政大窟窿最后也是靠发票子解决的。1971 年，尼克松宣布，美国关闭黄金窗口，1944 年的承诺不算了。世界各国持有的美元我不给你换黄金了，我把黄金窗口关了。说穿了这就是往地上一躺耍无赖啊！这真是把全世界给坑了一把。如果美元不断地松，人民币又跟它挂钩，那通货膨胀就会引进中国。所以前两年各种资产价格涨得离谱。

现在世界各国政府又开始比赛发货币，这样做的后果是很严重的。如果不发，短期就受不了。但即使能躲过这一灾，下一次就会有更大的灾难。这是对货币分析得出的基本结论。

资料来源：周其仁. 新民周刊，2009 年 6 月 3 日

专栏 9-2

国民党统治时期的恶性通货膨胀

1935 年的法币改革为国民党政府推行通货膨胀政策铺平了道路。由于国民党政府过分

依赖增发货币来为巨额的政府预算赤字融资。1937 年日本入侵中国，打乱了中国经济发展的步伐。由于战争，军费开支猛增。更重要的是，随着战局不利，国民政府的主要税源地相继陷落，当局财政开支日趋紧张，只得依靠发行货币补充军费开支，这使得国民政府的货币发行量高速增长。如表 9-1 所示，1937 年 6 月，南京国民政府法币发行额度为 14.1 亿元，到 1945 年 8 月抗日战争结束时，货币发行量已经增加到 5569 亿元，比战争爆发前增长了 394.5 倍。为内战筹措军费，南京政府进一步增加了货币发行量，最终导致了恶性通货膨胀。从货币购买力看，1949 年 5 月单位法币的购买力仅为 1937 年单位法币购买力的 7×10^{-14}。恶性通货膨胀直接摧毁了法币在市场上流通的信誉。新中国成立前出现的金圆券代替法币流通，以及群众不愿意持有法币等，表明了法币使命的终结。

表 9-1　南京国民政府 1937～1949 年货币发行量　　（单位：亿法币）

时间	发行额度	增长倍数	时间	发行额度	增长倍数
1937 年 6 月	14.1		1945 年 8 月	5569	394.5
1938 年 12 月	23.1	1.64	1947 年 2 月	48378	3430
1939 年 12 月	42.9	3.04	1948 年 8 月	6.64×10^6	4.7×10^5
1940 年 12 月	78.7	5.58	1949 年 1 月	208 亿金圆券，折合法币 6.25×10^8	4.43×10^7
1941 年 12 月	151	10.71			
1943 年 12 月	754	53.46	1949 年 5 月	6.79×10^5 金圆券，折合法币 2.03×10^{12}	1.44×10^{11}

在从 1935 年法币开始走上中国历史舞台至 1949 年的短短十几年间，法币经历了一个持续而且不断加速的贬值，最后完全形同废纸，且看 100 元法币购买力。

1937 年 可买大牛两头；

1941 年 可买猪一头；

1945 年 可买鱼一条；

1946 年 可买鸡蛋一个；

1947 年 可买油条 1/5 根；

1948 年 可买大米两粒。

资料来源：石柏林．1993．凄风苦雨中的民国经济．郑州：河南人民出版社

郑学檬．2005．简明中国经济通史．北京：人民出版社．第 589 页

专栏 9-3

货币幻觉

研究结论显示，人脑对金钱所带来的财富幻想有着本能的敏感。在经济学中这被叫做“货币幻觉”，也就是在人们关注的是票面价值而不是实际购买能力。一些经济学家称，提到薪水是人们会表现出不理智的行为，与物价较低人们的薪水也较低的时候相比，物价暴涨时薪水更高，他们会更开心，似乎更多的钱的确可在大脑产生酬劳感

德国波恩大学的阿敏·法克教授是该研究的负责人，他检查了参加包括不同薪水和不同物价的一系列实验的 18 名志愿者的大脑活性。这些志愿者们被要求在计算机上执行一系列智力任务来获得他们的“薪水”。薪水被分成两个标准，标准较高的薪水比较低的薪水多 50%。他们可以在两类目录中选择商品并购买商品。两种目录除一种比另一种便宜 50%之

外其余相同。

不管获得薪水如何，这些志愿者的实际购买能力仍是一样。但对受试者的大脑扫描发现，在获得高薪想法的刺激下，大脑的奖赏中心更活跃。法克教授说："从直观来看，货币幻觉暗示收入增加是一种价值的肯定，即使物价上涨的幅度与薪水上调幅度相同，而真正的购买力保持不变。经济学家对货币幻觉的这一概念一直表示怀疑，但是，新行为证据已改变了这一看法。"该研究发表于《美国科学院院报》上。

之前有研究显示，与物价较低，薪水上调 2%的情况相比，在物价上涨 4%，薪水上调 5%的时候人们感到更开心。但是之前研究的一个局限性是这些研究都是依据问卷调查而不是对大脑进行扫描。这导致其他经济学家提出需要更为理性的解释的说法。新研究通过直接研究参与决策的大脑奖赏中心而避免了这一潜在缺陷。

科学家发现在负责奖赏体验的大脑区域血流更活跃，如大脑前部眼睛后部的前额叶。法克教授说："这一结论意味着奖赏所引发的大脑的活跃程度通常随收入增加，而且在薪水和物价都增加 50%的时候，奖赏活性明显增加，这显然支持前额叶活性受货币幻觉支配的假设。"

资料来源：北京青年报，2009 年 3 月 28 日

专栏 9-4

每一次通货膨胀都是一个劫贫济富的过程

通货膨胀最大的受益者是政府及新增货币最早流入的行业，因为穷人所从事的行业通常价格上涨最晚、持续时间最短、幅度最小，而富人、掌握权力者所在行业正相反，所以说，通货膨胀的实质是劫贫济富。而压制物价，则是进一步剥夺穷人通货膨胀保值的权利。

通货膨胀对于富人和穷人有着不同的影响，但是穷人和富人的界定标准却比较模糊。例如，对于一个房奴来说，虽然其房产在通货膨胀中获得了保值，但却无法套现。但是，在通货膨胀大背景下，商品则更容易区分穷人商品还是富人商品，而不同的企业的涨价逻辑也是完全不同的。通货膨胀下，商品的价格会普遍上涨，但对不同企业来说，敢不敢涨价、涨幅多大，要考虑一个重要因素——企业所生产的是穷人商品还是富人商品。

在众多的商品中，如食用油、方便面等，消费需求涉及的消费者比较普遍，这些商品几乎人人都要消费，主要消费群体是占社会人口大多数的普通阶层。这些商品利润率相对较低，竞争也较为激烈。在通货膨胀中，其受到的成本压力虽然较大，但因通货膨胀的劫贫济富效应，已经降低了穷人的购买力，商家提价自然要非常慎重。近期康师傅在对方便面提价时，先通过缩减每包净含量的方式变相提价，此后才正式宣布提价。无论是方便面还是食用油提价，其主要原因是原材料成本和生产成本的上涨。实际上，更多的穷人商品生产企业是在观望，涨价时机选择不对，往往对企业造成致命打击。

但主要消费对象是富人的商品，则在通货膨胀背景下，以生产成本上涨为借口大肆涨价。通货膨胀使得富人更富，购买力提升。此外，富人对其所消费的商品价格也不如普通商品敏感。这两个因素为这些商品提价奠定了基础。

张裕、长城等葡萄酒厂商纷纷提价，称涨价原因是酿酒用葡萄的价格上涨，但是，按照工业化酿造葡萄酒，1 斤葡萄酿 0.8～1.2 斤葡萄酒进行测算，一瓶 750 毫升的葡萄酒即使每斤葡萄上涨 1 元钱，其成本上升不足两元，加上其他成本的上涨，也不会超过 3 元，但是

原出厂价位每瓶在40元左右的长城葡萄酒涨到了50元，单瓶提价10元。

而高端白酒的涨价则更为凶猛，自2006年至2011年的短短五年时间，茅台酒共发布了5次涨价公告，涨幅从10%至20%不等，53度飞天茅台的零售价格单价从318元涨到730元，涨幅早已翻倍，而真正的市场零售价则早已突破厂家限定的730元，有些地区高达1198元。但是，按照酿造茅台“1斤酒5斤粮”的说法，酿造一斤茅台酒需2.4斤高粱和2.6斤小麦，按市场价格计算，高粱和小麦的每斤价格仅1元多，5斤粮食的总价不超过6元。而茅台等高端白酒每年的毛利润率一直维持在80%左右，粮价只是涨价的借口而已。

富人商品敢于提价，根本原因是富人“不差钱”，“富人”不仅仅是有钱人，对于茅台酒这样的企业来说，公款消费更是其敢于涨价的重要原因。对企业来说，通货膨胀同样有着劫贫济富效应，生产富人商品的企业在通货膨胀中通过提价利润率大增，而生产穷人商品的企业则生存日益艰难。

资料来源：牧渔．人民网，2011年1月24日

第10章　货币政策

【教学目标】

通过本章的学习，使学生明确货币政策的含义、货币政策目标及各目标之间的关系，理解货币政策中介指标与操作指标的选择标准，掌握货币政策工具、货币政策传导机制及时滞效应，了解货币政策与财政政策的搭配原理。

【教学要求】

知识要点	能力要求	相关知识
货币政策	掌握货币政策的含义 明确货币政策的构成要素	货币政策的含义 货币政策的构成要素
货币政策目标	掌握货币政策目标的主要内容 了解货币政策目标之间的关系	货币政策目标的主要内容 货币政策目标之间的关系 我国的货币政策目标
货币政策中介指标与操作目标	掌握货币政策中介指标及选择 明确货币政策中介指标及选择	货币政策中介指标 货币政策操作目标
货币政策工具	熟悉货币政策工具的整体架构 掌握各类货币政策工具的含义及特点	传统货币政策工具 选择性货币政策工具 其他货币政策工具
货币政策传导机制	了解货币政策传导机制	货币政策传导机制 货币政策传导的时滞效应
货币政策与财政政策的配合	了解货币政策与财政政策的配合模式	货币政策与财政政策的联系与区别 货币政策与财政政策的配合模式

【导入案例】

2012年第四季度中国货币政策执行报告摘要

央行发布《2012年第四季度中国货币政策执行报告》指出，2012年，中国人民银行按照国务院统一部署，继续实施稳健的货币政策，着力增强政策的灵活性、针对性和前瞻性，根据经济形势变化，适时适度加大预调微调力度。前几个月，根据国内经济增长放缓、物价涨幅有所回落等变化，央行前瞻性地加强预调微调，2次下调存款准备金率各0.5个百分点，灵活开展公开市场双向操作，2次下调存贷款基准利率，发挥差别准备金动态调整机制的逆周期调节作用，促进货币信贷合理适度增长。下半年以来，央行根据流动性供给格局的变化，连续开展逆回购操作，保持流动性合理适度和市场利率平稳运行。利率市场化改革迈出较大步伐，金融机构人民币存款利率浮动区间的上限调整为基准利率的1.1倍、贷款利率浮动区间的下限调整为基准利率的0.7倍。在加强总量调控的同时，注重发挥宏观信贷政策在转方式、调结构中的积极作用。加强窗口指导和信贷政策引导，有效发挥支农再贷款、再贴现的引导作用，扩大涉农和小微企业信贷投放。

报告表示，中国人民银行将按照党中央、国务院统一部署，紧紧围绕科学发展的主题和加快转变经济发展方式的主线，以提高经济增长质量和效益为中心，坚持稳中求进的工作总基调，继续实施稳健的货币政策，保持政策的连续性和稳定性，增强前瞻性、针对性和灵活性，处理好稳增长、调结构、控通胀、防风险的关系，把握好货币政策调控的重点、力度和节奏。综合运用数量、价格等多种货币政策工具组合，健全宏观审慎政策框架，保持合理的市场流动性，引导货币信贷及社会融资规模平稳适度增长。着力优化信贷资源配置，加大存量信贷资产的结构调整力度。稳步推进利率市场化改革和人民币汇率形成机制改革，提高金融体系配置效率，完善金融调控机制，进一步深化金融机构改革。坚持市场化取向，推动金融市场规范发展。有效防范系统性金融风险，保持金融体系稳定。

资料来源：根据中国人民银行《2012年第四季度中国货币政策执行报告》整理

10.1 货币政策目标

货币政策是当代各国政府干预和调节宏观经济运行的重要手段，货币政策的变化会引起整个社会经济结构的变化，所以，货币政策在国民经济宏观调控体系中居于十分重要的地位，关系到经济的长期稳定和发展。

10.1.1 货币政策

1. 货币政策的含义

货币政策的含义所包含的范围，有广义与狭义之分。

广义的货币政策是指政府、中央银行以及宏观经济部门所有与货币相关的各种规定及采取的一系列影响货币数量和货币收支的各项措施的总和。

狭义的货币政策是指中央银行为实现一定的经济目标，运用各种工具调节货币供应量，进而影响宏观经济运行的方针和政策的总和。

2. 货币政策的特征

在现代经济社会，市场经济运行始终与货币流通和资金运动紧密结合在一起，货币供应与信用总量增长速度以及结构比例对各项经济活动和整体经济运行具有决定性的影响。以调控货币流通、货币供应和信用规模为中心内容的货币政策具有以下特点：

(1) 货币政策是宏观经济政策。它涉及整个国民经济运行中的经济增长、物价水平、国际收支以及与此相联系的货币供给量、利率、汇率及金融市场等问题，与整个金融体系和总体经济的运行密切相关。

(2) 货币政策是调整社会总需求的政策。在市场经济条件下，社会总需求是指有货币支付能力的总需求。货币政策正是通过货币的供给来调节社会总需求中的投资需求、消费需求、出口需求，并间接地影响社会总供给的变动，从而促进社会总需求与总供给的平衡。

(3) 货币政策是以间接调控为主的政策。中央银行主要运用经济手段和法律规章等措施通过调控货币供应量和信用总量来影响各经济主体的经济行为，达到间接调节金融和调控经济的目的。

（4）货币政策是一项长期的经济政策。货币政策最终目标的多元化表述一般为稳定物价、经济增长、充分就业、国际收支平衡，都是长期性的政策目标，短期内是难以实现的。虽然在特定条件下，各种具体货币政策措施可能是短期的、随机应变的，但总体目标是相对稳定的长期目标。

3. 货币政策的构成要素

狭义的货币政策主要包括四个方面的内容，即政策目标、中介指标、操作指标和政策工具。它们之间的关系主要表现为：中央银行运用货币政策工具，直接作用于操作指标；操作指标的变动引起中介指标的变化；通过中介指标的变化实现中央银行的最终政策目标。在这个过程中，中央银行需要及时进行监测和预警，以便观察政策操作是否使操作指标和中介指标进入目标区，并可及时调整政策工具的操作。另外，在理论分析和效果检验中，货币政策还包括传导机制、政策时滞和政策效果等项内容。中央银行货币政策的基本框架如图 10-1 所示。

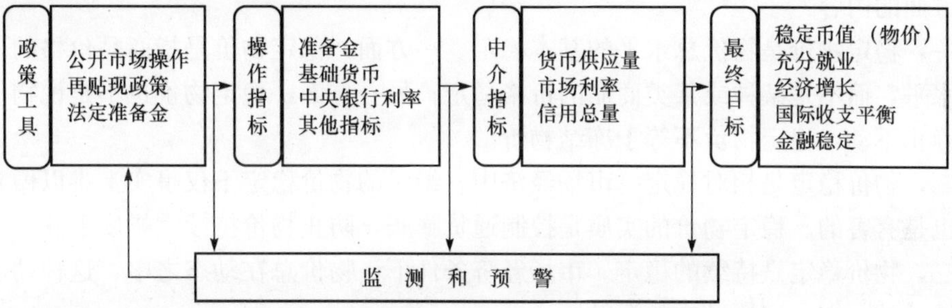

图 10-1　中央银行货币政策的基本框架

10.1.2　货币政策目标

货币政策目标是货币政策的首要问题。没有明确的目标，货币政策就难以正确地制定和有效地实施。货币政策目标是通过货币政策的制定和实施达到所期望的最终目的，这是货币政策的制定者——中央银行的最高行为准则。

货币政策目标是与不同历史时期经济社会发展过程中出现的问题紧密相关的。大体来说，在 20 世纪 30 年代以前的国际金本位制时期，各国中央银行货币政策的目标主要是稳定币值，包括稳定货币的对内价值（货币购买力）和对外价值（汇率）。30 年代初世界经济大危机之后，西方各国经济一片萧条，工厂倒闭、工人失业，伴随着凯恩斯主义的国家干预经济的盛行，英美等国相继以法律形式宣称，谋求充分就业是其货币政策的目标之一，试图用增加货币供给、扩大就业的方法来繁荣经济。这样，货币政策目标就由稳定币值的单一目标转变为实现充分就业和稳定币值的双重目标。40 年代末和 50 年代初，西方国家又普遍出现了通货膨胀，物价大幅度上涨，于是重新强调稳定币值这一目标。但对稳定币值的解释各国略有不同，有的解释为将物价上涨控制在可以接受的水平之内，有的解释为保卫本国货币，以使本国货币购买力不降低。50 年代后期，西方经济发展理论广泛流行，同时鉴于前苏联经济的快速发展和日本经济的复兴，而欧美国家经济增长则相对缓慢。为了保持自身的经济实力和国际地位，各国都集中全力发展本国经济，促进经济增长成为当时各国的主要经济政策目标，与此相适应，中央银行便把经济增长确定为货币政策的首要目标。60 年代以后，美国国际收支不断恶化，大量美元外流，降低了世界各国对美元的信心，70 年代初发生的两次美元危机，其后布雷顿森林货币体系解体，导致国际金融形势动荡不定，不少国家先后将国际收支平衡列为货币政策的目标之一。20 世纪 90 年代以来，由于货币危机、银行危机和金融危机频繁爆发，并引发严重的恶果，许多国家又将金融稳定列为货币政策的目标系列。

当代各国的货币政策目标一般可概括为五项：稳定物价、充分就业、经济增长、国际收支平衡和金融稳定。

1. 稳定物价

稳定物价，是指中央银行通过货币政策的实施，使一般物价水平保持基本稳定，在短期内不发生显著的或急剧的波动。

由于在现代信用货币流通条件下，物价波动总体呈上升趋势。因此，稳定物价是各国政府宏观经济调控目标之一，也是中央银行货币政策的首要目标。对稳定物价的理解应把握以下几个方面的内容：

第一，稳定物价是物价总水平的基本稳定。一方面，稳定物价是指商品价格的一般水平或总体水平，而不是某种或某类商品的价格稳定；另一方面，稳定物价也不是说物价总水平绝对的静止不动，稳定物价不等于冻结物价。

第二，物价稳定是相对稳定。市场经济中，绝对的物价稳定不仅事实上难以做到，而且对经济也是有害的。稳定物价的实质是控制通货膨胀，防止物价持续大幅度上涨。

第三，物价稳定是持续的稳定。市场经济条件下，物价总在动态之中，这种动态的表现应该是持续的、在一定幅度内的运动。

需要注意的是，当今世界，通货膨胀和通货紧缩交替困扰着人们的经济生活，因此，物价稳定的内容应是既要抑制通货膨胀又要避免通货紧缩。

任何国家都试图将物价波动限制在最小的幅度内，至于物价水平控制的范围，不同国家、不同时期、不同的社会经济条件下，稳定物价目标所设定的幅度也有差异，但从各国货币政策的实际操作来看，大多比较保守，一般要求控制在 3%左右。

2. 充分就业

充分就业，通常是指凡有劳动能力并自愿参加工作者，都能在较合理的条件下随时找到适当的工作。

充分就业，是针对所有可利用资源的利用程度而言的。但要测定各种经济资源的利用程度是非常困难的，一般以劳动力的就业程度为基准，即以失业率指标来衡量劳动力的就业程度。所谓失业率，指社会的失业人数与愿意就业的劳动力之比，失业率的大小，也就代表了社会的充分就业程度。失业，理论上讲，表示了生产资源的一种浪费，失业率越高，对社会经济增长越是不利，因此，各国都力图把失业率降到最低的水平，以实现其经济增长的目标。

充分就业并不意味着消除失业，是指失业率降到社会可以接受的水平。因为在多数国家，即使社会提供工作机会与劳动力完全均衡，也可能存在摩擦性或结构性失业。另外，在市场经济发达国家，失业队伍是产业的后备军，是劳工市场供给要素流动的必要条件。因此，充分就业不是追求零失业率，而是把失业率控制在某个数值标准以内，数值的高低取决于各国的具体经济情况，标准不一，许多国家以3%～4%为界。

3. 经济增长

经济增长是一个国家一定时期所生产的商品和劳务总量的增加。目前各国衡量经济增长的指标一般采用人均国民生产总值（GNP）或国内生产总值（GDP）的年增长率来衡量。政府一般对计划期的实际GNP增长幅度定出指标，用百分比表示，中央银行即以此作为货币政策的目标。

近年来，西方经济学家对经济增长的衡量标准提出了异议，认为这是一种忽视生态后果的经济增长观，科学地度量经济增长的速度必须在经济增长形成的利益与经济增长成本之间权衡与比较。因为一国在经济增长中不合理地消耗各种资源、污染空气水源等现象，使经济增长的社会、经济成本急剧扩大，并不影响衡量经济增长指标的计算。因此，有关专家认为，在计算经济增长速度时，应将自然资源的损耗和环境退化等经济成本从正常的国内生产总值中扣除，所得出的才是符合可持续增长原则并符合经济生态学原则的净国内生产总值。

一个国家只有经济增长了才能提高国民生活水平、提高就业率，提高本国的国际地位，因此，保持经济增长是各国政府追求的最终目标，自然也是货币政策的一项重要目标。在一般情况下，货币政策是通过保持通货和物价的稳定，保持较高的投资率，为经济运行创造良好的货币环境来达到促进经济长期稳定增长的目的。

4. 国际收支平衡

国际收支平衡是指一个国家在一定时期内与其他国家的全部经济交易中的货币收入总额与货币支出总额的基本平衡，而不是绝对的平衡。

随着经济国际化和金融一体化，国际收支的规模越来越大，在经济中的地位越来越重要，国际收支平衡有利于一个国家国民经济的发展，特别是对于开放经济部门占总体经济比重较大的国家更是如此。因此，保持国际收支平衡成为央行货币政策的目标之一。

国际收支平衡依赖于实施良好的货币政策。因为，良好的货币政策能使国家在对外经济贸易方面保持外汇储备的适当流动性，从而保证对外经济活动的正常进行。另外，中央银行通过货币政策措施的具体实施，如调节利率、稳定和调整汇率等，能解决和预防国际收支的失衡问题。

5. 金融稳定

金融稳定是指一个国家的整个金融体系不出现大的波动，金融作为资金媒介的功能得以有效发挥，金融业本身也能保持稳定、有序、协调发展的一种状态。

“金融稳定”一词，目前在我国的理论、实务界尚无严格的定义。西方国家的学者对此也无统一、准确的理解和概括，较多地是从“金融不稳定”、“金融脆弱”等方面来展开对金融稳定及其重要性的分析。金融稳定是一个具有丰富内涵、动态的概念，它反映的是一种金融运行的状态，体现了资源配置不断优化的要求，服务于金融发展的根本目标。

在现代货币信用经济中，金融稳定是金融安全的基础，是经济和社会稳定的重要条件，各国都努力保持金融稳定，避免出现货币危机、银行危机和金融危机。中央银行把金融稳定作为其政策目标，就是要通过适当的货币政策与操作，维持利率与汇率的相对稳定，防止银行倒闭，保持本国金融的稳健运行，并与各国中央银行和国际金融机构合作，共同维护国际金融的稳定。

10.1.3 货币政策诸目标的关系

货币政策诸目标之间的关系比较复杂。从长期来看，货币政策目标是统一的，相辅相成、互相促进的。经济增长是物价稳定、充分就业、国际收支平衡和金融稳定的基础，而物价稳定了才能促进经济的增长，充分就业意味着充分利用资源会促进经济增长，国际收支平衡有利于国内物价的稳定，加速经济增长。但从总体来看，有的目标之间在一定程度上具有一致性，如充分就业与经济增长，二者呈正相关关系；有的目标之间则相对独立，如充分就业与国际收支平衡；但更多地表现为目标间的冲突性。货币政策诸目标的矛盾主要表现在以下几个方面。

1. 物价稳定与充分就业的矛盾

物价稳定与充分就业的矛盾通常被认为是货币政策诸目标之间相互矛盾的集中体现。这是因为二者之间通常存在着一种此高彼低的交替关系。如果失业过多，货币政策要实现充分就业的目标，就需要扩张信用和增加货币供给量，以刺激投资需求和消费需求，扩大生产规模，增加就业人数。然而伴随而来的是一般物价水平的上涨，若超过一定的限度就会造成通货膨胀。同理，如果物价过高，货币政策要追求物价稳定的目标，就需要紧缩信用和减少货币供给量，抑制投资和消费需求，平抑通货膨胀，于是生产规模就会趋于缩小，就业人数就会趋于减少，失业率上升。

物价稳定与充分就业的矛盾关系可以用菲利普斯曲线来说明。根据菲利普斯曲线，失业率与通货膨胀率之间存在着此消彼长的关系：当失业率较低时，通货膨胀率较高，反之失业率较高时，通货膨胀率较低。也就是说，要实现充分就业就要承受较高的通货膨胀，要实现物价稳定就要以承受较高的失业为代价，两者不能同时兼顾。中央银行只有根据当时的社会经济条件，寻求物价上涨率和失业率之间某一适当的结合点。

2. 物价稳定与经济增长的矛盾

物价稳定是经济增长的前提，经济增长则是物价稳定的基础，二者既统一，又有矛盾。因为其中一个目标的实现，往往要以牺牲另一个目标为条件。结果刺激经济增长，就应促进信贷和货币发行的扩张，结果会带来物价上涨和通货膨胀；为了防止通货膨胀和物价上涨，需要采取信用收缩的措施，这又会对经济增长产生不利的影响。对这两个目标的矛盾性，也存在不同的看法。有人认为，适度的物价上涨能够刺激投资和产出的增加，从而促进经济增长；经济增长又取决于新生产要素的投入和劳动生产率的提高，而在劳动生产率提高的情况下，产出的增加会伴随着单位产品生产成本的降低，因而随着经济的增长，价格可能趋于下降或稳定。

世界多国经济发展的实践表明，物价稳定与经济增长很难统一兼顾，中央银行只能力争做好两者之间的协调，在可接受的物价上涨率内发展经济，在不妨碍经济最低增长需要的前提下稳定物价。

3. 物价稳定与国际收支平衡的矛盾

从理论上讲，只有各国都维持基本相同的物价稳定水平，并且在贸易形态和商品输出输入结构不变条件下，物价稳定才能与国际收支平衡同时存在。但事实上这是不可能的，在一个开放型的经济中，稳定物价有利于国际收支平衡；但即使是国内物价稳定，也不能保证本国国际收支平衡，因为国际收支能否平衡还要取决于国内的经济发展战略、资源结构、生产结构和消费结构的对称状况、外贸政策、利用外资政策等，同时还要受到其他国家政策与经济形势等诸多因素的影响。若本国物价稳定，其他国家发生通货膨胀，则会造成本国商品出口增加，进口减少，国际收支发生顺差；若本国发生通货膨胀，其他国家物价稳定，表明本国货币对内贬值，在一定时期内购买外国商品便宜，会导致本国商品出口减少，进口增加，使国际收支恶化。

4. 经济增长与国际收支平衡的矛盾

经济增长与国际收支平衡间所以会出现矛盾，是因为随着经济增长、就业人数增加和收入水平提高，对进口商品的需求通常也会相应增加，从而使进口贸易增长的更快，其结果出现贸易逆差，导致国际收支情况恶化。为了平衡国际收支，消除贸易逆差，需要紧缩信用，减少货币供给，以抑制国内的有效需求，但生产规模也会相应缩减，从而导致经济增长速度放慢。因此，经济增长与国际收支平衡二者之间也相互矛盾，存在着一定程度的替代性，难以同时兼得。

10.1.4 货币政策目标的选择

1. 货币政策目标的选择理论

由于货币政策目标之间客观上难以同时兼顾，因此就出现了货币政策目标选择问题。理论界存在的单目标论、双目标论和多目标论。

(1) 单一目标论。单一目标论认为，由于各宏观目标之间的矛盾性，货币政策只能采用单一目标。在唯一目标的选择上又有两种观点：一种观点从物价稳定是经济的基本前提条件出发，主张稳定物价是货币政策的唯一目标；另一种观点从经济增长是稳定物价的基础出发，主张以经济增长为货币政策的唯一目标。

(2) 双重目标论。双重目标论认为，中央银行的货币政策目标不应是单一的，应当同时兼顾稳定物价和经济增长双重目标。因为经济增长是物价稳定的物质基础，物价稳定是经济增长的前提条件，二者是相互制约和相互影响的，如果只偏重某一目标对整个国民经济的稳定协调发展是不利的。

(3) 多重目标论。多重目标论认为，货币政策作为宏观经济调控的重要经济手段，其目标不应该是单一的和双重的，而应该是多重的，并且实践中经济运行的状况也会随时变动，因此应该在总体上兼顾各个目标，而在不同时期以不同的目标作为相对重点。

2. 我国的货币政策目标

自 1984 年中国人民银行专门行使中央银行职能以后至 1995 年 3 月《中华人民共和国中国人民银行法》颁布之前，我国事实上一直奉行的是双重货币政策目标，即发展经济和稳定货币，这种做法比较符合中国过去的计划经济体制，特别是在把银行信贷作为资源进行直接分配的情况下，货币总量控制与信贷投向分配都由计划安排，发展经济和稳定货币这两个目标比较容易协调。但是改革开放以来特别是近 20 年的实践表明，在大多数情况下，货币政策的双重目标并没有能够同时实现。在支撑经济增长的同时，却伴随着较为严重的货币贬值和通货膨胀，1984～1995年的12年中，全国零售物价总指数涨幅超过5%的年份就有9年。

1995年3月颁布实施的《中华人民共和国中国人民银行法》对“双重目标”进行了修正，将货币政策目标确定为“保持货币币值的稳定，并以此促进经济增长”。2003年12月经过修订的《中国人民银行法》，再次确认了这一目标。这个目标体现了两个要求：①不能把稳定币值与经济增长放在同等的位置上，从主次看，稳定币值始终是主要的；从顺序来看，稳定货币为先。中央银行应该以保持币值稳定来促进经济增长。②即使在短期内兼顾经济增长的要求，仍必须坚持稳定货币的基本立足点。

10.2 货币政策中介指标与操作指标

由于货币政策的最终目标是一个长期、抽象的目标，并不直接处于中央银行控制之下，中央银行进行货币政策调控必须选择一些与最终目标关系密切、中央银行可以直接影响并在短期内可以度量的金融指标作为实现最终目标的中间性指标，通过对这些中间目标的影响实现最终政策目标。因此，中间目标的选择便成为货币政策实施效果的关键。通常，中间目标可分为中介指标和操作指标。

10.2.1 货币政策中介指标

1. 货币政策中介指标的含义

货币政策中介指标是指处于货币政策最终目标和操作目标之间，中央银行在一定的时期内和某种特殊的经济状况下，能够以一定的精度达到的目标。

货币政策中介指标是为实现货币政策目标而选定的中间性或传导性金融变量。

2. 选择中介指标的依据

理论界通常认为货币政策中介指标的选取要符合三个标准：

(1) 可测性。一方面，中央银行能够迅速获取这些指标的准确数据；另一方面，这些指标必须有明确的定义并且便于观察、分析和监测。

(2) 可控性。可控性是指该指标能在足够短的时间内接受货币政策的影响，并按政策设定的方向和力度发生变化。

(3) 相关性。相关性是指该指标与货币政策最终目标之间存在密切、稳定的相关关系，它们的变动能够对最终目标产生可预测的影响力，中央银行可以通过控制和调节中介指标，从而促使最终目标的实现。

3. 可供选择的中介指标

在市场经济比较发达的国家，可作为中介指标的一般有利率和货币供应量，在一定条件下，贷款量和汇率亦可作为中介指标。

(1) 利率。以利率作为中介指标，就是通过政策工具来调节、监控市场利率水平。具体操作是根据经济金融环境和金融市场状况提出预期理想的利率基准水平，若偏离这一水平，中央银行就要进行调节。如现实利率水平低于预期理想水平，意味着货币供给大于货币需求，货币供给过多，中央银行可用缩减货币供给的方法以使利率升至预期理想水平；反则反之。选取利率作为中介指标，其优点是可测性和可控性强，并能较直接地调节市场总需求。

不足之处是利率容易受非政策性因素的影响，抗干扰性较弱。一方面，利率本身是由经济体系内部因素决定的内生变量，利率变动是顺循环的，经济繁荣时利率会因信贷需求增加而上升，经济衰退时利率趋于下降；另一方面，作为政策变量，中央银行的期望也是在经济过热时应上调利率，经济萧条时应降低利率。因此，利率作为内生变量和政策变量在实践中很难区分，中央银行较难判断自己的政策操作是否已经达到预期的目标。

(2) 货币供应量。以货币供应量作为中介指标，就是通过政策工具来调节、监控货币供应量增长水平，以便货币供给增长与经济增长相适应。具体操作是根据经济金融环境和商品市场供需状况提出货币供应量的期望值，并通过政策工具的调节实现所期望的水平。如市场货币供应量大于期望值，可能出现商品市场上社会总需求大于社会总供给，商品价格上涨，通货膨胀，这时，中央银行就要求采取缩减货币供应量的措施，以达到期望值，实现商品市场均衡；否则反之。选取货币供应量作为中介指标，其优点在于该项指标与经济发展状况联系密切，社会总供给和总需求不管有何种因素引起失衡，都会通过货币供应量的过多或过少反映出来，并且这一指标与货币政策最终目标比较接近。同时，货币供应量的变化作为内生变量是顺循环的，而作为政策变量是逆循环的，因此，中央银行比较容易判断其政策效果。但其不足之处在于货币供应量本身包含的范围或统计口径比较复杂，难以清晰界定；同时中央银行对货币供应量的控制随着当代金融创新的活跃更为困难。

(3) 其他指标。除了利率和货币供应量之外，还有一些指标可充当中介指标，它们主要是贷款量和汇率。

贷款量通常又称为贷款规模，它具有较好的相关性、可测性和可控性，但是由于规定贷款规模是利用行政手段而非经济手段，不利于市场机制作用的发挥，同时若一国金融市场和直接融资较发达时，贷款规模控制与最终目标之间的相关性就减弱了。因此，该指标通常在计划经济或金融市场不发达的国家使用。

汇率也可以充当中介指标，特别是在一些对外经济依赖性大的小国和实行本币与某国货币挂钩的国家或地区，往往选择汇率作为中介指标。

10.2.2 货币政策操作指标

1. 货币政策操作指标的含义

货币政策操作指标是中央银行通过货币政策工具操作能够有效准确实现的政策变量，如准备金、基础货币、中央银行利率等。

2. 货币政策操作指标的特点

操作指标有两个特点，一是直接性，即可以通过政策工具的运用直接引起这些指标的变化；二是灵敏性，即对政策工具的运用反应极为灵敏，或者说，政策工具可以准确地作用于操作指标，使其达到目标区。一般来说，操作指标是在中央银行体系之内的可控性指标。

3. 可供选择的操作指标

中央银行货币政策可选择的操作指标主要是准备金和基础货币，有的国家还将中央银行利率作为操作指标。

(1) 准备金。准备金指标既是中央银行货币政策工具影响中介指标的主要传递指标，也是中央银行可直接操作的指标。准备金主要有三种计量口径：准备金总额、法定准备金和超额准备金。法定准备金与超额准备金之和为准备金总额。法定准备金的多少完全取决于法定准备金率，由于法定准备金率的调整震动太大，一般不作经常性调整，因此，中央银行可直接操作的经常性指标是超额准备金。以超额准备金为操作指标，就是通过政策工具来调节、监控商业银行及其他各类金融机构的超额准备金水平。超额准备金的高低，反映了商业银行等金融机构的资金紧缺程度，如此项指标过高，说明金融机构资金宽松，从而证明已提供的货币供应量偏多，中央银行应采取紧缩措施，通过调节使金融机构的超额准备金保持在理想的水平上，反之亦然。该项指标对商业银行等金融机构的资产业务规模有直接决定作用，对中央银行来说也极易判断，但超额准备金的高低取决于商业银行等金融机构的意愿和财务状况，在货币政策操作的同时，需要金融监管予以配合。

(2) 基础货币。以基础货币作为中介目标，就是中央银行直接调节基础货币量。基础货币包括流通中的现金和商业银行等金融机构在中央银行的存款准备金总额，它们是货币供应量数倍伸缩的基础，是市场货币量形成的源头。中央银行提供的基础货币通过货币乘数的作用形成数倍于基础货币量的市场货币供给总量。在经济机制充分发挥作用和货币乘数稳定的情况下，调控基础货币量可直接实现对货币总供求的调节。该项指标对中央银行来说极易控制、监测和操作，但距离货币政策最终目标较远。

10.3 货币政策工具

货币政策工具又称为货币政策手段，是指中央银行为达到货币政策目标而采取的手段，是中央银行对货币供应量或信用总量进行调节和控制的政策工具。中央银行通过货币政策工具的运用，影响商业银行等金融机构的活动，进而影响货币供应量，最终影响国民经济的宏观经济指标。根据货币政策工具的调节职能和效果来划分，货币政策工具可以分为一般性货币政策工具、选择性货币政策工具和其他货币政策工具。

10.3.1 一般性货币政策工具

一般性货币政策工具，是指对货币供应量进行总量调节和控制的政策工具。主要包括法定存款准备金政策、再贴现政策和公开市场业务，俗称“三大法宝”。

1. 法定存款准备金政策

1) 法定存款准备金政策的含义

法定存款准备金政策是由中央银行在法律授予的权利范围内，通过规定或调整商业银行缴存中央银行存款准备金的比率，控制和改变商业银行的信用创造能力，间接调控社会货币供应量的活动。

商业银行将吸收的存款保留一部分用作支付准备金是由来已久的做法，将存款准备金集中于中央银行始于英国，以法律形式规定商业银行必须向中央银行缴纳法定存款准备金并规定法定存款准备金率则始于 1913 年美国的联邦储备法。但存款准备金制度建立的初衷并不是作为中央银行货币政策的调节工具，而是为了保持商业银行的清偿力而设立的。1935 年，美联储首次获得了改变法定存款准备金率的权利，存款准备金制度才真正成为中央银行货币政策的重要工具。目前来看，实行中央银行制度的国家普遍实行了法定存款准备金制度。

2）法定存款准备金政策的内容

法定存款准备金政策的内容主要包括：①存款准备金的界定；②存款准备金率的确定；③存款准备金的计提基础；④存款准备金率调整幅度；⑤可充当存款准备金资产的内容。

3）法定存款准备金政策的作用

法定存款准备金政策的作用主要表现在：①保证存款机构资金的流动性；②可以使中央银行集中一部分信贷资金用于再贴现、再贷款或办理清算；③调节货币供应总量。

4）法定存款准备金政策的效果

法定存款准备金政策通常被认为是货币政策中作用最为猛烈的工具。其政策效果表现在以下几个方面：①法定存款准备金政策是通过决定或改变货币乘数来影响货币供给，即使准备金率调整的幅度很小，也会引起货币供应量的巨大波动。②中行银行的其他货币政策工具都是以存款准备金为基础，如没有法定存款准备金，其他货币政策工具就难以正常发挥作用。③即使商业银行等存款机构由于种种原因持有超额准备金，法定存款准备金的调整也会产生效果。如果提高准备金比率，实际上是冻结了相应的超额准备金。④即使存款准备金率维持不变，它也在很大程度上限制了商业银行体系创造派生存款的能力。

5）法定存款准备金政策的局限性

作为一种货币政策工具，法定存款准备金政策的局限性表现如下：①由于准备金率调整的效果较强烈，其调整对整个经济和社会心理预期都会产生显著的影响，不宜作为中央银行调控货币供给的日常性工具，致使它有了固定化的倾向。②存款准备金对各种类别的金融机构和不同种类存款的影响不一致，货币政策实现的效果可能因这些复杂情况的存在而不易把握。

2. 再贴现政策

1）再贴现政策的含义

再贴现政策是指中央银行通过制定或调整再贴现率来干预和影响市场利率及货币市场的供应和需求，从而调节市场货币供应量、实现货币政策目标的一种政策措施。

再贴现政策是中央银行最早拥有的货币政策工具。目前许多国家中央银行都把再贴现政策作为控制信用的一项主要货币政策工具。再贴现是指商业银行或其他金融机构将贴现所获得的未到期票据向中央银行转让。对中央银行来说，再贴现是买进商业银行持有的票据，流出现实货币，扩大货币供应量；对商业银行来说，再贴现是出让已贴现的票据，解决一时资金短缺。整个再贴现过程，实际上就是商业银行和中央银行之间的票据买卖和资金让渡过程。

2）再贴现政策的内容

再贴现政策一般包括三方面的内容：①规定再贴现票据的种类。②规定再贴现业务的对象。③再贴现率的确定与调整。

3）再贴现政策的作用

再贴现政策的作用主要表现在以下几个方面：①能影响商业银行的资金成本和超额准备，从而影响商业银行的融资决策，使其改变放款和投资活动。②能产生告示效果，通常能表明中央银行的政策意向，从而影响到商业银行及社会公众的预期。③能决定何种票据具有再贴现资格，从而影响商业银行的资金投向。

4）再贴现政策的局限性

再贴现政策也存在一定的局限性：①主动权并非只在中央银行，甚至市场的变化可能违背其政策意愿。因为商业银行是否再贴现或再贴现多少，取决于商业银行的行为，由商业银行自主判断、选择。如商业银行可通过其他途径筹措资金而不依赖于再贴现，那么中央银行就不能通过这个政策有效控制货币供应量。②再贴现的调节作用是有限度的。在经济繁荣时期，如果市场利率上升，提高再贴现利率也不一定能够抑制商业银行的再贴现需求；在经济萧条时期，调低再贴现率也不一定能够刺激商业银行的借款需求。③与法定存款准备金率相比较而言，再贴现率易于调整，但随时调整会引起市场利率的经常波动，使商业银行无所适从。

3. 公开市场业务

1）公开市场业务的含义

公开市场业务是指中央银行在金融市场上公开买卖有价证券，吞吐基础货币，以此来调节市场货币量的政策行为。

与一般金融机构所从事的证券买卖不同，中央银行买卖证券的目的不是为了赢利，而是为了调节货币供应量。当中央银行认为应该增加市场货币供应量时，就在金融市场上买进有价证券（主要是政府证券），而将货币投放出去，扩大基础货币供应，直接增加金融机构可用资金的数量；反之，当中央银行认为需要收缩银根时，便卖出证券，相应地收回一部分基础货币，减少金融机构可用资金的数量。

2）公开市场业务的作用

公开市场业务的作用表现在：①调节商业银行的准备金，影响其信用扩张的能力和信用紧缩的规模；②通过影响准备金的数量影响利率水平和结构；③与再贴现率政策相辅而行。公开市场业务与再贴现率政策的配合使用，往往能够达到较为理想的政策效果。例如，当中央银行提高再贴现率时，若商业银行因拥有一定数额的超额准备金而不依赖中央银行的融通，紧缩性货币政策就难以奏效。此时，若中央银行以公开市场业务相配合，在市场上卖出证券，则商业银行的准备金必然减少，紧缩目标得以实现。

3）公开市场业务的优越性

公开市场业务的优越性包括以下几点：①主动性强。中央银行的业务操作目标是调控货币量而不是盈利，所以它可以不计证券交易的价格，从容实现操作目的，即可以高于市场价格买进、低于市场价格卖出，业务总能做成，不像再贴现政策那样较为被动。②灵活性高。中央银行可根据金融市场的变化，进行经常性、连续性的操作，并且买卖数量可多可少，如发现前面操作方向有误，可立即进行相反的操作；如发现力度不够，可随时加大买卖的数量。③调控效果和缓，震动性小。由于这项业务以交易行为出现，不是强制性的，加之中央银行可以灵活操作，所以对经济社会和金融机构的影响比较平缓，不像调整法定存款准备金率那样震动大。

4）公开市场业务作用的条件

公开市场业务虽然能够有效地发挥作用，但必须具备以下三个条件才能顺利实施：①中央银行必须具有强大的、足以干预和控制整个金融市场的金融实力。②要有一个发达、完善的金融市场，且市场必须是全国性的，证券种类必须齐全并达到一定规模。③必须有其他政策工具的配合。如没有存款准备金制度这一工具，就不能通过改变商业银行的超额准备金来影响货币供应量。

10.3.2　选择性货币政策工具

选择性货币政策工具是指中央银行针对某些特殊的经济领域或特殊用途的信贷而采用的信用调节工具。

随着中央银行宏观调控作用重要性的增强，货币政策工具也趋向多样化。除上述调节货币总量的三大工具在操作内容和技术上更加完备之外，还增加了对某些特殊领域的信用活动加以调节和影响的一系列措施。这些措施一般都是有选择地使用，故称之为“选择性货币政策工具”，以便与传统的“一般性政策工具”相区别。选择性货币政策工具主要有消费者信用控制、证券市场信用控制、不动产信用控制、优惠利率和预缴进口保证金等。

1. 消费者信用控制

消费者信用控制是指中央银行对不动产以外的各种耐用消费品的销售融资予以控制。目的在于影响消费者对耐用消费品支付能力的需求。

具体措施包括：对分期付款方式购买耐用品时的首次付款规定最低比例；规定消费信贷的最长期限；规定可用消费信贷购买的耐用品种类，对不同消费品规定不同的信贷条件。在消费信用膨胀和通货膨胀时期，中央银行采取消费信用控制，能起到抑制消费需求和物价上涨的作用；反之则反。

2. 证券市场信用控制

证券市场信用控制是指中央银行对有关证券交易的各种贷款保证金比率进行限制，并随时根据证券市场的状况加以调整，目标在于抑制过度的投机。

3. 不动产信用控制

不动产信用控制是指中央银行对金融机构在房地产方面放款的限制性措施，以抑制房地产投机和泡沫。如对房地产贷款规定最高限额、最长期限及首次付款和分摊还款的最低金额等。

4. 优惠利率

优惠利率是中央银行对国家重点发展的某些部门、行业和产品规定较低的利率，以鼓励其发展的政策。优惠利率不只是大多数发展中国家采用，发达国家也普遍采用。

5. 预缴进口保证金

预缴进口保证金是指中央银行要求进口商预缴相当于进口商品总值一定比例的存款，以抑制进口过快增长。预缴进口保证金多为国际收支经常项目出现逆差的国家所采用。

10.3.3　其他货币政策工具

其他政策工具是中央银行针对特殊经济领域或特殊用途信贷而采取的信用调解工具。主要有两大类：一类属于直接信用控制，一类属于间接信用指导。

1. 直接信用控制

直接信用控制是中央银行以行政命令或其他方式，直接对金融机构尤其是商业银行的信用活动进行控制，比较重要的手段包括规定利率限额及信用配额、规定金融机构的流动性比率和直接干预等。

（1）规定利率限额主要是规定贷款利率下限和存款利率上限，这是最常见的手段之一，其目的是为了防止金融机构为谋求高利而进行风险存贷或过度竞争。在自由化程度很高的美国，这一措施曾长期使用。

（2）信用配额是指中央银行根据市场资金供求状况及客观经济需要，分别对各个商业银行的信用规模或贷款规模加以分配，限制其最高数量。在多数发展中国家，这一措施经常被采用。

（3）规定金融机构流动性比率是限制商业银行等金融机构信用扩张的主要措施，是保证金融机构安全的手段。流动性比率是指流动性资产对总资产的比重，一般来说，流动性比率与收益成反比。为保持中央银行规定的流动性比率，商业银行必须采取缩减长期放款、扩大短期放款和增加应付提现的流动性资产等措施。

（4）直接干预是中央银行直接对商业银行的信贷业务、放款范围等加以干预，如对业务经营不当的商业银行拒绝再贴现或实行高于一般利率的惩罚性利率，以及对银行吸收存款的范围加以干涉等。

直接信用控制的手段一般都是根据不同情况有选择地使用，并且这类手段需要金融监管进行配合。

2. 间接信用指导

间接信用指导是指中央银行通过道义劝告、窗口指导等办法来间接影响商业银行等金融机构行为的做法。

道义劝告，指的是中央银行对商业银行和其他金融机构发出情况通报、书面文件、指示或与各金融机构的负责人举行面谈，劝告其遵守政府政策并自动采取贯彻政策的相应措施。窗口指导是指中央银行在与商业银行的往来中，根据产业行情、物价趋势和金融市场动向，规定商业银行贷款近期的增减额，并要求其执行。

虽然道义劝告与窗口指导均无法律效力，但中央银行的政策目的与商业银行的经营发展总体上是一致的，且商业银行对中央银行有依赖性，所以在实际中这种做法的作用还是很大的。第二次世界大战后，日本曾把窗口指导作为主要的政策工具来使用。在发达国家，道义劝告的作用也很明显。间接信用指导比较灵活，且在感情上易为商业银行所接受。但要真正起作用，必须是中央银行在金融体系中有较高的地位、较强的威望和拥有控制信用活动足够的法律权力及手段。

10.3.4 中国货币政策工具的选用

中央银行使用什么样的货币政策工具来实现其特定的政策目标，并无一成不变的固定模式，只能根据不同时期的经济和金融环境及客观条件而定。中国货币政策工具的运用必须立足于客观经济环境，而不能生搬硬套其他国家的经验。

中国人民银行从1994年开始执行中央银行职能后，使用的货币政策工具有贷款计划、存款准备金、再贴现、利率等，其中最主要的是贷款计划。1995年《中国人民银行法》颁布后，我国货币政策工具逐步由直接调控为主向间接调控为主转化，增加了公开市场业务等市场化政策工具的使用。

1. 贷款计划

贷款计划主要包括两大项内容：一是确定全国贷款总规模，俗称“规模管理”或“规模控制”；二是确定人民银行金融机构的再贷款额度。贷款计划这一工具对于中央银行来说，非常方便，但对于金融机构的经营来说，则缺少灵活性。1998年1月，中国人民银行取消了对国有商业银行的指令性贷款规模控制，放弃了长期以来我国货币政策操作中最主要的一种直接调控工具，可视为是向间接调控转换的一个里程碑。

2. 存款准备金

该制度自1984年中国人民银行专门行使中央银行职能后就开始实行。最初的存款准备金制度在增加人民银行资金实力、巩固中央银行地位、调节金融机构信贷规模等方面发挥了积极的作用。1998年改革存款准备金制度以来，中央银行不断调整存款准备金率，已经成为我国中央银行货币政策操作中运用频繁的政策工具之一。

3. 再贴现

再贴现这一政策工具自1986年正式启用，但由于票据市场发展滞后，在一个较长时期内票据贴现和再贴现的总量很小，其政策效果小到可以忽略不计。1994年以后，人民银行加大了开展再贴现业务的力度，出台了相应的法规，使全国再贴现业务得以长足发展，再贴现总量有了较快的增加。但从总体上看，我国的再贴现政策效果不太明显，这一政策工具尚有很大的发展空间。

4. 利率手段

利率手段是中国人民银行经常使用的政策工具之一，特别是在利率市场化改革之前，人民银行不断规定对金融机构的存贷往来利率，也规定了金融机构对企业和个人的存、贷款利率，还规定了金融市场上的资金往来利率。随着利率市场化改革的推进，中国人民银行主要通过中央银行利率和其他政策操作去影响市场利率。

5. 公开市场业务

由于不具备操作基础与条件，这个政策工具直至1994年才开始正式启用。中国公开市场操作包括人民币操作和外汇操作两部分。外汇公开市场操作1994年3月正式启动，1995年通过中央银行融资券的买卖在本币市场开始尝试公开市场业务，1996年以国债为对象进行公开市场业务操作。中国人民银行从1998年开始建立公开市场业务——一级交易商制度，选择了一批能够承担大额债券交易的商业银行作为公开市场业务的交易商，他们可以运用国债、政策性金融债券等作为交易工具与中国人民银行开展公开市场业务。从交易品种看，中国人民银行公开市场业务债券交易主要包括回购交易、现券交易和发行中央银行票据。其中回购交易分为正回购和逆回购两种，正回购为中国人民银行向一级交易商卖出有价证券，并约定在未来特定日期买回有价证券的交易行为，正回购为央行从市场收回流动性的操作，正回购到期则为央行向市场投放流动性操作；逆回购为央行向市场上收回性的操作，逆回购到期则为央行从市场收回流动性的操作。现券交易分为现券买断和现券卖断两种，前者为央行直接从二级市场买入债券，一次性的投放基础货币。中央银行票据即中国人民银行发行的短期债券，央行通过发行票据可以回笼基础货币，央行票据到期则体现为投放基础货币。1999年以来，公开市场操作已成为中国人民银行货币政策日常操作的重要工具，对于调控货币供应量、调节商业银行流动性水平、引导货币市场利率走势发挥了积极的作用。

10.4 货币政策传导机制

10.4.1 货币政策传导机制的主要环节

1. 货币政策传导机制

货币政策传导机制是指中央银行运用货币政策工具影响中介指标，进而实现货币政策最终目标的作用过程。

货币政策分为制定和执行两个过程，制定过程从确定最终目标开始，依次确定效果目标、中介目标、操作目标、政策手段。执行过程则正好相反，首先从操作政策手段开始，通过政策手段直接作用于操作目标，进而影响中介目标，最后实现货币政策的最终目标。

2. 货币政策传导途径

在市场经济发达的国家，货币政策传导途径一般有三个基本环节，依次序如下：

(1) 从中央银行到商业银行等金融机构和金融市场。中央银行的货币政策工具操作，首先影响的是商业银行等金融机构的准备金、融资成本、信用能力和行为，以及金融市场上货币供给与需求的状况。

(2) 从商业银行等金融机构和金融市场到企业、居民等非金融部门的各类经济行为主体。商业银行等金融机构根据中央银行的政策操作调整自己的行为，从而对企业和居民的消费、储蓄、投资等经济活动产生影响。

(3) 从非金融部门经济行为主体到社会各经济变量，包括总支出量、总产出量、物价、就业等。中央银行就是通过这三个环节或途径使用货币政策工具来实现其货币政策目标的。

3. 货币政策传导的关键

在整个货币政策的传导过程中，金融市场发挥着极其重要的作用。一方面，中央银行主要通过市场实施货币政策工具，商业银行等金融机构通过市场感应中央银行货币政策的调控旨意。另一方面，企业、居民等非金融部门经济行为主体通过市场利率的变化，接受金融机构对资金供应的调节进而影响投资和消费行为。此外，社会各经济变量的变化也通过市场反馈信息，影响中央银行、各金融机构的行为，进而引起货币供给的变化。

总之，货币政策传导机制的效率不仅取决于中央银行货币政策的市场化取向，而且取决于金融机构、企业和居民行为的市场化程度，即它们必须对市场信号做出理性的反应。如果它们不能完全按照市场准则运行，即不能对市场信号，包括中央银行的间接调控信号做出理性反应，那么货币政策工具就不可能通过对货币信贷条件的调节来实现其政策目标，货币政策传导过程就会受到梗阻，货币政策效果就会被减弱。

10.4.2 货币政策传导的时滞效应

“时滞”是时间滞后的简称，是指某一行为从启动到产生结果的时间段。任何政策从制定到取得主要的或全部的效果，必须经过一段时间，这段时间即称为时滞。货币政策时滞是指从货币政策制定到最终影响各经济变量，实现政策目标所经过的时间，也就是货币政策传导过程所需要的时间。货币政策时滞可分为内部时滞和外部时滞。

1. 内部时滞

内部时滞是指中央银行从认识到制定实施货币政策的必要性，再到研究政策措施和采取实际行动所经过的时间，也就是中央银行内部认识、讨论、决策的时间。在理论上，内部时滞可以分为两个阶段：

(1) 认识时滞。从客观情况需要中央银行采取行动到中央银行认识到这种必要性所经过的时间，称为认识时滞。这种时滞主要是由搜集信息和分析判断所耗时间引起的。

(2) 决策时滞。也叫行动时滞，是指从中央银行认识需要改变政策到提出一种新的政策所需耗费的时间。央行一旦认识到客观经济过程需要实行某种政策，就要着手拟订政策实施方案，并按规定程序报批，然后公布、贯彻。这段时间的长短取决于央行对作为决策依据的各种信息资料的占有程度和对经济金融形势的分析判断能力。换言之，决策时滞的长短体现了央行决策水平的高低和对金融调控能力的强弱。

内部时滞的长短取决于经济信息反馈系统的敏捷程度、管理当局对经济形势发展变化的预见能力、反应灵敏度、制定政策的效率和行动的决心与速度等。

2. 外部时滞

外部时滞又称效应时滞，是指从中央银行采取行动到对政策目标产生影响所经过的时间，也就是货币对经济起作用的时间。外部时滞也可以细分为两个阶段：

(1) 操作时滞。指从调整货币政策工具到其对中间指标发生作用所耗费的时间。

(2) 市场时滞。指从中间变量发生反应到其对目标变量产生作用所耗费的时间。

外部时滞的长短主要由客观的经济和金融条件所决定，受各微观经济主体行为方式影响较大，而较少受中央银行控制。

内部时滞和外部时滞的划分是以中央银行为界限的。内部时滞可以通过中央银行的效率提高而缩短，对于外部时滞，中央银行则难以控制，所以研究货币政策的外部时滞更加重要。一般货币政策时滞更多地是指外部时滞。

西方学者的研究表明，在市场经济国家，货币政策的外部时滞一般在半年到一年左右。在我国由于金融体制和传导机制有着不同的特点，货币政策的外部时滞较短，大约在3～5个月后作用最为显著。

货币政策时滞是影响货币政策效应的重要因素。如果货币政策可能产生的大部分影响较快地有所表现，那么货币当局就可以根据期初的预测值来考察政策生效的状况，并对政策的取向和力度作必要的调整，从而使政策能够更好地实现预期的目标。在考察货币政策效应时，还必须考虑货币流通速度的变化。此外，非金融部门微观主体的预期对货币政策效果也有抵消作用，其他外来因素、体制因素、政治因素等也对货币政策效应有一定的影响，中央银行在政策制定的操作过程中应予以统一考虑。

10.5　货币政策与财政政策的协调配合

货币政策与财政政策是当代各国政府调节宏观经济最主要的两种政策。要使国家的宏观经济调控取得预期效果，必须协调好货币政策和财政政策的关系，注重二者的配合。

10.5.1　货币政策与财政政策的联系与区别

1. 货币政策与财政政策的联系

（1）政策总体目标的一致性。货币政策和财政政策对经济的调控，都是通过对社会资金的分配实现的。社会资金的统一性和社会资金各部门之间的相互流动性，决定了货币政策和财政政策总体目标的一致性，其实质都是正确处理经济增长与经济稳定的关系。如果两大政策目标不统一或不协调，必然造成政策效应的相悖，从而造成宏观经济运行的失控。

（2）两种政策调控都是货币调控。在现代宏观经济管理中，货币政策属于货币调控是毋庸置疑的。财政政策本质上也属于货币调控。因为无论是财政收入的集中，还是财政支出的运用，都是借助于货币的运动进行的，都是货币的集中和货币的转移，是货币运动的效应，只不过财政政策是以政府财政的方式来进行而已。

2. 货币政策与财政政策的区别

（1）政策工具不同。货币政策工具与中央银行的货币管理业务活动相关，其操作工具主要有存款准备金政策、再贴现、公开市场业务等；财政政策工具与政府产生税收和收支活动相关，其操作工具主要有税收、税率、预算收支、政府转移支付、公债、补贴、贴息等。

（2）资金使用方式和范围不同。银行资金主要来源于组织的各项存款，只能通过贷款这种有借有还付息的方式有偿使用；而财政资金主要来源于国家税收，它可以用作无偿性的经济建设和非生产性支出。

（3）作用过程不同。货币政策作用的直接对象是货币运动过程，以调控货币供给的数量和结构为初步目标，进而影响整个社会经济生活；而财政政策作用的直接对象是国民收入再分配过程，以改变国民收入的数量和结构为初步目标，进而影响整个社会经济生活。

（4）政策时滞不同。货币政策工具使用比较简便，而财政政策工具从制定到实施过程比较复杂，因而货币政策的内部时滞较短，而财政政策的内部时滞较长。相反，货币政策的外部时滞较长；财政政策的作用较直接、外部时滞较短，如确定调整税率，企业的收支会立即发生变化。

由此可见，货币政策与财政政策二者之间既互相联系，又存在差别，只有注重二者的协调和配合才能充分发挥宏观调控的作用，取得良好的效果。

10.5.2　货币政策与财政政策的配合模式

各国政府在运用货币政策和财政政策进行宏观经济调控时，其配合形式主要有三种。

1. 松紧搭配

松紧搭配是最常用的配合模式。从逻辑上看，货币政策与财政政策按作用方向的不同可以作四种组合：①“紧”货币、“松”财政。②“紧”财政、“松”货币。③财政、货币“双紧”。④财政、货币“双松”。概括地说，“一松一紧”主要是解决结构问题；单独使用“双松”或“双紧”主要是解决总量问题。在总量平衡的情况下，调整经济结构和政府与公众间的投资比例，一般采取货币政策和财政政策“一松一紧”的办法。“紧”财政，使政府的支出和投资直接减少；“松”货币，使公众能够以较低的成本获得较多的资金，并使因增税而导致的收入减少得到补偿，其结果是调整了政府与企业的投资结构。相反，“松”财政，直接扩大了政府的支出和投资；“紧”货币，使企业和公众的借贷数额减少和借贷成本增加，其结果是企业投资和居民的一般性投资减少。

2. 主辅搭配

主辅搭配即以一种政策为主，另一种政策为辅助，共同实现预定目标。

3. 动静搭配

动静搭配即一种政策相对稳定，而变动另一种政策。如货币政策相对稳定，而主要运用财政政策进行调控。

在这几种组合中，政府究竟采用哪一种，取决于客观的经济环境，实际上主要取决于政府对客观经济情况的判断。

在总量失衡的情况下，微量的调整一般单独使用财政或货币政策。根据西方国家的经验，货币政策在短期内见效快，但长期调整还要靠财政政策。因此，当经济运行因特殊情况出现临时失衡时，多采用以货币政策为主，财政政策为辅的方法来解决；而当国家预做长期调整时，大多通过稳定货币政策而运用财政政策来实现。

在总量失衡较为严重的情况下，政府要达到“扩张”或“缩紧”的目的，一般同时使用财政政策和货币政策两种手段，即“双松”或“双紧”。在经济萧条后期，设备大量闲置，工厂开工不足，而失业率又很高，为刺激生产和投资，启动闲置生产能力，一般实行“双紧”政策。在总量失衡与结构失调并存的情况下，政府一般采用先调总量，后调结构的办法，即在放松或紧缩总量的前提下调整结构，使经济在稳定中恢复均衡。

【本章小结】

广义的货币政策是指政府、中央银行以及宏观经济部门所有与货币相关的各种规定及采取的一系列影响货币数量和货币收支的各项措施的总和。狭义的货币政策是指中央银行为实现一定的经济目标，运用各种工具调节货币供应量，进而影响宏观经济运行的方针和政策的总和。货币政策目标一般可概括为五项：稳定币值、充分就业、经济增长、国际收支平衡、金融稳定。

货币政策中间性指标具体分为操作指标和中介指标。操作指标是中央银行通过货币政策工具操作能够有效准确实现的政策变量，如准备金、基础货币等指标。中介指标是指为实现货币政策目标而选定的中间性或传导性金融变量。根据货币政策中介指标的三个基本要求：可测性、可控性、相关性，中介指标通常有市场利率、货币供应量，在一定条件下，信贷量和汇率也可充当中介指标。操作指标主要是准备金和基础货币，中央银行利率也可作为操作指标。

货币政策工具是指中央银行调控中介指标进而实现货币政策目标所采用的政策手段。一般性政策工具有：法定存款准备金率、再贴现政策、公开市场业务；选择性货币政策工具主要有：消费者信用控制、证券市场信用控制、不动产信用控制、优惠利率、预缴进口保证金；其他政策工具主要是直接信用控制和间接信用指导两类。我国中央银行使用的货币政策工具有贷款计划、存款准备金、再贴现、利率和公开市场业务等。

货币政策传导机制是指中央银行运用货币政策工具影响中介指标，进而最终实现既定政策目标的传导途径与作用机理。货币政策传导途径一般有三个基本环节：从中央银行到商业银行等金融机构和金融市场；从商业银行等金融机构和金融市场到企业、居民等非金融部门的各类经济行为主体；从非金融部门经济行为主体到社会各经济变量。在整个货币政策的传导过程中，金融市场发挥着极其重要的作用。

货币政策时滞是货币政策传导过程所需要的时间，可分为内部时滞和外部时滞。

货币政策在使用中一般要与财政政策配合使用，配合形式主要由三种：松紧搭配、主辅搭配、动静搭配，常用的松紧搭配一般可以作四种组合："紧"货币、"松"财政；"紧"财政、"松"货币；财政、货币"双紧"；财政、货币"双松"。究竟采用哪一种形式主要取决于政府对客观经济情况的判断。

【关键术语】

货币政策　货币政策目标　货币政策中介指标　货币政策操作指标　货币政策工具　存款准备金政策　再贴现政策　公开市场业务　选择性政策工具　窗口指导　货币政策传导机制

【复习思考题】

1. 什么是货币政策？有哪些构成要素？
2. 什么是货币政策的操作指标和中介指标？选择标准是什么？
3. 试对一般性货币政策工具的政策效果进行分析。
4. 简述货币政策的传导机制。
5. 如何理解货币政策传导时滞？
6. 简要分析货币政策与财政政策配合模式。

专栏 10-1

央票的历史使命

央票是我国特有的一种政策工具。央票即中央银行票据，是中央银行为调节商业银行超额准备金而向商业银行发行的短期债务凭证，其实质是中央银行债券，之所以叫"中央银行票据"，是为了突出其短期性特点（从已发行的央行票据来看，期限最短的3个月，最长的也只有3年）。

我国第一次发行央票是在2002年6月，期限为6个月，数量为50亿元，发行利率为1.9624%。时至今日，央票已成为央行主要的操作工具。

不可否认，任何政策工具的出现或者消亡，都有其独特的背景。央行2002年新推央票的初衷与“双顺差”格局有关。那时，我国的国际收支经常项目和资本项目均呈现大幅顺差，国内流动性管理面临一定挑战。同时，受到机构参与度不足及品种存量较低等制约，财政部国债的市场交易也不活跃。央行在调节流动性方面，又受到政策限制而无法直接回购国债。在这种情形下，为对市场流动性进行总量调控，央行便创造出了央行票据这一载体——发行时回笼货币，到期时投放货币，付息时又相当于创造货币。

数据显示，2002年6月至2011年年底的9年半中，央票发行规模分别为1938亿元、7638亿元、14 961亿元、27 662亿元、36 522亿元、40 571亿元、42 960亿元、38 240亿元、42 350亿元和14 140亿元。可以看出，2011年央票的发行量已明显减少，而今年以来央行干脆一期央票也没发行。

央票的期限总共有3个月、6个月、1年以及3年这四种。一般而言，3年期央票锁定资金的时间最长，央行一般会比较谨慎。它最早被采用是在2004年年底，随后断断续续用到2005年5月。然后在2007年年初再次启用，并几乎一直实施到2008年6月。近几年的最后一次启用是在2010年4月，中间经历2011年上半年的暂停后，一直发行到了2011年10月20日。此后3年期央票便从未现身。

不难发现，上述均为消费物价指数（CPI）居高不下的期间，最高的为2008年2月同比增幅8.7%。发行央票对冲顺差导致的过于宽松的基础货币，收回流动性。

2011年开始，央票发行明显缩量，今年以来完全缺席，而其间主要运用提准与加息工具。央票发行风格的转变，到底还有什么其他特殊原因？

实际上，这又必须回到我国最初发行央票时的“双顺差”局面。随着2011年外围形势的急剧转变及反复，我国新增外汇占款一度出现连续3个月的负增长，是自2007年12月以来首度出现。所谓的“热钱”（以新增外汇占款减去外商直接投资与外贸顺差之和所得的数值）也在2011年二季度开始出现减少迹象。根据今年已公布的数据，2月外商直接投资自去年11月以来已连续4个月同比负增长，1月及2月新增外汇占款仅1409亿元和251.15亿元，1月“热钱”则延续了去年四季度以来的负增长态势。

此外，公开市场央票存量的减少，会导致未来月份或年份到期资金的降低，并直接加大后续操作的难度，这或许也是今年以来央票停发的技术性原因之一。总体而言，如果上述外汇占款流入减少等现象得到持续，央票恢复发行的理由也将不复存在。如果前面这10年的经济周期即将开始轮换，央票较长时间停发甚至退出历史舞台，也并非不可能。

假如央票从我国货币政策工具中消失，作为一种“替代”或“升级”手段，财政部可以通过定期增加较短期限国债的发行，来完成1年期或3个月期央票所发挥的“准基准利率”功能；央行通过其固有的存、贷款利率、金融机构存款准备金率等调节手段，发挥基准利率功能。同时，除财政部发行国债以外，其他品种诸如公司债、企业债、票据融资工具以及更多的债券创新品种等，也都可以在相应监管部门的指导下逐步施行，它们都有利于完善债券收益率曲线和货币的价格发现及配置功能。

当然，我国央行也可以通过其他类似美联储那样的方式，只管控住隔夜利率，其他期限利率则完全交由市场去发现和定价。打一个比方，就像是只需抓牢绳子的一端（即隔夜利率），货币当局按照自己的意图甩动绳子。使得绳子的其他部分既有较大自由度，又不会出现不合理的偏离。那样的话，我国利率市场化改革的步伐，或许才真正迈出了历史性的一大步。而如果央票完成了上一个经济周期赋予它的历史使命，未来一旦退出也是完全正常的。

资料来源：改编自 央票历史使命终结之后，证券时报．2012年3月19日

专栏 10-2

中国式“钱荒”

2013 年 6 月 23 日，央行货币政策委员会公布 2013 年第二季度例会内容，再提“优化金融资源配置，用好增量、盘活存量”。这是 6 月 8 日以来半个月时间，国务院和央行第三次做此表态。在此前后，银行间市场出现钱荒风波，平常在人们眼中最“不差钱”的银行出现“钱荒”。

事实上，从 2013 年 5 月以来，金融市场的资金利率全线攀升。以三个月国债利率为例，5 月 7 日其到期利率为 2.59%，6 月 19 日升至 3.39%，升幅高达 30%。6 月 19 日，大型商业银行加入借钱大军，银行间隔夜拆借利率更是狂涨。从 6 月 6 日起，上海银行间同业拆放利率（Shibor）迅速飙升，隔夜拆借利率从 5%左右一路冲高到 6 月 20 日的 13.44%，隔夜回购利率最高曾达到史无前例的 30%，而从去年 12 月以来，同业拆借利率一直维持在 3%～3.5%。同时，各期限资金利率全线大涨，“钱荒”进一步升级。

加上 6 月上旬市场盛传的光大银行与兴业银行的同业拆借违约事件，整个市场像抽筋一样紧缩流动性。几乎所有人都在喊：“钱荒来了！”。

一向财大气粗的银行竟然闹起了“钱荒”，让货币市场、资本市场掀起了一场惊涛骇浪。面临资金紧张银行纷纷打出各种高收益的短期理财产品以揽储，除了少数几个国有大行的短期理财产品相对比较稳健，多数中小银行纷纷推出了预期年化利率达 8%甚至 9%的高收益短期理财产品。

沪深两市接连下跌，6 月 24 日走出一波跳水行情，6 月 25 日沪指一度下跌到 1849 点，成为四年半以来的新低，跌幅达 6%，盘中跌停个股一度达到近 200 只，其中包括新华保险、民生银行、平安银行等大盘金融股，整个市场一片哀鸿。

2013 年 6 月 24 日，央行在其官网上发布《中国人民银行办公厅关于商业银行流动性管理事宜的函》称，“各金融机构要统筹兼顾流动性与营利性等经营目标，合理安排资产负债总量和期限结构，合理把握一般贷款、票据融资等的配置结构和投放进度，注重通过激活货币信贷存量支持实体经济发展，避免存款‘冲时点’等行为，保持货币信贷平稳适度增长。”央行通过官网对银行间流动性进行说明和表态，是十几年来第一次。在此次公开表态之前，央行已经对国有大行做出指令性要求。

2013 年 6 月 24 日，当天银行间同业拆借利率多数品种回落，尤其隔夜和 1 周品种，连续两日回落。其中隔夜利率下降 200.30 基点，报 6.4890%；1 周下降 123.20 基点，报 7.3110%。

2013 年 6 月 25 日，国务院和央行相继强调金融资源配置要“用好增量、盘活存量”，并要求银行提交建议方案与具体措施，由银监会汇总后，最晚于当日上交。国务院要求银行“用好增量、盘活存量”，意在保持信贷资金的增长以支持实体经济，对存在货币“空转”和影子银行的业务进行清理。

2013 年 6 月 27 日，央行再度全面暂停发行央票，这也是该周第二次暂停公开市场的操作。上一周央行曾两次发行 20 亿元的央票，公开市场上实现资金净投放 280 亿元，但这一净放投规模对当时资金严重短缺的银行间市场仅是杯水车薪。该周在公开市场“零操作”的情况下，央行小幅净投放 250 亿元。除此之外，国家外汇管理局近日也批出百亿资金的 RQFII 和 QFII 额度，向资本市场继续输血。

业内人士指出，央行此次全面暂停央票和正回购操作，释放出来平抑资金面波动的信号，有助于安抚市场紧张情绪，同时，除了对市场进行侧面“输血”外，央行并未直接展开逆回购和货币投放，这也充分体现了央行认为现在的流动性在总体上并没大问题。

面对着“一松一紧”的政策，各家银行对于“左兜掏右兜”货币空转的高息理财产品，也紧急叫停。

尽管央行在“大棒”过后不断抛出“胡萝卜”，市场人士普遍预期，鉴于新一届政府将能够容忍更低速度的经济增长，同时将在“盘活存量”的思路下实施稳健的货币政策，这使得未来资金面将很难回归长期以来的偏宽松格局。

这次“钱荒”，是央行主动发起的一场逼迫银行业资金转型的测试，已酝酿半年之久。从年初开始整顿信托、理财产品等影子银行的风险，到4月掀起债市核查风暴，以及到外汇管理局6月发布《关于加强外汇资金流入管理有关问题的通知》，都意在挤压高风险业务，避免最终出现系统性风险的惨剧。

资料来源：摘编自《第一财经日报》、《法制晚报》，2013年6月28日

专栏 10-3

美联储量化宽松政策走向“死角”

所谓货币量化宽松，是指中央银行在实行零利率或近似零利率政策后，通过购买国债等中长期债券，增加基础货币供给，向市场注入大量流动性的干预方式。第一次量化宽松(QE1)：在雷曼兄弟于2008年9月倒闭后，美联储就赶忙推出了量化宽松政策。在随后的三个月中，美联储创造了超过1万亿美元的储备，主要是通过将储备贷给它们的附属机构，然后通过直接购买抵押贷款支持证券。第二次量化宽松（QE2)：自2010年4月美国的经济数据开始令人失望，进入步履蹒跚的复苏以来，美联储一直受压于需要推出另一次的量化宽松——第二次量化宽松。美联储2010年11月3日宣布推出第二轮定量宽松货币政策，到2011年6月底以前购买6000亿美元的美国长期国债，以进一步刺激美国经济复苏。第三次量化宽松（QE3)：2012年9月13日，美联储宣布为进一步支持经济复苏和劳工市场，推出第三轮量化宽松货币政策，每月购买400亿美元抵押贷款支持证券，同时将继续执行卖出短期国债、买入长期国债的“扭转操作”，并继续把到期的机构债券和机构抵押贷款支持证券的本金进行再投资。第四次量化宽松（QE4)：2012年12月12日，美联储宣布，从2013年1月起每月购买450亿美元的长期美国国债，以替代月底到期的“扭转操作”（OT)工具。

随着“冲销版”量化宽松措施在2014年开始逐步回笼，美国基础货币总量的膨胀速度将放缓，结构也可能发生改变，超额准备金在美联储退出超常规货币政策之后或逐步减少，流通中的通货将重新成为基础货币的主体部分，流通中的通货规模不大可能下降至危机前的水平，但是超额准备金将放缓膨胀速度并最终开始下降，这一过程可能持续2～3年，其间大规模的超额准备金从银行体系向美联储的“挪腾”或出现“漏出”，短期内经济可能面临通货膨胀暴发的风险。

美联储数轮量化宽松政策使得美国基础货币供应量达到了历史最高水平，截至2013年10月，美国基础货币总量（未经季调）已经达到3.6万亿美元，其中流通中的货币量为1.2万亿美元，而存款机构准备金总额为2.4万亿美元。存款机构的准备金中，法定准备金仅为

1195.52 亿美元，占准备金总额的 5%，其余 2.3 万亿美元为超额准备金。换句话说，美联储大规模的资产购买措施实际上为银行系统（存款机构）增加了大量没有需求的超额准备金。

自 2008 年 11 月 25 日美联储首次启动量化宽松政策以来，存款机构的准备金规模就开始超过流通中的货币量，并且以更快的速度膨胀，表明基础货币的结构随着超常规政策的推进而发生改变，QE3 启动以来上述结论依然成立。美联储对超额准备金支付 0.25%的利息是导致大量流动性沉淀在金融体系内部的重要原因，这部分对冲了 QE 措施对通货膨胀造成的直接压力；当超额准备金利率被下调或者市场利率曲线的短端开始抬升时，美联储需要更快地回收超额流动性，否则将对货币市场造成冲击，甚至可能导致回购市场瘫痪以及货币市场基金出现挤兑；如果美联储继续对超额准备金支付利息，随着准备金规模的膨胀，政策成本将不断攀升，在未来或许将遭到更多的质疑。

2008 年 11 月 25 日，美联储启动量化宽松政策之后，美国基础货币的结构发生了改变，原本一直占据主导地位的流通中的货币规模被存款机构的准备金超越，虽然两者都随着时间推移不断膨胀，但是准备金规模扩张得更快，目前已经达到历史最高位。QE3 启动以来，流通中的货币量平均每月增加 69 亿美元，存款机构准备金平均每月则增加了 604 亿美元。截至 2013 年 10 月，美联储通过第三和第四轮量化宽松已经累计投放流通中货币 967.7 亿美元，银行准备金 8456 亿美元，基础货币因此增加了约 9387.5 亿美元。

若美联储下调超额准备金利率或者市场上其他短期利率有所提高（接近或者超过 0.25%），那么逆回购工具未必能够对冲超量流动性释放的风险，这也是在 2014 年很可能出现的情况：美联储货币政策或走向“死角”，进退维谷。

即使伯南克和耶伦在 11 月多次强调将维持高度宽松的货币政策，但是毫无疑问随着时间的推移，退出 QE 将不可避免，因此美联储削减量化宽松政策或将成为 2014 年美国乃至全球金融体系的最大焦点。随之而来的可能是全球流动性的分化和非同步退潮，金融体系将经历“断奶”的过程，是“回归野性”还是“一蹶不振”，我们拭目以待。

资料来源：2014 年美联储货币政策或走向“死角”，期货日报．2013 年 12 月 5 日

专栏 10-4

中国人民银行存款准备金率历次调整一览表

次数	时间	调整前/%	调整后/%	调整幅度/%
45	2012 年 5 月 18 日	20.50	20.00	−0.50
44	2012 年 2 月 24 日	21.00	20.50	−0.50
43	2011 年 12 月 5 日	21.50	21.00	−0.50
42	2011 年 6 月 20 日	21.00	21.50	0.50
41	2011 年 5 月 18 日	20.50	21.00	0.50
40	2011 年 4 月 21 日	20.00	20.50	0.50
39	2011 年 3 月 25 日	19.50	20.00	0.50
38	2011 年 2 月 24 日	19.00	19.50	0.50
37	2011 年 1 月 20 日	18.50	19.00	0.50
36	2010 年 12 月 20 日	18.00	18.50	0.50

续表

<table>
<tr><th>次数</th><th colspan="2">时间</th><th>调整前/%</th><th>调整后/%</th><th colspan="2">调整幅度/%</th></tr>
<tr><td>35</td><td colspan="2">2010年11月29日</td><td>17.50</td><td>18.00</td><td colspan="2">0.50</td></tr>
<tr><td>34</td><td colspan="2">2010年11月16日</td><td>17.00</td><td>17.50</td><td colspan="2">0.50</td></tr>
<tr><td>33</td><td colspan="2">2010年5月10日</td><td>16.50</td><td>17.00</td><td colspan="2">0.50</td></tr>
<tr><td>32</td><td colspan="2">2010年2月25日</td><td>16.00</td><td>16.50</td><td colspan="2">0.50</td></tr>
<tr><td>31</td><td colspan="2">2010年1月18日</td><td>15.50</td><td>16.00</td><td colspan="2">0.50</td></tr>
<tr><td>30</td><td colspan="2">2008年12月25日</td><td>16.00</td><td>15.50</td><td colspan="2">−0.50</td></tr>
<tr><td>29</td><td colspan="2">2008年12月05日</td><td>17.00</td><td>16.00</td><td colspan="2">−1.00</td></tr>
<tr><td>28</td><td colspan="2">2008年10月15日</td><td>16.50</td><td>16.00</td><td colspan="2">−0.50</td></tr>
<tr><td>27</td><td colspan="2">2008年9月25日</td><td>17.50</td><td>16.50</td><td colspan="2">−1.00</td></tr>
<tr><td rowspan="2">26</td><td rowspan="2">2008年6月7日*</td><td>2008年6月25日</td><td>17.00</td><td>17.50</td><td>0.50</td><td rowspan="2">1.00</td></tr>
<tr><td>2008年6月15日</td><td>16.50</td><td>17.00</td><td>0.50</td></tr>
<tr><td>25</td><td colspan="2">2008年5月20日</td><td>16.00</td><td>16.50</td><td colspan="2">0.50</td></tr>
<tr><td>24</td><td colspan="2">2008年4月25日</td><td>15.50</td><td>16.00</td><td colspan="2">0.50</td></tr>
<tr><td>23</td><td colspan="2">2008年3月25日</td><td>15.00</td><td>15.50</td><td colspan="2">0.50</td></tr>
<tr><td>22</td><td colspan="2">2008年1月25日</td><td>14.50</td><td>15.00</td><td colspan="2">0.50</td></tr>
<tr><td>21</td><td colspan="2">2007年12月25日</td><td>13.50</td><td>14.50</td><td colspan="2">1.00</td></tr>
<tr><td>20</td><td colspan="2">2007年11月26日</td><td>13.00</td><td>13.50</td><td colspan="2">0.50</td></tr>
<tr><td>19</td><td colspan="2">2007年10月25日</td><td>12.50</td><td>13.00</td><td colspan="2">0.50</td></tr>
<tr><td>18</td><td colspan="2">2007年9月25日</td><td>12.00</td><td>12.50</td><td colspan="2">0.50</td></tr>
<tr><td>17</td><td colspan="2">2007年8月15日</td><td>11.50</td><td>12.00</td><td colspan="2">0.50</td></tr>
<tr><td>16</td><td colspan="2">2007年6月5日</td><td>11.00</td><td>11.50</td><td colspan="2">0.50</td></tr>
<tr><td>15</td><td colspan="2">2007年5月15日</td><td>10.50</td><td>11.00</td><td colspan="2">0.50</td></tr>
<tr><td>14</td><td colspan="2">2007年4月16日</td><td>10.00</td><td>10.50</td><td colspan="2">0.50</td></tr>
<tr><td>13</td><td colspan="2">2007年2月25日</td><td>9.50</td><td>10.00</td><td colspan="2">0.50</td></tr>
<tr><td>12</td><td colspan="2">2007年1月15日</td><td>9.00</td><td>9.50</td><td colspan="2">0.50</td></tr>
<tr><td>11</td><td colspan="2">2006年11月15日</td><td>8.50</td><td>9.00</td><td colspan="2">0.50</td></tr>
<tr><td>10</td><td colspan="2">2006年8月15日</td><td>8.00</td><td>8.50</td><td colspan="2">0.50</td></tr>
<tr><td>9</td><td colspan="2">2004年4月25日</td><td>7.50</td><td>8.00</td><td colspan="2">0.50</td></tr>
<tr><td>8</td><td colspan="2">2004年4月25日</td><td>7.00</td><td>7.50</td><td colspan="2">0.50</td></tr>
<tr><td>7</td><td colspan="2">2003年9月21日</td><td>6.00</td><td>7.00</td><td colspan="2">1.00</td></tr>
<tr><td>6</td><td colspan="2">1999年11月21日</td><td>8.00</td><td>6.00</td><td colspan="2">−2.00</td></tr>
<tr><td>5</td><td colspan="2">1998年3月21日</td><td>13.00</td><td>8.00</td><td colspan="2">−5.00</td></tr>
<tr><td>4</td><td colspan="2">1998年9月</td><td>12.00</td><td>13.00</td><td colspan="2">1.00</td></tr>
<tr><td>3</td><td colspan="2">1987年</td><td>10.00</td><td>12.00</td><td colspan="2">2.00</td></tr>
<tr><td>2</td><td colspan="2">1985年</td><td colspan="4">支行将法定存款准备金统一调整为10</td></tr>
<tr><td>1</td><td colspan="2">1984年</td><td colspan="4">央行按存款种类规定法定存款准备金率，企业存款为20，农村存款为25，储蓄存款为40</td></tr>
</table>

*地震重灾区法人金融机构暂不上调。

资料来源：根据中国人民银行官方公布数据整理

第 11 章　国 际 金 融

【教学目标】

通过本章学习，了解外汇、汇率及其标价方法，掌握汇率的决定及汇率变动对经济的影响，掌握国际收支平衡表的内容与国际收支的调节方法，了解国际货币体系的发展历程以及国际资本流动的发展动态。

【教学要求】

知识要点	能力要求	相关知识
外汇与汇率	准确把握外汇的含义 掌握汇率及其标价方法 掌握汇率的决定与影响因素	外汇的概念与特征 汇率及其标价方法 汇率的决定与调整 汇率变动的经济影响
国际收支	掌握国际收支的含义 了解国际收支平衡表的构成 掌握国际收支失衡的原因及调节政策	国际收支的含义 国际收支平衡表 国际收支分析 国际收支的自动调节机制 国际收支的调节政策
国际货币体系	掌握国际货币体系的概念 了解国际货币体系的发展历程	国际货币体系的构成 国际金本位制 布雷顿森林体系 牙买加体系 欧洲货币联盟
国际资本流动	掌握国际资本流动的概念与原因 了解国际资本流动的发展动态	国际资本流动的概念与原因 国际资本流动的发展动态

【导入案例】

人民币升值的喜与忧

自 2005 年我国启动人民币汇率形成机制改革以来，迄今已走过整整 8 个年头。这 8 年来，人民币对美元升值幅度超过 35%，对欧元升值超过 20%。这意味着，同样多的人民币可以换回更多外币。就在大家纷纷讨论人民币何时进入“5 时代”的背景下，对汇率波动感知最真切的出口企业直言，人民币升值越快，利润缩水越多，为了留住客户只能“死扛”，要么直接退出海外市场。不过，对普通老百姓而言，人民币升值，意味着自己手里的人民币到国外变得更值钱了，最直观的感受是出境旅游、出国买东西、海外留学更便宜了。

资料来源：根据 2013.11.21 金投外汇网人民币升值背景下的“喜与忧”改编

现代世界是一个相互依存、相互交流的开放世界，伴随经济全球化、金融全球化的发展，国际金融活动日益频繁和重要，一国国内金融形势乃至经济形势受到国际金融因素的影响。在各种国际交往特别是经济交往中，货币是不可或缺的手段，随着国际交往的扩大，产生了国际的货币收付、外汇、汇率、国际收支、国际金融市场、国际资本流动等一系列范畴。本章就这些范畴展开分析。

11.1 外汇与汇率

11.1.1 外汇

1. 外汇的概念

外汇是国际金融活动中不可缺少的媒介，本身也是金融商品。随着国际交往的日益密切，外汇的使用范围、用途、数量、种类不断扩大，其形式和内容更是日新月异。

外汇的概念具有双重含义，即有动态和静态之分。

1）动态含义

动态意义上的外汇是指人们将一种货币兑换成另一种货币，清偿国际债权债务关系的行为。这个意义上的外汇概念等同于国际结算。

2）静态含义

静态意义上的外汇是指以外币表示的媒介国际经济活动的工具。我们通常所说的外汇就是静态意义上的外汇。对于静态意义上的外汇又可以从广义和狭义两个方面来理解。

广义的外汇是指一切在国际收支逆差时可以使用的债权。泛指一切以外币表示的金融资产。我国和其他各国的外汇管理法令中一般沿用这一概念。

国际货币基金组织对外汇所下的定义是："外汇是货币行政当局（中央银行、货币管理机构、外汇平准基金组织及财政部）以银行存款、财政部库券、长短期政府债券等形式所保有的、在国际收支出现逆差时可以使用的债权。"按国际货币组织的定义，广义外汇包括外币、外币有价证券、外币支付凭证、其他外汇资金以及可以用于国际结算的本币形式资产。

按照我国《外汇管理条例》（2008 年 8 月 1 日修订）规定，"本条例所称外汇，是指下列以外币表示的可以用作国际清偿的支付手段和资产：①外币现钞，包括纸币、铸币；②外币支付凭证或者支付工具，包括票据、银行存款凭证、银行卡等；③外币有价证券，包括债券、股票等；④特别提款权；⑤其他外汇资产。"

狭义的外汇是指以外币表示的、可直接用于国际结算的支付手段。按照这一定义，以外币表示的有价证券由于不能直接用于国际的支付，故不属于外汇；同样，外国钞票也不能算作外汇。在这个意义上，只有存放在外国银行的外币资金以及对银行存款的索取权具体化了的外币票据，才是外汇。具体来看，主要包括以外币表示的银行汇票、支票、银行存款等。通常人们是在狭义意义上使用外汇概念的。

2. 外汇的种类

根据可自由兑换的程度不同，外汇可分为自由外汇和非自由外汇。

自由外汇是指无需货币发行国外汇管理当局批准即可自由兑换为其他货币或向第三国办理支付的外汇。

非自由外汇是指未经货币发行国外汇管理当局批准，不能自由兑换成其他货币或对第三者进行支付的外汇。

11.1.2 汇率及其标价方法

汇率又称汇价、外汇牌价或外汇行市，是一国货币兑换成另一国货币的比率，即一国货币用另一国货币表示的价格。

折算两种货币的比率，首先要确定以哪一种货币作为标准，这称为汇率的标价方法。

按照汇率是以本国货币还是外国货币作为折算标准，可以分为直接标价法和间接标价法。此外，随着全球外汇交易量的激增，为简化报价，各大国际金融中心普遍使用美元标价法。

1. 直接标价法

直接标价法也称价格标价法或应付标价法，它是指以一定单位（1 或 100 等）的外国货币为标准，折成若干单位的本国货币来表示汇率的方法，即用本币给外币标价。

在直接标价法下，汇率变动的方向与本币币值成反向，与外币币值成正向。也就是说，一定单位的外币兑换的本币越多，表明外币汇率越高，本币汇率越低；相反，一定单位的外币兑换的本币越少，表明外币汇率越低，本币汇率越高。

2. 间接标价法

间接标价法又称数量标价法或应收标价法，它是指以一定单位（1 或 100 等）的本国货币为标准，折成若干单位的外国货币来表示汇率的方法，即用外币给本币标价。

在间接标价法下，汇率变动的方向与本币币值成正向，与外币币值成反向。一定单位的本币兑换的外币增多，表明本币升值，外币贬值；相反，一定单位的本币兑换的外币减少，表明本币贬值，外币升值。

世界上大多数国家采用直接标价法，只有英、美等少数国家采用间接标价法。另外，欧元诞生以后也采用间接标价法，美国自 1978 年 9 月起改为间接标价法，但对英镑、欧元等货币采用直接标价法。

在同一组货币之间，用直接标价法与间接标价法表示的汇率互为倒数。

3. 美元标价法

美元标价法是以一定单位的美元为标准折成若干单位的其他货币来表示汇率的方法，即用美元给其他货币标价。

美元标价法的目的是为了简化报价并广泛地比较各种货币的汇价。随着国际金融市场之间外汇交易量的猛增，为了便于进行国际外汇交易，在银行之间报价时普遍采用的一种汇率标价法。目前各大国际金融中心已普遍使用。

11.1.3 汇率的种类

1. 按确定汇率的方法划分为基本汇率与套算汇率

基本汇率是本国货币与某一关键货币的汇率。由于外国货币种类繁多，要制定出本币与每一种外币之间的汇率有许多不便，为简化起见，一般是选定一种在本国对外经济交往中最为常用的重要货币作为关键货币，制定出本币与该关键货币之间的汇率，这个汇率就是基本汇率。由于美元在国际货币体系中的特殊地位，各国一般将本国货币与美元之间的汇率作为基本汇率。

套算汇率是根据基本汇率套算出来的其他国家货币与本币之间的汇率。

2. 按汇率制度划分为固定汇率与浮动汇率

固定汇率是指两国货币的汇率基本固定，汇率的波动幅度被限制在较小的范围内。包括金本位下的固定汇率和纸币流通条件下的固定汇率。

浮动汇率是指一国货币的对外汇率不予固定，也不规定汇率波动的上下限，汇率随外汇市场的供求关系自由波动。如果政府对汇率的波动不加干预，完全听任供求关系决定汇率，称为自由浮动；反之，称为管理浮动。

3. 按银行买卖外汇的价格划分为买入汇率、卖出汇率、中间汇率和现钞汇率

买入汇率被称为买入价，是指银行买入外汇时所使用的汇率，由于该汇率多用于出口商与银行间的外汇交易，也常被称为出口汇率。

卖出汇率也被称为卖出价，是指银行卖出外汇时所使用的汇率，由于该汇率多用于进口商与银行间的外汇交易，常常被称为进口汇率。

中间汇率是银行买入汇率和卖出汇率的平均数，报道汇率消息时常用中间汇率。

现钞汇率是银行收兑外币现钞时所使用的汇率。

4. 按外汇交易的交割期限划分为即期汇率和远期汇率

即期汇率也叫现汇汇率，是指外汇买卖成交后，在两个营业日之间办理交割时所使用的汇率。

远期汇率是指买卖双方就外汇交易事先达成协议，而在未来一定时期进行交割时使用的汇率。

此外，从货币管理当局对汇率进行管理的角度，汇率可以分为官方汇率和市场汇率。按照外汇银行的营业时间可以分为开盘汇率和收盘汇率。按照汇兑方式可以分为电汇汇率、信汇汇率和票汇汇率。

11.1.4 汇率的决定与变动

汇率的决定与变动问题是极为复杂的，学者们从不同的角度提出多种学说。传统的汇率理论中较有代表性的，一是国际借贷说，认为国际债权债务关系变动导致的外汇供求变化，对汇率有决定作用；二是购买力平价说，认为汇率由两国货币的购买力之比决定；三是汇兑心里说，认为人们对货币的心理判断及预测对汇率起决定作用；四是利率平价说，认为利率差异会引起资金流动影响外汇供求进而影响汇率。20 世纪 70 年代以来的现代汇率理论中，影响力较大的一种是货币分析说，认为汇率的决定主要受两国货币供给量的制约；另一种是金融资产说，该理论把外汇作为一种金融资产，认为汇率主要受投资者资产选择与调整的影响。这些理论从不同的角度解释了汇率的决定问题。

1. 汇率决定的基础

在不同的货币制度下，货币所具有或代表的价值量的测定不同，或者说价值量的具体表现形式不同，因此决定汇率的基础也有所不同。

1）金本位制度下汇率决定的基础

在金本位制度下，两国货币汇率是由其含金量的大小决定的。两国货币法定含金量之比称为铸币平价。铸币平价是决定汇率的基础。市场上的现实汇率受外汇市场供求关系变动的影响围绕铸币平价上下波动。由于在金本位下国际支付或结算有两种可供选择的手段——外汇和黄金，加之黄金的价值相对稳定，因此市场汇率不会偏离铸币平价太远，总在一定的界限或范围之内围绕铸币平价上下波动。这个界限是由黄金输送点决定的。如果由于汇率波动使得以外汇结算方式进行交易的一方处于不利时，该方就可以采用直接运送黄金的办法来结算，这样就约束了汇率波动的幅度。因此，黄金输送点限制了汇率的波动幅度，金本位制度下汇率是基本稳定的。

2）纸币制度下汇率决定的基础

金本位制度崩溃后，各国普遍实行了纸币流通制度。在纸币流通初期，各国参照过去金币含金量规定纸币的法定含金量。汇率主要是由纸币法定含金量的对比决定的。决定含金量的对比称为黄金平价，又称为中心汇率，但由于纸币不能兑换黄金，法定含金量只是名义含金量。布雷顿森林体系崩溃以后，许多国家都取消了纸币的含金量，纸币的汇率决定基础应以其代表的价值为依据。而纸币价值的具体体现就是在既定的市场价格水平下购买商品的能力，即纸币的购买力。因此，在纸币制度下，纸币所代表的价值量或纸币的购买力是决定汇率的基础。

2. 影响汇率变动的主要因素

外汇供求状况的变化是引起汇率变动最直接的原因，国际收支状况是外汇供求的直接表现，国际收支顺差意味着外汇供过于求，外汇汇率下降；反之，国际收支逆差，外汇供不应求，外汇汇率上升。进一步看，国际收支反映一国对外全部经济交易，因此，任何影响国内外商品市场和金融市场供求状况的因素都会反映在汇率的变动上。从实际情况来看，影响各国汇率变动的深层次因素主要有以下几点：

(1) 通货膨胀率差异。在纸币流通条件下，两国货币之间的比价，从根本上说是由各自所代表的价值量决定的。物价是一国货币价值在商品市场的体现，通货膨胀就意味着该国货币代表的价值量下降。因此，一国通货膨胀率高于他国，该国货币在外汇市场上就会趋于贬值；反之，则会趋于升值。

(2) 利率差异。利率作为金融市场上的“价格”会影响资金的流动。如果一国的利率水平相对于他国较高，就会刺激国外资金流入，外汇供应增加，外汇汇率下降，本币对外升值。反之则反。

(3) 经济增长差异。国内外经济增长的差异对汇率的影响是多方面的。第一，一国经济高增长意味着收入上升，引起进口支出增加；第二，一国经济高增长往往也意味着生产率提高很快，有利于增强该国产品的竞争地位，增加出口、抑制进口；第三，经济增长势头好，利润率也往往较高，由此可吸引外资流入进行直接投资。一般来说，高经济增长在短期内不利于本国货币在国际市场的行市，但长期来看，却有力支持着本国货币的强劲。

(4) 中央银行干预。各国货币当局为保持汇率的稳定而对市场进行干预，力图通过影响外汇市场中的供求关系来达到支持本国货币稳定的目的，中央银行影响外汇市场的主要手段有：调整本国的货币政策，通过利率变动影响汇率；直接干预外汇市场；对资本流动实行管制。

(5) 市场预期。在国际金融市场上的短期性资金对世界各国的政治、经济、军事等因素具有高度的敏感性，这些资金受预期因素的支配。预期因素是短期内影响汇率变动的最主要因素。

以上任一因素的变动都能引起汇率的变动。在不同时期，各种因素对汇率变动的影响有轻重缓急之分，它们的影响有时相互抵消，有时相互促进。因此，在对汇率实际变动进行分析时，必须注意对有关因素进行综合分析和具体考察，以获得较为切实的结论。

3. 汇率变动对经济的影响

汇率是一种重要的经济杠杆，汇率变动对经济有重要作用，其影响也是多方面的。

(1) 汇率变动对一国对外贸易的影响。在进出口都有弹性的情况下，外汇汇率上升，本币对外贬值，出口商品以外币表示的价格下降，竞争力增强，有利于扩大出口；而进口商品以本币表示的价格上涨，抑制进口；反之，外汇汇率下跌，本币升值，刺激进口，抑制出口。

(2) 汇率变动对资本流出流入的影响。当一国的国际收支出现逆差，本币贬值时，国内外投资者不愿继续持有以本币计价的各种金融资产，并设法兑换成外汇，将资本调出这个国家，以逃避货币贬值可能带来的损失，这样就造成了资本的流出，反之则会形成资本流入。

(3) 汇率变动对一国外汇储备的影响。外汇汇率上升使储备货币升值，会增加外汇储备的实际价值；反之则会减少外汇储备的实际价值。

(4) 汇率变动对国内物价的影响。汇率变动首先会在短期内引起进出口商品的国内价格发生变化，继而波及整个国内物价发生变化。如本币贬值，将引起进口商品的国内价格直接上涨，使用进口原材料的商品的国内价格也随之上升；同时，出口商品的国内价格会因为国外需求的扩大而上涨，最终影响物价总水平。

(5) 汇率变动对国际社会的影响。储备货币发行国货币汇率的变动，轻则引起贸易战或汇率战，重则动摇国际储备体系和国际金融体系的基础。一般国家货币汇率的变动主要对贸易伙伴国的经济产生影响。

11.1.5 汇率制度

汇率制度又称汇率安排，是指一国货币当局对本国汇率变动的基本方式所作的一系列安排或规定。传统上，按照汇率变动的幅度，汇率制度分为两大类型：固定汇率制和浮动汇率制。从历史发展来看，自19世纪中后期金本位制确立以来，一直到1973年，世界各国的货币制度基本上属于固定汇率制，而1973年以后，世界主要工业国开始实行浮动汇率制度。

1. 固定汇率制度

固定汇率制度是指现实汇率受平价的制约，只能围绕平价在很小的范围内上下波动的汇率制度。

固定汇率制包括金本位制下的固定汇率制和纸币流通条件下的固定汇率制。在金本位制下，汇率围绕铸币平价在黄金输送点上下波动；纸币流通条件下的固定汇率制，汇率围绕人为协议确定的金平价在规定的范围内波动。

在固定汇率制度下，汇率具有相对稳定性，汇率的波动范围或自发地维持、或人为地维持，这使进出口商品的价格确定、国际贸易成本计算和控制、国际债权债务的清偿都能比较稳定地进行，减少了汇率波动带来的风险。此外，汇率比较稳定，也在一定程度上抑制了外汇投机活动。因此固定汇率制度对世界经济发展起到一定的促进作用。

2. 浮动汇率制度

浮动汇率制指现实汇率不受平价的限制，随外汇市场供求状况的变动而波动的汇率制度。在浮动汇率制度下，汇率的上下浮动是外汇市场上经常发生的现象，汇率下浮就是货币贬值，汇率上浮就是货币升值。

按政府是否干预来区分，浮动汇率制度可分为自由浮动和管理浮动。自由浮动，又称清洁浮动，是指货币当局对汇率上下浮动不采取任何干预措施，完全听任汇率随着外汇市场的供求变化而自由涨落。管理浮动，又称肮脏浮动，指货币当局对外汇市场进行干预，以使市场汇率向有利于本国的方向浮动。目前各国实行的都是管理浮动，绝对的自由浮动纯粹是理论上的假设。

按浮动的形式，浮动汇率制度可以分为单独浮动和联合浮动。单独浮动，指一国货币不与其他国家货币发生固定联系，其汇率根据外汇市场的供求变化而单独浮动。联合浮动，指国家集团在成员国之间实行固定汇率制，同时对非成员国货币实行共同浮动。

11.2 国际收支

11.2.1 国际收支的概念

随着社会生产的发展，各国的经济交往日益扩大，国内外商品市场、金融市场和生产要素市场紧密联系，相互影响。为了更好的调控宏观经济活动，实现宏观经济目标，就需要一种分析工具来了解和掌握本国对外经济交往的全貌。国际收支正是这种分析工具。

1. 狭义国际收支概念

国际收支从狭义上讲，是一个国家在一定时期内对外政治、经济和文化往来所引起的外汇收支的总和。

狭义的国际收支概念是建立在现金基础上的，仅仅包含一个国家必须立即结清和支付的外汇收支款项，而不包括那些并不需要以现金结算的外汇收支部分，如易货贸易和无偿援助等，因此，它不能反映一个国家对外经济贸易的全貌。

2. 广义国际收支概念

广义国际收支是一国居民在一定时期内与非居民之间全部经济交易的系统记录。

国际货币基金组织在其所编写的《国际收支手册》中表述："国际收支是特定时期内的一种统计报表，它表明：①一个经济实体与世界其他经济体之间在商品、劳务和收益方面的交易；②该经济实体所持有的货币性黄金和特别提款权的变化以及它对世界其他经济体的债权、债务的变化和其他变化；③无偿转移支付，以及会计上为平衡前述不能相互抵消的交易和变动所做的对应记录。"

广义的国际收支概念强调的是经济交易基础，能够更全面地反映一国国际收支的状况。现在一般都采用这一概念。其内涵十分丰富，应该从以下几个方面加以把握。

（1）国际收支是一个流量概念。国际收支是一个时期数，这一时期可以是一年、一季度、一个月。各国通常以一年为报告期。国际收支不同于国际借贷，国际借贷是指一定时点上一国居民对外资产和对外负债的汇总，是个存量概念。

（2）国际收支反映的内容是国际经济交易的全部内容。所谓经济交易是指经济价值从一个经济单位向另一个经济单位的转移。根据转移的内容和方向，经济交易可分为五类：①金融资产与商品和劳务之间的交换；②商品和劳务与商品和劳务之间的交换；③金融资产和金融资产之间的交换；④无偿的、单向的商品和劳务转移；⑤无偿的、单向的金融资产转移。国际收支包括各种国际经济交换和无偿转移。

（3）只有发生在居民和非居民之间的经济交易才是国际经济交易。按照国际货币基金组织的说明，居民是指在某个国家或地区居住期限达一年以上者，否则即为非居民。居民包括个人、企业、非营利团体和政府四类。一国的外交使节和驻外军事人员等，即使在外国居住长达一年以上，仍属派出国的居民、驻在国的非居民。一个公司的国外子公司是其经营所在国的居民，其母公司所在国的非居民。国际性机构如联合国、世界银行、国际货币基金组织等，对于任何国家来说都是非居民。居民和非居民是在国际经济交往中约定俗成的一对有特定含义的概念。作此界定的主要意义在于正确并且口径统一地反映各国的国际收支情况。

11.2.2 国际收支平衡表

1. 国际收支平衡表

国际收支平衡表是系统记录一国一定时期内所发生的国际收支项目及金额的统计表。一个国家在一定时期内对外经济、政治、军事、文化往来所引起的国际收支状况都系统地反映在国际收支平衡表中。

2. 国际收支平衡表的编制原理

国际收支平衡表是按照“有借必有贷，借贷必相等”的复式簿记原理来系统记录每笔国际经济交易的。贷方记录资产的减少、负债的增加，借方记录资产的增加、负债的减少。对于一项资产，不论是实际资产还是金融资产，作为贷方项目是表示其持有额的减少，作为借方项目则表示其持有额的增加；而对于负债，作为贷方项目是表示其持有额的增加，作为借方项目则表示其持有额的减少。

3. 国际收支平衡表的构成

国际货币基金组织为了便利各会员国编制国际收支平衡表，并使各国的平衡表具有可比性，出版了《国际收支手册》，对编制表所采用的概念、准则、惯例、分类方法以及标准构成都作了统一的规定和说明。国际货币基金组织颁布的《国际收支手册（第五版）》标准构成包括四大项目：经常项目、资本与金融项目、储备资产、净误差与遗漏。

1）经常项目

经常项目反映本国与外国交往中经常发生的项目，是国际收支中最重要的项目。包括货物、服务、收益以及经常转移。

货物项目记录一国的商品进出口而引起的货币收支，也称有形贸易收支。这是整个国际收支中最重要的项目，其收支数额的多寡及其差额的大小，对经常项目差额及整个国际收支是否平衡关系极大。货物出口计入贷方，货物进口计入借方。

服务项目记录一国对外提供或接受劳务所发生的货币收支，又称无形贸易收支。主要包括：运输、旅游、通信、建筑、保险、金融、计算机和信息服务、专有权利使用费和特许费、咨询、广告、宣传、电影、音像、其他商业服务以及别处未提及的政府服务。服务输出计入贷方，服务输入计入借方。

收益项目记录因生产要素在国际的流动而引起的要素报酬收支。包括职工报酬和投资收益。要素报酬收入计入贷方，要素报酬支出计入借方。

经常转移项目记录单方面的、无对等偿付的收支。包括政府的无偿转移和私人的无偿转移。政府的无偿转移主要包括政府间的经济援助、军事援助、战争赔款、捐赠等，私人的无偿转移包括侨汇、赠与、赡养费、年金、抚恤金和自资助性汇款等。本国从国外取得无偿转移计入贷方，本国向国外提供无偿转移计入借方。

2）资本与金融项目

资本与金融项目记录资产所有权在国际的流动，反映资本和金融资产的流出和流入。包括资本项目和金融项目两大部分。其中资本项目包括资本转移和非生产、非金融资产的收买或放弃；金融项目又分为直接投资、证券投资、其他投资三个小项。资本与金融项目流入计入贷方，流出计入借方。

3）储备资产

储备资产又叫官方储备或国际储备，是一国官方持有的用于国际支付和维持本国货币汇率的流动性资产。国际储备是衡量一国经济实力的重要标志。各国为了保证国内经济稳定和对外经济交往的顺利进行，都必须维持一定数量的国际储备。主要由货币黄金、特别提款权、在国际货币基金组织的储备头寸、外汇储备和其他债权组成。储备资产的增加额计入借方，储备资产的减少额计入贷方。

4）净误差与遗漏

国际收支平衡表采用复式簿记原理编制，理论上应该是平衡的，但由于国际收支资料在统计上受各种因素的影响，往往使收支存在差额，为此设立这个特殊项目，使国际收支在形式上达到平衡。

值得强调的是各国的国际收支平衡表可以根据自己的国情做适当的调整，但是大的框架基本是一致的。

4. 我国的国际收支平衡表

新中国成立后相当长的时期内，我国一直都未编制国际收支平衡表，只编制外汇收支计划。外汇收支计划是国民经济发展计划的一个组成部分。我国的外汇收支计划，包括贸易收支计划、非贸易收支计划和利用外资还本付息计划三个部分。

改革开放后，对外交往日益增多，外汇收支范围扩大、总额迅速增长，国际收支在我国国民经济中的作用日益增强，我国的国际收支对世界各国的影响力上升。1980 年我国在国际货币基金组织中的席位和合法权益得到恢复，国家外汇管理总局从 1985 年 9 月正式对外公布了中国国际收支概览表，自 1988 年开始每年公布上一年的国际收支平衡表，自 1997 年起按照《国际收支手册（第五版）》的原则进行编制和公布。从 1998 年开始，按照季度编制国际收支平衡表（表 11-1），供内部参考及与基金组织磋商使用，自 2001 年起按半年度撰写和发布《中国国际收支报告》，自 2010 年 5 月起公布季度国际收支数据。

表 11-1 中国国际收支平衡表（2013 年上半年） （单位：亿美元）

项目	行次	差额	贷方	借方
一、经常项目	1	984	12 788	11 804
A. 货物和服务	2	1 024	11 544	10 520
a. 货物	3	1 576	10 577	9 001
b. 服务	4	−551	967	1 519
1. 运输	5	−263	189	452
2. 旅游	6	−357	234	591
3. 通信服务	7	1	8	7
4. 建筑服务	8	29	47	18
5. 保险服务	9	−88	17	105
6. 金融服务	10	−2	13	15
7. 计算机和信息服务	11	48	72	24
8. 专有权利使用费和特许费	12	−83	4	87
9. 咨询	13	84	183	99
10. 广告、宣传	14	10	23	14
11. 电影、音像	15	−2	1	2
12. 其他商业服务	16	72	169	98
13. 别处未提及的政府服务	17	−1	6	7
B. 收益	18	−2	991	993
1. 职工报酬	19	78	86	8
2. 投资收益	20	−80	904	984
C. 经常转移	21	−38	254	292
1. 各级政府	22	−15	6	21
2. 其他部门	23	−23	248	271
二、资本和金融项目	24	1 187	6 877	5 690
A. 资本项目	25	24	27	3
B. 金融项目	26	1 162	6 850	5 687
1. 直接投资	27	775	1 475	699
1.1 我国在外直接投资	28	−370	147	517
1.2 外国在华直接投资	29	1 145	1 328	183
2. 证券投资	30	241	454	213
2.1 资产	31	−78	97	175
2.1.1 股本证券	32	−21	52	74
2.1.2 债务证券	33	−57	44	101
2.1.2.1（中）长期债券	34	−57	44	101
2.1.2.2 货币市场工具	35	0	0	0
2.2 负债	36	319	357	39
2.2.1 股本证券	37	139	178	39

续表

项目	行次	差额	贷方	借方
2.2.2 债务证券	38	179	179	0
2.2.2.1（中）长期债券	39	79	79	0
2.2.2.2 货币市场工具	40	101	101	0
3. 其他投资	41	146	4 921	4 774
3.1 资产	42	−539	1 069	1 608
3.1.1 贸易信贷	43	−88	65	153
长期	44	−2	1	3
短期	45	−87	64	150
3.1.2 贷款	46	−177	189	366
长期	47	−109	100	209
短期	48	−68	89	156
3.1.3 货币和存款	49	146	713	567
3.1.4 其他资产	50	−420	103	523
长期	51	100	100	0
短期	52	−520	3	523
3.2 负债	53	686	3 852	3 166
3.2.1 贸易信贷	54	180	180	0
长期	55	3	3	0
短期	56	176	176	0
3.2.2 贷款	57	339	2 987	2 648
长期	58	74	236	162
短期	59	265	2 751	2 486
3.2.3 货币和存款	60	179	581	403
3.2.4 其他负债	61	−11	104	115
长期	62	1	13	12
短期	63	−12	91	103
三、储备资产	64	−2 036	6	2 041
3.1 货币黄金	65	0	0	0
3.2 特别提款权	66	1	1	0
3.3 在基金组织的储备头寸	67	5	5	0
3.4 外汇	68	−2 041	0	2 041
3.5 其他债权	69	0	0	0
四、净误差与遗漏	70	−135	0	135

注：1. 本表计数采用四舍五入原则。2. 本表由 2013 年一季度和二季度数据累加而成。

11.2.3　国际收支失衡的原因与影响

1. 国际收支失衡

按照会计原理，国际收支总是平衡的，这种平衡只是会计意义上的概念。从实际经济意义上看，具体到一个国家的国际收支又总是不平衡的，不是顺差就是逆差。

在国际收支的研究中，“国际收支平衡”有多种不同的概念，在理论上影响较广的是按交易动机识别国际收支平衡，即把一国对外经济活动根据交易性质分为两大类：一类是“自主性交易”，指纯粹出于某种经济上的动机而进行的交易，如商品进出口、侨汇、官方与私人赠款等；另一类是“调节性交易”，指为了弥补自主性交易中出现的差额而进行的交易，如逆差时，国家动用黄金、外汇储备或从其他国家得到短期信贷来弥补这个逆差。当一国的自主性交易的项目差额为零，该国的国际收支就是平衡的。反之，就是国际收支失衡。这种识别国际收支失衡的方法从理论上看很有道理，但在概念上很难准确区别自主性交易与调节性交易，从统计上也很难加以区别。因为一笔交易从不同的角度看可以是不同的归类。

按照传统习惯和国际货币基金组织的做法，国际收支平衡是指国际收支平衡表中横线以上项目的平衡，即综合项目的平衡。横线以下的项目是反映国际收支盈余或弥补赤字的平衡项目，即官方储备项目。国际收支顺差表现为国际储备资产的增加，国际收支逆差表现为国际储备资产的减少。

2. 国际收支失衡的原因

造成国际收支失衡的原因归纳起来大致有以下几个方面：

1）周期性失衡

周期性失衡是指一国在经济增长过程中由于经济制度、经济政策等原因出现周期性波动而引起的国际收支失衡。在一个国家的经济发展过程中，会出现周期性的波动（表现为繁荣、衰退、萧条、复苏），在周期性波动的不同阶段，国内供求会发生相应变化，不可避免地影响到本国国际收支状况，引起国际收支不平衡。在各国经济联系日益紧密的情况下，世界主要贸易国家周期性经济波动，还会影响其他国家，甚至影响全世界。

2）收入性失衡

收入性失衡是由于国民收入的较大波动而引起的国际收支失衡。一般来说，持续的高速增长会较大幅度地提高国民收入水平，进而提高全社会的消费水平，对进口产品需求增加，原来出口产品的一部分也会被用于国内消费，进而对国际收支产生不利影响。但是国民收入大幅度提高后，是否会出现收入性不平衡，还取决于该国的边际储蓄倾向、边际进口倾向和出口能力能否扩大等因素。

3）结构性失衡

结构性失衡是指国内经济、产业结构不能适应世界市场的变化而发生的国际收支失衡。由于国情的差异，各国在经济发展过程中形成了本身特定的经济结构，在一定的生产资源、技术条件、管理水平和消费结构下，根据比较利益原则生产某些商品与输出劳务，同时输入另一些商品和劳务，经过动态调整，实现对外贸易的平衡。但是，由于新技术、新工艺的大量出现，新产品层出不穷，国际市场商品及劳务的价格和供求关系是不断变化的，因此各国要不断调整自己的经济结构、产业结构、产品结构、消费结构等，当国际市场发生突然变化时，对于进出口产品结构单一、出口产品市场狭小、对某些进口产品依赖较大的国家易造成影响，致使其国际收支出现结构性失衡。

4）货币性失衡

货币性失衡是指由于一国的价格水平、成本、汇率、利率等货币性因素变动造成的国际收支失衡。当一国货币供应过多，物价上升将导致出口下降、进口增加，另外，本国利息率也会下降造成资本流出增加、流入减少，致使国际收支逆差。反之，国内货币供应偏少，通货紧缩，物价下降，本国出口商品成本、价格相对低于外国商品，有利于刺激出口，抑制进口，资本流入增加，流出减少，国际收支出现顺差。货币性失衡不仅与经常账户收支有关，也与资本账户收支有关。

5）偶然性失衡

偶然性失衡是指由国内外一次性的突发事件引起的国际收支失衡。例如，自然灾害、政局动荡等，会造成出口供给减少，进口需求增加。同理，贸易伙伴国的这类突发性事件也会造成他们的贸易条件恶化，出口减少，进口增加。这类国际收支失衡是一般程度较轻、持续时间短、具有可逆性的。

6）投机性失衡

投机性失衡是指由于汇率变动所带来的外汇投机和不稳定的国际资本流动造成的国际收支失衡。目前国际金融市场上存在巨额游资，其冲击力量非常大，一有风吹草动，这些资金就会在各国之间频繁移动以追求投机利润，这种变化莫测的投机性资本流动已成为影响国际收支平衡的重要因素。

3. 国际收支失衡的影响

在开放经济条件下，国际收支的失衡势必影响到国内经济。

国际收支发生持续性巨额逆差，造成外汇供不应求，外汇汇率上升，本币贬值，一旦本币汇率过度下跌会削弱本币的国际地位，导致该国货币信用的下降，国际资本大量外逃，引发货币危机。如果不想让本币大幅下跌情况发生，就必须耗用国际储备，引起货币供应下降，影响本国生产和就业。国际储备的大幅下降还会影响其对外金融实力，损害该国的国际信誉。如果一国的国际收支逆差是由于出口收入不足以弥补进口支出引起的，就意味着该国对国外产品形成了净需求，本国的国民收入就会下降，失业增加。如果国际收支逆差是因为资本流出大于资本流入，会造成本国资金紧张，利率上升，影响经济发展，失业加剧。

一国长期、大量的国际收支顺差，容易产生本币升值的压力和潜在的通货膨胀压力。会对经济造成不利的影响。一国出现持续性巨额顺差的国家，表现在外汇市场上有大量的外汇供应，外汇供过于求，导致外汇汇率下跌，本币汇率上升，使本国出口产品以外币表示的价格上升、竞争力下降。巨额顺差形成大量的外汇供给，外汇储备增加所造成的货币供给增长会加剧本国通货膨胀。同时，一国的盈余意味着他国的赤字，盈余过多会引起国际贸易摩擦，不利于国际经济关系的发展，还会导致该国丧失获取国际金融组织优惠贷款的权力，特别是一些资源型国家，如果发生过度顺差，就意味着国内资源的持续性开发，会给这些国家今后的经济发展带来隐患。

相比较而言，国际收支逆差的压力更大，故各国对此更为重视。

11.2.4　国际收支的调节

1. 国际收支的自动调节机制

国际收支的自动调节机制，是指由国际收支失衡引起的国内经济变量变动对国际收支的反作用过程。国际收支出现失衡后，有时并不需要一国当局立即采取行动，在完全或接近完全的市场经济中，国际收支可以通过市场经济变量的调节自动缓和乃至恢复均衡。这种功效在不同的国际货币制度下有所区别。

1）国际金本位制度下的国际收支自动调节机制

国际金本位制度下的国际收支自动调节机制是英国经济学家大卫·休漠（David Hume）所揭示的价格—铸币流动机制。在金本位制度下，当一个国家国际收支发生逆差时（顺差情况正好相反），意味着对外支付大于收入，黄金外流，引起货币供给减少，在其他条件既定的情况下，国内物价水平下降，本国商品在国际市场的竞争能力提高，外国商品在国内市场的竞争能力下降，于是出口增加，进口减少，国际收支赤字减少或消除。

2）纸币本位制度下的国际收支自动调节机制

固定汇率制度下的国际收支自动调节机制。这里所指的固定汇率制度是在纸币本位下一国当局通过变动外汇储备干预外汇市场来维持汇率的稳定。在这种制度下，国际收支的自动调节机制是通过国内外汇储备的变动影响货币供应量，引起国内物价水平、利率水平、收入水平变动，进而影响进出口、资本流动，最终影响国际收支。

浮动汇率制度下的国际收支自动调节机制。在浮动汇率制度下，一国当局不对外汇市场进行干预，而是由外汇市场供求来决定汇率的升降。在这种制度下，如果国际收支赤字，外汇供不应求，外汇汇率上升；反之，国际收支盈余，外汇供过于求，外汇汇率下降。随着汇率的变化，国际收支失衡会在一定程度上得到缓解和消除。

值得注意的是，在固定汇率制度下，国际收支的自动调节是通过国内宏观经济变量的变化来实现的，这意味着对外均衡目标的实现是以牺牲国内经济为代价的。而在浮动汇率制度下，汇率变动使国际收支自动均衡在一定程度上起着隔绝外部经济通过国际收支干扰本国经济的作用。

2. 国际收支调节政策

国际收支的自动调节机制虽然有其优点，但它们的效果只能在某些特定条件或经济环境下才会发生作用，而且作用的程度和效果无法保证，所需要的过程也比较长。因此，当国际收支出现失衡时，不能完全依靠经济体系的自动调节机制来使国际收支恢复均衡，而需要主动采取适当的政策措施进行调节。

在当前的信用货币制度和国际货币体系下，各国政府主要通过行政手段、经济手段、国际经济合作的办法进行调节。一般有以下主要调节方式：

(1) 外汇缓冲政策。外汇缓冲政策是指一国运用国际储备的变动或临时向外筹借资金来抵消超额外汇需求或供给。通过这一政策来融通一次性或季节性的国际收支赤字，既简便又可以使本币汇率免受国际收支暂时性失衡所造成的无谓波动。但一国的储备资产毕竟是有限的，因此不能完全依靠融通资金的方法来弥补那些巨额长期的国际收支赤字。否则会造成外汇储备枯竭或外债剧增。当长期性国际收支赤字出现时，调整政策的实施不可避免，调整期间适当运用这一政策作为辅助手段可以调整创造宽松的环境，使国内经济避免因调整过猛而带来难以承受的震动。

(2) 货币政策。主要是通过实行紧缩或扩张性的货币政策，影响货币供应量、利率，以抑制或刺激需求，影响本国的进出口和资本流动，实现国际收支平衡。当出现国际收支逆差时，中央银行采用提高再贴现率的办法使市场利率上升，以抑制社会总需求，物价下降，出口增加、进口减少，吸收国外的长期和短期资本，实现国际收支平衡；反之，国际收支出现顺差采用扩张性的货币政策，实现国际收支平衡。

(3) 财政政策。财政政策是指以扩大或缩小财政开支，提高或降低税率的办法调节国际收支失衡的措施。当一国发生国际收支逆差，政府可以通过削减财政预算、压缩财政开支，或增加税收，抑制社会总需求，促使物价下降，增强出口商品的竞争能力，有利于扩大出口，减少进口，调节国际收支逆差。当发生国际收支顺差时，操作方向刚好相反。

(4) 汇率政策。汇率政策是指通过调整货币汇率实现国际收支平衡。当国际收支发生逆差，可以通过货币贬值刺激出口，增加外汇收入；当国际收支发生顺差，则实现货币升值，鼓励进口，减少出口，使外汇流出，实现国际收支平衡。

(5) 直接管制。国家对外汇收支与汇率实行直接的行政干预，以改善国际收支。直接管制包括外汇管制和外贸管制两个方面。外汇管制主要是对外汇的买卖直接加以管制以控制外汇市场的供求，从而影响本国商品劳务的进出口和资本流动，调节国际收支。如严格审批进口用汇，加强出口收汇管理，实行结汇售汇制度，紧缩各项非贸易外汇支出等。外贸管制主要是奖励出口，限制进口，如实行进口许可制度，国家以行政手段限制进口。

(6) 国际经济、金融合作。当国际收支出现失衡时，各国根据本国利益采取调节措施有可能引发国家之间的利益冲突和矛盾。因此，加强国际经济、金融合作也成为平衡国际收支的重要措施之一。

11.3 国际货币体系

11.3.1 国际货币体系概述

1. 国际货币体系的概念

国际货币体系也叫国际货币制度，是指国际上进行各种交易支付所依据的一套安排和惯例，以及支配各国货币关系的规则。

2. 国际货币体系的构成

国际货币体系主要包括三个方面的内容：

(1) 国际储备资产的确定。即用什么货币作为国际的支付货币，一国政府应持有何种国际储备资产，用以维持国际支付和满足调节国际收支的需要。

(2) 汇率制度的确定。一国货币与其他货币之间的汇率应如何决定和维持，能否自由兑换成支付货币，是采取固定汇率制度还是浮动汇率制度。

(3) 国际收支的调节方式。当出现国际收支失衡时，各国采取什么方法弥补这一缺口，各国之间的政策措施如何相互协调。

11.3.2 国际货币体系的演变

在不同的历史时期，国际货币体系在不断地演变。迄今为止，国际货币体系经历了从国际金本位制到布雷顿森林体系，再到牙买加体系的演变过程。

1. 国际金本位制

世界上首次出现的国际货币制度是国际金本位制，1880～1914年的35年间是国际金本位制的黄金时代。在这种制度下，黄金充当国际货币，各国货币之间的汇率由它们各自的含金量比例决定，黄金可以在各国间自由输出或输入，在“黄金输送点”的作用下，汇率相对平稳，国际收支具有自动调节的机制。

由于1914年第一次世界大战爆发，各参战国纷纷禁止黄金输出和纸币停止兑换黄金，国际金本位制受到严重削弱，之后虽改为金块本位制或金汇兑本位制，但因其自身的不稳定性都未能持久。在1929～1933年的经济大危机冲击下，国际金本位制终于瓦解，随后，国际货币制度一片混乱，直至布雷顿森林体系建立。

2. 布雷顿森林体系

在第二次世界大战尚未结束之前，以英美为首的同盟国就着手拟定战后重建计划，目标在于寻求战后国际的经济合作和经济全球问题的解决。1944年7月，44个同盟国家的300多位代表出席了在美国新罕布什尔州的布雷顿森林召开的“联合国联盟国家国际货币金融会议”商讨重建国际货币制度。会议通过了以“怀特计划”为基础的《国际货币基金协定》和《国际复兴开发银行协定》，总称《布雷顿森林协定》。这个协定建立了以美元为中心的资本主义货币体系。

布雷顿森林体系的主要内容是：①以黄金作为基础，以美元作为最主要的国际储备货币，实行“双挂钩”的国际货币体系，即美元与黄金直接挂钩，其他国家货币与美元挂钩。②实行可调整的固定汇率制。③在国际收支失衡的调节方面，短期失衡通过国际货币基金组织提供的信贷解决，长期的失衡通过调整汇率平价来解决。④会员国不得限制经常性项目的支付，不得采取歧视性的货币措施。这个货币体系实际上是美元-黄金本位制，也是一个变相的国际金汇兑本位制。

以美元为中心的布雷顿森林体系，对第二次世界大战后资本主义经济发展起过积极作用。但是随着时间的推移，布雷顿森林体系的种种缺陷也逐渐暴露出来。20世纪60年代以后，美国外汇收支逆差大量出现，黄金储备大量外流，导致美元危机不断发生。1971年8月15日，美国公开放弃金本位，同年12月美元对黄金贬值，从1972年6月到1973年初，美元又爆发两次危机，同年3月12日美国政府再次将美元贬值。于是主要国家货币纷纷与美元脱钩，实行浮动汇率制，以美元为中心、以固定汇率为支柱的布雷顿森林体系崩溃。

3. 牙买加体系

布雷顿森林体系崩溃后，国际货币制度又一次陷入混乱，导致国际金融形势动荡不安。1976年1月，国际货币基金组织“国际货币制度临时委员会”在牙买加举行会议，达成了著名的“牙买加协定”。同年4月，国际货币基金组织理事会通过《国际货币基金协定第二次修正案》，并于1978年4月1日正式生效，从而形成了新的国际货币制度牙买加体系。

牙买加协议的主要内容：①浮动汇率合法化。牙买加协议正式确认了浮动汇率制的合法化，承认固定汇率制与浮动汇率制并存的局面，成员国可自由选择汇率制度。同时IMF继续对各国货币汇率政策实行严格监督，并协调成员国的经济政策，促进金融稳定，缩小汇率波动范围。②黄金非货币化。协议做出了逐步使黄金退出国际货币的决定，并规定废除黄金条款，取消黄金官价，成员国中央银行可按市价自由进行黄金交易；取消成员国相互之间以及成员国与IMF之间须用黄金清算债权债务的规定，IMF逐步处理其持有的黄金。③提高特别提款权的国际储备地位，修订特别提款权的有关条款，以使特别提款权逐步取代黄金和美元。④增加成员国基金份额。成员国的基金份额从原来的292亿美元特别提款权增加至390亿美元特别提款权，增幅达33.6%。⑤扩大信贷额度，以增加对发展中国家的融资。

牙买加协议后的国际货币体系实际上是以美元为中心的多元化国际储备和浮动汇率的体系，在这个体系中，国际收支的不平衡是通过多种渠道进行调节，除了汇率机制外，国际金融市场和国际金融机构也发挥着重大作用。

牙买加体系的积极作用。牙买加体系的实行，对于维持国际经济运转和推动世界经济发展发挥了积极的作用。①多元化的储备结构摆脱了布雷顿森林体系下各国货币间的僵硬关系，为国际经济提供了多种清偿货币，在较大程度上解决了储备货币供不应求的矛盾；②多样化的汇率安排适应了多样化的、不同发展水平的各国经济，为各国维持经济发展与稳定提供了灵活性与独立性，同时有助于保持国内经济政策的连续性与稳定性；③多种渠道并行，使国际收支的调节更为有效与及时。

牙买加体系的缺陷。牙买加体系并非理想的国际货币制度，存在着诸多缺陷：①在多元化国际储备格局下，储备货币发行国仍享有“铸币税”等多种好处，同时，在多元化国际储备下，缺乏统一、稳定的货币标准，这本身就可能造成国际金融的不稳定；②汇率体系极不稳定，增大了外汇风险，在一定程度上抑制了国际贸易与国际投资活动，助长了外汇投机，加剧了国际金融市场的动荡，对发展中国家而言，这种负面影响尤为突出；③国际收支调节机制并不健全，牙买加体系并没有消除全球性的国际收支失衡问题。

11.3.3 国际货币体系的改革

进一步改革国际货币体系，建立合理而稳定的国际货币新秩序，是各国面临的一个重要任务。特别是进入20世纪90年代以后，随着全球化的经济发展，国际短期资本流动迅速膨胀，成为国际资本流动的“金融病毒”，使金融危机不断。一方面，这种资本流动制造“泡沫经济”后导致泡沫破裂，从而引发经济金融危机；另一方面，这种流动造成汇市剧烈波动并引发货币金融危机。金融全球化，但金融调节机制却没有跟上，甚至没有形成这样的组织机制体系——IMF和世界银行虽属国际金融组织，但它们本不是适应金融全球化而建立的，在金融危机面前，作用日益见绌。因此，改革国际货币体系呼声日益高涨。

针对现行体系的诸多缺陷，特别是在金融危机的推动下，国际社会对牙买加体系进行了一些改革，主要有：改革IMF的内部治理机构，增加发展中国家的份额和话语权；向发展中国家和转轨国家转移4.59%的投票权；成立金融稳定委员会，对全球宏观经济和金融市场上的风险实施监督；将G20峰会作为协商世界经济事务的主要平台；加强金融监管，制定新的《巴塞尔协议Ⅲ》，进一步严格银行资本金和流动资金标准。

上述的这些改革措施并没有触及国际货币体系的根本，更多的是对边角问题的缝缝补补。现行体系的根本缺陷并未得到解决。在如何进行国际货币体系改革问题上，由于发达国家之间，发达国家和发展中国家之间的利害冲突，各国经济结构和经济政策的不同，各国之间存在着很大的分歧。因此，在国际货币体系的改革方面，将会长期存在尖锐复杂的矛盾和斗争，短期内难有大的进展。

11.3.4 欧洲货币体系

第二次世界大战后，特别是20世纪50年代以来，世界经济一体化的趋势不断加强。伴随经济一体化的发展，出现了货币一体化，尤其是区域性货币一体化引人注目。在这方面，欧洲货币体系做了有益的尝试，欧洲货币一体化是区域货币一体化的成功典范。

1. 欧洲货币体系的建立

1950年欧洲支付同盟成立，这是欧洲货币一体化的开端。1957年3月，《罗马条约》决定成立欧洲经济共同体。1958年，《欧洲货币协定》代替欧洲支付同盟。1969年12月在海牙举行的欧共体首脑会议决定筹建欧洲经济与货币联盟。1970年10月，《魏尔纳报告》公布，它为实现欧洲经济与货币联盟规定了10年的过渡期，分为三个阶段实现联盟的目标。1971年3月达成协议，决定正式实施货币联盟计划。1972年年初，欧共体部长理事会才着手推行货币联盟措施：在欧共体内部实行可调整的中心汇率制、建立欧洲货币合作基金(EMCF)、建立欧洲计算单位（EUA)。1978年4月，在哥本哈根召开的欧共体首脑会议上，提出了建立欧洲货币体系（European Monetary System，EMS）的动议。同年12月5日欧共体各国首脑在布鲁塞尔达成协议，1979年3月13日，欧洲货币体系正式实施。

2. 欧洲货币体系的主要内容

欧洲货币体系是个很复杂的机制，主要内容包括三个方面：①继续实行联合浮动汇率机制。成员国之间汇率波动的范围仍沿用原有的±2%，并要求当成员国汇率偏离最大允许波动幅度时中央银行要干预市场；②继续运用欧洲货币合作基金（EMCF)，拟议两年后扩大发展为欧洲货币基金（EMF)；③建立欧洲货币单位（ECU)，它是过去欧洲计算单位(EUA）的继续与发展。

3. 欧洲货币体系取得的成就

欧洲货币体系的汇率机制实质上一种可调整的固定汇率制度。在稳定汇率方面取得了显著的成就，对欧共体国家经济和贸易发展方面都有不可估量的作用；在扩大欧洲货币单位的使用范围方面取得很大进展，成为各成员国仅次于美元和德国马克的最主要的储备资产，在一定程度上削弱了美元的霸主地位。

4. 欧洲货币体系的发展

欧洲货币体系的建立是国际货币体系走向多元化发展的标志，它对于形成一个规模更大、力量更雄厚的地区性货币联盟起到促进作用。1989年4月，欧共体委员会主席德洛尔向12个欧共体国家财政部长提出了《关于欧洲共同体经济与货币联盟》的报告，又称《德洛尔报告》，并在同年6月提交欧洲理事会马德里会议讨论，获得批准。报告提出了分阶段实现经济和货币联盟的计划。1991年12月9日和10日，欧共体12国首脑在荷兰马斯特里赫特开会，就欧共体建立内部统一大市场后，进一步建立政治联盟和经济与货币联盟问题达成协议。会议通过了《政治联盟条约》和《经济与货币联盟条约》，统称马斯特里赫特条约。按照《经济与货币联盟条约》规定，最迟于1998年7月1日成立欧洲中央银行，并于1999年1月1日起实行单一货币。马斯特里赫特条约得到了欧洲议会和各成员国的批准。1998

年 5 月 3 日，欧盟布鲁塞尔首脑特别会议宣布：比利时、法国、德国、意大利、西班牙、荷兰、卢森堡、葡萄牙、奥地利、芬兰和爱尔兰共 11 国为欧元创始国；1999 年 1 月 1 日欧元正式启动。

1999 年 1 月 1 日欧元如期启动，作为记账单位参与经济活动。欧洲中央银行接过确定货币政策的大权，各成员国货币的汇率最终锁定。2000 年 6 月，希腊成为第 12 个欧元区国家。2002 年 1 月 1 日，欧元纸币和硬币正式进入欧元区 12 国流通市场。其后，斯洛文尼亚、塞浦路斯、马耳他、斯洛伐克、爱沙尼亚先后加入欧元区，至 2013 年欧元区共有 17 个成员国。

欧元的诞生是当代国际货币体系的又一重大变革。欧元运行后，促进了欧元区和欧盟经济的增长，改变了国际货币格局，挑战了美元的地位，对区域货币合作具有示范性作用。

11.4　国际资本流动

11.4.1　国际资本流动的含义

国际资本流动是指资本在国际的转移，或者说资本在不同国家或地区之间单向、双向或多向流动。国际资本流动与一国的国际收支有着直接的关系，它主要反映在一个国家的国际收支平衡表的资本项目中。

国际资本流动包括资本流入和资本流出两个方面。资本流入是指资本从国外流入国内，资本流出是指资本从国内流到国外。资本流入意味着本国收入外汇，资本流出意味着本国支出外汇。资本流入大于资本流出时出现顺差，说明资本净流入；反之则为逆差，表示资本净流出。

11.4.2　国际资本流动的类型

国际资本流动的种类很多，根据不同的标准，可以做出不同的划分。按资本流动的期限，可分为长期资本流动和短期资本流动；按资本流动的方式，可分为直接投资、证券投资和国际贷款；按资本所有者的性质，可分为官方资本流动和私人资本流动。上述资本流动种类的划分只有相对意义，有时他们是可以相互交叉的。

11.4.3　国际资本流动的原因

当代国际资本大范围、大规模流动的原因比较复杂。一般认为造成国际资本流动的根本原因在于各国的资本收益率存在着差异。由于自然资源和经济发展水平等方面的不同，各国的资本富裕程度往往有着明显的差异。而资本的本性总是驱使它最大限度地实现价值增值，这就决定了资本从低收益率国家向高收益率国家的不断转移，从而形成国际资本流动。

国际资本流动还受到很多具体因素的影响，利率、汇率、通货膨胀、经济发展状况、政府的经济政策、风险和预期等都会影响国际资本流动。

11.4.4　国际资本流动的特征

国际资本流动产生于自由资本主义阶段，为了取得高额利润，利用廉价劳动力，扩大对外贸易，占领国际市场，资本主义发达国家进行资本输出。第二次世界大战结束后，国际资本流动无论在规模、数量、方向方面都发生了巨大变化，形成了与以往不同的特点。

1. 国际资本流动的规模日益扩大

20世纪80年代以来，国际资本跨国流动日趋活跃，对世界经济的发展产生了重大作用。进入90年代以后，国际资本有增无减，并以更迅猛的态势发展，国际资本流动的规模越来越大。据统计，自20世纪70年代以来，国际资本平均增长13.67%，而同期全球国民生产总值平均增长3.58%，全球贸易增长6.58%。国际资本流动规模的扩大使外汇市场急剧膨胀，国际市场上游资充斥，热钱交易量逐年上升。

2. 国际直接投资占主导地位

第二次世界大战后，直接投资成为国际资本流动的主要形式。发达国家的国际资本流动中75%左右是对外直接投资。全球对外直接投资迅速增长的动因是发达国家的产业转移和跨国公司的全球资源配置。进入20世纪90年代以来，全世界直接投资存量高达数千亿美元。由于各国经济发展战略越来越倾向于开放模式，贸易和投资政策日趋自由化，区域经济一体化促进了大量的区内和区间投资，跨国公司得以进入更宽广的产业领域，对投资具有强烈的刺激作用，国际直接投资的前景十分乐观。

3. 私人资本取代官方资本成为国际资本流动的主要形式

第二次世界大战后相当长的一段时间内，资本跨国流动包括政府和国际金融组织在内的官方资本占据主导地位。随着20世纪80年代末私人资本市场的恢复，90年代，私人资本流动得到了迅速发展，以跨国公司、各种基金、大银行、非银行金融机构为主体的私人资本逐渐取得了国际资本流动的主导地位。进入新世纪，私人资本成为贸易投资的主流，一方面，跨国公司的对外直接投资总额占据了全球直接投资的80%，另一方面，机构投资者的作用增大，机构资金对全球资本流动尤其是对全球证券投资起到了支撑的作用。

4. 国际资本流动的方向发生了很大变化

国际资本流动由原来的单向型流动转变为多向型流动。原来的单向型流动主要是资本剩余国家向资本短缺国家流动；现行的多向型流动包括发达国家向发达国的流动、发达国家向发展中国家的流动、发展中国家向发展中国家的流动以及发展中国家向发达国家的流动。

5. 投资重点日益转向服务业和资本技术密集型产业

从国际资本流动的行业结构来看，对服务业和资本技术密集型产业的投资比重加大。国际直接投资的部门结构发生了从初级产业和资源加工型产业向服务业和资本技术密集型产业投资的变化。随着信息技术的发展，服务业国际直接投资增长最快，现已占全球直接投资总额的一半以上，其中70%投向了金融业、保险业和销售业。

11.4.5 国际资本流动的影响

1. 国际资本流动的积极作用

(1) 促进全球经济效益的提高。长期资本流动可以形成全球利润最大化，提高资本的配置效率。资本在国际上进行转移的一个原因，就是资本输出的赢利大于资本留守在国内投资的赢利，这样，资本流动必然增加了世界的总产值和总利润。

(2) 促进国际贸易的发展。随着国际资本流动规模的日益扩大，国际金融活动已经从国际贸易活动的附属转变为其基础，国际资本流动对国际贸易产生了巨大的推动作用。

(3) 促进国际金融市场的发展。国际资本流动极大地增加了国际金融市场的流动性，利用现代化的通信和交易手段，国际资本可以迅速地从一国流向另一国，能有效地满足国际金融市场的资金需求尤其是短期资金需求，并能降低国际金融交易成本。国际资本在客观上增大了国际金融市场的流动性，也推动了金融衍生工具的运用。

(4) 调节国际收支不平衡。资本流入意味着本国外汇收入增加，资本流出意味着本国外汇支出增加，因此，资本流动为国际收支逆差国提供了一条调节渠道，即逆差国可到国际金融市场上举债或筹资，从而更能灵活地规划经济发展，也能在更大程度上缓和国际收支失衡的压力。

(5) 加速经济全球化和金融全球化进程。

2. 国际资本流动的消极影响

国际资本流动的消极影响主要表现在以下几个方面：

(1) 易造成货币金融混乱。国际游资数量的急剧增大，冲击力非常强大，各种基金在外汇市场上兴风作浪，再加上融资证券化趋势，国际金融市场投机猖獗，国际游资可以在汇市、股市和期市立体进攻，稍有不慎，国际游资就可能使一国经济与金融陷入危机。

(2) 易于陷入经济附庸地位。资本输入国利用外商直接投资虽有助于加速经济发展，但也可能因为引资政策失误及管理不当，造成本国资源被掠夺，甚至国家的经济命脉受到外国垄断资本的控制，处于依附发达国家的地位。

(3) 外债负担加重引发债务危机。对资本输入国而言，除外商直接投资外，其他类型的资本流入都构成外债，都需要还本付息。如果外债规模过大，超过了本国还款能力，那么资本输入国就会陷入债务危机。

【本章小结】

外汇的概念有动态和静态之分。动态含义，外汇是指人们将一种货币兑换成另一种货币，清偿国际债权债务关系的行为，它是国际汇兑的简称。静态含义，外汇是指以外币表示的媒介国际经济活动的工具。我们通常所说的外汇就是静态意义上的外汇。对于静态意义上的外汇又可以从广义和狭义两个方面来理解：广义的外汇是指一切在国际收支逆差时可以使用的债权，泛指一切以外币表示的金融资产。狭义的外汇是指以外币表示的、可直接用于国际结算的支付手段。

汇率又称汇价、外汇牌价或外汇行市，是一国货币兑换成另一国货币的比率，即一国货币用另一国货币表示的价格。折算两种货币的比率，首先要确定以哪一种货币作为标准，这称为汇率的标价方法。按照汇率是以本国货币还是外国货币作为折算标准，可以分为直接标价法和间接标价法。此外，随着全球外汇交易量的激增，为简化报价，各大国际金融中心普遍使用美元标价法。

在不同的货币制度下，决定汇率的基础也有所不同。金本位制度下两国货币汇率是由其含金量的大小决定的；在纸币制度下，纸币所代表的价值量或纸币的购买力是决定汇率的基础。

国际收支，从狭义上讲，是一个国家在一定时期内对外政治、经济和文化往来所引起的外汇收支的总和；广义国际收支是一国居民在一定时期内与非居民之间全部经济交易的系统记录。国际收支平衡表是系统记录一国一定时期内所发生的国际收支项目及金额的统计表。

国际货币体系也叫国际货币制度，是指国际上进行各种交易支付所依据的一套安排和惯例，以及支配各国货币关系的规则。

国际资本流动是指资本从一个国家（或地区）转移到另一个国家（或地区）。国际资本流动与一国的国际收支有着直接的关系，它主要反映在一个国家的国际收支平衡表的资本项目中。

【关键术语】

外汇　汇率　直接标价法　间接标价法　铸币平价　国际收支　国际收支平衡表　经常项目　国际货币体系　布雷顿森林体系　牙买加协议　欧洲货币体系　国际资本流动

【复习思考题】

1. 简要说明汇率的标价方法。
2. 试述汇率的决定与变动因素。
3. 试分析汇率变动的影响。
4. 国际收支失衡的主要原因是什么？它会对一国经济产生什么样的影响？应当采取哪些调节措施？
5. 简述国际资本流动的原因与特点？

专栏 11-1

本币升值的灾难：日本的金融败战

1985 年 9 月，美国财长詹姆斯·贝克、日本藏相竹下登、前联邦德国财长杰哈特·斯托登伯、英国财长奈杰尔·劳森和法国财长皮埃尔·贝格伯及五国中央银行行长在纽约广场饭店举行会议，为解决贸易不平衡问题就降低居高不下的美元汇率而达成协议。这就是著名的广场协议。广场协议后，日元兑美元的汇率大幅上升。

20 世纪 80 年代开始，由于日美两国间悬殊的利率差异，日本的机构投资者大量购买了高利率的美国国债。所有这些投资都是以美元结算的结果，广场协议给日本对外净资产带来的汇率差损约达 3.5 万亿日元。这些差损不仅来自人寿保险等机构投资者和个人投资者，日本的出口商一直将自己在出口中获取的美元投资于美元债券，而这些债券到期偿还时，由于日元升值、美元贬值，他们得到的支付却比购买时的支出减少了 60%。

日本经济学家颇为愤愤不平，在三次国际资本中心输出中，英国维多利亚时代的英镑输出是以英镑计值的；第二次世界大战后的美国资本输出是以美元计值的；而唯独 20 世纪 70 年代后的日本资本输出不是以日本的本币——日元计值的。这样，日元相对于美元的大幅升值使日本人陷入了痛苦不堪的境地。

资料来源：吉川元吉 . 2000. 日本金融败战 . 北京：中国青年出版社

专栏 11-2

人民币汇率的演变

人民币汇率也叫人民币汇价，就是人民币兑换另一国货币的比率。人民币汇率以人民币对美元的汇率为基本汇率，人民币与其他货币之间的汇率通过各自与美元的汇率套算出来。

人民币汇率大致分为二个阶段，即改革开放前的汇率和改革开放后的汇率。

1978 年改革开放以前，从 1949 年到 1952 年国民经济恢复时期，人民币汇率不以黄金为基础，实行管理浮动制，物价为确定汇率的依据；从 1955 年 3 月至 1971 年 11 月，布雷顿森林体系处于稳定时期，人民币汇率在近 16 年时间内维持在 2.4618 元水平（1 美元兑换）；1973～1979 年，人民币汇率只做过几次调整，到 1978 年，人民币对美元汇率中间价为 1.684 元（1 美元兑换）。

改革开放后，人民币汇率经历了挂牌价和调剂价的双轨制阶段、汇率并轨后的柔性盯住美元制阶段、亚洲金融危机后的刚性盯住美元制阶段、2005 年 7 月 21 日的汇率制度改革以后阶段。从 1979 年至 1994 年汇率双轨制阶段是人民币贬值幅度最大的时期，由 1979 年的 1.555 元（1 美元兑换）贬至 1994 年的 8.619 元（年度均价）。在汇率双轨制期间，还存在表面上面额与人民币等值的外汇兑换券。由于外汇汇率与官方挂牌价格存在极大的利差，期间存在被政府禁止的外汇黑市。初期以炒卖外汇兑换券为主，之后直接炒卖外币。改革开放初期，人民币定价过高，外汇（外汇兑换券与外币）黑市价大大高于官方规定的汇率，前期最高相差近一倍。随着官方对人民币的大幅度贬值，渐渐回落直至接近官方挂牌价。进入 1990 年以后，场外交易的（黑市价）外汇价格转向略低于官方挂牌价，1994 年外汇管理体制改革，从 1994 年 1 月 1 日起，实现汇率并轨，实行以市场供求为基础的、单一的、有管理的浮动汇率制。人民币汇率调整到 8.7 元（1 美元兑换）。此后，从 1994 年开始到 2005 年汇率制度改革以前，人民币兑美元一直维持在 8.27 元以上（1 美元兑换）。

2005 年 7 月 21 日人民币汇率制度改革，废除原先盯住单一美元的货币政策，开始实行以市场供求为基础、参考一篮子货币进行调节的浮动汇率制度。人民币渐渐进入升值阶段，人民币汇率从改革前的 1 美元兑换 8.2765 元人民币，到 2013 年 12 月 9 日，人民币中间价为 1 美元兑换 6.1130 元人民币（图 11-1）。至此，人民币自 2005 年汇改以来对美元升值幅度超过 35%。

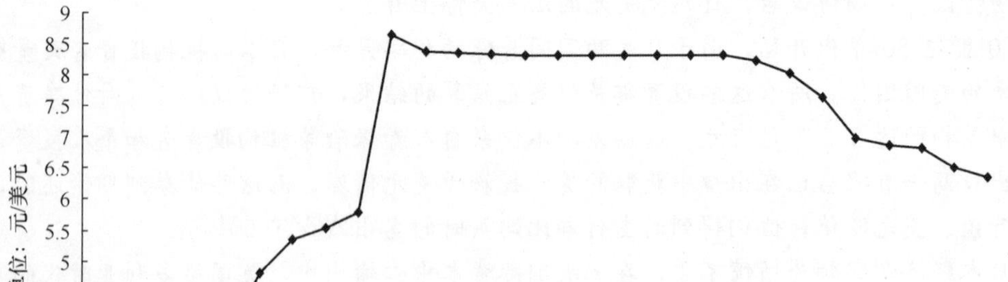

图 11-1　1985～2012 年人民币对美元汇率变动图

资料来源：根据国家外汇管理局公布数据整理

专栏 11-3

一场世纪末的金融战

1. 引子

自1997年7月泰国发生货币危机，国际炒家一路横扫东南亚，1997年10月国际炒家第一次大规模冲击港元，迄今为止，国际炒家与香港特区政府已先后交手四次。特区政府虽然守住了港元与美元之间的联系汇率制，但却付出了不菲的代价。在前三次交手时，港府对付国际炒家的惯用手段是抽紧银根，提高利率，以增加炒家猎取和持有港元的成本，而伴随着利率的上升，不可避免地就引发香港股票市场的暴跌。同时，利率长期居高更使处于逆境中的香港经济雪上加霜。1998年8月，港府与国际炒家第四次交手，港府一反前三次的惯常做法，直接与国际炒家在香港的汇、股、期三市面对面地交锋，先是以代替港府库房购买港元的名义接下了国际炒家的全部港元抛盘，更于8月14日（星期五），史无前例、破天荒地直接介入香港股票现市及期市，在股票现货市场上直接接纳炒家的大量抛盘和抛空，同时在股票期货市场大量买进当月恒生指数期货合约。除去节假日，港府对股市的整个干预行动整整持续了10天，结束于8月28恒生指数期货合约结算日。第四次交手虽然保持了联系汇率制却担上了干预市场的名义。有人称港府与国际炒家之间的第四次交手是一场金融世纪大战，战役本身已足够惊心动魄、扣人心弦了，而隐藏在战役后面的内涵以及由此次战役所引发的争论和思考更令人回味无穷。

2. 造势

中国古代兵法云："不战而屈人之兵，是为大胜。"而要实现不战而屈人之兵的目的，谋略和声势是不可或缺的。此次交战双方都深谙此道，故此在第四次交战之前双方就已制定了种种战略和战术，同时不断地制造有利于自己的声势，破坏对方的声势。相对而言，炒家们在取势与造势方面经验老到，而在谋略上则是港府略胜一筹。

从客观情势上说，国际炒家此次在表面上占据了一定的优势。这主要表现在以下几个方面：第一，自1997年香港回归之后，香港经济在亚洲金融风暴和泡沫经济爆裂的双重因素打击下，步伐严重地衰退。第二，20世纪80年代中期以来香港的通货膨胀率明显地高于主要工业国家，但港元对美元的名义汇率却保持不变，造成港元相对美元等国际货币的币值严重高估。第三，由于经济的不景气，再加上市场对港元联系汇率的前途存有疑虑，不少香港居民和企业将大量流动资产兑换成国际货币，存入瑞士、温哥华、伦敦等地，导致资本外流和港元存款不断下降，并且这种趋势一直在持续。第四，1998年以来香港经济的萎缩和失业率状况的恶化使得港府在维持联系汇率的政策目标与其他诸宏观经济政策目标（稳定银行体系，降低失业率，刺激经济复苏等）之间很难找到一种理想的平衡点。第五，受到亚洲金融风暴的拖累和国际投机者的连番狙击，香港的股市和楼市已较1997年高峰期平均大幅下挫五成至六成，对香港银行体系的安全和稳定构成了异常沉重的压力。因此，从国际炒家的角度看，香港情势的发展已逐步满足了发生货币危机的必要条件。

从主观情势看，国际炒家挟1997年7月以来狙击东南亚各国货币大获全胜的锐气和三次冲击港元的余威，充分地利用了客观情势中一切不利于港府的因素，同时伺机创造出一些客观情势中不存在却对自己有利的因素，例如，在市场上大肆散布谣言，在新加坡谣传港元将和美元脱钩，联系汇率制度将寿终正寝；在上海谣传中国人民银行严格限制外汇兑换，人民币即将贬值，1美元在黑市可兑近9元人民币，等等。试图动摇市场上对港元和港股仅有的一点信心。

反观港府这一边，虽然表面上看客观情势中不利的因素较大，但经济中的一些基本因素仍然有利于港府，例如，虽然不能说是坚如磐石但仍称得上是比较稳固的经济基础、没有任何债务、居世界第三位的外汇储备、有一套比较完善的金融操控和监管体系、来自于中央政府强有力的支持以及香港市民历经多次冲击之后仍然保留下来的一点信心。虽然国际国内经济环境的发展不利于港府，但是仍不足以动摇港府对付外来货币冲击的基础。

同时，香港特区政府的高层领导也纷纷撰写文章、发表讲话、澄清事实、宣传自己的优势，表明应付货币冲击和保持联系汇率的决心，以激励投资者的信心。

3. 谋略

根据前几轮的炒作经验，国际炒家为1998年8月的炒作做了周密的准备。其炒作目标直接定位在香港的外汇、股票现货和恒生指数期货三个市场上，具体做法是：第一步，预先囤积大量港元，为以后冲击外汇市场作充分准备，同时也是为了避免以后临时筹集港元时成本过高。国际炒家主要是通过发行港元债券和通过港元掉期合同这两种方式来筹集港元的，估计从1月到7月通过两种方式筹集的港元在300亿以上。第二步，通过借贷安排囤积恒生指数成分股现货，为以后在股票现值市场上抛空作充分准备，同时准备在恒生指数下跌时再低价平盘，获取暴利。第三步，大量抛空恒生指数期货合约，期待在恒生指数下跌后再低价买回合约平仓，获取暴利。据统计，7月末至8月初的未平仓恒生指数期货合约每三个交易日就增加1万张。第四步，不断在市场上散布不利于香港的谣言，一旦时机成熟，便大量抛售港元，待利率急升刺激股市大挫时，再对抛空的股票进行平仓。这样，即使不能将港元联系汇率制打破，只要能够将恒生指数压下来，炒家们就可以在股市赚一笔；如果运气好，能够把联系汇率制打破，那么还可以在外汇市场上再赚一笔。在整个策略的准备过程中，国际炒家考虑的就是如何才能够赚钱，如何才能够赚更多的钱，他们从来没有考虑过别的目的。

对香港特区政府而言，经过前几轮的交手，也发现了香港金融市场的薄弱点。为此制定了严密的防御对策，其中包括直接干预外汇市场和股票市场的对策。但是，即使有了充分的准备，特区政府还是采取了引而不发和守株待兔的策略。如果国际炒家仅仅在外汇市场上进行炒作而不涉及股票市场与股市指数期货市场，或者说虽然在三个市场上同时炒作但没有引起恒生指数大幅度下跌，不至于影响到香港地产市场和整个金融体系的安危，那么，特区政府也不会冒如此大的风险去干预股票市场和恒生指数期货市场。

4. 攻伐

1998年8月初，受美国股市回落、日元汇率持续下跌的影响，国际炒家们对香港发动新一轮大规模狙击，8月1日在香港以外的市场上出现10亿港元的抛盘，导致银行体系资金结余收缩，受此影响，港元长期和短期利率都被逼高。8月3日，恒生指数狂泻451点，一举跌至7500点水平，收市报7552.77点，下跌383.43点。几只比重高的恒指成分股如汇丰、长宝、和黄及新地等成为抛售对象，其中汇丰全日更大跌10元。8月恒生指数期货合约贴水57点，期货市场当天亦被现货市场的跌势带动下挫370点。摩根士丹利、霸凌及惠嘉等大证券商在当天大量抛空恒生指数期货合约。这种情形一直延续到8月18日。

接下来的6天可谓是拉锯战、心理战及游击战的大汇总，双方都依局势而调整战术，甚至变阵，因为双方都知道，真正的生死决战日是在8月28日，也就是8月份恒生期指的到期日。8月19日，香港股市反弹1000点，而炒家仍没有被吓退，有些正开始把8月份的期指转换到9月份。8月20日，大市于高位7900点遇到初步阴力，而港府买盘亦稍为收敛，指数于7742点报收，升120点。8月21日，外汇基金入市减少，八大外资在尾市联手，使期指尾市狂泻200点，指数当日回软，以7527点报收，跌215点。尽管恒生指数星期五一度下滑，但自从政府进场干预后，香港金融管理局总裁任志刚再次致函外国传媒，解释特区政府入市干预股市及期指市场的原因。

1998年8月24日，为了打破炒家压迫恒生指数下跌套利的企图，港府重组实力进行入市以来最大规模的干预，入市资金高达50亿港元，最后大市急升318点以7854点报收。香港金融管理局主席任志刚当天继续在《南华早报》与《信报》发表论文为当局的做法辩护。政府人士与传媒会面，解释入市的必要。另外，也争取民意支持，甚至游说华资大户入市进货。同时，港府还要求公营机构及呼唤信托公司不要借出股票给炒家，以断绝他们借资抛空的渠道。与此同时，港府也“故技重演”，每当有炒家欲借港元来应付期指按金补仓时，就提高港元利率，加重炒家的成本，甚至逼炒家平仓离场。另外，港府也部署经纪商们散布消息，号称中央政府已经准备了超过1000亿港元的资金来扶持港股，让炒家们摸不清虚实。8月27日，政府与炒家之战再度升级，在外资行疯狂的抛盘下，估计港府当天硬接的蓝筹股份总值高达180亿港元，仅能带动恒指微升88点，报7922点收市。而8月份期指亦再成功摸高30点，报7940点收市。

8月28日是港府入市干预的第10天，港府面对分别来自炒家、基金及散户空前的抛售压力，估计当天硬接了总值超过600亿港元的现货，使托市资金激增至1000亿港元以上，占外汇储备7000亿港元的20%。结果港股高出近1倍，而抛空交易亦创出72亿港元的新高，当天，被称为港府与炒家第一回合的决战异常激烈，大市在低开50点后即出现巨大抛压，使开市第一小时的成交量就已高达216亿港元，平均每分钟成交3.6亿港元。但在港府的全力支撑下，恒生指数全天只下挫93点，报7829点收市。9月份的期指当天继续比现货贴水600多点，报7210点。

5. 终局

香港政府从1998年8月14日起，在两个星期中投入将近1000亿港元护盘，连续10个交易日在现货和期货市场同时与国际炒家交手，成功地将恒生指数从8月13日的5年来最低点，托到7829.74点，增幅高达17.55%，给予各国股市国际大炒家沉重打击，赶走不少中、小型对冲基金。双方的较量在最后两天到了白热化程度，港府在最后2个交易日动用的资金分别超过200亿港元和280亿港元。最后一天香港股市的成交额高达790亿港元，是平常交易量的15倍，这是一场肉搏式的恒生指数拉锯战。港府没宣布在此战役中赚了多少，但香港报纸的估计是16亿港元，香港终于替一年多来深受国际炒作之苦的亚洲国家出了一口气。10天的交锋，进一步巩固了港元的联系汇率并有效地令同业拆息利率大幅回落，到9月5日，在香港金融管理局宣布从9月6日起实施七条稳定港元市场的措施后，隔夜拆息下跌至4%，而1～3个月的拆息大幅回落至7%和8.5%，炒减息成为港股大升的动力，在大量补仓及投资者入市下，恒生指数在9月5日大升588.29点，达到8076.76点，港股总市值在一日内增加1610亿港元。相对于政府自8月14日决定干预股市抗击炒家前的市值约17 690亿港元。以香港股市在9月5日总市值回升到21 441亿港元计算，港股的总市值已大幅回升3734亿港元。同期，恒生指数已由6660点上升至8076点，提升1416点，升幅达21%，香港股市的财富效应在政府成功狙击炒家下得以大幅提升。

港府经过与国际炒家10天的较量，一方面拥有千多亿市值的股票；另一方面拥有大量的9月份恒生指数期货合约空仓。港府把不少外汇基金投入股市，预期8月公布的外汇储备将减少。曾荫权曾对立法会说，港府为保卫港元汇率动用了 62 亿美元。但市场估计动用的数目大概有 150 亿美元，估计港府目前持有 8.19％的汇丰银行的股权，也可能持有其他蓝筹股公司高达 10％的股票，已经成为这些公司的第一或者第二、第三大股东。

对于国际炒家来说，港府的干预给他们带来的则是灾难和损失，根据有关报道，国际知名炒家索罗斯在与香港政府在股票市场上的激战中，约损失 7 亿～8 亿美元。估计港府在 8 月份恒生指数期货上约赚取了 20 亿港元，其中部分来自索罗斯的量子基金。据统计，一年来量子基金至少三次袭击香港，在最近一次袭击中，估计动用了 36 亿美元在外汇及股市上兴风作浪，在香港特区政府的狙击下，损失 7 亿～8 亿美元。索罗斯的基金在俄罗斯也损失了约 20 亿美元，连同香港的损失，估计他最近在东欧、香港及华尔街至少损失 30 亿美元。目前，量子基金正受到多方面的压力，包括投资者的质问，欧美股市持续下跌的机会以及港府考虑修改股市游戏规则等。

6. 评说

香港特区政府在国际炒家对港元进行狙击时采取了非传统的方式进行直接干预，除了在外汇市场上支持港元，维护联系汇率制之外，还在股票市场上吸纳股票、股票指数期货和期权。特区政府的行动引起人们普遍的注意，有提出强烈批评的，也有不少赞许政府行动的。政府是否应该干预市场和如何干预市场，一直是经济学界一个有争论的问题。一般认为，市场能够解决的事情就应该尽量交给市场去解决，政府不应该进行干预。因为政府干预会引起价格的扭曲。但是，经济学家认为市场存在失灵的情况，而市场失灵同样也会引起价格的扭曲，当政府干预所带来的福利水平的提高超过市场失灵的代价时，政府干预就是必须的。而市场失灵的代价与政府干预的好处往往是很难测度的，因此，经济学的原理在实际的操作中通常很难把握。然而，在现实的经济生活中，纯粹的市场经济和完全的政府干预都是不存在的，往往是市场机制和政府干预同时起作用。当市场失灵所引起的价格扭曲和分配不公足以导致市场机制崩溃时，政府的干预就是不可缺少的了，这也许就是香港特区政府在国际炒家冲击港元时所面临的情形，这是一种迫不得已的选择。不过从干预的直接结果来看，港府基本上实现了保持联系汇率制、托住股市和稳定住利率的政策目标，从而避免了股市汇市大幅度下跌可能引起的金融体系的崩溃。

资料来源：陈雨露．2000．现代金融．北京：中国人民大学出版社

专栏 11-4

防范热钱风险成为亚洲课题

自美联储于 1912 年 9 月 13 日宣布启动第三轮量化宽松政策以来，亚洲证券市场、房地产市场纷纷出现价格上扬。在美国大选即将开始投票之际，美联储 10 月 24 日的货币政策会议决定继续执行第三轮量化宽松政策。有分析预测，美联储还可能于 12 月为第三轮量化宽松政策扩容。美元在全球市场释放的能量令人关注。

当前，东南亚市场的热钱问题也成为一个突出的问题。标准普尔驻新加坡分析师陈锦荣对《人民日报》记者表示，由于亚洲市场回报率相对较高，而且汇率上升的可能性较大，大量资金涌入亚洲市场，给亚洲各国政府带来很大挑战。

资本流动性激增

由于投资者寻求更高的收益，第三轮量化宽松政策所产生的过剩流动性已迅速进入亚洲

市场。截至 2012 年 10 月 25 日，反映亚洲地区股市状况的摩根士丹利资本国际亚洲（除日本）指数上涨了近 4%，新加坡海峡时报指数也有相当大的涨幅。香港恒生指数过去 3 个月以来已上涨了 10%。泰国股指今年累计上涨了 28%，菲律宾股市涨幅达 24%，印度主要股指也上涨了 23%。新加坡大华银行经济分析师全德健称，第三轮量化宽松政策对金融产品价格的支持是显而易见的。

在债券市场方面，渣打集团的数据显示，印度尼西亚债券市场 9 月净流入外资约 13 亿美元，8 月则为净流出 5.4 亿美元。韩国市场 9 月净流入外资 14 亿美元，8 月净流出 24 亿美元。在东盟和韩国，近几个月来发债成本一直被压低，特别是长期债务，马来西亚、韩国、新加坡等国外资持有的债券在上升。陈锦荣表示，这些迹象显示，外资对这些经济体带来了冲击，如果政府没有应对，可能会带来一定的资产泡沫，或者信贷规模过于快速上涨。

全德健表示，金融市场价格上升，一方面是因为美国新一轮量化宽松政策带来大量的流动性，另一方面则是这些流动性寻求高回报。

作为十分开放且政策透明度高的亚洲经济体，新加坡的房地产市场也受到外资热捧。第三季度新加坡私人住宅价格暴涨了 56%。近几周来，新加坡有关部门推出了一系列政策，例如，缩短房贷年限，减少房地产杠杆等。有分析认为，美元供应过剩是祸根，它扭曲了估值，推动房价和租金进一步上升，并再次提高通货膨胀。

面临货币升值考验

近期人民币汇率重回升值轨道，有数据显示，人民币、韩元以及新加坡元过去 3 个月来对美元汇率大幅上升，幅度在 2%～3%。麦格理银行的数据显示，9 月亚洲各国央行花费了 180 亿美元来抑制本币升值，是今年 1 月以来最高的水平。“亚洲货币将面临升值压力，同美国推出前两轮量化宽松政策时不同的是，亚洲各国央行将不会让本币升值太多，因为全球增长疲软”，麦格理银行外汇分析师大卫·福雷斯特表示，这将促使政策制定者采取进一步行动，以阻止本币升值。

美国经济分析与咨询机构“环球透视”经济学家埃德尔斯坦指出，新兴市场国家虽然普遍面对货币升值问题，但由于中国资本项目尚未完全开放，中国这方面的压力可能小一些。需要注意的是，美联储量化宽松政策可能长期化，而且由于美联储正在实施的另外一项货币宽松政策——“扭转操作”将于 2012 年年底到期，美联储可能在 2012 年 12 月进一步扩大第三轮量化宽松政策。他对《人民日报》记者表示，第三轮量化宽松政策刺激大宗商品价格上涨，其传导效应会致新兴市场国家国内物价上涨。由于美元疲软，新兴市场国家的出口竞争力也会受到削弱。

摩根大通美国首席经济学家费罗利对《人民日报》记者表示，“新兴市场国家应该关注自身国内金融市场状况，制定合理的货币政策以支持经济增长和物价稳定”。

警惕长期风险

谈到第三轮量化宽松政策对东南亚国家的影响，陈锦荣表示，应该说是风险大于收益，长期风险大于短期风险。信贷过快增长、资产泡沫、中长期的通货膨胀是三大主要风险。

首先是东南亚的银行贷款市场以及企业发债市场。现在东南亚各国发债成本、借款成本很低，大家预期低利率现象会持续很久，因为美国、欧盟的问题至少两三年内不会解决，这就出现了信贷幻影，造成借款过多，未来如果利率突然上升，或者当地经济状况出现变化，银行会面对很大的违约风险。所以，政府对控制信贷增长的态度非常重要，现在应该实行比较紧的信贷政策，以防未来信贷风险上升。

陈锦荣还表示，目前，韩国等东亚多数经济体对外资多有戒备，对外资持有本地债券增加了一些限制，因为本地资金充裕，如果加上外来资金，带来的风险会比较高。另外，一些国家主要针对泡沫可能形成的领域出台一些政策，如房地产市场等。但越南等一些国家因为缺乏资金，对外资更为欢迎。所以亚洲各国政府对外资的态度取决于本国的融资情况。

受访专家均称，虽然资金大量涌入亚洲市场，但出现类似20世纪90年代末东南亚金融危机的可能性较小。首先，各国政府经过危机的洗礼，对外资更为审慎。其次，这些国家资金充裕，借债规模小。最后，很多国家外汇储备很大，央行有能力来应对外资流出的情况。

资料来源：人民日报，2012年10月27日

第12章 金融监管

【教学目标】

通过本章的学习，使学生了解和掌握金融监管的含义、特征、必要性及发展历程，明确金融监管目标、监管原则，了解金融监管的组织体制，重点掌握金融监管的内容和方法。

【教学要求】

知识要点	能力要求	相关知识
金融监管含义 金融监管的特征	正确认识金融监管的含义，掌握金融监管的特征	狭义的金融监管 广义的金融监管 金融监管的特征
金融监管的必要性 金融监管发展历程	正确认识金融监管的必要性 了解金融监管的发展历程和阶段性特征	金融业的特殊性 金融监管的历史沿革
金融监管目标 金融监管原则	明确金融监管的目标与原则	金融监管目标 金融监管原则
金融监管体系 金融监管内容 金融监管方法	了解金融监管的组织体制分类 重点掌握金融监管的内容 掌握金融监管的方法与手段	集中监管与分业监管 市场准入监管 市场运作过程监管 市场退出监管 直接监管与间接监管

【导入案例】

五部委发通知：防范洗钱风险 维护金融稳定

为保护社会公众的财产权益，保障人民币的法定货币地位，防范洗钱风险，维护金融稳定，中国人民银行、工业和信息化部、中国银行业监督管理委员会、中国证券监督管理委员会、中国保险监督管理委员会日前联合印发了《中国人民银行、工业和信息化部、中国银行业监督管理委员会、中国证券监督管理委员会、中国保险监督管理委员会关于防范比特币风险的通知》（以下简称《通知》）。

《通知》明确了比特币的性质，认为比特币不是由货币当局发行，不具有法偿性与强制性等货币属性，并不是真正意义的货币。从性质上看，比特币是一种特定的虚拟商品，不具有与货币等同的法律地位，不能且不应作为货币在市场上流通使用。但是，比特币交易作为一种互联网上的商品买卖行为，普通民众在自担风险的前提下拥有参与的自由。

《通知》要求，现阶段，各金融机构和支付机构不得以比特币为产品或服务定价，不得买卖或作为中央对手买卖比特币，不得承保与比特币相关的保险业务或将比特币纳入保险责任范围，不得直接或间接为客户提供其他与比特币相关的服务，包括：为客户提供比特币登记、交易、清算、结算等服务；接受比特币或以比特币作为支付结算工具；开展比特币与人民币及外币的兑换服务；开展比特币的储存、托管、抵押等业务；发行与比特币相关的金融产品；将比特币作为信托、基金等投资的投资标的等。

《通知》规定，作为比特币主要交易平台的比特币互联网站，应当根据《中华人民共和国电信条例》和《互联网信息服务管理办法》的规定，依法在电信管理机构备案。同时，针对比特币具有较高的洗钱风险和被犯罪分子利用的风险，《通知》要求相关机构按照《中华人民共和国反洗钱法》的要求，切实履行客户身份识别、可疑交易报告等法定反洗钱义务，切实防范与比特币相关的洗钱风险。

为了避免因比特币等虚拟商品借"虚拟货币"之名过度炒作，损害公众利益和人民币的法定货币地位，《通知》要求金融机构、支付机构在日常工作中应当正确使用货币概念，注重加强对社会公众货币知识的教育，将正确认识货币、正确看待虚拟商品和虚拟货币、理性投资、合理控制投资风险、维护自身财产安全等观念纳入金融知识普及活动的内容，引导公众树立正确的货币观念和投资理念。

人民银行表示，今后将基于自身职责，继续密切关注比特币的动向和相关风险。

资料来源：金融时报 2013 年 12 月 6 日

由于金融业的特殊性和金融在现代经济体系中的特殊地位，通过监管保证金融业的稳健运行越来越成为经济与社会健康发展的关键，因而金融监管的重要性越来越突出。

12.1 金融监管概述

12.1.1 金融监管的含义与特征

1. 金融监管的含义

金融监管是金融监督与金融管理的复合词，是指为了金融系统的安全稳定、有效运行和经济主体的共同利益，金融监管当局依据相关法律、法规准则或职责要求以一定的法定程序，对金融机构和其他金融活动的参与者实行检查、稽核、组织和协调的机制集合。

金融监督是指一国或一个地区的金融监管当局对该国或地区的金融市场运行状况进行系统、及时的信息搜集和处理，以维护市场秩序和防范市场风险；对金融机构及其业务实施全面的、经常性的检查和督促，并以此促使金融机构依法稳健经营，安全可靠和健康地发展。金融管理是指金融监管当局依法对该国或地区的金融市场进行管理，包括市场体系的构建、市场规则的制定和对市场违规行为的处罚等，对金融机构及其经营活动实行领导、组织、协调和控制等一系列的活动。实际中，这两个词即使在单独使用时，一般也都隐含了两个词的内容。特别是 20 世纪 90 年代以来，金融监督与金融管理一般同时使用，不再区分两者的细微差别，金融监管这一复合词更是被广泛使用。

金融监管的含义有狭义和广义之分。狭义的金融监管是指金融监管当局依据国家法律法规的授权对整个金融业（包括金融机构以及金融机构在金融市场上所有的业务活动）实施的监督管理。广义的金融监管是在上述监管之外，还包括金融机构内部控制与稽核的自律性监管、同业组织的互律性监管、社会中介组织和舆论的社会性监管等。

2. 金融监管的特征

在市场经济中，金融监管具有三个基本特征：

(1) 法制性。金融监管属于国家的法定制度，市场经济国家的金融监管制度都是通过立法程序确定的，是一国金融体制的有机组成部分。金融监管当局是在国家授权下依法实施监管，其法律关系的内容体现在被监管者和监管者同受法律约束：被监管者必须在法律许可的范围内从事金融活动并依法接受监管；监管者也只能在法定权限职责范围内依法行使监管权，必须依法行事，决不允许越权滥施权威或横加干涉。因此，金融监管既非单纯的检查监督或处罚，也非纯技术性的调查或评价，而是金融监管当局在法定权限下的具体执法行为和管理行为，具有权威性、严肃性和相对确定性。

(2) 系统性。金融监管是一个庞大的系统工程，由监管依据——金融法律法规体系、监管体制——监管主体及基本运作机制、监管客体——银行和各类金融机构、监管的目标以及为实现目标而确定的监管内容和采取的手段方法等几大部分组成，各部分间存在有机联系，缺一不可，共同形成一个完整的系统。

(3) 社会性。由于金融业具有明显的“公共性”，其活动范围遍及社会各部门。因此，有效的金融监管应该是一种社会性监管，需要社会各界的协调配合，形成一个相互联系、相互补充、相互制约的大监管体系以及良好的社会监管环境。

12.1.2 金融监管的必要性

现代市场经济在某种意义上是一种法制经济，因为在相对自由交易的市场上，面对众多分散而又自主经营的市场参与者，只有用统一严格、公平公开并具有相对确定性的法律才能协调各种市场关系，规范参与者行为，建立并维持有序的良性运作。由于金融业在市场经济中居于核心的地位，其经营活动具有作用力大、影响面广、风险性高等特点，因此，依法对金融业实施有力和有效的监管，对于构建良好的金融秩序、维护金融稳定、提高金融效率具有重要意义。从金融业本身的特殊性来看，金融监管的必要性主要体现在以下几个方面。

1. 金融业的重要性

在现代市场经济中，金融业是货币流通中心、资金融通中心、社会支付结算中心，积极发挥着创造货币和信用流通工具的功能，金融业已成为一种服务公众、优化资源配置的社会组织，对整个社会而言具有特殊的重要地位和作用，是一国经济发展的关键因素。因此，金融业的稳定与效率直接影响国民经济的运行与发展，乃至社会的安定，由此决定了必须对金融业严加监管，保证金融体系的安全和有效运行。

2. 金融业的高风险性

金融业与其他行业相比，是一个特殊的高风险行业，这种特殊性决定了国家特别需要对该行业进行监管。金融业特殊的高风险首先表现在经营对象的特殊性上，金融机构经营的是货币资金，包括债券、股票、保险单等虚拟商品，它们与客户的经营关系都以信用为基础，而信用本身的不确定性就决定了金融机构的经营具有内在的风险。其次，金融业的高风险还源于金融机构的高负债率和宽负债面，资金来源的特殊性决定了金融机构的生存在很大程度上依赖于公众的信任，一旦出现风险动摇公众信心，极易引发挤提存款、抛售有价证券等金融恐慌现象，后果不堪设想。而金融机构的管理人员在经营过程中因涉及自身利益或能力所限，难于充分评估和处理经营中存在的问题和风险。同时，金融风险具有系统性，现代经济条件下，金融机构之间形成了错综复杂的债权、债务关系，一旦出险，就会带来连锁反应，引发金融危机。这都需要金融当局从外部对金融业进行以风险管理为重点的监管，帮助管理者将风险控制在一定范围之内，保证金融体系的安全与稳健运行。

3. 金融业的公共性

金融业作为一种服务公众、优化资源配置的社会组织具有特殊的公共性。这种公共性与金融业的“中介”性质息息相关，金融活动涉及面广，金融机构面对的债权人和债务人都是社会公众，其经营活动和成果都对社会公众产生影响。但由于金融业具有相对垄断性，不是任何人都能参与自由竞争的行业，有可能做出不利于债权人或债务人的安排，或向客户提供不公平的歧视性服务。同时，由于金融业务的特点，其信息披露或受到安全和竞争的制约，或出于替客户保密等存在信息不完全或信息不对称的情况，使公众无法获得充足准确的信息而难于做出正确的判断和选择，同时也无法对金融机构的行为进行有效约束。因此，为了防止相对垄断可能带来的不公平和信息不对称造成的评价、选择及其约束困难，需要通过金融监管约束金融机构的行为，保护公众利益。

12.1.3 金融监管的历史沿革

在各市场经济国家，金融业都是作为产业来发展与管理的。各种金融机构首先要受《公司法》的制约，但由于金融业的特殊性，各国对金融业的管理要比一般工商企业严格得多。从历史的角度看，在经济和金融发展的不同时期，金融监管的目标、内容、方式和力度都不尽相同，金融监管体系也是随着经济和金融的发展而不断充实和完善的。金融监管的发展历史大致可以划分为三个阶段。

1. 20世纪30年代以前：金融监管起步

世界金融史上首次对银行业的公共管理和监督出现在15世纪的西欧。自1407年第一个国家存款银行——热那亚的圣乔治银行建立以后，政府就开始了对银行业的管理，当时的管理主要在于注册登记等行政管理方面。17世纪末到19世纪初，西欧各国通行以皇帝、国王、国会或政府的名义颁布法令，授予某一金融机构某种许可、权利和业务，或限制某些金融机构业务经营范围与规模。19世纪中央银行制度的建立，使金融监管发生了重大变化，当时中央银行监管的重点在于货币的发行和流通方面，即集中货币发行权并建立了银行准备金制度，目的是解决商业银行分散和过度发行银行券而导致的货币混乱、兑付困难和破产倒闭等问题。随着经济危机、信用危机的频繁爆发，自19世纪中叶开始，各国逐步加强了对金融业的监管，通过制定法律和条例对各种金融机构从设立到经营进行法律约束。

总体来看，20世纪30年代以前经济自由主义占主导地位，各国的金融监管是粗线条和宽松式的，具有自发性、初始性、单一性和滞后性的特点，对金融监管的客观要求与主观认识不足，监管主体的职能作用有限。这一阶段金融监管处于初级阶段。

2. 20世纪30～70年代：全面严格管制，监管形成体系

20世纪30年代，由华尔街股票暴跌引发的西方经济大危机过后，随着政府对经济干预的增强，金融监管方面也出现了巨大的变化：各国对加强金融监管的重要性取得了共识，都把稳定金融业作为发展经济、稳定社会的必要条件，开始对金融业实施全面而严格的管制，很快形成了较为完善的金融监管体系；各国根据本国（地区）社会经济历史条件，在监管的体制上各有创新，如美国的“双线多头”，法、德、意的“一线多头”，英、澳和东欧各国的“单一集中”，西非、中非的“跨国监管”等，各国在监管主体上虽有所差别，但中央银行都

义不容辞地成为唯一的监管者或监管者之一；在监管目标上，各国一致选定了“维护金融业的安全与稳定、协调各金融机构之间的关系、保护公众利益”三大目标；在监管的内容上，涵盖了金融机构从市场准入、日常经营到市场退出的全过程；在监管的措施上以预防性为主，加强风险防范与监测，建立了银行存款保险制度，这一制度同时兼备事先监管、事中援救和事后保险理赔的功能，为金融体系的运作设立了一道“安全网”，并辅之以应急性的补救或抢救措施，对挽救失败的金融机构则采取平稳退出市场的措施；在监管的方法上，以严格的法律为准绳，采用灵活的监管方式和有效的手段，对金融业实施强有力的监管。

总体上看，这一阶段各国金融监管的基本特征是严格的限制性，主要表现在对利率的限制、对国内外金融市场活动的限制、对资本国际流动的限制、对金融机构业务活动的限制等。强有力的金融监管对维护金融业的稳健经营、确立公众信心发挥了重要作用，使各国经济在较为安全的金融环境中得到快速发展。

3. 20世纪70年代后：增强适应性，提高效率，加强国际合作

20世纪70年代前后，在金融创新的高潮中，世界金融业的发展带有鲜明的自由化和国际化趋势。在这两大趋势下，各市场经济国家的金融运作出现了双重效果。一方面优化了资金配置效果，提高了金融效率，完善了金融服务，使金融业得到空前的繁荣与发展；另一方面，出现了较大的信用风险、市场风险、经营风险和国际风险以及各种金融犯罪，干扰了货币政策和宏观调控的实施与传导效果，影响并威胁着金融业的安全与稳定。为了扬利抑弊，各国加强并进一步完善了金融监管，增强其力度与规范性，使之更为规范化和全球一体化，更多地追求增强监管的适应性和提高监管的效率性，主要体现在以下两个方面。

1）审时度势地调整监管重心与措施

20世纪70～80年代，在金融自由化浪潮的影响下，金融监管开始尊崇效率优先。“滞胀”的长期困扰终结了各国奉行的凯恩斯主义宏观经济政策，新古典宏观经济学和货币主义、供给学派为代表的自由主义理论和思想开始复兴，金融自由化理论逐渐发展并在实践中不断应用，向20世纪30年代以来以安全优先的金融监管提出了挑战。一方面，金融自由化理论认为严格而广泛的金融监管使金融机构和金融体系的效率下降，压制了金融业的发展，进而影响了经济的发展；另一方面，实践中存款保险制度已发挥了稳定的作用，对金融效率的要求日益凸显。在这一时期，伴随着金融自由化，很多国家纷纷放松了对金融市场、金融产品价格等方面的管制，一个开放的全球化统一金融市场出现雏形。

20世纪90年代，一系列金融危机的相继爆发，使金融监管的重心又转移到安全与效率并重上。对于金融危机爆发的原因，一般倾向于认为金融自由化和放松金融管制并不是最重要的，事实证明，很多高度开放的经济体，同时拥有较高的金融自由度和市场稳定性，并且为经济发展提供了效率保证，问题的关键可能在于那些实行金融自由化的国家，其政府金融管理能力以及经济发展和开放策略的顺序可能存在差异。20世纪90年代以后的金融监管逐步转向如何协调安全稳定与效率方面，鉴于风险与效益之间存在着替代效应，努力寻找二者新的融合与均衡尤为重要。

2）金融监管逐步向统一化和国际化方向发展

随着金融国际化的趋势增强，以国界为范围的金融监管的局限性日益突出。为了维护国际金融业的平稳运行与公平竞争，保护国际投资者的利益，各国开始联手进行金融监管，共同制定新的国际监管规则，加强了监管的国际化进程。

1975年巴塞尔委员会成立后，在专门致力于国际性监管方面做出了卓有成效的贡献。1988年他们制定推行了具有国际性监管规定的《统一资本衡量和资本标准的国际协议》（简称《巴塞尔协议》）并在其后不断完善，1995年12月通过的修正案已将市场风险包括在风险含量之中，以重估“资本—风险资产比率”，加收资本金；2004年6月，巴塞尔委员会正式颁布了几经修订的“新巴塞尔资本协议”，简称“BASEL Ⅱ”，新协议以最低资本金要求、监管当局的监督检查和市场约束为三大支柱，通过加强对风险的识别、计量和管理，维护银行业的稳健经营；2010年9月，巴塞尔委员会的27个成员经济体就全球银行业的监管又达成了新的协议，即《巴塞尔协议Ⅲ》，该协议无论在银行资本构成、资产质量还是在资本充足率以及其他流动性指标方面，都大幅度甚至成倍提升了监管要求。

在对非银行金融机构监管的国际协作方面。1983年成立的国际证监会组织（International Organization of Securities Commissions，IOSCO）是国际各证券暨期货管理机构所组成的国际合作组织，该组织在1998年通过了《证券监管的目标和原则》，被认为是所有证券市场国际监管基准；为促进国际证券监管者之间的跨境执行和信息交换，2002年通过的《多边谅解备忘录》成为证券监管者之间进行国际合作的标准。成立于1994年的国际保险监督官协会（International Association of Insurance Supervisors，IAIS），又称国际保险监管者协会，是保险业监管的重要国际组织，该组织于2002年10月颁布了《保险监管核心原则》，成为所有区域监管者的基本指导原则。

此外，巴塞尔委员会还与国际证券委员会于1995年5月联合制定了“最低限信息披露共同框架”；1995年7月巴塞尔委员会、国际证券委员会和国际保险监督官协会组成“联合论坛”，共同研究和解决国际金融监管的主要问题。1996年6月召开的首次世界银行监督官会议，以讨论跨国银行问题和改进监管方法为主题，把金融监管的国际统一化推向一个新的阶段。

12.1.4 金融监管的目标与原则

1. 金融监管的目标

金融监管目标是对金融实施有效监管所要达到的目的，它是制定和实施具体金融监管制度和措施的依据。金融监管的目标可分为一般目标和具体目标。

一般目标是进行金融监管所要达到的基本目标。主要有四项：一是保证金融机构的正常经营活动和金融体系的安全；二是保护存款人、投资者和其他社会公众的利益；三是创造公平竞争的环境，促使金融业在竞争的基础上提高效率；四是确保金融机构的经营活动与中央银行的货币政策目标保持一致。

具体目标是监管当局对金融机构和金融市场进行规范约束所要达到的各项具体目标。由于各国历史、经济、文化背景和发展的情况不同，也就使具体监管目标有所差异。世界大多数国家将金融监管的具体目标明确在有关金融法规上。

2. 金融监管的基本原则

金融监管的原则各国大致相同，这些原则渗透和贯穿在监督管理体系的各个环节和整个过程的始终。

(1) 监管主体的独立性原则。监管主体的独立性是金融监管机构有效实现金融监管的前提。金融监管是专业性、技术性很强的工作，涉及社会各方面的利益，如果不是独立性很强的专门机构，其监管过程和目标极易受到利益集团的干扰，难于公正、公平、有效地进行金融监管。

(2) 依法监管原则。虽然各国金融管理体制和监管风格各有不同，但在依法监管上是相同的。依法监管主要有两层含义：一是以国家法律形式专门规定金融监管机构的法律地位、法律职责和监管条例；二是金融监管机构依据有关法律、法规、条例，运用法律手段实施金融监管，不能以行政替代法律，以保证金融监管权威性和统一性。

(3) 适度竞争原则。金融监管当局要努力创造适度竞争的环境，形成和保持适度竞争的格局，避免造成金融高度垄断而失去生机和活力，又要防止出现过度竞争从而危及金融业的安全和稳定。

(4)"内控"与"外控"相结合的原则。"内控"是指金融机构的自律监督机制；"外控"是指外部对金融机构进行风险控制和管理能力的他律监督机制，包括金融管理当局的监管和社会监督两部分。为了保证监管的及时和有效，客观上需要"外控"与"内控"有机配合。因为外部强制管理不论多么缜密严格，也只能是相对的，假如管理对象不配合、不协作，而是设法逃避应付，那么外部监督管理也难收到预期的效果；反之，如果将全部希望放在金融机构本身"内控"上，则一系列不负责任的冒险经营行为和风险就难以有效地避免。

(5) 稳健经营与风险预防相结合的原则。金融监管的目的是保证金融机构安全稳健地经营业务，控制风险。为及时了解和掌握金融机构的风险状况，促使金融机构提高风险防范意识、谨慎管理、稳健经营，金融监管当局通过制定一系列法规和指标体系，运用监管手段及时准确地发现风险并采取措施，促使其改善经营管理。

(6) 母国与东道国共同监管原则。伴随着经济一体化和金融国际化的发展，以国界为范畴的金融监管难以实现监管目标，为了维护国际金融业的平稳运营与公平竞争，保护国际投资者的利益，各国开始联手进行金融监管，母国与东道国共同监管跨国金融机构和金融业务，逐步实现金融监管的国际化。

12.2　金融监管体系的一般构成

在不同的经济和金融制度安排下，各国都是根据本国的实际情况来构建金融监管体系的，因此，各国的金融监管体系各有特色。但总的来说，各国金融监管体系的构成基本相同，即主要是由监管的组织体制、监管内容、监管方法与手段等方面组成。

12.2.1　金融监管的组织体制

金融监管体制的类型有两种划分方法。如按监管机构的设立划分，大致可区分为两类：一类是由中央银行独家行使金融监管职责的单一监管体制；另一类是由中央银行和其他金融监管机构共同承担监管职责的多元监管体制。如按监管机构的监管范围划分，又可分为集中监管体制和分业监管体制。一般来说，实行单一监管体制的国家在监管范围上都是实行集中统一监管，而实行多元监管体制的国家在监管范围上大都实行分业监管。但这种对应并不是绝对的。

1. 集中监管体制

集中监管体制也称为"一元化"监管体制，是指把金融业作为一个相互联系的整体统一进行监管，一般由一个金融监管机构承担监管的职责，绝大多数国家是由中央银行来承担的。例如，英国是实行“一元化”监管体制的国家，由英格兰银行承担整个金融业监管的职责，这与英格兰银行在英国金融界享有崇高的威望和历史传统有关。

2. 分业监管体制

分业监管体制也称为“多元化”监管体制，是根据金融业内不同的机构主体及其业务范围的划分而分别进行监管的体制。各国的分业监管体制通常由多个金融监管机构共同承担监管责任，共同组成一个国家的金融监管组织体制。例如，美国的金融监管是由多个监管机构承担的，从监管的业务范围看，各监管机构虽有所交叉，但都有自己的侧重点，基本上属于分业监管体制。

以上两种监管组织体制各有特色，也各有利弊，孰优孰劣没有绝对的答案。各国选择何种组织体制，应该充分考虑本国的经济金融现状及特点、现有的管理结构和要求、未来的发展等因素。我国目前采用分业监管的组织体制，由中国人民银行、中国银监会、中国证监会和中国保监会这四家金融管理和监督部门（简称“一行三会”）构成中国金融监管的组织体制。

12.2.2 金融监管的内容

金融监管的内容从时间过程来看，主要有三个方面，即市场准入的监管、市场运作过程的监管、市场退出的监管。

1. 市场准入的监管

准入监管是监管的第一步，所有国家对金融机构的监管都是从市场准入开始。主要考虑金融机构进入市场的必要性和可行性。必要性主要考虑金融机构的设立是否为经济发展所需要；可行性主要考虑金融机构的资本金、经营场所、业务范围、人员素质是否符合必需的条件。通过准入监管使金融机构的数量、种类、规模更加符合整体经济社会发展需要，既保证适度的经济竞争，又防止经济垄断。

各个国家的金融监管当局一般都参与金融机构的审批过程，通过审批、审查，一是将那些可能对金融消费者、对社会其他成员以及金融体系的健康运行造成危害的金融机构拒之门外；二是限制恶意竞争，保持公平有序的竞争；三是严格的审批程序增加了申请人的沉淀资本，促使其进入后加强经营管理，防止短期行为的发生。

金融机构申请设立必须符合法律规定，主要包括两个方面：一是具有素质较高的管理人员；二是具有最低限度的认缴资本额。管理人员的条件和资本额的标准各国都有具体规定。我国金融机构的设立申请，一般也是主要审查这两个方面。

我国法律做出明确规定，设立金融机构及分支机构，经营金融业务，必须经监管当局审查批准，同时还规定了如下条件：①有符合《中华人民共和国公司法》和相关法规规定的章程；②具有最低限额的注册资本金或营运资金，如我国现行法规规定，全国性商业银行为10亿元人民币，城市商业银行为1亿元人民币，农村商业银行为5000万元人民币，保险公司为2亿元人民币，财务公司为1亿元人民币；③有具备任职专业知识和业务工作经验的董事、高级管理人员；④有健全的组织机构和管理制度；⑤有符合要求的营业场所、安全防范措施以及与业务有关的其他设施。此外，设立金融机构，还应当符合监管当局规定的其他审慎性条件。

2. 市场运作过程的监管

金融机构经批准开业后，监管当局要对金融机构的运作过程进行有效监管，以便更好地实现监管目标的要求。

各国对金融机构市场运作过程监管的具体内容并不完全相同，但一般都将监管的重点放在以下几个方面：

(1) 业务经营的合规性。即监管金融机构是否严格遵守国家和地方政府颁布的各种金融法律、法规及各种有关规定，是否严格执行中央银行或监管当局的各种规章制度。

(2) 资本充足性。资本是各种金融机构赖以生存和从事各种业务活动的基础，充足的资本金有助于金融机构在发生意外损失时弥补流动性的不足。监管当局通过对金融机构资本水平和资本结构的监管，有利于金融机构在保持充足资本的条件下稳健运作，同时还可以通过规定资本与各种风险资产的比例关系来控制金融机构资产总量的扩张和风险的程度。

(3) 资产质量。资产质量关系到金融机构的生存与发展，整个社会金融资产质量的优劣关系到国家金融业的兴衰。金融监管工作必须高度重视对金融机构资产质量的监管，主要是通过设定一系列的相关指标对金融机构的资产质量进行监管。

(4) 流动性。监管当局通过评估金融机构负债的变动情况、对借入资金的依赖程度、可随时变成现金的流动性资产数量、紧急筹资能力等，对金融机构是否保持了必要的流动性进行监管。

(5) 盈利能力。主要稽核金融机构的各项收益率，以及利润的来源和结构是否合理。监管当局除了对金融机构盈利能力进行评估以外，还要对金融机构在利润分配中的行为进行监管，以使金融机构具备抵御风险和自我积累发展的必要条件，保证金融机构的股东得到应有的回报。

(6) 经营管理状况。主要稽核金融机构的内部控制制度以及基本制度的执行情况。一般包括主要负责人的决策和组织领导能力，高、中级管理人员的工作胜任情况，内部控制制度的建设情况等。由于管理和内部控制水平很难用一些定量的客观数据、指标来衡量，监管时往往以金融机构内部的各种规章制度、业务政策、经营计划、管理人员的经历与经验、职工的素质等非定量因素做参考，故有一定的监管难度。

3. 市场退出的监管

市场退出监管是指金融监管当局对金融机构退出金融业、破产倒闭或合（兼）并、变更等实施监督管理。金融业的外部性决定了金融机构不能擅自变更、停业、关闭或合（兼）并，必须经过监管部门审查批准。

金融机构市场退出的原因和方式可以分为两类：主动退出与被动退出。主动退出是指金融机构因分立、合并或者出现公司章程规定的事由需要解散而退出市场；被动退出则是指由于法定的理由，如由法院宣布破产或因严重违规、资不抵债等原因而遭关闭，监管当局将依法关闭金融机构，取消其经营金融业务的资格，金融机构因此而退出市场。

各国对金融机构市场退出的监管都通过法律予以明确，并且有很细致的技术性规定。一般包括：对金融机构破产倒闭的监管；对金融机构变更、合（兼）并的监管；对违规者的终止经营监管。主要采取接管、解散、撤销、破产等几种形式。无论采用哪种形式，当局都要对金融机构的市场退出过程进行监管，保持其退出的合理性和平稳性，重点关注公众的利益是否得到必要的保护、破产清算的标准和程序是否严谨、被他人兼并或收购是否合理合法等，将不幸事件对公众的损害和对社会的震荡降到最低限度。

12.2.3 金融监管的方法

1. 直接监管

直接监管主要包括两种方法：现场检查和非现场检查。

1）现场检查

现场检查，就是通过亲临现场对金融机构的会计凭证、账簿、报表、现金、物资财产和文字资料进行检查、分析、鉴别，对金融机构的资本充足状况、资产质量、管理质量、收入和利润状况、清偿能力、法规的遵守程度等方面进行监督与检查。通过现场检查，监管人员直接对有关人和事进行查访，能够对具体的监管对象进行比较深入细致地了解，及时发现某些隐蔽性问题，特别是一些欺诈行为。对金融创新和金融发展中的新问题也主要依靠现场的检查。监管人员可以与金融机构董事、高级管理人员进行监督管理谈话，要求他们就金融机构的业务活动和风险管理的重大事项做出说明。因而，现场检查的监管方法作为金融监管的一种主要方法被高度重视。

2）非现场检查

非现场检查，就是由金融监管当局对被监管人提交的各种统计资料、报表、文件记录等，按照一定的程序与标准进行整理、稽核分析，对金融机构经营现状及发展趋势做出判断的检查监督形式。非现场检查作为日常监督的基础已被广泛使用。

从流程上来看，非现场检查包括三个环节：金融机构数据（信息）的采集输入，即监管机构接受金融机构的各种资料和报表进入资料数据库的过程；数据查询分析，即运用计算机对数据库的数据进行整理、计算、分析和加工等；生成报表、预警，即对检查的结果进行分析、评价，提出拟采取的措施，并对于面临较大风险的金融机构发出预警，并对其提示及时纠正违规行为。

2. 间接监管

间接监管，即监管当局并不直接进行现场检查或非现场检查，而是委托金融机构的内部审计机构或者委托会计师事务所、审计师事务所或资信评估机构等外部的第三方机构实施间接监管。

（1）金融机构的内部审计。由金融机构内部专设的审计机构人员，依据国家金融法律法规和相关政策，对本机构的各项管理工作实施情况进行监督检查，主要是对业务活动、财务收支、内控管理等方面的真实性、完整性、合法性、安全性与效益进行监督检查，评价经济责任，参与金融机构业务政策和程序的检查与修改。金融机构的内部审计既是金融机构内部控制的重要组成部分，也是金融监管体系的一个重要组成部分。

（2）第三方机构的外部审计。由会计师事务所、审计师事务所等专职机构和人员，依据国家法律法规对被审计金融机构的业务活动、财务收支、营运状况等方面的真实性、合法性、效益性进行审查，为金融监管当局提供真实、准确的财务报表，使金融监管当局对金融机构的监督检查建立在真实的基础之上。

（3）资信评估机构的评级。监管部门委托社会上的资信评估机构，通过对金融机构的资本充足性、资产质量、管理能力、赢利能力、流动性等因素的综合考察做出资信评级，以便把监管重点集中于级别低的金融机构，提高监管的效率。

12.2.4 金融监管的手段

金融监管的手段即金融监管当局为实现金融监管目标而采用的各种方式、方法和措施。从世界各国的金融监管实践来看，金融监管主要是通过法律手段、行政手段和经济手段来对金融活动实施监管。

1. 法律手段

法律手段是指国家通过立法和执法，将金融市场运行中的各种行为纳入法制轨道，金融活动的各参与主体按照法律要求规范其行为。各国金融监管体制和风格虽各有不同，但在依法管理这一点上是共同的。运用法律手段进行金融监管具有强制性和约束力，金融机构必须接受国家金融管理当局的监管，金融监管必须依法进行，这是金融监管的基本点。要发挥法律手段的监管作用，必须保障金融法律的权威性和有效性，做到有法可依、有法必依、执法必严、违法必究。

2. 经济手段

经济手段指监管当局采用间接调控方式影响各金融活动参与主体的行为，进而实现金融监管目标。金融监管的经济手段很多，主要体现为中央银行在实施货币政策时运用各种经济手段干预和影响金融活动。

3. 行政手段

行政手段是指监管当局运用金融方针、政策、原则、制度、指示、命令、计划等进行直接的行政干预和管理。它是由监管机关依靠行政组织，按照一定程序直接对金融市场加以监督和管理的。行政手段具有权威性、强制性和收效快的特点，特别是当金融机构或金融活动出现波动时，行政手段具有不可替代的作用。但行政手段的利用要以法律为准绳，在市场经济条件下，行政手段只是辅助性手段。

【本章小结】

金融监管有狭义和广义之分。狭义的金融监管是指金融监管当局依据国家法律法规的授权对整个金融业（包括金融机构以及金融机构在金融市场上所有的业务活动）实施的监督管理。广义的金融监管是在上述监管之外，还包括了金融机构内部控制与稽核的自律性监管、同业组织的互律性监管、社会中介组织和舆论的社会性监管等。在市场经济中，金融监管具有法制性、社会性、系统性三个基本特征。由于金融业本身具有特殊性，依法对金融业实施有力和有效的监管，对于构建良好的金融秩序、维护金融稳定、提高金融效率具有重要意义。

金融监管随着经济和金融的发展而不断充实和完善，其发展历史大致可以划分为三个阶段：在 20 世纪 30 年代以前的金融监管起步阶段，金融监管是粗线条和宽松式的，具有自发性、初始性、单一性和滞后性的特点；20 世纪 30 年代以后金融监管进入全面严格管制阶段，逐步形成较完善的金融监管体系；20 世纪 70 年代以后的金融监管表现为：一方面审时度势地调整监管的内容与措施，从效率优先到安全与效率并重，另一方面积极开展广泛的金融监管国际合作，各国金融监管逐步向统一化和国际化方向发展。巴塞尔委员会、国际证监会组织、国际保险监督官协会在国际性监管方面做出了卓有成效的贡献。

金融监管目标分为一般目标和具体目标。金融监管的基本原则包括：监管主体的独立性原则、依法监管原则、适度竞争原则、“内控”与“外控”相结合的原则、稳健经营与风险预防相结合原则、母国与东道国共同监管原则。

金融监管组织体制的类型有两种划分方法。按监管机构的设立划分为单一监管体制和多元监管体制，按监管机构的监管范围划分为集中监管体制和分业监管体制。我国目前采用的是分业监管的组织体制，由中国人民银行、中国银监会、中国证监会和中国保监会这四家金融管理和监督部门构成。

金融监管的内容从时间过程来看主要有三个方面，即市场准入的监管、市场运作过程的监管、市场退出的监管。金融监管的方法：由现场检查、非现场检查构成的直接监管和由金融机构内部审计、第三方机构外部审计、资信评估机构评级构成的间接监管。各国主要运用法律手段、经济手段、行政手段来对金融活动实施监管。

【关键术语】

金融监管　集中监管体制　分业监管体制　外部监管　内部控制　直接监管　间接监管

【复习思考题】

1. 什么是金融监管？其必要性体现在哪些方面？
2. 金融监管经历了哪些发展阶段？各有什么特点？
3. 简述金融监管的目标与原则。
4. 试述金融监管的主要内容。
5. 金融监管有哪些具体方法和手段？

专栏 12-1

英国巴林银行倒闭案

1995 年 2 月 26 日，英国银行业的泰斗，在世界 1000 家大银行中按核心资本排名第 489 位的巴林银行，因进行巨额金融期货投机交易，造成 9.16 亿英镑的巨额亏损，被迫宣布破产。后经英格兰银行的斡旋，3 月 5 日，荷兰国际集团（ING）以 1 英镑的象征价格，宣布完全收购巴林银行。

巴林银行创立于 1762 年，至 1995 年已有 233 年的历史。最初从事贸易活动，后涉足证券业，19 世纪初，成为英国政府证券的首席发行商。此后 100 多年来，该银行在证券、基金、投资、商业银行业务等方面取得了长足发展，成为伦敦金融中心位居前列的集团化证券商，连英国女皇的资产都委托其管理，素有“女皇的银行”的美称。该行 1993 年的资产有 59 亿英镑，负债 56 亿英镑，资本金加储备金 4.5 亿英镑，海内外职员 4000 人，赢利 1.05 亿英镑；1994 年税前利润高达 1.5 亿英镑。该行当时管理 300 亿英镑的基金资产、15 亿英镑的非银行存款和 10 亿英镑的银行存款。

就是这样一个历史悠久、声名显赫的银行，竟因年轻职员尼克·里森进行期货投机失败而陷入绝境。28 岁的尼克 · 里森 1992 年被巴林银行总部任命为新加坡巴林期货有限公司的总经理兼首席交易员，负责该行在新加坡的期货交易并实际从事期货交易。

1992 年巴林银行有一个账号为 “99905” 的 “错误账号”，专门处理交易过程中因疏忽造成的差错。新加坡巴林期货公司的差错记录均进入这一账号，并发往伦敦总部。1992 年夏天，伦敦总部的清算负责人乔丹 · 鲍塞（Gordon Bowser）要求里森另外开设一个 “错误账户”，以记录小额差错并自行处理，以省却伦敦总部的麻烦。由于受新加坡华人文化的影响，此 “错误账户” 以代码 “88888” 为名设立。

数周之后，巴林总部换了一套新的计算机系统，重新决定新加坡巴林期货公司的所有差错记录仍经由 “99905” 账户向伦敦报告。“88888” 差错账户因此搁置不用，但却成为一个真正的错误账户留存在计算机之中。这个被人疏忽的账户后来就成为里森造假的工具。倘若当时能取消这一账户，巴林银行的历史就可能改写了。

1992 年 7 月 17 日，里森手下一名刚加盟巴林的王姓交易员手头出了一笔差错：将客户的 20 口日经指数期货合约的买入委托误为卖出。里森在当晚清算时发现了这笔差错。要矫正这笔差错就须买回 40 口合约，按当日收盘价计算，损失为 2 万英镑，并应报告巴林总部。但在种种考虑之下，里森决定利用错误账户 “88888” 承接了 40 口卖出合约，以使账面平衡。由此，一笔代理业务便衍生出了一笔自营业务，并形成了空头敞口头寸。数天以后，日经指数上升了 200 点，这笔空头头寸的损失也由 2 万英镑增加到 6 万英镑。里森当时的年薪还不足 5 万英镑，且先前已有隐瞒不报的违规之举，因而此时他更不敢向总部报告了。

此后，里森便一发不可收，频频利用 “88888” 账户吸收下属的交易差错。仅其后不到半年的时间里，该账户就吸收了 30 次差错。为了应付每月底巴林总部的账户审查，里森就将自己的佣金收入转入账户，以弥补亏损。由于这些亏损的数额不大，结果倒也相安无事。

1993 年 1 月，里森手下有一名交易员出现了两笔大额差错：一笔是客户的 420 口合约没有卖出，另一笔是 100 口合约的卖出指令误为买入。里森再次做出了错误的决定，用 “88888” 账户保留了敞口头寸。由于这些敞口头寸的数额越积越多，随着行情出现不利的波动，亏损数额也日益增长至 600 万英镑，以致无法用个人收入予以填平。在这种情况下，里森被迫尝试以自营收入来弥补亏损。幸运的是，到 1993 年 7 月，“88888” 账户居然由于自营获利而转亏为盈。如果里森就此打住，巴林银行的倒闭厄运也许又一次得以幸免。然而这一次的成功却从反面为他继续利用 “88888” 账户吸收差错增添了信心。

1993 年 7 月，里森接到了一笔买入 6000 口期权的委托业务，但由于价格低而无法成交。为了做成这笔业务，里森又按惯例用 “88888” 账户卖出部分期权。后来，他又用该账户继续吸收其他差错。结果，随着行情不利变化，里森再一次陷入了巨额亏损的境地。到 1994 年时，亏损额已由 2000 万～3000 万英镑一直增加到 7 月份的 5000 万英镑。为了应付查账的需要，里森假造了花旗银行有 5000 万英镑存款。其间，巴林总部虽曾派人用了 1 个月的时间调查里森的账目，但却无人去核实花旗银行是否真有这样一笔存款。

1994 年下半年，尼克 · 里森在日本东京市场上做了一种十分复杂、期望值很高、风险也极大的衍生金融商品交易——日本日经指数期货。他认为日本经济走出衰退，日元坚挺，日本股市必大有可为。日经指数将会在 19 000 点以上浮动，如果跌破此位，一般说日本政府会出面干预，故想一赌日本股市劲升，便逐渐买入日经 225 指数期货建仓。1995 年 1 月 26 日，里森竟用了 270 亿美元进行日经指数期货投机。不料，日经指数从 1 月初开始一路下滑，到 1995 年 1 月 18 日又发生了日本神户大地震，股市因此暴跌。里森所持的多头头寸遭受重创。为了反败为胜，他继续从伦敦调入巨资，增加持仓，即大量买进日经股价指数期货，沽空前日本政府债券。到2月10日，里森已在新加坡国际金融交易所持有55 000口日经股价指数期货合约，创出该所的历史记录。

所有这些交易均进入“88888”账户。为维持数额如此巨大的交易，每天需要3000万～4000万英镑。巴林总部竟然接受里森的各种理由，照付不误。2月中旬，巴林总部转至新加坡5亿多英镑，已超过了其4.7万英镑的股本金。

1995年2月23日，日经股价指数急剧下挫276.6点，收报17 885点，里森持有的多头合约已达6万余口，面对日本政府债券价格的一路上扬，持有的空头合约也多达26 000口。由此造成的损失则激增至令人咋舌的8.6亿英镑，并由此决定了巴林银行的最终垮台。当天，里森已意识到无法弥补亏损，于是被迫仓皇出逃。

1995年2月26日晚9点30分，英国中央银行——英格兰银行在没拿出其他拯救方案的情况下只好宣布对巴林银行进行倒闭清算，寻找买主，承担债务。同时，伦敦清算所表示，经与有关方面协商，将巴林银行作为无力偿还欠款处理，并根据有关法律赋予的权力，将巴林自营未平仓合约平仓，将其代理客户的未平仓合约转移至其他会员处置。

27日（周一），东京股市日经平均指数再急挫664点，又令巴林银行损失增加了2.8亿美元，截至当日，尼克·里森所持的未平仓合约总值达270亿美元，包括购入70亿美元日经指数期货，沽出200亿美元日本政府债券与欧洲日元。

在英国央行及有关方面协助下，3月2日（周四）日经指数期货反弹300多点情况下，巴林银行所有（不只新加坡的）未平仓期货合约（包括日经指数及日本国债期货等）分别在新加坡国际金融期货交易所、东京及大阪交易所几近全部平掉。至此，巴林银行由于金融衍生工具投资失败引致的亏损高达9.16亿英镑，约合14亿美元。

3月6日，荷兰荷兴集团（International Neder Lander Group，ING）与巴林达成协议，愿出资7.65亿英镑（约12.6亿美元）现金，接管其全部资产与负债，使其恢复运作，将其更名为“巴林银行有限公司”，3月9日，此方案获得英格兰银行及法院批准，ING收购巴林银行的法律程序完成，巴林银行全部业务及部分证券、基金业务恢复运作。至此，巴林倒闭风波暂告一段落，令英国人骄傲两个世纪的银行已易新主，可谓百年基业毁于一旦。

此案中，使巴林银行遭受灭顶之灾的尼克·里森于1995年2月23日被迫仓皇逃离新加坡，3月2日凌晨在德国法兰克福机场被捕，11月22日，应新加坡司法当局的要求，德国警方将在逃的里森引渡到新加坡受审。12月2日，新加坡法庭以非法投机并致使巴林银行倒闭的财务欺诈罪名判处里森有期徒刑6年6个月，同时令其缴付15万新加坡元的诉讼费。1999年4月5日，新加坡司法当局宣布，因其在狱中表现良好，提前于1999年7月3日获释出狱，并将其驱逐出境。7月4日，里森回到伦敦。

资料来源：易纲．1999. 货币银行学．上海：上海人民出版社

专栏 12-2

广东国际信托投资公司破产案

1. 案惊中外

1999年1月10日，广东国际信托投资公司（以下简称广信）在中外债权人面前宣布将申请破产。1月16日，广东省高级人民法院院长吕伯涛对外公告，经审查，广信及其全部子公司广信企业发展公司、广东国际租赁公司、广信深圳公司等4家企业，因不能清偿到期

境内外债务，符合法定破产条件，裁定进入破产还债程序，由法院指定的清算组接管破产企业。

从1998年10月6日中国人民银行依法对广信关闭清算至宣布破产时的初步清算结果是：广信清产核资后的总资产214..71亿元，负债361.45亿元，资不抵债146.94亿元；其中境外债务高达159亿元，境外或有债务147亿元，涉及130多家境外银行和机构，事实上，到1999年4月15日申报债权期届满为止，广信共有540家债权人申报了债权，申报债权数额达470.25亿元，其中境内债权人365家，146.84亿元，境外债权人175家，323.41亿元。估计破产后的清偿率不足5成。

广信是我国第二大信托投资公司，更是多年来在国际资本市场最为活跃的重量级地方金融机构。它的破产是中国首家金融机构破产案，也是最大的国有企业破产案，同时还是首次涉外债务破产案。因而立即成为全球财经媒体关注的热点。香港的主要报纸以及《华尔街日报》、《金融时报》等西方报纸都在次日头条位置刊登了这一消息。1月11日香港银行及红筹股大跌，12日红筹国企股继续大幅跌落，酿成一场小型股灾。多数驻外中资公司陷入信贷紧缩局面。

2.“窗口公司”的魔力

回首广信的兴衰成败，需要把目光投向中国改革20年中摸索建立的一种过渡性对外融资模式——“窗口模式”。广东省常务副省长王岐山在1999年2月4日与国际基金经理谈话时提出这个概念：广信的信用既不是主权信用，也不是一般的企业信用，可称为“窗口公司信用”。在国际投资者看来，“窗口公司”信用的主要支柱在于政府背景与政府信用。政府加企业的“窗口公司模式”是转型时期的中国所独有。

中国对于“窗口”融资的探索始于20世纪80年代前期，当时，刚刚下决心走上对外开放之路的中国，对于出洋借钱还相当陌生。除了由政府出面获得政府双边贷款和国际金融机构的贷款外，中国并不很熟悉获得国际商业性贷款和发债的路数与利弊。1983年10月，成立已近3年的广信经中国人民银行批准成为国营金融企业，并拿到国家外汇管理局颁发的经营外汇业务许可证。同年12月，广信由“广东信托投资公司”改名为“广东国际信托投资公司”，并成为国家指定的允许对外借贷和发债的地方级“窗口公司”。当月，即与日、美、英、法等国12家银行签订了贷款协议，获得1.36亿美元的信贷额度。一年后，又与24家欧、美、日银行签订协议，获信贷额度2.07亿美元。截至1985年，上述协议的签约银行增至38家，信贷额度也增至3亿美元。期间，广信还为广东的沙角电厂B厂的国际融资提供了担保。这是亚洲国家最早进行的BOT实验之一。

1986年秋，正当广信积极争取从日本获得债信评级，从而进入武士债券市场时，国务院下发了83号文件，批转国家计委关于利用国外贷款工作分工意见。这个文件确认了广信作为对外融资的全国“十大窗口公司”之一的地位。就在文件发布后一个月，广信拿到了日本公社债研究所给予的AA—信用评级，并在日本成功发行了200亿日元为期10年的武士债券。1987年8月又在香港发行5000万美元的亚洲美元债券，至1988年5月又闯入伦敦发行了200亿日元欧洲日元债券。

1993年是广信一个很辉煌的年头。这年的3月和11月广信先后获得了美国穆迪公司和标准普尔公司的债信评级，而且是相当于当时主权债的评级。这等于在更成熟也更严格的欧洲债券市场拿到了高级别的准入证。5月，它进入欧洲美元债券市场，发行了1.5亿美元债券，11月再进入美国市场，发行了1.5亿美元扬基债券。

3.“关系经济”难长久

然而，转型期的中国经济充满变数。到20世纪90年代中期，中国利用国外商业贷款的整体性战略有所调整，中国政府从1993年开始，每年都一次或多次发行主权债，一些国家政策性银行与国有商业银行也开始频频涉足于国际金融市场。“窗口公司模式”继续存在，但“窗口公司”已不再有当年的特殊地位。1995年以后，国家更明确规定地方政府不可自行举债，政府也不再为“窗口公司”进行担保，并决定对外债实行全口径管理。1995年的国务院25号文件，还决定对发债“窗口”实行“定期评审制”。与此同时，随着中国经济市场化国际化程度的提高，真正需要用外汇的项目和企业也不再满足于由“窗口公司”横亘其中的融资方式，国际上通行的项目融资和公司融资等方式开始起步。

广信这样的“窗口”自身也有了量与质的变化。作为一家自身发展模式不清的大型信托投资公司，它在80年代还主要是具有相对独立也部分听从广东省政府调度指挥的融资机构，到90年代以后，已经发展成具有集团公司架构的自主权极大的大型金融财团。1994年5月，广信总裁黄炎田的照片登上了美国《商业周刊》的封面。画面上，50多岁的黄炎田舒适地靠在凌志轿车的后排座上，容光焕发，踌躇满志，头上正顶着当期封面大字标题：“红色资本家”。此时的广信资产已经可以百亿元计。

整个集团公司迅速膨胀，资产状况极为庞杂，按该公司自己的介绍，广信投资参与了3000多个项目，进入金融、证券、贸易、酒店旅游、投资顾问，以及交通能源、通信、原材料、化工、纺织、电子、医疗、高科技等工业生产的几十个领域。又在房地产开发领域倾注巨资，成为广东省最大的地主。这样的资产状况，以及当时的金融和房地产收缩形势，本应使人担忧，然而由于能够循权力经济之途，靠“关系”办事，黄炎田无需证明公司的赢利能力。

1996年下半年开始，由广州最高的63层的广信大厦包装的广信，表面烈火烹油，繁花似锦，实际上各种败迹开始露头。1996年年底，广信下属的深圳分公司总经理李骥被革职接受审查，不久又因经济罪嫌疑批捕，深圳分公司的巨额债务随之曝光（2000年9月深圳中级法院以受贿、违法放贷款罪判处李骥有期徒刑15年）。1997年，在广信高层任职10年，担任总裁职务长达7年的黄炎田，也终于离开了自己参与缔造的广信，并在1998年秋被扣留审查。

4. 回天无力

从1997年下半年到1998年年中，广信仍在海外金融市场奔走，筹划新一轮发债或银团贷款，但主要动机不是为了投资项目而是借新还旧，主要方式是借短还长，借高（息）还低（息）。与对外借债还债同步的紧急任务另有一桩，就是公司内部专门派员到资产流失严重、坏账成堆的下级公司直接催收债务。1998年是广信的还债高峰年，（广信发行17次企业债务，其中9次已到期）公司及两家下属金融性公司需偿还外债逾10亿美元。而因公司长期经营不善之内忧，加上亚洲金融危机持续之外患，巨大的支付压力已使新上任的管理层寝食难安。进入8月，资金调度会更成为公司最重大、最紧急、也最频繁的一种高层会议。1998年10月6日，由于清偿能力不足，无力按时偿还到期债务，广信被中国人民银行下令关闭。

关闭之后3个月的清算发现，广信已经严重资不抵债，再也无力回天，遂于1999年1月10日正式宣布申请破产。

资料来源：今日文摘．1999年第5期

专栏 12-3

《巴塞尔协议》的历史演进

巴塞尔委员会

从20世纪60年代开始，银行业金融创新层出不穷，银行开始突破传统银行业务的限制，跨国银行的发展也使风险跨越国界，银行业的整体风险增大，不稳定性增强。

巴塞尔委员会的建立源于前联邦德国Herstatt银行和美国富兰克林国民银行（Franklin National Bank）的倒闭，人们在惊愕之余认识到必须加强对银行业的国际监管。1974年十国集团中央银行行长在瑞士巴塞尔市召开会议，倡议成立巴塞尔银行监督委员会。成员包括十国集团中央银行和银行监管部门的代表。

巴塞尔委员会成立以来，制定了一系列重要的银行监管规定，从发展历程来看，经历了一个内容不断更新、方法不断改进、思想不断成熟的深化过程。1975年9月，巴塞尔委员会通过了第一个国际银行监管协议，主要强调加强各国的银行监管合作，划分监管责任。1983年又通过了银行国外机构的监管原则（又称巴塞尔协定，Basel Concordat）。1988年7月巴塞尔委员会通过了《关于统一国际银行资本衡量和资本标准的协议》，1996年和1999年又分别作了补充和修正，习惯上人们把这一协议称为《巴塞尔协议》。2004年6月26日，巴塞尔委员会公布了《巴塞尔新资本协议》。2010年9月12日，巴塞尔银行监管委员会宣布，各方代表就《巴塞尔协议Ⅲ》的内容达成一致。

尽管巴塞尔委员会并不是一个超越成员国政府的监管机构，发布的文件也不具备法律效力，但十国集团监管部门一致同意在规定时间内在十国集团实施。经过一段时间的检验，鉴于其合理性、科学性和可操作性，许多非十国集团监管部门也自愿以报告的原则来约束本国的商业银行。特别是那些国际金融参与度高的国家。

《巴塞尔协议》

20世纪80年代后，拉美爆发债务危机，加上银行业的过度竞争，很多银行因资本金过少、不良贷款过多而倒闭。巴塞尔委员会意识到仅仅为银行维持一个良好的外部环境是远远不够的，监管必须深入到银行内部。1988年7月，巴塞尔委员会通过了具有标志性的《关于统一国际银行资本衡量和资本标准的协议》，1996年和1999年又分别作了补充和修正，习惯上人们把这一协议称为《巴塞尔协议》。

《巴塞尔协议》主要是强调银行必须拥有足以覆盖其风险资产的充足的资本金，并提供了统一的计算标准。协议中，银行资本被分为核心资本和附属资本，核心资本被称为一级资本，主要包括永久性的股东权益和公开储备；附属资本被称为二级资本或补充资本，指银行的长期次级债务等债务性资本。风险资产是由不同的信贷资产以不同的风险权重计算的加权总资产，资本金除以风险资产就是资本充足率。协议规定，银行的核心资本充足率不能低于4%，总资本（核心资本＋附属资本）充足率不能低于8%。这就是众所周知的最低资本充足率要求。

《巴塞尔协议》在国际银行监管史上具有重要的意义，该协议统一了国际银行业的资本充足率标准，有助于消除各国银行间的不平等竞争，成为各国银行监管的统一准则。

《巴塞尔新资本协议》

进入20世纪90年代以后，出现了一些世界著名银行倒闭或损失严重的案例，一些国家和地区也频繁爆发金融危机。人们越来越意识到，旧的《巴塞尔协议》仅仅强调信用风险是远远不够的。比如，1995 年 1 月，按照信用风险权重计算，老牌“金融帝国”英国巴林银行还是一家资本充足率远远高于 8%的信誉良好的银行，但仅仅时隔一个月，这家银行就一败涂地。扼腕叹息之余，人们充分认识到，银行的“命门”远不仅仅是信用风险，还有诸如操作风险、市场风险等因素。《巴塞尔协议》的修改在所难免。1998 年，巴塞尔委员会开始再一次对《巴塞尔协议》进行修改。经过反复讨论，2004 年 6 月 26 日，巴塞尔委员会公布了《巴塞尔新资本协议》，也被称为巴塞尔协议Ⅱ，规定于 2006 年开始首先在十国集团中实施。

《巴塞尔新资本协议》不再仅仅限于将信用风险与资本充足率挂钩，而是把风险扩大到市场风险和操作风险等方面，要求银行的资本充足率水平应该与银行面临的各种风险结合起来。同时，《巴塞尔新资本协议》还提出了银行监管的“三个支柱”。第一支柱，最低资本充足率要求。新协议仍然要求核心资本充足率不能低于 4%，总资本充足率不能低于 8%，但对风险资产的计算更加严格和准确。第二支柱，监管当局的检查监督。监管当局的监督检查是最低资本规定和市场纪律的重要补充。第三支柱，市场纪律。市场纪律有助于提高银行体系的安全。银行应当定期向公众披露风险状况、资本构成、资本充足率等方面的信息。

《巴塞尔协议Ⅲ》

2010 年 9 月 12 日，巴塞尔银行监管委员会宣布，各方代表就《巴塞尔协议Ⅲ》的内容达成一致。巴塞尔协议Ⅲ的内容主要为，提高了资本充足率的要求，严格资本扣除限制，扩大了风险资产覆盖范围，引入杠杆率，加强流行性管理。

根据这项协议，商业银行的核心资本充足率将由 4%上调到 6%，同时计提 2.5%的防护缓冲资本和不高于 2.5%的反周期准备资本，这样核心资本充足率的要求可达到 8.5%～11%。总资本充足率要求仍维持 8%不变。该规定将在 2016 年 1 月至 2019 年 1 月分阶段执行。此外，还将引入杠杆比率、流动杠杆比率和净稳定资金来源比率的要求，以降低银行系统的流动性风险，加强抵御金融风险的能力。

为最大程度上降低新协议对银行贷款供给能力以及宏观经济的影响，协议给出了 2013～2019 年一个较长的过渡期。全球各商业银行 5 年内必须将一级资本充足率的下限从现行要求的 4%上调至 6%，过渡期限为 2013 年升至 4.5%，2014 年为 5.5%，2015 年达 6%。同时，协议将普通股最低要求从 2%提升至 4.5%，过渡期限为 2013 年升至 3.5%，2014 年升至 4%，2015 年升至 4.5%。截至 2019 年 1 月 1 日，全球各商业银行必须将资本留存缓冲提高到 2.5%。

中国版巴塞尔新资本协议

2012 年 6 月中国银监会发布了《商业银行资本管理办法（试行）》（以下简称《管理办法》），该办法相当于中国版的巴塞尔新资本协议，它将巴塞尔协议Ⅱ与巴塞尔协议Ⅲ统筹推进，建立了与国际新监管标准接轨、适度前瞻、符合我国银行业实际的新资本监管制度。《管理办法》于 2013 年 1 月 1 日开始实施。

《资本办法》整合了巴塞尔协议Ⅱ和巴塞尔Ⅲ在风险加权资产计算方面的核心要求，扩展了风险覆盖范围，提高了监管资本的风险敏感度，合理设计各类资产的风险权重体系，允许符合条件的银行采取内部评级法计量信用风险的资本要求，同时要求所有银行必须计提市场风险和操作风险的资本要求。《资本办法》还明确了商业银行内部资本充足评估程序、资本充足率监管检查等内容，规定银监会有权增加高风险资产组合和高风险银行的资本要求，并依据资本充足率水平对商业银行实施分类监管，采取一整套具有针对性和操作性的差异化监管措施。

《资本办法》将商业银行资本充足率监管要求分为四个层次：第一层次为最低资本要求，即核心一级资本充足率、一级资本充足率和资本充足率分别为 5%、6%和 8%；第二层次为储备资本要求和逆周期资本要求，分别为 2.5%和 0～2.5%；第三层次为系统重要性银行附加资本要求，为 1%；第四层次为根据单家银行风险状况提出的第二支柱资本要求。《资本办法》实施后，我国大型银行和中小银行的资本充足率监管要求分别为 11.5%和 10.5%，符合巴塞尔最低监管标准，并与国内现行监管要求保持一致。多层次的监管资本要求既符合巴塞尔Ⅲ确定的资本监管新要求，又增强了资本监管的审慎性和灵活性，确保资本充分覆盖国内银行面临的系统性风险和个体风险。

总体看，《资本办法》在资本要求、资本定义、风险加权资产计量和全面风险治理等各方面都保持了与国际新资本监管标准的基本一致。它不仅涵盖巴塞尔协议Ⅱ提出的以“三大支柱”为基础的资本监管体系，还规定了与巴塞尔Ⅲ一致的资本定义及标准，明确了全面风险治理架构和审慎资本监管要求。

根据《管理办法》相关规定，要求商业银行在 2018 年年底前全面达到管理办法规定的监管要求，并鼓励有条件的银行提前达标。我国银行业稳步实施新的资本监管标准，不仅符合国际金融监管改革的大趋势，也有助于增强中国银行业抵御风险的能力，加快商业银行经营管理的战略转型。

资料来源：根据巴塞尔协议及中国金融信息网、东方财富网相关资料整理

专栏 12-4

光大乌龙指事件始末

2013 年 8 月 16 日上午 11 时 05 分，上证指数一改死寂沉沉的盘面，指数曲线直线拉起，三分钟内上证指数暴涨超过 5%。因为这一天是周五加之是 8 月股指期货合约的交割日。一时间，场内“利好消息说”和“阴谋说”传的纷纷扬扬。“利好消息说”有传优先股政策实施的，有传蓝筹要实行 T+0 的，也有传降低印花税的。“阴谋说”有大资金企图干扰期指交割日结算价的等。几分钟后，有媒体指出，指数异动是由于光大证券乌龙指引起的，但市场并不相信，指数继续上涨。中午，光大证券董秘声称“乌龙指”子虚乌有，使得该事件更加扑朔迷离，这严重干扰了市场部分人士的判断。午后开市，光大证券停牌，同时发布公告称，光大证券策略投资部门自营业务在使用其独立的套利系统时出现问题，公司正在进行相关核查和处置工作。至此，此次指数异常波动被确认为光大证券“乌龙指”所导致。投资者在得知真相后，人气涣散，指数逐级回落，至收盘，上证指数收跌 0.64%。

“8·16 股市事件”的肇事者光大证券的“乌龙指”，周五上午瞬间让整个 A 股市场增加了 3400 亿元的市值，但飙涨的奇迹没有持续上演，仅仅两分钟后，指数又像被抛高的石块一样垂直下坠，收盘时以下跌终场。这意味着光大证券在现货市场将遭遇巨额亏损。然而，有心的投资者会发现，中金所信息显示，光大证券子公司光大期货在 16 日收盘后，持有的股指期货主力合约 IF1309 卖单量为 10 194 手，比上一日激增 7023 手。光大证券现货市场一定是亏损的，还涉及赔偿的问题，那么光大期货有没有想通过期货市场进行对冲？国金期货公司首席经济学家、副总经理兼研究所所长江明德认为，从交易层面看，并不存在问题。但其中是否存在利益的纠葛，恐怕需要监管部门进行调查后下定论。北京一家保险公司的资

深资产管理团队分析，光大期货应该是从周五12点55分到1点30分之间大举增加空头。依照当日下午收盘后中金所的数据看，光大期货增加7023手空单，以每单70万元计算，规模为49亿元左右。按8倍杠杆计算，光大期货的成本为6.13亿元左右。依照周五下午走势，光大期货的浮赢为1%～2%，为4900万元左右。也有人得出更为夸张的计算结果，周五光大证券留仓的7000余手空单，在下午的100点下挫中，光大期货席位应净赚2.1亿元。圈内人士分析，如果光大证券足够灵活大胆，他们不会亏钱，甚至可能赚钱，只要卖空足够量的期指锁住亏损，甚至可以裸露风险增加净空头。一位资产管理界资深人士甚至向媒体表示，光大证券可能会在2013年8月19日通过上证50、沪深300卖出砸盘，以此通过49亿元的空单来赚钱。

触发原因是系统缺陷。策略投资部使用的套利策略系统出现了问题，该系统包含订单生成系统和订单执行系统两个部分。核查中发现，订单执行系统针对高频交易在市价委托时，对可用资金额度未能进行有效校验控制，而订单生成系统存在的缺陷，会导致特定情况下生成预期外的订单。由于订单生成系统存在的缺陷，导致在11时05分08秒之后的2秒内，瞬间重复生成26 082笔预期外的市价委托订单；由于订单执行系统存在缺陷，上述预期外的巨量市价委托订单被直接发送至交易所。问题出自系统的订单重下功能，具体错误是：11点2分时，第三次180ETF套利下单，交易员发现有24个个股申报不成功，就想使用“重下”的新功能，于是程序员在旁边指导着操作了一番，没想到这个功能没实盘验证过，程序把买入24个成分股，写成了买入24组180ETF成分股，结果生成巨量订单。

2013年8月18日下午，证监会及时通报了初步调查结果。严义明律师称，证监会的表态将光大证券当天的行为分成了两个部分。“在当天上午，光大证券生成的巨量市价委托订单，可以理解为误操作或技术性错误。但下午进行的ETF卖出和卖空股指期货合约，则涉及价格操纵和内幕交易。因此，证监会对光大证券正式立案调查，并表示要严肃处理。这样的表态，说明投资者完全可以拿起法律武器进行维权。”同日下午，中国证监会新闻发言人又一次通报了8月16日光大证券交易异常的应急处置和初步核查情况。发言人称，经初步核查，光大证券自营的策略交易系统包含订单生成系统和订单执行系统两个部分，存在程序调用错误、额度控制失效等设计缺陷，并被连锁触发，导致生成巨量市价委托订单，直接发送至上交所，累计申报买入234亿元，实际成交72.7亿元。同日，光大证券将18.5亿元股票转化为ETF卖出，并卖空7130手股指期货合约。发言人表示，在核查中尚未发现人为操作差错，但光大证券该项业务内部控制存在明显缺陷，信息系统管理问题较多。上海证券监督管理局已决定先行采取行政监管措施，暂停相关业务，责成公司整改，进行内部责任追究。同时，中国证监会决定对光大证券正式立案调查，根据调查结果依法做出严肃处理，及时向社会公布。

2013年8月19日光大证券的固定收益部交易又出乌龙，导致其超低价卖出10年期国债。据交易员透露，光大证券在2013年8月19日上午在银行间市场以4.20%的收益率卖出了1000万元的12附息国债15。交易员估计，光大证券交易员可能想4.02%买入12附息国债15，但将收益率误打成4.20%，并误将“买进”点成了“卖出”。资料显示，12附息国债15（120015）为2012年记账式附息（十五期）国债，期限为10年，于2012年8月23日发行，发行额为300亿元，发行价为100元，票面利率3.39%。2013年8月19日中午12：30左右，光大证券通过官网承认这一乌龙事件。公告写道：“今天上午，公司金融市场总部在银行间本币交易系统进行现券买卖点击成交报价时，误将12附息国债15债券卖价收益率报为4.20%（高于前一日中债估值约25个基点），债券面额为1000万元，后被交易对手点击成交。目前，我司正在与对手方沟通并协商处理。”光大证券固收部隶属于金融市场总部，涉事交易员为固收团队人员。

2013年8月20日，光大证券收到中国银行间市场交易商协会《关于开展非金融企业债务融资工具主承销业务规范自查的通知》，称光大证券这几日出现的交易异常事件反映出公司在内控合规、风险管理等方面存在重大问题，不符合交易商协会关于主承销类会员应建立健全风险管理和内部控制制度的自律管理相关要求，决定暂停其非金融企业债务融资工具主承销业务。

证监会2013年8月30日通报了对光大乌龙指事件的最终处罚决定：对四位相关决策责任人徐浩明、杨赤忠、沈诗光、杨剑波处以终身证券市场禁入，并没收光大证券非法所得8721万元，并处以5倍罚款，共计5.2328亿万元。

资料来源：根据中国新闻网、网易财经、人民网等报道整理

第 13 章　金融发展与金融创新

【教学目标】

通过本章学习，了解金融发展及其趋势、金融与经济发展的关系、金融压抑和金融深化论。理解金融创新的含义和创新内容，了解金融创新的背景和动因及影响。

【教学要求】

知识要点	能力要求	相关知识
金融发展	了解金融发展及其趋势，金融与经济发展的关系	金融发展及其趋势 金融与经济发展关系
金融抑制	掌握金融抑制的内涵和影响	金融抑制内涵 金融抑制的原因 金融抑制的影响
金融深化	掌握金融深化的含义和必然性以及影响	金融深化的含义和必然性及影响
金融创新	掌握金融创新的含义，了解金融创新的背景、动因，理解金融创新的影响	金融创新的含义 金融创新的背景和动因 金融创新的影响

【导入案例】

从民间借贷之风蔓延谈金融抑制

当前的中国，实体经济普遍感到困难，中小企业获得融资的便利程度不高，绕过合法金融市场和金融机构的灰色借贷市场的蔓延，都表明我国现阶段，确乎存在金融抑制现象。各地又先后爆出多个版本的“吴英案”，这些案件背后的一个基本事实是，这些被告人绕过了银行，直接从资金富余者手中，以借贷的方式，借入自己所需要的资金。这种债务融资方式，即所谓的民间借贷，民间借贷逾越了法定的标准，也就变成了非法集资案。综合上述种种事实，正如中央银行的某负责人所指出的那样：当下的中国，“北至内蒙古鄂尔多斯，南至浙江温州，民间借贷大有燎原之势”。如果现有的金融体系提供的金融服务，能够满足当前经济社会发展对金融服务的需求，还会出现民间借贷的燎原之势吗？显然，民间借贷全国性的蔓延，只能说明，现有的金融体系，根本满足不了经济社会发展对金融业的需求。金融体系的基本功能是化储蓄为投资、化当前消费为未来更多的消费。为了养老，为了应对未来消费支出的不确定性，老百姓不可能把当期赚取的收入全部用于消费。收入扣除消费之后节余的部分，即储蓄，或存入银行，并通过银行贷款，转化为企业的债务资本；或通过购买债券等投资工具，转化为企业的债务资本；或通过购买股票，转化为企业的股权资本；或通过投资于私募股权基金等权益融资工具，转化为企业的股权资本。企业利用这些债务资本或股权资本，创造利润，并以利息、红利等方式，回报企业的债权和股权投资者。老百姓也通过这些债权或股权投资工具，将当前的财富变成未来更多的财富，从而满足养老和未来消费的需求。根据上面的分析，我们不难得出这样的结论：金融体系越发达，金融市场的竞争越充分，老百姓的储蓄转化为投资的渠道越通畅，企业融资渠道也就越通畅，实体经济的发展速度和质量也就越好，老百姓未来的养老和消费需求也就可以得到更好地满足。简言之，金融经济的发展可以大大地促进实体经济的发展。这就是美国经济学家麦金农和肖的金融深化理论的基本观点。伴随着金融深化，一个经济体中的“金融工具的规模以及金融机构的资金”以远高于“经济发展”速度的速度增长。反之，当金融体系的服务能力低于社会经济发展对金融体系的需求时，就会出现金融抑制现象，即金融业和金融市场发展的滞后，将会阻碍实体经济的发展。当前的中国，实体经济普遍感到困难，中小企业获得融资的便利程度不高，绕过合法金融市场和金融机构的灰色借贷市场的蔓延，都表明我国现阶段，确乎存在金融抑制现象。

资料来源：2012 年 4 月 7 日《第一财经日报》节选，作者：鲁桂华 中央财经大学教授

13.1　金融发展与经济发展

第二次世界大战后最初的 20 年，西方主流经济发展理论与金融理论基本上是相互分离的。20 世纪 60 年代起，一批经济学家肯定金融发展对于一国经济增长有不可或缺的作用，并论证了金融与经济发展之间存在着密切联系，发展中国家应将金融自由化、金融深化作为发展政策的核心。自此，发展中国家先后实行以金融发展为目标的金融体制改革。发达国家也相继放松金融管制。从实施金融自由化的经验教训看，内容大体相同的改革，各国实施的结果不同；发展中国家改革的经济社会后果也有较大的差异，一些国家的金融自由化也出现了许多问题，自 20 世纪 80 年代至今，金融危机频繁爆发，迫使人们从理论和实践上重新认识金融自由化→金融发展→经济增长的逻辑。

金融促进经济发展成为各国共同关注的重要主题。金融作为现代经济的核心，任何国家的经济发展都离不开金融的大力支持，金融发展与经济发展已经紧密结合在一起。发达国家经济发展的例证表明，金融深度与经济发展有明显的正相关关系，因为在发达国家无一例外地都拥有完备的金融市场，而且经济越发达，金融市场的广度和深度水平越高。世界上大多数的研究认为金融发展是经济发展和增长的关键。

13.1.1　金融发展的含义

大多数的研究都认为金融是经济的核心，到底什么是金融发展，以及如何衡量金融发展的水平？面对这些问题，罗纳德·麦金农、爱德华·肖和戈德史密斯等先后在各种金融发展理论和实证中做出了深入的研究。

肖总结为金融发展主要是指各类金融资产的增多和各类金融机构的建立，分析了金融在经济中的作用，即把储蓄者的储蓄转化为投资者的投资，从而提高全社会的生产性投资水平；戈德史密斯在其著作《金融结构与金融发展》中提出金融发展的结构论，指出金融发展就是金融结构的变化，而金融结构是一个国家金融工具和金融机构的总和。由于各个国家之间的金融工具和金融机构之间的差异，构建出各种不同的金融工具和金融机构的金融结构组合，致使出现各国之间的金融结构差异，出现不同发展程度的金融结构。金融发展程度越高，金融结构越有效率。金融发展应该包含三个方面：金融资产的发展、金融机构的发展和

金融市场的发展。

13.1.2 金融发展衡量指标

对于金融发展的程度，可以从两个方面进行度量：一是通过对金融结构状态的数量指标来度量；二是通过金融发展状态与经济增长的相互关系指标来度量。

金融结构状态的数量指标主要包括：金融资产占全部金融资产的比重；金融机构发行的金融工具与非金融机构发行的金融工具的比率；在非金融机构发行的主要金融工具中，由金融机构持有的份额；主要金融机构相对规模；某类金融机构的资产之和占全部金融机构总资产的比率；非金融部门的内源融资和外源融资的对比；国内部门和外国贷款人在各类债券和股票中的相对规模。

金融发展与经济增长相互关系指标主要有金融相关率（FIR）和货币化率（指数）。

1. 金融相关率

金融相关率（FIR）是指在一定时期内，一国金融活动总量与经济活动总量的比值。金融活动一般用金融资产总额来表示，包括金融部门和国外金融部门在国内发行的各类金融工具，金融工具包括间接金融工具和直接金融工具；经济活动总量通常用国内生产总值表示，是衡量金融上层结构规模的最广泛尺度。其表达式为

金融相关率（FIR）＝金融活动总量/经济活动总量
＝金融资产总量/实物资产总量
＝金融资产总值/GNP（GDP）

根据金融相关比率及其他指标，戈德史密斯将金融结构划分为三种类型：①金融相关比率低，约为1/5～1/2；债权凭证远远超过股权凭证，居于主导地位；在全部金融资产余额中金融机构所占比例较低，商业银行在金融机构中占据突出地位。②金融相关比率依然较低，债权凭证仍然大大超过股权凭证，银行在金融机构中仍占支配地位。政府和政府金融机构发挥更大作用，国内储蓄率和资本形成率较低，金融中介率（在金融市场上资金融通过程中，有金融中介参与资金供求者之间交易的数量所占总交易数量的比重）较高。③金融相关比率较高，在1左右；股票比例有所上升，金融机构在全部资产中的份额有较大提高，金融机构日趋多样化，银行业地位下降，非银行金融机构地位上升。

2. 货币化率

货币化率是一国通过货币进行交换的商品与服务的价值与该国经济活动总量之比。用以衡量一国社会的 货币化程度。通常采用货币供给量与GDP的比值来间接表示。其表达式为

货币化率（指数）＝货币总量/经济活动总量
＝M_0（或M_1和M_2）/GNP（GDP）

13.1.3 金融发展趋势

戈德史密斯通过研究34个国家在100多年来的金融发展状况，认为不论是发展中国家还是发达国家都会走过相同的金融发展道路，发达国家是趋于相似的发展趋势，而发展中国家也会走上发达国家的基本趋势，未来的金融发展趋势主要表现在以下几个方面：

（1）一国金融上层结构的增长比国民财富所表示的经济基础结构的增长更为迅速。

(2) 一国金融相关比率的提高并不是无止境的，发展到一定水平就会趋于平缓，一般金融相关比率到 1.5 时走势会趋于稳定。

(3) 经济欠发达国家的金融相关率比发达国家要低得多，说明两类国家金融发展存在时代差别，比如很多发展中国家金融相关比率比欧洲国家和美国要低。

(4) 决定一国金融上层结构相对规模的主要因素是不同经济单位和不同经济集团之中储蓄与投资功能的分离程度，因而，金融相关比率的水平以及变动反映了那些资本支出时常大于收入或者当期支持偶尔高于收入的企业。家庭或政府等经济单位和集团在多大程度上需要以借款或发行债券形式求助于外部融资，以及他们多大程度上以内部的出现满足自身的资金要求。

(5) 大多数国家金融机构发行和拥有的金融资产的比重在不断加大，即使金融相关比率趋于平衡和稳定，这种比重的变化也会存在。也就是说，金融相关比率停止增长，金融资产也会呈现上升的势头。

(6) 储蓄和金融资产的持有出现“机构化”的倾向，金融机构和金融工具向多样化发展，这也是金融创新的重要表现方面，比如，新型金融中介机构的出现。

(7) 现代意义上的金融发展都是始于银行体系的建立及法定货币的发行，银行体系在金融机构资产总额中的比例会趋于下降，而其他类型的金融机构的这一比例却相应上升。

(8) 国际金融活动在经济发展的某些时候发挥关键的作用；国际资本流动的重要形式是资本从发达国家向发展中国家流动。

(9) 金融发展水平越高，融资成本（包括利息与各种费用）越低。

(10) 从长期看，各国金融的发展与经济发展大多存在着平行关系。

13.1.4　金融发展与经济发展的关系

金融的发展与经济的发展之间有着非常密切的关系。经济的发展是金融发展的前提和基础，而金融发展是推动经济发展的动力和手段。

1. 金融发展对经济发展的作用

(1) 金融发展对经济发展的积极作用主要表现在：金融发展有助于实现资本的积聚与集中，帮助实现现代化、集群化工业生产进而实现规模经济的效益。金融发展有助于提高资源的使用效率，从而提高社会经济效率。金融发展有助于提高用金融资产进行储蓄的比例，有助于提高社会的投资水平。

(2) 金融发展对经济发展的消极作用主要表现在：因金融总量失控出现的通货膨胀、信用膨胀，导致社会总供求失衡，危害经济发展；因金融业经营不善使金融风险加大，一旦风险失控不仅导致金融业的危机，而且将破坏经济发展的稳定性和安全性，引发经济危机；因信用过度膨胀产生金融泡沫，日益剥离金融与实质经济的内在联系。

2. 经济发展对金融发展的作用

经济发展对金融的发展作用主要表现在：经济的发展使社会的收入水平不断提高，因而提高人们对金融投资和理财的需求。这种需求是社会金融业发展的原动力。经济发展所产生的有发展前景的企业需要金融机构为之提供能适应其需要的服务，促使金融工具、金融机构多样化和金融效率的迅速提高。

13.2 金融抑制与金融深化

1973年，美国斯坦福大学的罗纳德·麦金农、爱德华·肖从不同的角度对发展中国家金融发展及经济增长的辩证关系作出了开拓性的研究，分别提出了“金融抑制”理论与“金融深化”理论，从而建立了一套比较适合发展中国家特征的货币金融理论，并被认为是发展经济学和货币金融理论的重大突破。

13.2.1 金融抑制

1. 金融抑制的含义

一些发展中国家往往为了鼓励投资而对金融系统施加“肤浅”的金融发展战略，旨在鼓励而不是妨碍投资的一系列限制措施，其结果却影响了金融系统发展的情况。很少有哪个国家自觉地、故意地采用肤浅的金融发展战略，但一些鼓励金融发展的措施的结果，却出现了“金融浅化”的情况。所谓“金融浅化”主要是指发展中国家政府当局过分干预金融，人为压低利率和汇率，使两者无法真实地反映资金和外汇的供求情况，而政府又不能有效地抑制通货膨胀，从而造成经济的恶性循环。即金融业的落后阻碍了经济的增长，经济的停滞又制约着金融业的发展，这就是所谓的“金融抑制”。

罗纳德·麦金农、爱德华·肖都认为，发展中国家要想使经济得到发展，就必须重视金融对经济的影响。要发挥金融对经济的促进作用，就应该放弃他们所奉行的“金融抑制”政策，实行“金融自由化”或“金融深化”。

2. 金融抑制的原因

(1) 发展中国家经济分割性。发展中国家普遍表现出货币程度比较低，存在现代金融机构与传统金融机构并存的典型“二元结构”局面，比如，以大银行等大机构为代表的现代金融机构和以民间借贷为主的传统金融机构，造成金融市场不完全统一，政府对金融市场的管制也很严格。这样，发展中国家的经济一般是呈割裂状态的。导致大量想参与金融的经济单位之间有“一堵墙”被互相隔绝，处于不同的金融政策背景之下，结果就是资产的回报率不同，很多经济单位想参与金融交易，获得更高的资本回报率。但是，许多经济单位，特别是中小企业和大多数的居民被排斥在现代金融机构之外，这样，由于向现代金融机构融资困难，使得这些国家很多经济单位参与民间融资十分普遍。而民间融资的资金供给者也想获得较高的资本回报率，会提高融资成本。但是，无论是发达国家还是发展中国家，经济部门的决策者通常认为，保持比较低的名义利率可以促进各种投资活动，从而加快经济增长。为此，各国政府通常又对各类贷款规定很低的利率上限。这样，由于利率被人为压低，或由于通货膨胀率较高，甚或两者兼而有之，就会导致实际利率太低甚至为负，造成现代金融机构的储蓄不足，从而导致投资不足，抑制经济的发展。

(2) 发展中国家采取金融抑制政策。发展中国家的政府都想积极推动经济发展，但面对的是经济发展水平低、财力薄弱、外汇资金短缺。为获得资金，政府实施压抑性的金融政策。主要表现在：一是管制利率，为了刺激经济发展，政府实行官定低利率，这样既可以降低投资成本，刺激投资，又可以从居民手中取得廉价资金。二是信贷配给，由于缺乏有效的货币市场和资本市场，实行准备金操作和公开市场业务困难，只能对贷款总额实行控制。过低的利率既限制了储蓄，又刺激了过度的信贷需求，金融资源的供求于是出现了极大地缺口，这种严重的失衡状态就只能通过信贷配给加以抑制。信贷配给往往给了市场垄断者和政府偏爱者，造成资金配置低效益，产业结构扭曲。三是差别利率，为了鼓励政府偏好的（公有）部门或地区发展，政府往往实行歧视性差别利率政策，给予特定的贷款者以优惠利率。四是高准备金率，这样有利于中央银行在政策性目的下直接调配这些集中起来的资金。五是通货膨胀，即使没有其他金融限制，通货膨胀也有阻止金融发展的作用。因为在通货膨胀的情况下，实际利率降低，甚至变为负数。更有甚者，在利息限制和准备金要求较高的情况下，通货膨胀加剧了金融的抑制作用。而且发展中国家的高度通货膨胀政策与固定汇率制结合在一起，将使国内货币升值，从而出口减少，进口增加，国际贸易赤字扩大，外汇缺口相应地也扩大。这将导致通货膨胀加剧，从而实际利率下降得更为迅速，结果是金融系统规模的进一步萎缩。六是汇率和外汇管制，为了控制外汇资源，高估本国货币汇率。

(3) 政府对高利贷和通货膨胀表现出更多的恐惧，害怕高利贷扰乱金融秩序，进而影响经济秩序，甚至引发社会的不稳定。另外对于发展中国家的政府而言，保持货币稳定是经济目标的首要目标，为了保持较低的通货膨胀率进而开展过度的管制。

3. 金融抑制的影响

(1) 负储蓄和收入效应。很多发展中国家，由于利率市场化的程度较低，普遍存在货币化程度不高，收入水平较低，金融工具单一，货币投资渠道单一，通货膨胀相对较高，导致资金大量的从国内向国外转移、增加某些实物产品的消费，如购置房产，造成消费倾向增加，参与回报率较高的民间金融等方式获得较高回报和规避风险，直接造成储蓄下降，投向实体经济的资金减少，进而造成经济停滞不前，又会影响收入下降。

(2) 负投资效应。许多发展中国家为了实现工业化，往往出现对一些产业部门，或者某些地区特别偏好，为了推动发展，给予更多的金融支持的政策，比如，实行差别化的利率政策和信贷配额，由于技术条件或者其他因素，会出现产能过剩，出现投资效率低下问题，造成资金浪费。

(3) 负就业效应。“金融浅化”战略对传统部门的抑制，迫使大量劳动力向城市迁移。在城市优势资本密集型产业成为产业主体，在增长过程中，只能把这些劳动力中的部分吸纳到相对较高工资水品的行业中去。未被吸纳的劳动力，处于低收入状态甚至是失业状态。停留在农村的劳动力，其财富不能增加，甚至出现减少的情况。

(4) 负创新效应。由于被确定的贷款利率一般总是低于投资的边际收益率，对信贷资金的需求始终很旺盛，同时，由于银行的贷款利率受到限制，存款利率也同样受到限制。这样，信贷资金的供给必然萎缩。结果，金融市场上出现供不应求的局面。在这种情况下，唯一的办法就是实行信贷配给。信贷配给阻碍了创新，因为可贷资金常常被分配给银行所熟悉的、贷款管理成本低的、拖欠概率最小的大中型企业，而那些银行所不熟悉的、新创办的、采用新技术的、没有担保的、风险高的中小型企业往往得不到银行低息贷款。这显然不利于技术进步和生产率的提高。信贷配给还抑制了经济的灵活性。银行机构在决定信贷分配时常常首先考虑的是人际关系，而不是经济准则。国家银行体系中，政治影响往往决定投资资金的可得性。

(5) 负金融有序效应。金融抑制还会导致另一个不好的结果，在信贷需求大于供给的地方，无组织的金融部门繁荣起来。这些非法的金融机构一般索要极高的贷款利率。结果是，以降低信贷成本为目的的利息限制导致了一般信贷成本的提高，造成了投机风盛行，阻碍了生产性投资。

13.2.2 金融深化

1. 金融深化的含义

罗纳德·麦金农、爱德华·肖认为，发展中国家要实现经济增长，必须实行金融自由化政策，即金融深化。所谓金融深化，是指政府放弃对金融市场和金融体系的过度干预，放松对利率和汇率的严格管制，使利率和汇率真实地反映资金和外汇的供求状况，增加储蓄和投资，促进经济增长，形成金融与经济发展相互促进、相互互动的和谐循环。

2. 金融深化的原因

金融深化的原因表现在两个方面：一是从内部因素看，由于落后的金融制度不能适应现代经济发展的需要，最后必然诱发金融制度的变革。二是从外在因素看，发展中国家推行金融深化的理由有：①由于经济一体化，使货币资本的国际化进程迅速加快；②国际金融自由化趋势的出现，使不同国家的金融机构之间的竞争日趋激烈，国内金融机构间的竞争也是如此；③金融深化理论也是新古典主义发展经济学在金融领域的一种演绎。

3. 金融深化的效应分析

1）金融深化的正效应

（1）收入效应。所谓收入效应，是指实际货币余额的增长，引起社会货币化程度的提高，对实际国民收入增长所产生的影响。收入效应是指货币行业为国民经济服务所产生的促进作用，金融深化所指的收入效应正是那种有利于经济发展的正收入效应，货币政策的目标是在不断提高这种正收入效应的同时，相应降低负收入效应。

（2）储蓄效应。金融深化的储蓄效应表现在两个方面：一是收入效应引起的，即金融深化带来的实际国民收入的增加，在储蓄倾向一定的条件下，社会储蓄总额也将按一定比例相应增加；二是金融深化提高了货币的实际收益率，从而鼓励人们储蓄，带动整个经济储蓄倾向的提高。

（3）投资效应。金融深化统一了资本市场，减少了地区间和行业间投资收益率的差异，并提高了平均收益率；促使金融深化的政策减少了实物资产和金融资产未来收益的不确定性，促使投资者对短期投资和长期投资做出较为理性的选择；资本市场的统一为劳动市场、土地市场和产品市场的统一奠定了基础，从而促进资源的合理配置和有效利用，发挥生产的相对优势，提升规模经济的好处，进而提高投资的平均收益率；金融深化使得建筑物、土地和其他本来不易上市的实物财富可以通过中介机构或证券市场进行交易和转让，在市场竞争的压力下，通过资本的自由转移带动投资效率的提高。

（4）就业效应。货币实际收益率的上升提高了投资者的资金成本，投资者倾向于以劳动密集型生产代替资本密集型生产，以降低生产成本，社会就业水平效应提高。就业效应对大多数发展中国家尤为重要，因为这些国家往往存在着大量的剩余劳动力，资本相对稀缺。通过以劳动密集型生产替代资本密集型生产，既可充分利用这些剩余劳动力，又可缓解资本求大于供的矛盾，使有限资本得到合理配置和有效使用。

2）金融深化的逆效应

（1）增强银行体系的不稳定性。在金融深化的情况下，银行要面对多样化的市场风险，这就提高了金融业务预期收益的不确定性和风险性。金融深化为企业开辟了更多的直接融资渠道，银行间的金融业务竞争加剧，从而使银行利润下降，这降低了银行的抗风险能力。金融深化往往使实际利率高于市场出清的均衡利率。这样可能使银行减少投资项目融资或促使银行从事高风险的项目融资，在信息不对称的情况下，容易引发银行亏损，从而增加了金融业的不稳定性。

（2）引起债务危机。政府为避免赤字货币化所必然导致的通货膨胀，往往以高于市场利率的利率在国内大量举债，这势必增加了政府负债的融资成本。为了推动经济腾飞，政府大量从国外融资。但因微观经济活力不足，投资收益率低，因而难以征收足够的税收弥补政府赤字、偿还债务。债务高利率的累积效应会使债务与其 GDP 的比例持续上升到无限承受的地步，这就会爆发债务危机。

（3）导致经济滞胀。发展中国家金融自由化实践表明：金融深化可能导致投资和产出的增加。金融深化可能导致实际利率高于均衡利率，居民的边际储蓄倾向提高，银行可贷资金供给增加。

（4）引发不规则的资本流动。在实行金融深化的发展中国家，资本的边际生产力通常较高，国内企业能从国外大量融资；而政府为扩张经济大量吸引外资，过早地放松或取消资本流动的限制。这样会导致大规模的短期资本流入，破坏中央银行控制货币流通基数的能力，引起严重的通货膨胀。一旦控制经济过热，又会引起资本大量流出，造成经济迅速衰退。

13.3 金融创新

金融创新是 20 世纪金融业发展的重要组成部分，从 20 世纪 50 年代开始，经历了 60 年代以逃避管制为目的的创新，70 年代的国际金融创新与 60 年代的金融创新有很大区别，创新的主要目的在于转嫁市场风险，具有代表性的创新为浮动汇率票据、货币远期交易和金融期货等；到了 80 年代后金融创新的重点转向融资方式的转变，比如被称为金融“四大发明”的票据发行便利、互换交易、期权交易和远期利率协议；到 90 年代金融业呈现出技术创新和风险监管理念的变革，等等。这些创新虽然为金融发展起到积极的作用，但也带来了一些负面的影响。

13.3.1 金融创新概述

金融创新是指金融领域内部通过各种要素的重新组合和创造性变革所创造或引进的新事物，是通过新的金融产品与服务、新的金融市场、新的组织机构与经营方式以及新的制度安排构成的对金融结构及运行机制产生的变革。可将其归纳为以下三个方面：金融市场创新、金融制度创新和金融工具创新。

13.3.2 金融创新的背景和动因

1. 金融创新的背景

从当代经济发展的历史看，对近几十年来的金融创新有较大影响的经济事件主要有：

（1）欧洲货币市场的兴起。一是由于东西方冷战时期前苏联和东欧国家持有的大量美元货币存入欧洲国家银行；二是由于1957年英国政府加强了外汇管制，促使英国银行转向美元进行融资，美元在欧洲可以自由兑换与买卖流通；三是自1958年起，美国的国际收支逆差增大，致使许多国家将获得的剩余美元投向欧洲货币市场。

欧洲货币市场的建立，开了当代金融创新的先河，其灵活多样的经营管理手段，为以后的金融创新树立了典范。

(2) 国际货币体系的改变。1944年，美、英等44个国家确立了第二次世界大战后的国际货币体系——布雷顿森林体系。该体系实际上是以黄金为基础，以美元为最主要的国际储备货币，实行黄金—美元本位制。该货币体系实行的是“双挂钩”制度，即美元与黄金挂钩，其他国家的货币又与美元挂钩。这种以美元为中心的国际货币体系对第二次世界大战后的国际贸易和世界经济的发展起到了一定的积极作用。但是，1973年2月，美元再度贬值，各国货币开始浮动，随后不久便逐步发展成为浮动汇率制。浮动汇率制的诞生，标志着布雷顿森林体系的终结。

(3) 石油危机与石油美元的出现。

(4) 国际债务危机加剧。

2. 金融创新的动因

金融创新其实就是新的金融产品被生产和消费的过程。金融创新的动因可以概括为规避风险、提高收益和技术进步以及金融业经营环境的变化等方面，使得金融创新成为各个经济主体在适应宏观环境变化的大背景之下去追求各自利润最大化的博弈结果。

(1) 规避风险。20世纪70年代，由于石油危机和利率波动频繁，很多的经济主体对未来的投资难以把握和预测，出现了更多的不确定性。以银行在国际市场上融资为例，如果以浮动利率融资，以固定利率运用所筹资金，若该种货币利率上升，银行就会因为融资成本的增加而受到损失。故银行需对此风险加以规避，从而导致了防范利率风险的新金融工具的出现。除了利率风险，经济主体还要面对汇率风险。国际金融市场上的交易者一般都来自不同的国家，防范汇率风险是普遍的需求，尤其是20世纪70年代实行浮动汇率制以来，汇率的变动频繁而剧烈，这一因素刺激了防范汇率风险的新金融工具的出现。从信用风险上看，由于银行处于信息不对称的劣势一方，为防止信用风险，银行对资金的运用就会很谨慎，有可能错失赢利机会，而贷出的资金有可能形成呆账、坏账，而这都对银行不利，加之20世纪80年代以来发生的债务违约事件和债务危机，使得如何防范和化解信用风险成了金融机构的普遍需求。

(2) 规避管制。20世纪60年代，以美国出台“Q条例”为代表的金融管制思想和实践开始在全世界范围蔓延开来，包括在业务范围、利率、信贷规模和发放模式以及机构设立等方面的管制。为了突破当时政府的管制，使得金融业的利润和成本得到相对的平衡，很多金融机构开始转变经营思路，加快金融业务和金融工具的创新，如票据发行便利，到现在为止这种工具还是融资领域被众多金融机构广泛使用的高效融资工具，还有著名的可转让支付命令账户就是为了统一流动性和营利性的创新结果。随着信息技术领域的技术突破，越来越多的应用于金融业，使得金融业的效率得到快速提升，表现为成本较低和信息获取的快捷，促使很多的金融机构开始尝试更多的赢利新模式，进而开展了金融业务的创新和交易制度的探索。离岸金融市场现在看来稀松平常，可是当时也是金融监管者最头疼的事情之一，到底是遵从“母国”监管原则，还是“东道国”原则，金融从业者从实践出发，取得了今天的成就。为了规避政府对金融业管制，金融业者参与创新，不管是制度上的、业务上的还是交易方面的，都“倒逼”监管者有步骤地放松管制，推动金融业的进一步向前发展。

(3) 竞争的加剧。首先，由于技术的进步降低了各种金融机构的交易成本。如计算机和现代先进通信技术的运用，产生了新的清算系统和支付系统，降低了清算和交易的成本，使得非银行金融机构得以降低自己的交易成本，使其在金融竞争中处于相对有利的地位，这也迫使商业银行通过金融创新来保持自己在竞争中的优势。其次，新的金融工具的出现，在早期，创新主体获益较大，在市场竞争中也处于有利的地位。但随着时间的推移，“后发展优势”得以显现，别的银行可以“跟进”甚至在此基础上进行改善创出新的金融工具，从而导致竞争加剧，利润空间缩小，迫使银行开发新的产品，探索新的业务领域。最后，由于储蓄和投资形式的变化，引起金融市场格局的重新划分，这种变化迫使那些市场不断缩小的金融机构进行两方面的金融创新：一是在传统的业务领域对传统业务进行重新组合，以此获取传统业务市场上更多的市场份额；二是在传统业务领域之外积极开拓新的业务领域。例如，20 世纪 60 年代以前，商业银行市场比较稳定，其业务主要集中在存、放、汇等传统业务方面。20 世纪 70 年代以后，随着“脱媒”现象的出现，商业银行利润下降，并且金融市场由卖方市场转为买方市场，顾客有了更大的选择余地，在此情况下，商业银行不得不在原有的活期存款、储蓄存款的基础上，推出自动转账服务、可转让支付命令账户等创新业务，并将其业务重新转向非传统的业务领域，如国际业务等。

13.3.3　金融创新的内容

1. 金融传统业务创新

对金融传统业务的创新，主要是指银行的传统业务创新。现代商业银行业务主要包括资产业务、负债业务和中间业务。可以说现代银行三大业务的每一步发展在本质上都是属于金融业务创新的一个过程，只是随着时间的推移，这些业务的创新又被更新的创新所掩盖了。自 20 世纪 60 年代以来，这三方面的业务都出现了不少创新。

资产业务是银行运用资本取得赢利的业务，主要包括贷款和投资。具有代表性的银行资产业务创新主要有消费合同、银团贷款（也称辛迪加贷款）、平行贷款、住宅贷款和组合性融资等。负债业务是形成银行资金来源的业务，主要包括活期存款、定期存款和储蓄存款。负债业务的创新主要发生在 20 世纪 60 年代以后。各商业银行通过推出一些新型负债工具，在规避政府管制的同时，也增加了银行的资金来源。主要的负债业务创新工具有：大额可转让定期存单（CD）、可转让支付命令账户（NOW）、自动转账服务（ATS）和货币市场存款账户（MMDA）等。银行的中间业务是银行作为中间人为客户提供的服务。银行中间业务的创新主要表现为 20 世纪 70 年代以来信托业务和租赁业务的充分发展。这使得银行改变了传统的业务结构，增强了竞争力。信托业务创新主要包括证券投资信托、公益信托、动产和不动产信托等。而租赁业务创新主要包括金融租赁、经营租赁和衡平租赁等。

2. 金融市场创新

金融市场是指金融工具交易的市场，它是各种金融商品进行交易的场所，其基本功能是在资金的需求者和资金的供给者之间充当交易中介。自 20 世纪 70 年代尤其是 80 年代以来，金融市场的创新突飞猛进。新的融资工具、新的交易模式、新的交易机制、新的交易规则纷至沓来。为了适应以金融管制的放宽为核心的宏观环境新变化，为各种金融中介机构纷纷设计和开发新的金融商品、开发和推销新的金融服务，从而推动了金融市场和金融市场创新活动的发展。比如，离岸金融市场的发展和金融衍生品市场，甚至是基于传统金融衍生品基础之上的更高级别的衍生品市场的出现和活跃。

3. 金融工具创新

金融工具是在信用活动中产生，能够约定交易双方权利和义务（或者说是债权债务关系）的书面文件。自1960年美国花旗银行推出第一张大额可转让定期存单以来，金融市场上出现了许多具有各种不同功能的金融创新工具。这些新的金融工具的出现，极大地丰富了国际金融市场上的交易内容，并扩大了国际金融市场规模。进入20世纪80年代，金融创新工具有了进一步的发展，除了现货、远期、期货和期权外，一些组合型的新型工具也不断涌现出来。比较典型的创新有80年代以来最具代表性的几种金融创新工具：远期、金融期货、金融期权和互换。

4. 金融制度创新

金融制度是关于资金融通的一个体系或系统，它主要包括构建金融体系的金融组织形式，以及规范金融秩序的金融监管制度。因此，可以把金融制度的创新定义为在金融组织或金融机构方面所进行的制度性变革或安排。金融制度创新分为金融组织制度创新和金融监管制度创新两类。

现代金融制度的产生源于现代市场经济中的金融交易。从金融组织制度的结构层面来看，它是一种宏观与微观相分离的二级金融制度。中央银行与商业银行以及其他金融机构之间，在职能上是完全分离的。中央银行的主要职能是：执行国家货币政策，负责货币发行，实施金融监管和调控。商业银行和其他金融机构则主要从事金融交易活动。这种二级金融结构既使得金融领域充满活力，又能保证经济金融的稳定运行。所以，规范化的金融监管制度从本质上构成了现代金融制度的有机组成部分。

13.3.4 金融创新的影响

金融创新的内容广泛而且复杂，其影响也体现在多个方面，金融创新是一把“双刃剑”，表现得有利有弊。但是从整体来说，有利的方面较有弊的方面多一些。

1. 金融创新的正面影响

(1) 金融创新对货币政策有效性的有利影响主要表现在以下几个方面：一是金融创新所带来的证券化趋势和金融市场的全球一体化，为中央银行的公开市场业务操作提供了大量可靠的可供买卖的工具，使其吞吐货币的能力加强，增强了这一货币政策工具的作用。二是货币需求的减弱和金融非中介化的发展，减轻了中央银行货币供应的压力和经济中通货膨胀的压力，有利于实现稳定货币的政策目标。三是技术的进步使得当局的管理创新中又涌现出一些更切合实际的新型货币政策工具和操作技术，增强了中央银行处置货币政策的技术能力。四是金融创新通过提高金融资源的开发利用程度和再配置、提高社会投融资的满足度和便利度、增强货币作用效率等效应，提高了金融作用力，扩大了对经济的影响程度。

(2) 金融创新有效提高金融监管水平。政府为了金融业的稳定和经济的持续增长，通过法律、法规对金融机构实行监管是必要的，所谓金融监管就是各国中央银行和金融监管当局对商业银行及其他各种金融机构的业务经营活动进行监督管理。首先，金融创新一方面极大地活跃和繁荣了金融业，加速了国际经济一体化的进程，另一方面，金融创新产生的强大影响增强了资产价格和金融市场的波动性，从而影响了金融体制的稳定性。其次，当代金融创新在提高金融微观效率和宏观效率的同时，还增加了金融业的系统风险。最后，金融创新对原有金融监管条件的突破，改变了金融分业经营的格局，使得混业经营趋势不断加强。

由于新的金融创新工具出现，金融机构表外业务大量增加，导致金融监管制度和监管方式出现重大变化，金融监管由机构监管转为功能监管，即建立一个综合性的监管机构，以统一对所有金融服务行业的监管。

当代金融创新通过提高金融资源的开发利用程度和重新配置已有资源，增加金融机构自身的实力，扩大在投融资过程中的作用，从总体上增加了金融对经济的影响力，大大便利了资本和资金的国际流动，金融监管变革也为维护金融市场的效率作出积极的回应。

(3) 金融创新提高了金融体系的效率。在金融创新的浪潮之下，带来的多元化金融机构并存竞争能够有效地提高各种金融商品与服务的质量。而金融工具、交易方式和服务以及金融机构的创新也使得金融业集聚资金的能力增强，信用创造扩大，资产大幅度增长和赢利能力提高。新型金融工具的大量出现使得多种形式的风险可以得到转移，使参与生产和交易的经济体有了可以锁定风险的手段，增加了投资者的可选择性，使各类投资者很容易实现自己的投资意愿，及时调整投资组合，剔除个别风险，降低了交易成本和持有成本，使投资收益相对上升，可吸引更多的投融资者，活跃市场交易。总体来说，提高了金融体系的运行效率。

金融创新对于很多发展中国家来说，金融创新会加速货币化的速度，不但金融总量增加，更加重要的是金融结构有重大变化，融资的方式转变，更多的采取市场化和证券化的方式，直接导致货币化金融资产增加，货币乘数加大，扩大了货币资金总量，也进一步优化了经济资源的配置效率。市场化促使金融业完全竞争，直接结果是利率降低，融资成本降低，工具的多元化促使融资效率的进一步提高，进而促进经济发展。

2. 金融创新的负面影响

(1) 使货币总量边界模糊。在金融创新产生之前，无论是狭义货币定义还是广义货币定义，其内涵都是比较清楚的。作为交易余额的货币与作为投资手段的金融资产之间的界限清晰，特征明确。金融创新高潮出现以后，货币与各种金融资产之间的替代性增强。交易账户与投资账户之间、广义货币与狭义货币之间、资产负债表内业务与表外业务之间、本国货币与外国货币之间的界限越来越模糊，导致货币定义和计量也变得日益困难和复杂。再者，金融创新所带来的混业经营趋势加强，使得商业银行业与其他金融机构之间的界限也变得越来越模糊。从事存款业务的金融机构增加，即货币供应主体增加。随着国内市场国际化，国际市场一体化，投资者可以更加自由地在本币和外币之间、货币和其他收益性金融资产之间转换。这将进一步加剧一国广义货币总量的不稳定性，使货币量作为总量指标的可测性下降，经济含义越来越不明晰，与其他经济总量的关系也越来越不稳定。因此，现在中央银行已经很难确切地解释货币总量变化的真实含义，从而使得货币政策的最终效应减弱。

(2) 货币政策的传导机制变异。宏观货币政策的主要目标是保持经济持续增长和物价水平的稳定。中央银行主要通过法定准备金率、再贴现率和公开市场业务三大货币政策工具来控制货币供应量，从而影响经济活动，货币当局再通过“逆风向”的货币政策使经济保持稳定增长和物价水平保持稳定。

金融创新对国家宏观货币政策的传导机制产生重大影响，主要表现为下面三方面。

首先，创新使货币政策传导机制的客体发生了变化。传统的传导机制理论中，商业银行充当着至关重要的角色，中央银行的“三大法宝”通过商业银行作用于社会。金融创新降低了商业银行在金融业中的地位与作用，而非银行金融机构异军突起，作用迅速上升，商业银行向“非中介化”方向发展，从传统的存贷款业务为主转向多种业务并重。商业银行地位的降低和业务的变化，削弱了其作为货币政策客体的作用。特别是金融创新带来的证券化趋势和金融市场的高度发达，为中央银行通过公开市场业务进行货币政策操作提供了条件，非银行金融机构在货币政策传导机制中的中介角色日益重要。

其次，金融创新改变了中央银行三大货币政策工具的作用。金融创新减弱了银行法定储备制度的功能：金融创新使得大量资金从银行流向非存款性金融机构和金融市场，绕开了存款准备金的约束；银行创造出来的新的金融工具改变了金融机构的负债比例结构，减少甚至逃避了提缴法定准备金；新金融工具使得银行超额准备金弹性增强，以上种种原因使得法定准备金的作用力减弱。金融创新促进了融资渠道的多样化，使融资的成本费用降低，现在银行一般不轻易向中央银行进行贴现和借款，因而再贴现率的作用也相应减弱。金融创新所带来的证券化趋势和高度发达的金融市场，十分有利于中央银行开展公开市场业务，从而强化了这一政策工具的作用。

再次，金融创新加大了货币政策传导时滞的不确定性。传导时滞是指从采取货币政策行动到取得最终效果所需要的时间过程。由于货币政策行动要经过金融机构这个传导中介的反应才能最终影响经济变量，其间要受到多个不确定性因素的影响，因而货币政策传导存在时滞且具有不确定性。金融创新的迅猛发展改变了金融机构和公众的行为，引起货币需求构成的变化。降低了货币需求的稳定性，加重了传导时滞的不确定性，使货币政策的易变性很高，从而给实施货币政策带来了困难。

（3）降低了货币政策的有效性。金融创新对货币政策有效性的负面影响主要表现在以下四点：一是降低了货币中介指标的可靠性，目前可选择的几个中介指标（利率、货币供应量、汇率）在可测性、可控性、相关性等方面都被削弱了，给货币政策的决策、操作和预警系统的运转造成困难。二是减少了可操作工具的选择性，创新削弱了存款准备金率和再贴现率政策的效力，中央银行可选择的一般性政策似乎只有公开市场业务还较为理想。三是加大了政策传导的不完全性，创新使得货币政策传导时滞的不确定性增强，政策效果的判定较为困难。四是货币政策的溢出增加，削弱了中央银行控制国内货币量的能力。金融市场的创新，国际金融一体化加强，使中央银行执行货币政策的难度加大。例如，一国实行紧缩性货币政策，但国内金融机构却可以通过欧洲货币市场筹措资金，达到信用规模，这就抵消了紧缩效应；当一国实行扩张性的货币政策时，国内金融机构可能将资金转移到欧洲货币市场，回避央行的货币控制。当资本在国际自由流动时，一国的货币政策效应往往会溢出，尤其对那些开放型小国经济来说，难以执行独立的货币政策，从而影响了货币政策的有效性。

（4）金融创新对金融体系的稳定产生潜在影响，从而也影响到经济的稳定。金融创新在提高金融微观效率和宏观效率的同时，也增加了金融业的系统风险。一是加大了原有的系统风险（利率风险、市场风险、信用风险等）；二是产生了新的金融风险如电子风险、国际风险等。这种系统性风险波及面宽，破坏力大，对金融体系的稳定产生了潜在风险，同时，金融创新中出现的泡沫经济和过度投机也具有很大的破坏性。这些都加大了金融的不稳定性，从而对社会经济的稳定构成较大威胁，产生负面影响。

【本章小结】

金融业发展推动经济发展已经成为不可争议的事实，也成为世界各国政府高度重视金融业发展的重要理论依据，特别是一些发展中国家和落后地区，反过来经济发展相对较快的一些国家和地区，金融相关率和货币化程度也较高，也就是我们常说的金融业发展也较快。金融压抑成为阻碍发展中国家经济发展的重要方面，要想克服“金融浅化”带来的负面影响，实现经济快速发展，就要采取一系列的“金融深化”政策，当然“金融深化”的核心就是金融自由化政策。

金融创新是金融领域内对各种要素的重新组合，影响金融监管、金融市场和金融工具的各项创新。金融创新不但影响金融结构改变，促使经济发展，还加大金融体系风险，引起经济危机。

【关键术语】

金融相对率　货币化率　金融抑制　金融深化　金融自由化　金融约束　金融创新

【复习思考题】

1. 什么是金融创新？金融创新包括哪些内容？
2. 金融创新的基本原因是什么？
3. 什么是金融抑制，其主要表现有哪些？
4. 金融抑制对经济发展有哪些不利影响？
5. 为什么发展中国家普遍存在金融抑制？
6. 金融深化的主要内容有哪些，对经济的影响表现在哪些方面？

专栏 13-1

金融深化与经济增长

下面这组数据也许可以在一定程度上印证麦金农和肖的观点。它们是国际货币基金组织专家兰伊（Lanyi）和萨拉卡格鲁（Saracoglu）根据 21 个发展中国家的资料计算的（之所以选择这 21 个国家，是因为它们具备这些数据，而且它们都是国际货币基金组织的成员国）。兰伊和萨拉卡格鲁收集了这些国家从 1971 年至 1980 年的 30 天存款的实际利率（它等于名义利率减消费物价增长率），据此计算出这些国家在这一期间的平均实际利率。然后将它们分为正值、低负值和高负值 3 组，并分别考察其实际金融资产增长率和实际国内生产总值增长率。从中我们不难看出，实际利率为正值的国家，实际金融资产增长率普遍较高，实际国内生产总值增长率也普遍较高；而实际利率为高负值的国家，情况正好相反；实际利率略为负值的国家则介于两者之间。

实际金融资产增长率和实际国内生产总值增长率（1971～1980 年）见下表。

国家	实际金融资产增长率/%	实际国内生产总值增长率/%
实际利率为正值的国家		
马来西亚	3.8	8.0
韩国	11.1	8.6
斯里兰卡	10.1	4.7
尼泊尔	9.6	2.0
新加坡	7.6	9.1
菲律宾	5.6	6.2
实际利率略为负值的国家		
巴基斯坦	9.9	5.4
泰国	8.5	6.9
摩洛哥	8.2	5.5
哥伦比亚	5.5	5.8
希腊	5.4	4.7
南非	4.3	3.7
肯尼亚	3.6	5.7
实际利率为高负值的国家		
秘鲁	3.2	3.4
土耳其	2.2	5.1
牙买加	1.9	−0.7
扎伊尔	−6.8	0.1
加纳	−7.6	−0.1

资料来源：石家庄经济学院金融教研室

专栏 13-2

新型城镇化背景下的金融创新

新型城镇化是一个系统工程，既是拉动内需的潜力所在，也是推动社会公平发展的内在要求，需要从户籍制度、土地制度、行政管理体制、投融资体制等多方面进行深化改革。新型城镇化背景下的金融创新其实质也是投融资体制改革方面的内容。

在新型城镇化背景下来思考金融创新，不可回避的两个问题，一个是人往哪里去，一个是钱从哪里来。人往哪里去实际上也就是人口在空间上怎么布局的问题，在国家主体功能区规划中已经明确提出了优化、重点、限制、禁止四大主体功能，实际上也就将人口集聚的范围确定了。当然，人口的集聚也是要跟着产业走的、跟着就业走的，由于中国区域发展的差异，特别是东部与中西部发展，城市群与中小城市和小城镇发展的差距等，引起了很多争论，有大城市论，也有小城镇论。大城市论强调经济效益，就业机会等，小城镇强调社会公平发展等。现在比较一致的提法是大、中、小城市和小城镇协调发展，比较中庸也比较实用，那就是人往城里去。

农村人口进城背后牵涉很复杂的利益关系。其中很重要的一点就是，钱从哪里来。城镇硬件建设和软件建设，包括基础设施投入、教育、就业、医疗、住房、社保，等等，都需要巨额的投入。由此可见，新型城镇化还是离不开投资的，那么如何解决城镇化的资金问题是比较受关注的问题，有几个问题需要进一步厘清。

第一个问题是需要多少钱？解决一个农民工进城的成本是多少，有学者测算是人均 10 万元，到 2020 年大概有 4 亿人进城，于是得出需要投资 40 万亿元，40 万亿元很容易让人联想起来 2008 年的 4 万亿元，再加上各方的报道使得这个问题进一步放大，很多人认为，新型城镇化还是要走政府主导投资的老路，于是跑项目、要政策、打听信息，各种批评等应运而生，其实这个是误读，可以肯定的是新型城镇化需要巨额投资不假，但是不是由政府来主导投资就不一定。

第二个问题是谁来承担这笔费用？这就涉及分摊机制，政府、企业、农民，恐怕都需要参与到其中来，可以理解为“三三制”，从政府投资角度而言，折算下来政府投入大概是十几万亿元，并且还要分解到未来的 7 年中去，每年就是 1 万多亿元，中国 2012 年财政收入是 11.7 万多亿元，也就是每年拿出财政收入的 10%左右来解决是有可能的。因此看来钱不是问题，问题是没有钱。中国 2012 年的财政支出是 12.6 万亿元，中间还差了将近 1 万亿元。

以上两个问题，在算法上有点机械，但不可否认，在新型城镇化过程中，需要巨额的投入是必不可少的，算不好大账，就算不好小账。但关键更在于第三个问题，具体怎么解决这笔钱？这里面就涉及金融创新，怎么进行金融创新，从哪里寻找突破口呢？中国是一个行政主导很强的国家，在新型城镇化过程中，政府的强势还具有制度惯性，但也会逐步发生改变。因此，具体到金融创新可能要重点围绕政府可控资源进行。至于企业和农民分摊的成本，可以通过市场化、工业化以及扩大就业，提高收入等来解决。

对于政府资源的金融产品创新，第一，要做的是政府和市场要分开，特别是政企要分开。政府要做的是建立规范的金融组织和金融监管制度，建立社会信用体系，而不要参与具体企业的市场行为。金融企业要按照现代金融企业制度的要求，全面推行商业化运作，自主经营、自担风险、自负盈亏。利用政府资源进行金融创新，其实质也是要政府让渡部分利益，不直接从事经济活动，将更多的时间和精力放在转变政府职能，完善新型城镇化的公共服务体系建设上。

目前，政府可控资源可以分为土地资源、财政资源和政策资源。主要是围绕土地资源的金融产品比较多。地方政府通过收储土地，然后以土地作为优质抵押品，获得银行贷款投入基础设施建设，进行土地一级开发或二级开发，通过“招、拍、挂”方式将土地出让，把土地出让金收益作为偿还债务的主要来源。比如，地方政府通过建立城建公司、地方商业银行和城市投资公司等来调动社会资金和银行贷款，形成地方政府投融资平台。当地方债务受到银行贷款严格限制之后，地方债务转移至银行表外通过城市投资债、信托等理财产品上，也进一步加大了风险控制的难度。但是，随着土地调控政策越来越紧，新增建设用地指标越来越少，拆迁难度越来越大，土地补偿成本日益提高，以及原有贷款进入付息还本周期后等因素的影响，面临的债务风险越来越重，不具备可持续性。

第二是合理利用政府财政资源，创新金融产品，要以钱生钱。政府发挥财税政策和财政资金的杠杆作用，以部分机动财力做引导，撬动贷款或吸引其他资金进入补充资本金。一种方式直接引进有实力的企业作为战略合作伙伴。如四川成雅工业园的建设，成都和雅安分别出 7000 万元和 3000 千万元作为政府资本金，引进战略合作伙伴联星集团，成立四川成雅工业园建设发展有限公司，其中联星集团注资 1.2 亿元人民币，持股比例为 55%，由公司全部承接两市、两县协议规定的权利和义务，进行总体规划、基础设施建设并负责整体招商引资。另一种方式是金融机构牵头，成立城镇化股权投资基金、产业发展基金等。如北京成立小城镇发展基金，是全国首支专注于小城镇建设的股权投资基金，该基金是由北京市政府、国家开发银行联合设立，总规模 100 亿元，首期 25 亿元，其中，国开金融出资 80%，市政府出资 20%，可以撬动超过 1200 亿元的社会总投资。

第三是寻找政策资源的金融创新。通过激活闲置低效资源，主要是农村集体土地资源。在政策尚不明确的情况下，怎么通过金融创新去激活是关键。有些地方也在探索，通过对集体土地所有权、土地承包经营权、集体建设用地使用权和农村房屋所有权确权颁证，完善农村产权价值评估、产权交易、流转担保机制，探索推行农村房产抵押贷款业务。改革农村集体土地制度，扩大金融市场的领域和范围，创造更多的金融产品，反过来也推动农村地区的发展。

除此之外，需要发挥金融人才、金融机构的智慧，加大对市场资源的金融产品创新。中国现在不是没有钱，民间资本充足，苦于没有投资渠道和合适的投资项目；中小企业不是不需要钱，苦于没有融资平台，贷不到款。因此，以金融机构或者非金融机构为龙头，面向社会资本募集组建“城镇化建设基金”，根据城镇的整体建设与产业发展规划形成“项目包”，以基金为依托，开展“金融招商”，联合社会各类金融机构组成“金融要素包”，建立联合投融资机制。

最后，还要改革财税体制和探索多种投融资模式。明确中央政府和地方政府的分税制，使得中央和地方的财权和事权相匹配，哪些农民进城成本的服务是由中央政府提供，哪些是由地方政府提供，还需要进一步明确。培育地方主体税种，开展房地产税扩容试点等。改革等级化的行政管理体制，改变按照行政命令来分配资源的方式。探索直接融资，探索债券市场、股票市场以及其他金融市场等，共同推进新型城镇化发展。

资料来源：经济观察网（http：//www.eeo.com.cn/2013/0524/244436.shtml）

参考文献

曹龙骐 . 2005. 金融学案例与分析 . 北京：高等教育出版社

陈雨露 . 2000. 现代金融 . 北京：中国人民大学出版社

戴国强 . 2006. 货币金融学 . 上海：上海财经大学出版社

杜小伟，苏明 . 2011. 货币银行学 . 北京：北京大学出版社

冯瑞，邱波，王中魁，刘焱，王东东 . 2011. 货币银行学 . 北京：清华大学出版社

弗雷德里克·米什金 . 2011. 货币金融学 . 郑艳文译 . 北京：中国人民大学出版社

国家外汇管理局 . http：//www. safe. gov. cn/

黄达 . 2004. 金融学 . 北京：中国人民大学出版社

黄萍 . 2011. 中央银行理论与实务 . 北京：清华大学出版社

霍雯雯 . 2005. 金融市场学 . 上海：复旦大学出版社

姜波克 . 2000. 国际金融学 . 北京：高等教育出版社

康书生，鲍静海 . 2007. 货币银行学 . 北京：高等教育出版社

李成 . 2009. 金融学 . 北京：科学出版社

李健，左玉秀 . 2008. 货币银行学 . 北京：当代世界出版社

李江，洪青 . 2010. 金融学案例教程 . 杭州：浙江大学出版社

李罗力 . 1997. 金融风暴：东南亚金融危机透视 . 贵阳：贵州人民出版社

李树生，冯瑞河 . 2005. 货币银行学 . 北京：中国金融出版社

钱荣堃，陈平，马君潞 . 1996. 国际金融 . 成都：四川人民出版

庆裕 . 2010. 一本书看懂经济学 . 北京：新世界出版社

阮震 . 2010. 金融创新概论 . 北京：中国财政经济出版社

史建平 . 2007. 金融市场学 . 北京：清华大学出版社

王曙光 . 2010. 金融发展理论 . 北京：中国发展出版社

吴慧琴 . 2000. 国际经济与金融案例评析 . 广州：广东经济出版社

谢百三 . 2009. 金融市场学 . 北京：北京大学出版社

许文新 . 2006. 金融市场学 . 北京：复旦大学出版社

杨长江，张波，王一富 . 2004. 金融学教程 . 上海：复旦大学出版社

易纲 . 1999. 货币银行学 . 上海：上海人民出版社

张亦春，郑振龙 . 2008. 金融市场学（第 3 版）. 北京：高等教育出版社

中国保险业监督管理委员会 . http：//www. circ. gov. cn/web/site0/

中国人民银行 . 2007. 金融知识国民读本 . 北京：中国金融出版社

中国人民银行 . http：//www. pbc. gov. cn/

中国银行业监督管理委员会 . http：//www. cbrc. gov. cn/chinese/home/jsp/index. jsp

中国证券业监督管理委员会 . http：//www. csrc. gov. cn/pub/newsite/

中华人民共和国外交部 . http：//www. fmprc. gov. cn/chn/gxh/tyb/